DAS GROSSE BUCH DER FREUNDSCHAFTS-BÄNDER

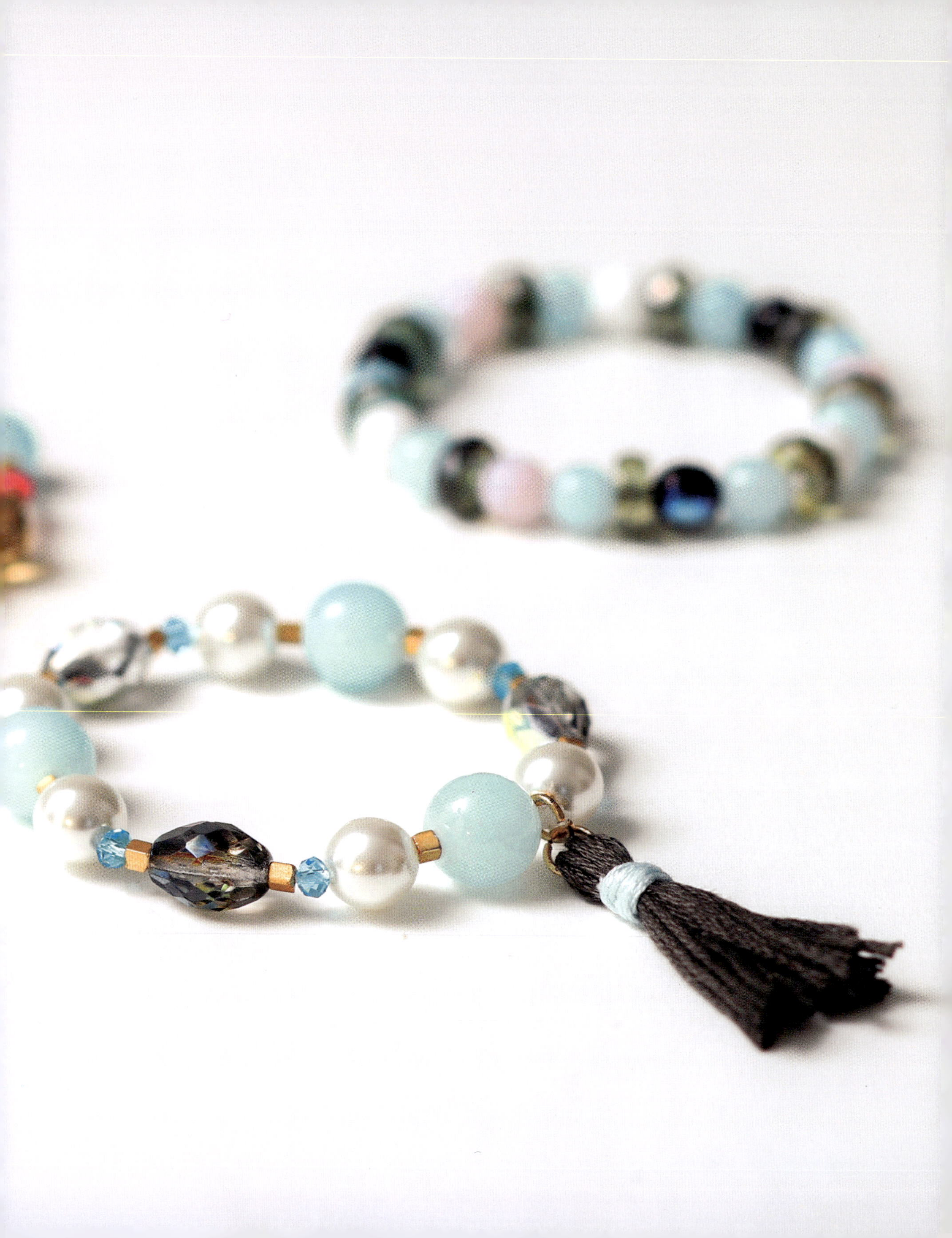

DAS GROSSE BUCH DER FREUNDSCHAFTS-BÄNDER

100 Modelle • 40 Techniken

Jede Menge Knüpfspaß

Anne Sohier-Fournel,
Agnès Delage-Calvet &
Françoise Vauzeilles

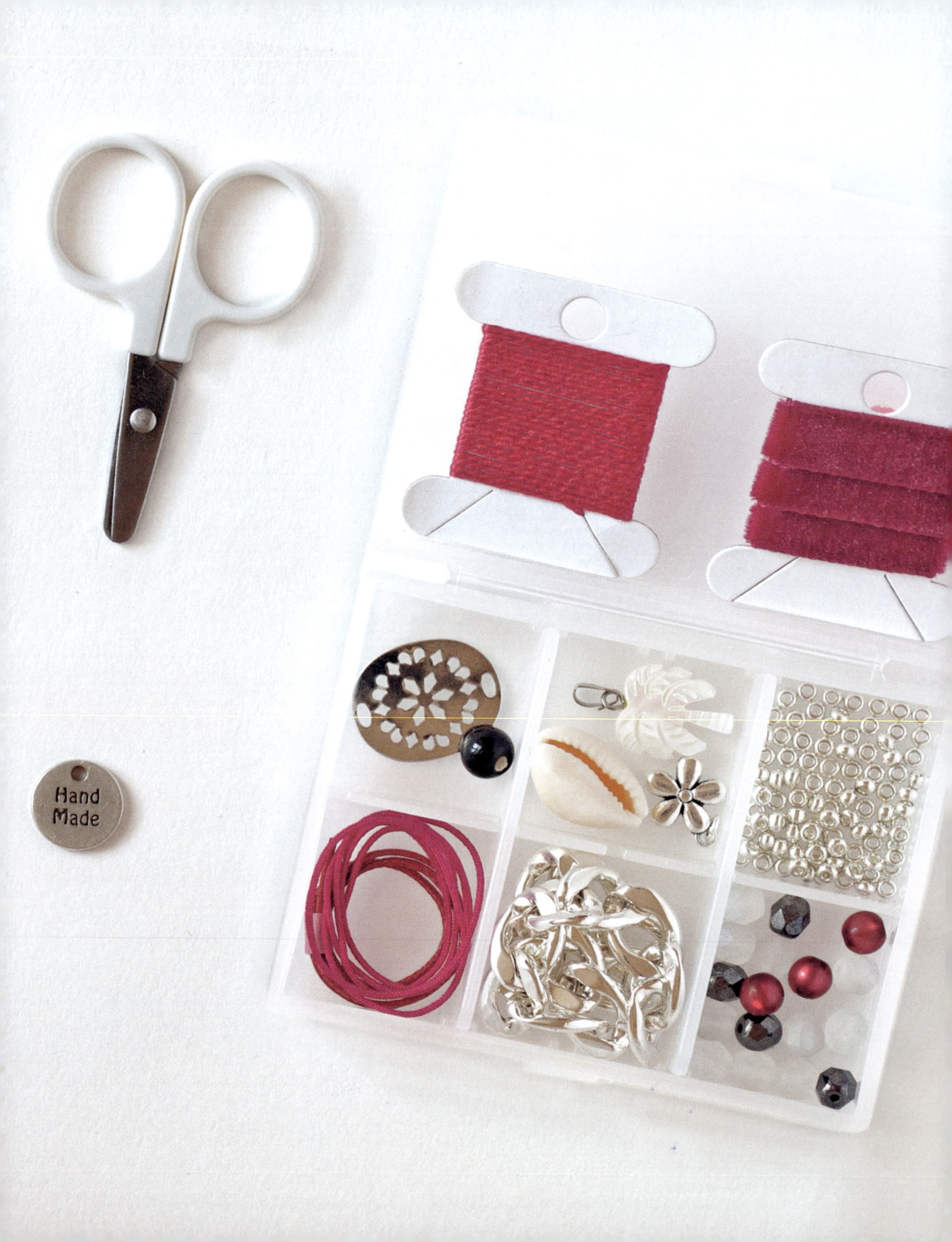
Hand
Made

INHALTSVERZEICHNIS

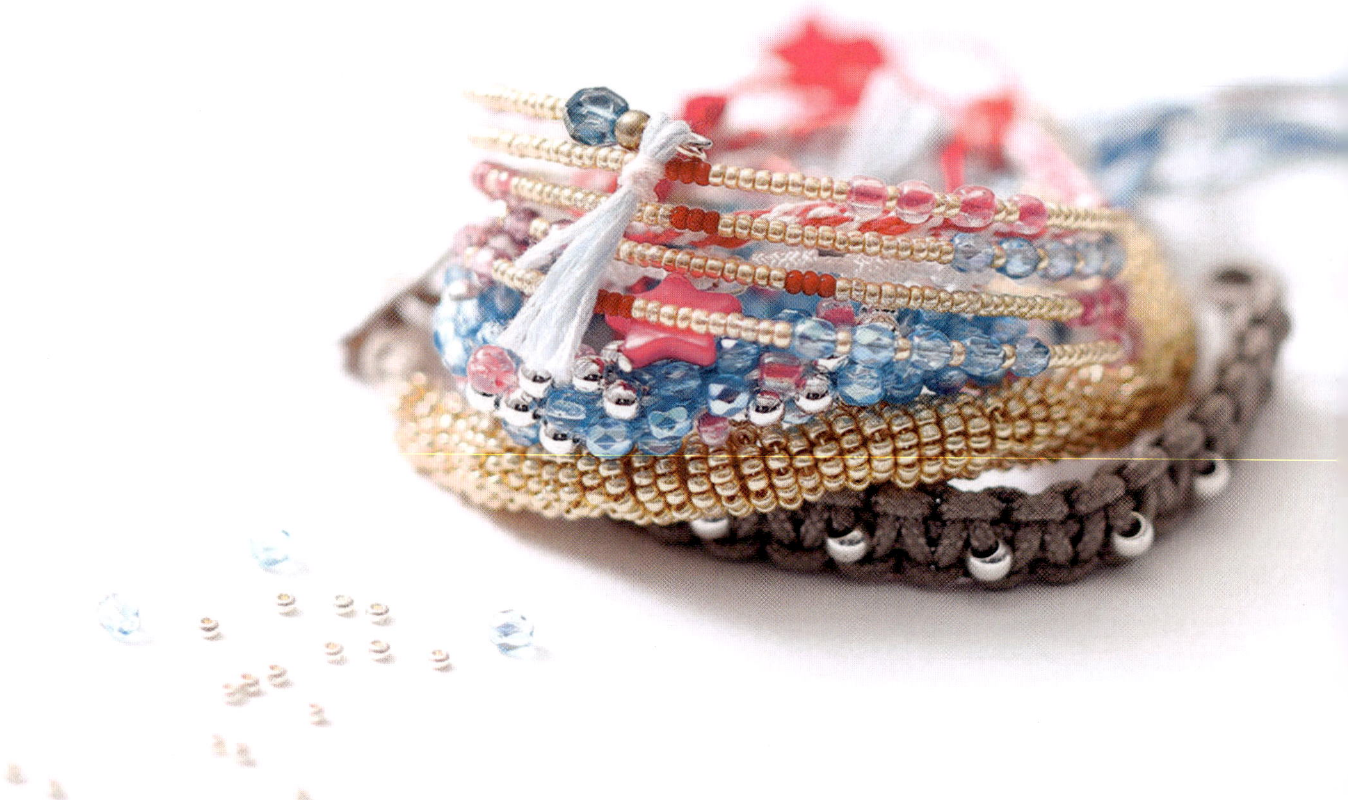

EINFÜHRUNG

Seit jeher schmücken Armbänder die Handgelenke vieler Menschen. Ein Blick ins Wörterbuch bestätigt: Früher diente das Armband als eine Art Schutzschild für das Handgelenk – den „kleinen Arm“ – des Bogenschützen. Gleichzeitig aber war es auch ein kostbares Schmuckstück, welches das junge Fräulein zierte.

Die Zeit vergeht, doch die Fantasie blüht weiter! Auch wenn heute die teuersten Juwelen und Materialien unsere Handgelenke zieren, stehen die einfachen Armbänder, die jeder mit einem Schnürsenkel, ein paar Schleifen, ein paar Glasperlen oder einem kleinen Anhänger herstellen kann, den schönsten Schmuckstücken in nichts nach.

Dieses Buch, das dich durch die verschiedenen Techniken zur Herstellung von Armbändern führt und dir die verschiedensten Modelle vorstellt, hat ein Ziel:
Den Spaß am Selbermachen weiterzutragen!

Hinter dem Erfolg dieser Armbänder steckt kein großes Geheimnis, sondern ein einfaches, aber bewährtes Rezept: Muster, Farben, Fäden, Bänder, Anhänger und Perlen vereinen sich, verschmelzen miteinander und vermischen sich mit all den Gefühlen, die wir mit ihnen verbinden, und genau das macht sie so besonders.

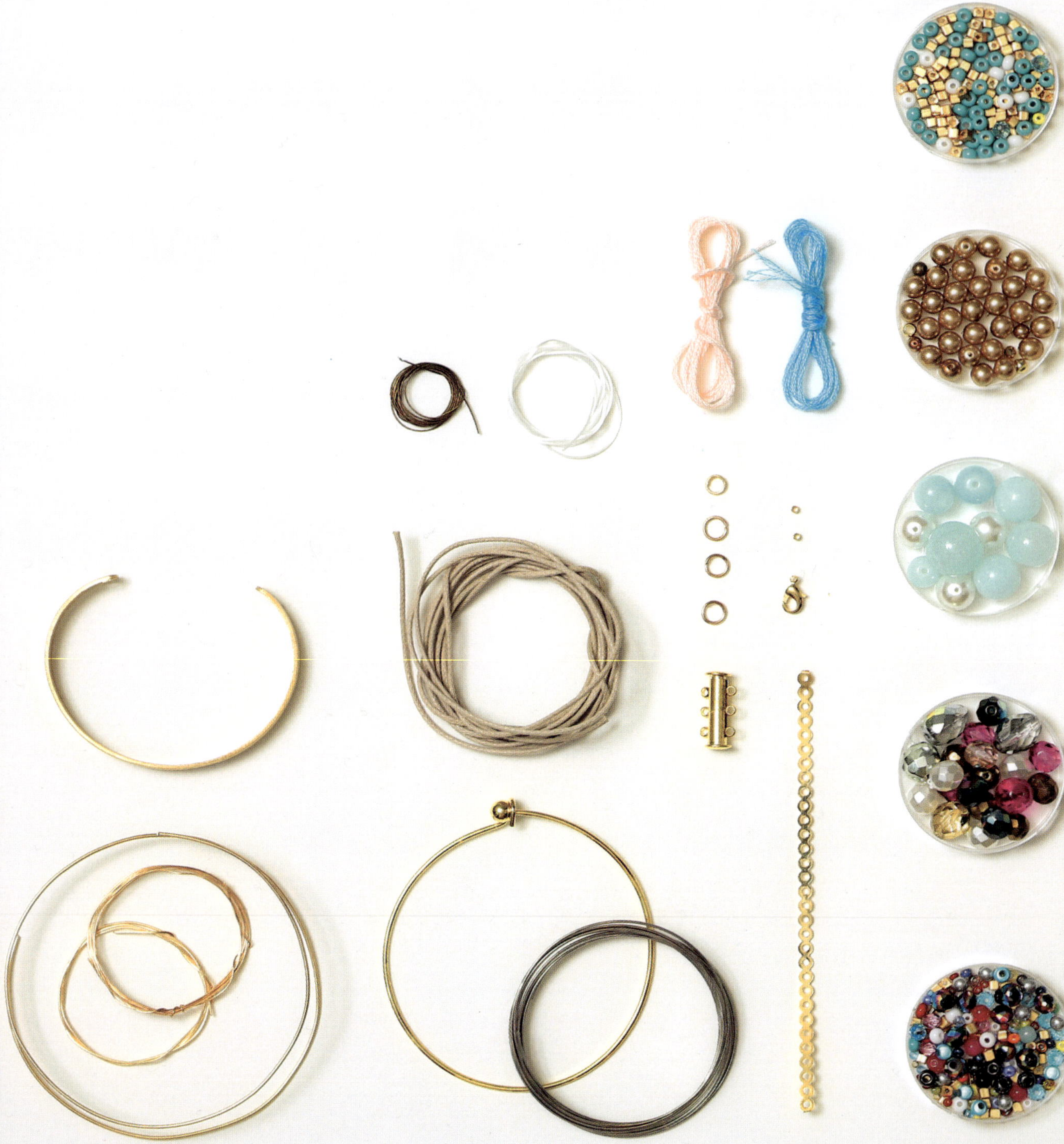

MATERIALIEN & WERKZEUGE

DIE **GRUNDAUSSTATTUNG**

VERBINDUNGSSTÜCKE

GARNE **UND KETTEN**

PERLEN **UND ANHÄNGER**

DIE GRUNDAUSSTATTUNG

Diese Materialien dürfen in deinem Fundus auf keinen Fall fehlen.
Sie mögen am Anfang eine größere Anschaffung sein, aber du kannst sie danach immer wieder für neue Projekte verwenden!

WEBRAHMEN

Diese Werkzeuge sind unverzichtbar beim Weben von Armbändern aus Rocailles-Perlen oder Kumihimos.

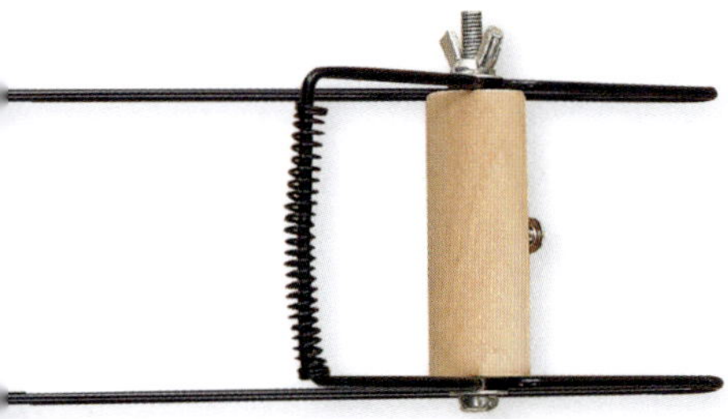

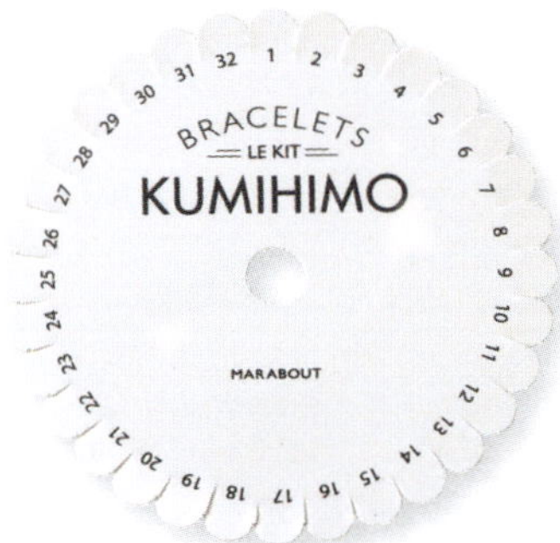

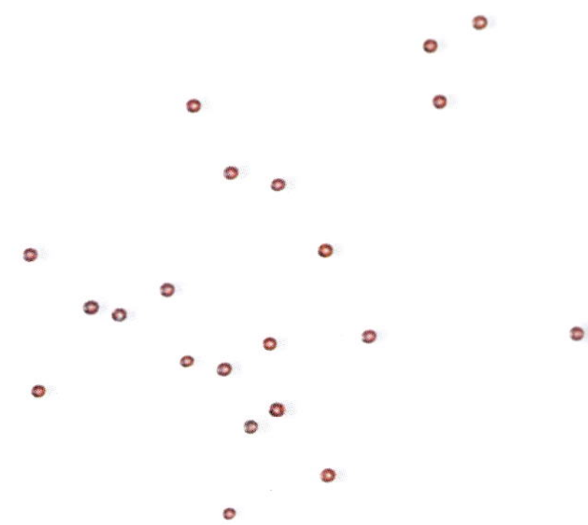

Der traditionelle Webrahmen
Es gibt Webrahmen in allen möglichen Längen. Bei allen werden die Schussfäden zwischen den Kerben hindurchgeführt, um sie zu fixieren.

Die Kumihimo-Scheibe
Diese Scheibe kann auch einfach aus einem 14 x 14 cm großen Karton hergestellt werden. (Siehe S. 44).

ZANGEN

Diese drei Zangen solltest du immer parat haben. Sie sind eine große Hilfe beim Verarbeiten der Verbindungsstücke.

Flachzange
Sie wird vor allem benutzt, um Lintklemmen oder Quetschperlen flach zu drücken.

Rundzange
Mit dieser Zange biegst du Nietstifte in eine runde Form, um Ringe und Klemmen herzustellen.

Schneidezange
Diese Zange ist sehr nützlich, um Glieder, Ringe und Kettelstifte abzuschneiden. So brauchst du keine Schere benutzen, die dadurch nur abstumpfen würde.

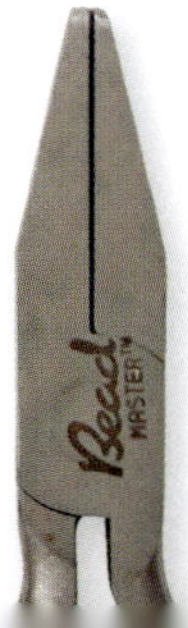

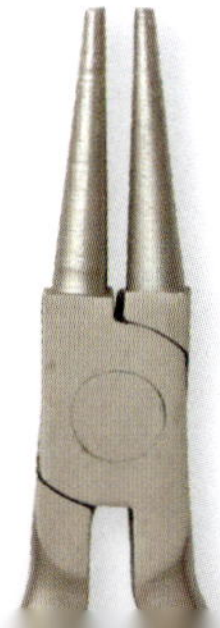

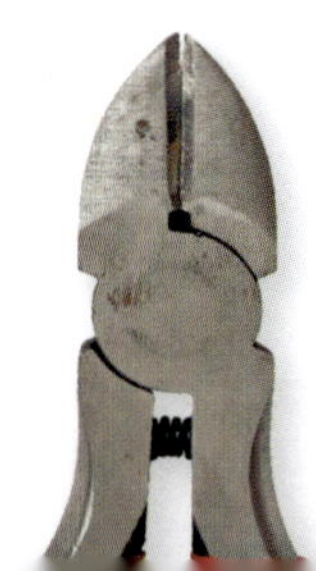

WEITERES ZUBEHÖR

Du wirst viele kleine Teile benötigen. Bewahre sie in einer eigens für die Schmuckherstellung vorgesehenen Box auf, damit du sie immer griffbereit hast.

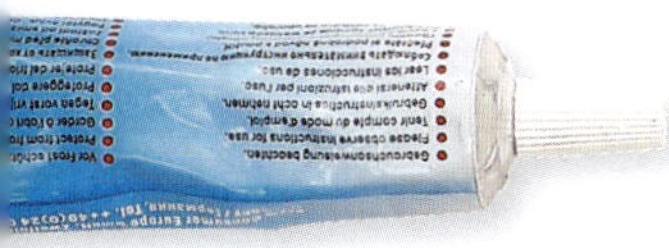

Kleber
Mit Flüssigkleber fixierst du die Fäden, was verhindert, dass deine Armbänder wieder aufgehen.

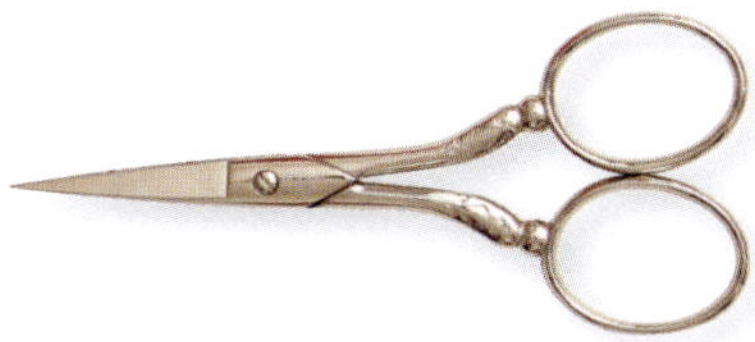

Scheren
Es gibt sie in allen Größen, je nachdem, wie genau du schneiden möchtest. Es wäre gut, mindestens eine Standardschere und eine Stickschere zu haben.

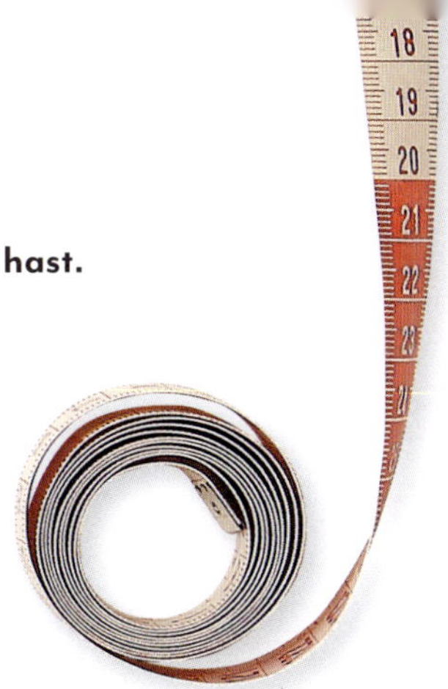

Maßband
Das Maßband ist praktischer als ein Lineal. Dank seiner Flexibilität kannst du die Breite deiner Handgelenke leicht ausmessen.

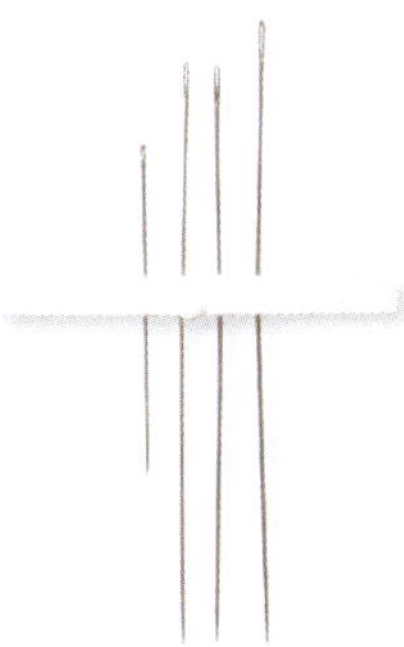

Nadeln
Hab immer Nadeln mit verschiedenen Nadelöhrgrößen parat, damit du jeden Faden leicht einfädeln kannst.

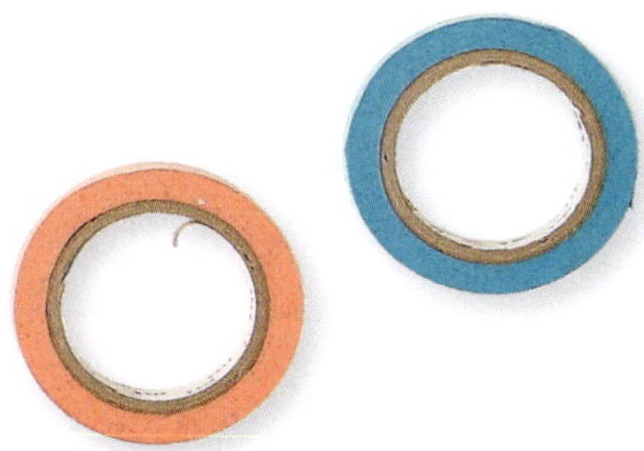

Malerkrepp
Diese bunten Klebebänder eignen sich super, um gegebenenfalls die einzelnen Fäden eines Armbands zu fixieren.

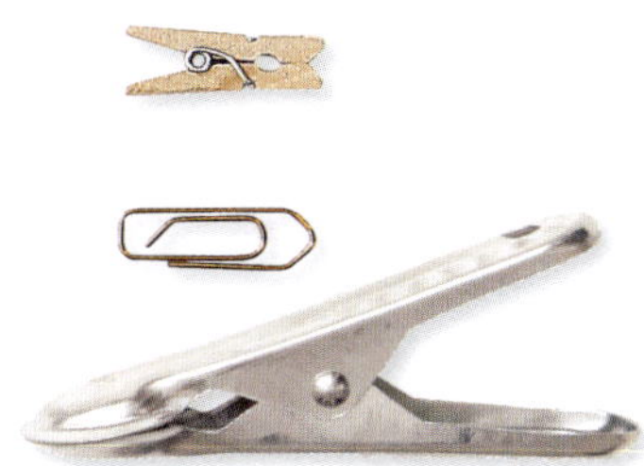

Klammern und Klemmen
Klammern sind unverzichtbar, um vor allem die Fäden eines Freundschaftsarmbands festzuhalten.

Krimskrams …
In deinen Schubläden liegen viele Schätze verborgen, die sehr nützlich zur Herstellung eines Armbands sein können. Es lohnt sich, sie mal zu durchwühlen.

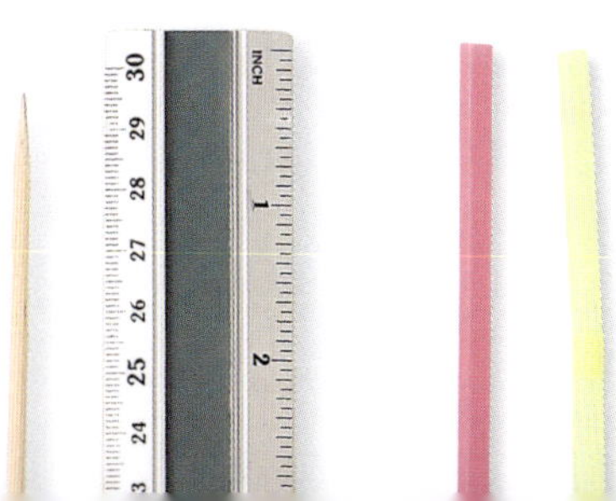

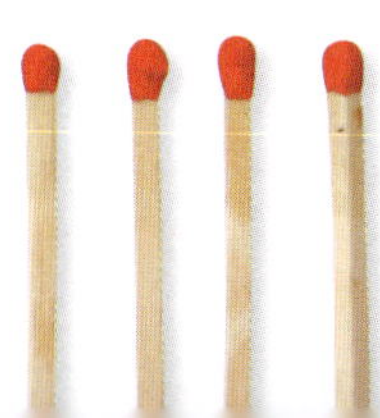

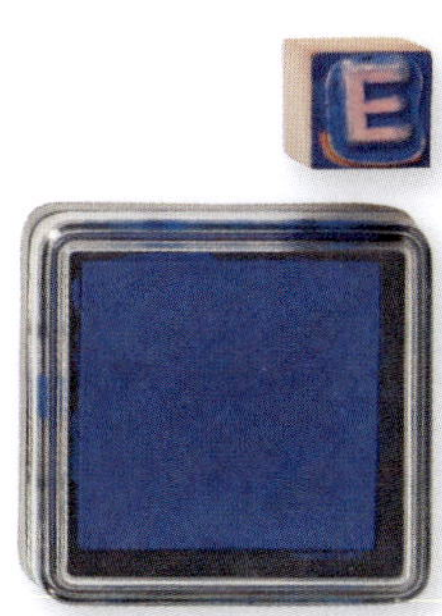

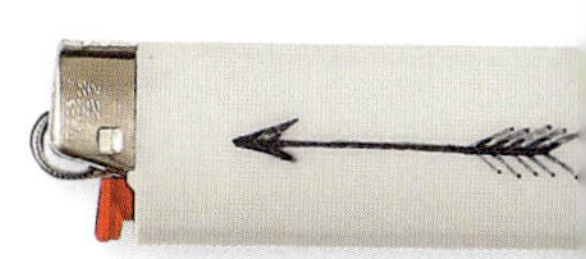

VERBINDUNGSSTÜCKE

Die Verbindungsstücke *sind oft Metallteile, mit denen deine Kreationen verschlossen oder verschönert werden. Wähle aus den silbernen, goldenen oder kupferfarbenen Elementen die aus, die am besten zu den Farben deines Schmuckstücks passen.*

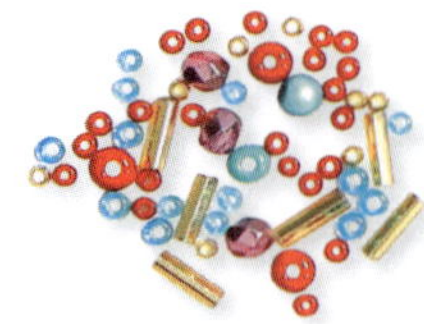

ENDKAPPEN UND KLAMMERN

Diese Verbindungsstücke dienen als Brücke zwischen dem Schmuckstück und dem Verschluss. Außerdem kannst du damit unschöne Teile wie Knoten oder Klammern verdecken.

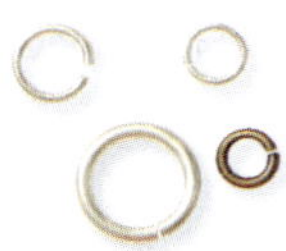

Binderinge
Diese Ringe lassen sich leicht mit zwei Zangen auseinanderziehen. So kann man sie durch einen Verschluss führen oder einen Anhänger daran befestigen.

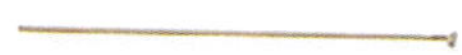

Nietstifte
Setze eine Perle auf, forme mit einer Rundzange eine Öse und schneide den Überrest mit einer Schneidezange ab. So stellst du deine eigenen Anhänger her.

Kettelstifte
Während du mit Nietstiften Anhänger zusammensetzt, kannst du mit Kettelstiften Perlen in der Mitte einer Kette platzieren.

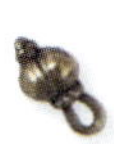

Kalotten
Bei diesem Verbindungsstück handelt es sich um eine leere Perle. Du machst einen Knoten, versteckst ihn in der Perle und schließt sie mit einer Flachzange, um so eine Verbindung zwischen dem Verschluss und dem Schmuckstück herzustellen.

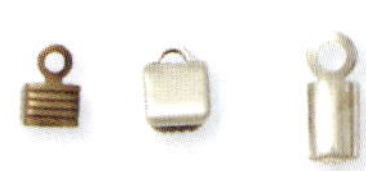

Quetschperlen
Platziere die Fäden in der Mitte dieses Verbindungselements und drücke die Enden jeweils mit einer Flachzange platt. Dieses Element eignet sich perfekt als Verbindung zwischen dem Verschluss und dem Schmuckstück.

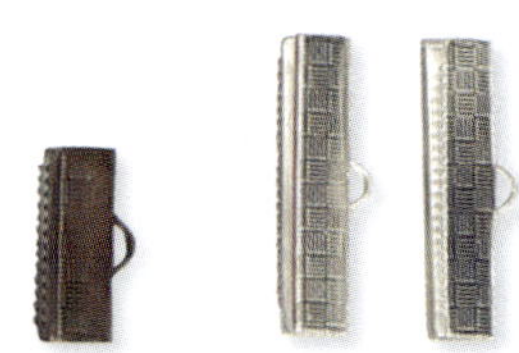

Lintklemmen
Diese breiten Endelemente mit gezackten Kanten eignen sich besonders gut für breite Armbänder. Sie sind eine gute Alternative, falls du keinen mehrreihigen Verschluss hast.

VERSCHLÜSSE

Es gibt viele verschiedene Verschlussarten: Karabinerverschlüsse, mehrreihige Verschlüsse, magnetische Verschlüsse. Es bleibt dir überlassen, welchen Verschluss du für dein Schmuckstück wählst.

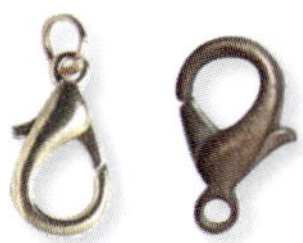

Karabinerverschlüsse
Dies ist die klassischste Verschlussart. Sie geht immer mit einem Ring einher, der am anderen Ende deines Schmuckstücks befestigt wird.

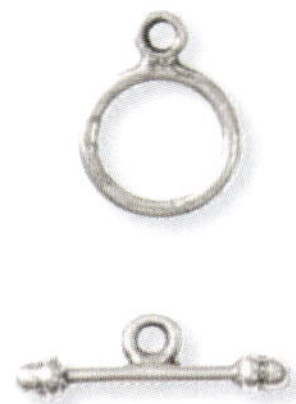

Kapitelverschlüsse
Dank eines Stäbchens auf der einen und einem Ring auf der anderen Seite sind diese Verschlüsse sehr leicht zu schließen. Sie können für alle Arten von Armbändern verwendet werden.

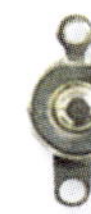

Druckverschlüsse
Ähnlich wie der Karabinerverschluss verleiht ein Druckverschluss deinen Kreationen das gewisse Etwas.

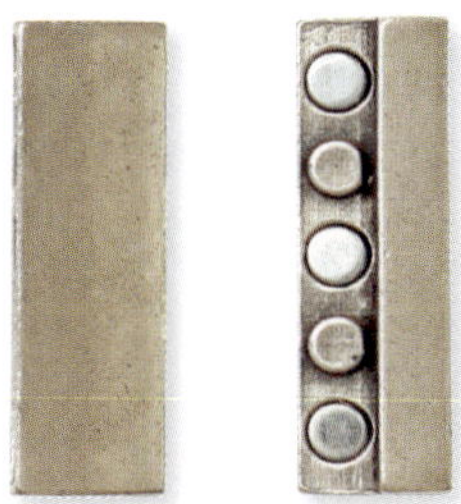

Magnetverschlüsse
Diese Verschlüsse eigenen sich perfekt für die Herstellung von breiten Armbändern oder Manschetten.

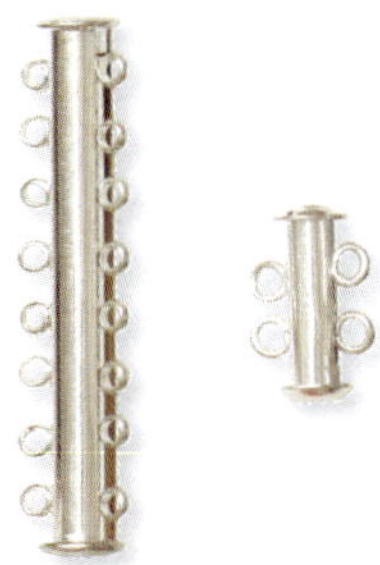

Mehrreihige Magnetverschlüsse
Dank der Ringe eignen sich diese Verschlüsse perfekt zur Herstellung von mehrreihigen Armbändern.

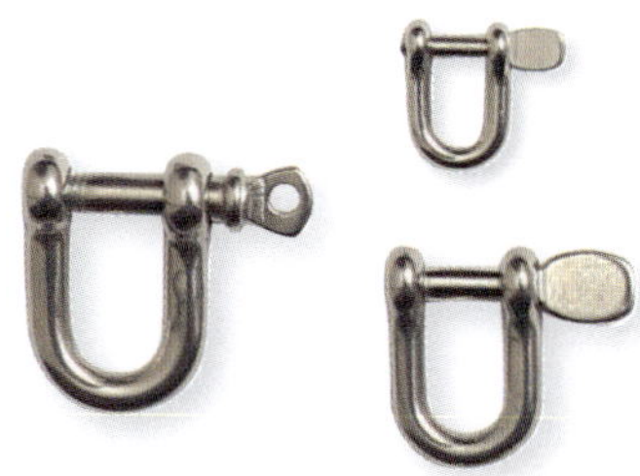

Schäkelverschlüsse
Diese zweiteiligen Verschlüsse eignen sich besonders für Armbänder aus Paracord oder Leder.

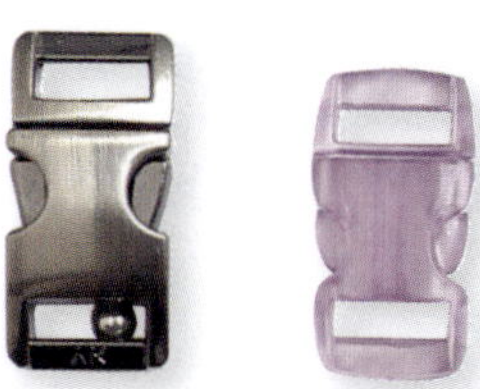

Schnallen
Diese Verschlüsse eignen sich perfekt, um geflochtene Armbänder herzustellen, die zu allem passen.

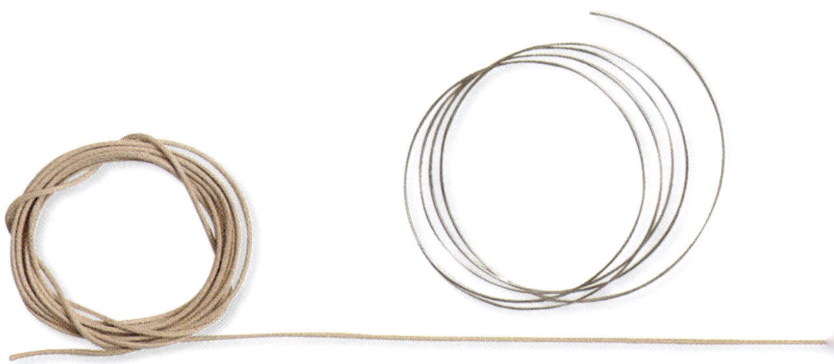

GARNE UND KETTEN

Die Wahl der Garne *ist sehr wichtig für die ästhetische Wirkung deiner Armbänder. Wähle das Garn immer gemäß der geplanten Technik aus. Beachte auch die unterschiedlichen Farbnuancen.*

NYLONFÄDEN

Sie sind aus synthetischen Materialien hergestellt. Daher kannst du sie anschmelzen und so sicherstellen, dass nichts verrutscht.

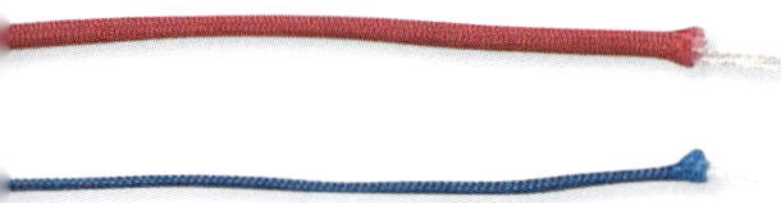

PARACORD

Bei diesem sehr widerstandsfähigen Material handelt es sich um Fallschirmseile. Es gibt sie in verschiedenen Durchmessern. Die inneren Fäden können herausgezogen werden, um dem Armband mehr Elastizität zu verleihen.

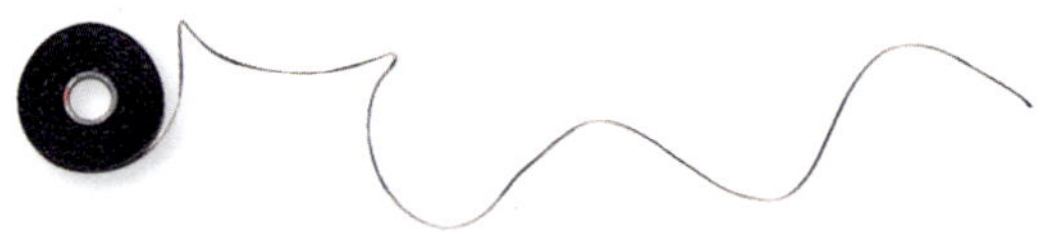

Polyfiliertes Nylon

Diesen Nylonfaden gibt es in vielen verschiedenen Farben. Er ist sehr widerstandsfähig und eignet sich perfekt zum Weben von Perlen oder für Wickelarmbänder.

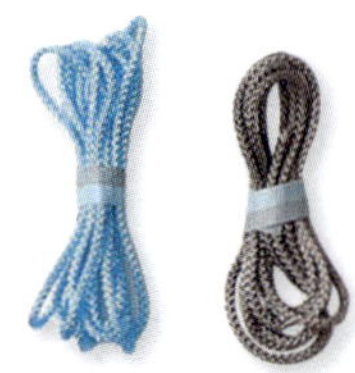

Geflochtenes oder gedrehtes Nylon

Dieser Faden eignet sich bestens zur Herstellung von gewebten Armbändern, Rosenkranz-Armbändern oder Shamballas. Er besitzt eine ideale Widerstandsfähigkeit.

BAUMWOLLGARNE

Diese Garne aus natürlichen Fasern sind sehr weich. Sie sind vor allem zur Herstellung von Freundschaftsarmbändern unverzichtbar.

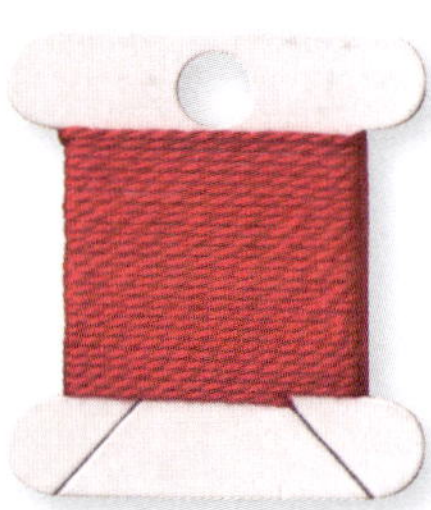

Perlgarn

Mercerisiertes Baumwollgarn ist ein Stickgarn, das aus gedrehten, weichen und seidigen Fasern besteht. Dieser sehr glänzende Faden ist jedoch dicker als Mouliné-Baumwolle.

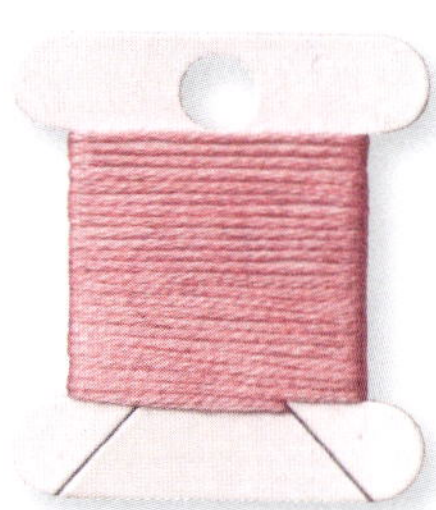

Mouliné-Stickgarn

Dieses leicht trennbare 6-fädige Garn wird oft zum Sticken verwendet. In der Schmuckherstellung eignet es sich jedoch perfekt für Freundschaftsarmbänder oder Kumihimos.

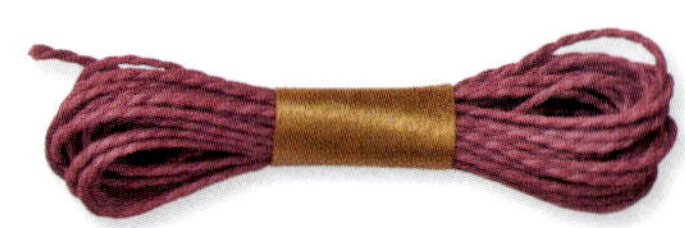

Wachsgarn

Wachsgarn ist ein sehr strapazierfähiges Band. Es gibt es in vielen Farben und verschiedenen Durchmessern. Es wird zur Herstellung von Shamballas und Wickelarmbändern empfohlen.

SCHLEIFENBÄNDER UND BORTEN

Kurzwarenläden sind eine wahre Fundgrube für die Herstellung von Schmuck. Hier findest du zahlreiche Arten von Bändern, Garnen oder Borten, die deinen Kreationen eine persönliche Note geben.

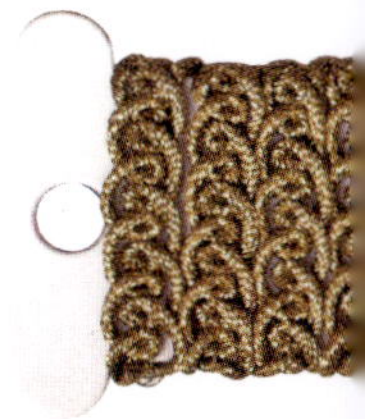

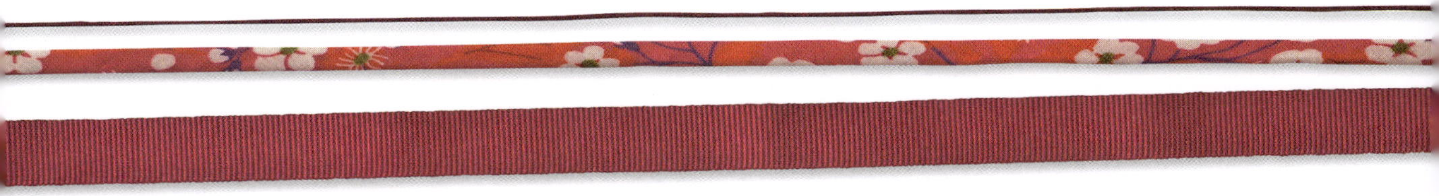

Bänder
In Kurzwarenläden gibt es die unterschiedlichsten Bänder als Meterware zu kaufen. Nylonschnur, Wildlederimitation, Kunstleder, Strickbänder, bedruckte Bänder – du hast die Qual der Wahl!

Schleifenbänder
Die Auswahl an Schleifenbändern ist riesig. Du kannst sie zum Flechten, zur Verzierung einer Kette oder einfach als Ergänzung eines anderen Armbands verwenden.

Borten
Diese facettenreichen Bänder werden als Meterware verkauft. Ob Spitze, Metall-Effekt oder gestickt – du hast wieder mal die Qual der Wahl.

METALLDRÄHTE UND KETTEN

Vergoldet, versilbert, bronze- oder kupferfarben ... Die Auswahl an Metalldrähten ist riesig. Wichtig ist, dass du eine Farbe wählst, die auf die Verbindungsstücke abgestimmt ist.

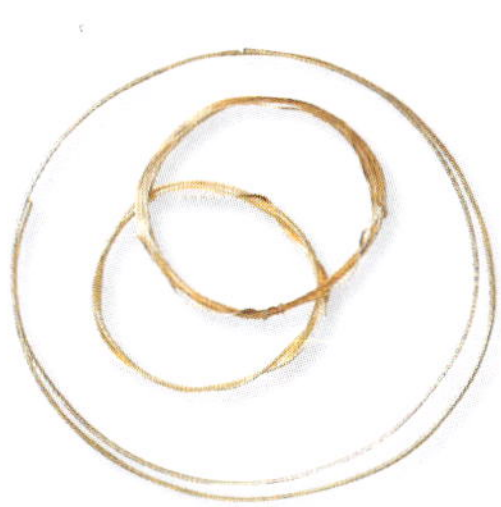

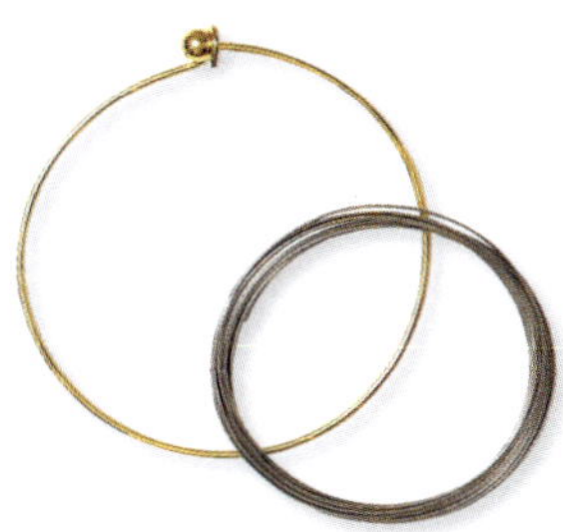

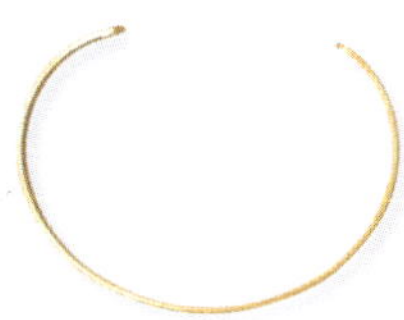

Messingdraht
Dieser Metalldraht ist sehr praktisch, da er stabil, flexibel und biegsam ist. Du kannst ihn also in jede beliebe Form biegen!

Memory Wire
Der vorgeformte Draht behält seine Spiralform bei. Es genügt, die Perlen aufzufädeln, und schon hast du ein mehrreihiges Armband.

Messingarmreif
Der fertige Reif wartet nur darauf, verziert zu werden.

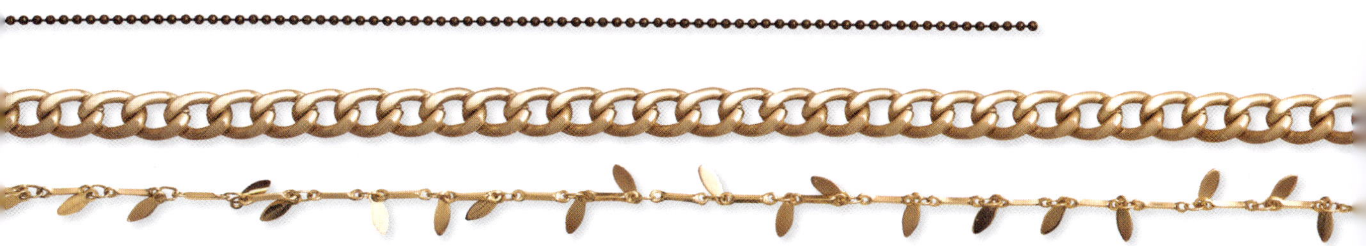

Kugelkette
Diese Kette besitzt keine Glieder. Man benötigt also Kalotten, um einen Ring anzubringen.

Gliederkette
Dies ist die klassische Kette. Es gibt verschiedene Arten und Größen von Gliedern.

Modeschmuck-Ketten
Diese fertigen Ketten wirken von selbst. Sie eignen sich perfekt für mehrreihige Manschetten.

PERLEN UND ANHÄNGER

Perlen stellen das Herzstück *deiner Kreationen dar. Lass dir ruhig Zeit und stöbere in Ruhe in deinem Lieblingsladen nach wunderschönen Perlen und Anhängern. Höre auf dein Herz. Manchmal kann es ein paar Wochen dauern, bis du die perfekte Idee für die Verwendung einer ganz besonderen Perle hast.*

PERLEN

Es gibt so viele Arten von Perlen, dass es unmöglich ist, sie alle aufzulisten. Ob aus Glas, Plastik oder Holz – lass dich beim Kauf einfach von den Formen und Farben der Perlen verführen.

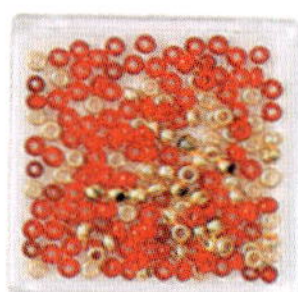

Rocailles-Perlen
Diese kleinen Glasperlen können durchsichtig oder undurchsichtig sein. Es gibt sie auf der ganzen Welt, aber die Miyuki-Perlen aus Japan sind die bekanntesten.

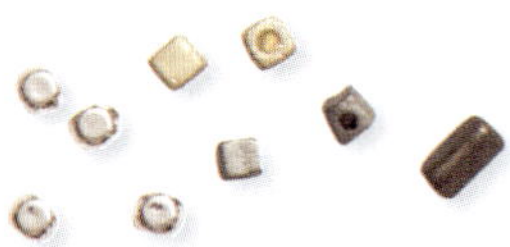

Quadratische Perlen und Röhren
Quadratische Perlen und Röhren eignen sich besonders gut zur Herstellung von Armbändern im Ethnostil.

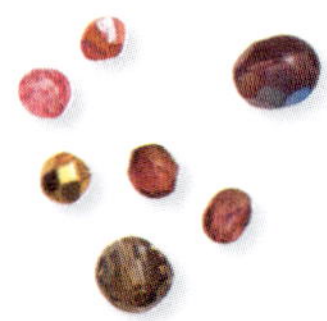

Facettierte Perlen
Dank ihrer Facetten reflektieren diese Perlen das Licht von allen Seiten. Deswegen können sie ihre satten Farben ändern.

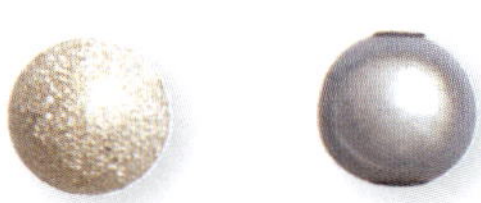

Wunderperlen
Diese Perlen haben einen farbigen Kern und sind außen mit mehreren Lackschichten überzogen. Deswegen glänzen diese Perlen so wunderschön und können eine optische Täuschung erzeugen.

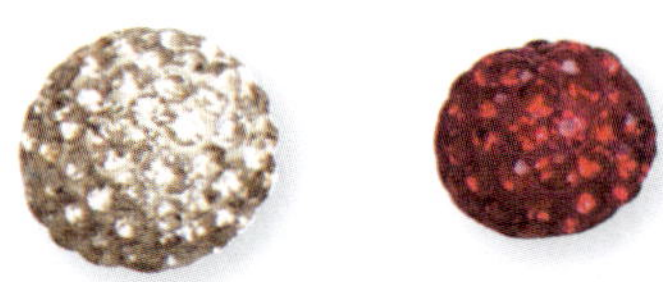

Strassperlen
Diese Perlen werden vor allem zur Herstellung von Shamballas verwendet. Sie sind ummantelt von Strasssteinen, die das Licht reflektieren und ihnen so einen luxuriösen Look verleihen.

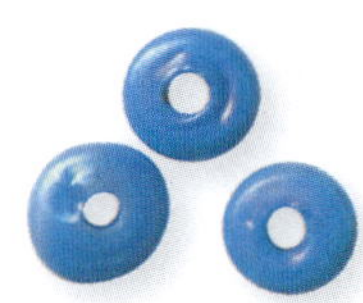

Pailletten
Pailletten sind flache Perlen. Sie können farbig, metallisch oder glänzend aussehen.

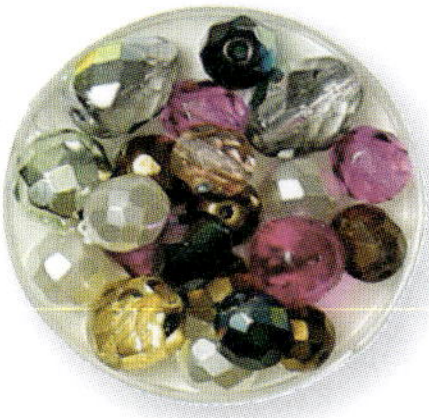

Perlen im Fantasieschliff
Diese Perlen lassen sich in keine Kategorie einordnen. Jede einzelne ist dank ihrer Form und Farbe ein Unikat.

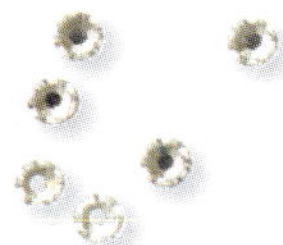

Quetschperlen
Diese metallisierten Perlen dienen nicht zur Verzierung von Armbändern, sondern als Hilfsmittel. Sie werden mit einer Flachzange plattgedrückt, um andere Elemente fest einzuschließen.

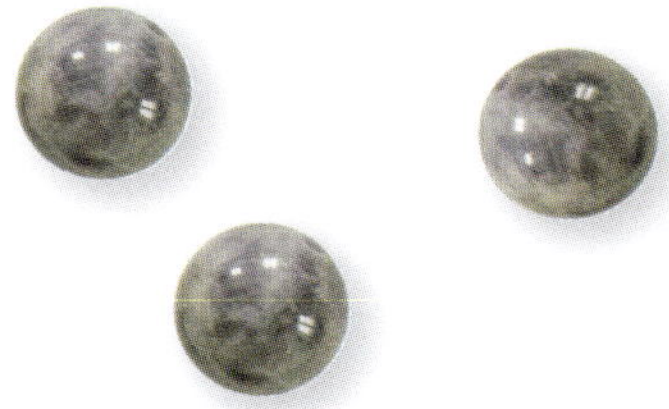

Natursteinperlen
Diese natürlichen Edelsteine strahlen eine Energie aus und besitzen ihre ganz eigenen Eigenschaften. Wähle sie nach deinen persönlichen Bedürfnissen aus.

ANHÄNGER

Anhänger, Federn, Knöpfe ... Du kannst alles Mögliche zum Verzieren deiner Armbänder verwenden. Bewahre deine Schätze gut auf, denn eines Tages kannst du sie sicher gebrauchen.

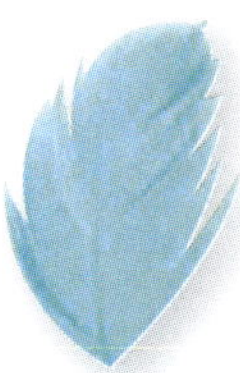

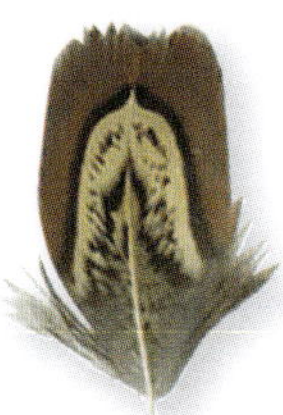

Federn
Federn verleihen deinem Schmuckstück einen Hauch von Bohème. Eine Feder befestigst du mit einer Quetschperle.

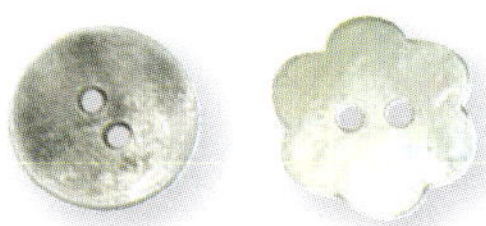

Knöpfe
Knöpfe können sowohl als Verzierung als auch als Verschluss dienen. Du hast die Wahl!

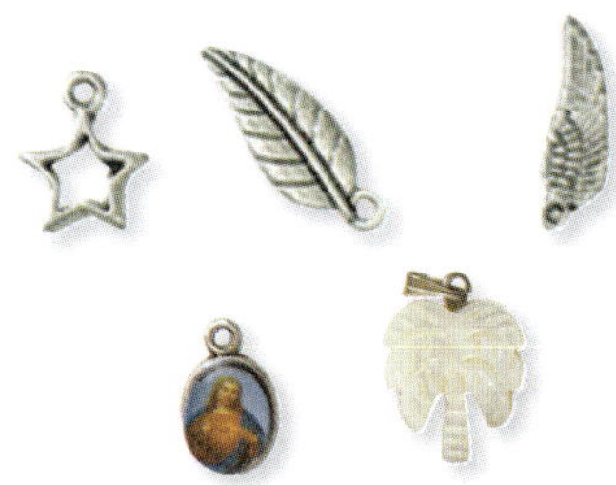

Anhänger
Diese Elemente lassen deine Schmuckstücke verspielter wirken. Wähle ein Symbol, das zu dir passt.

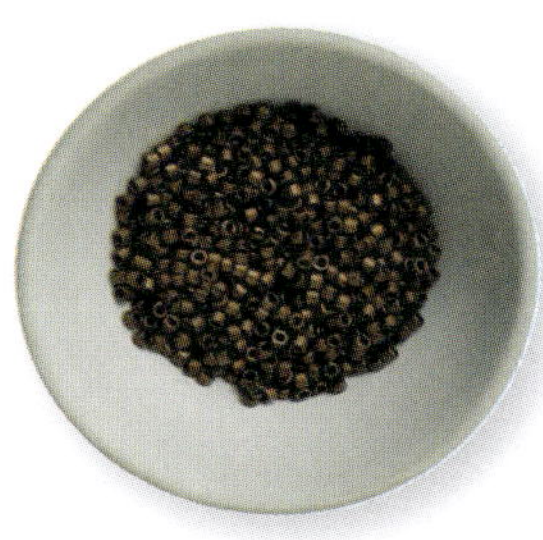

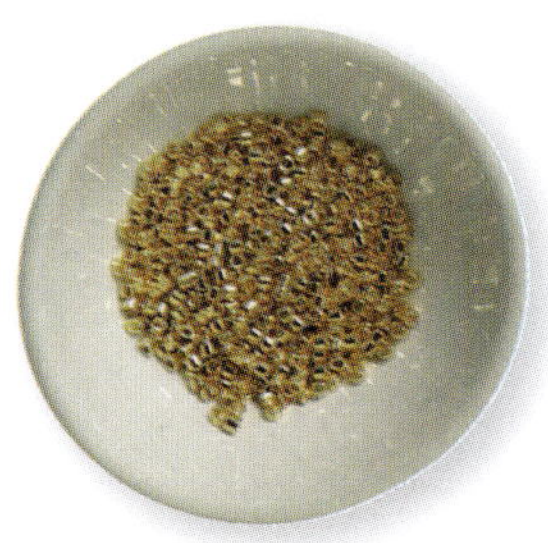

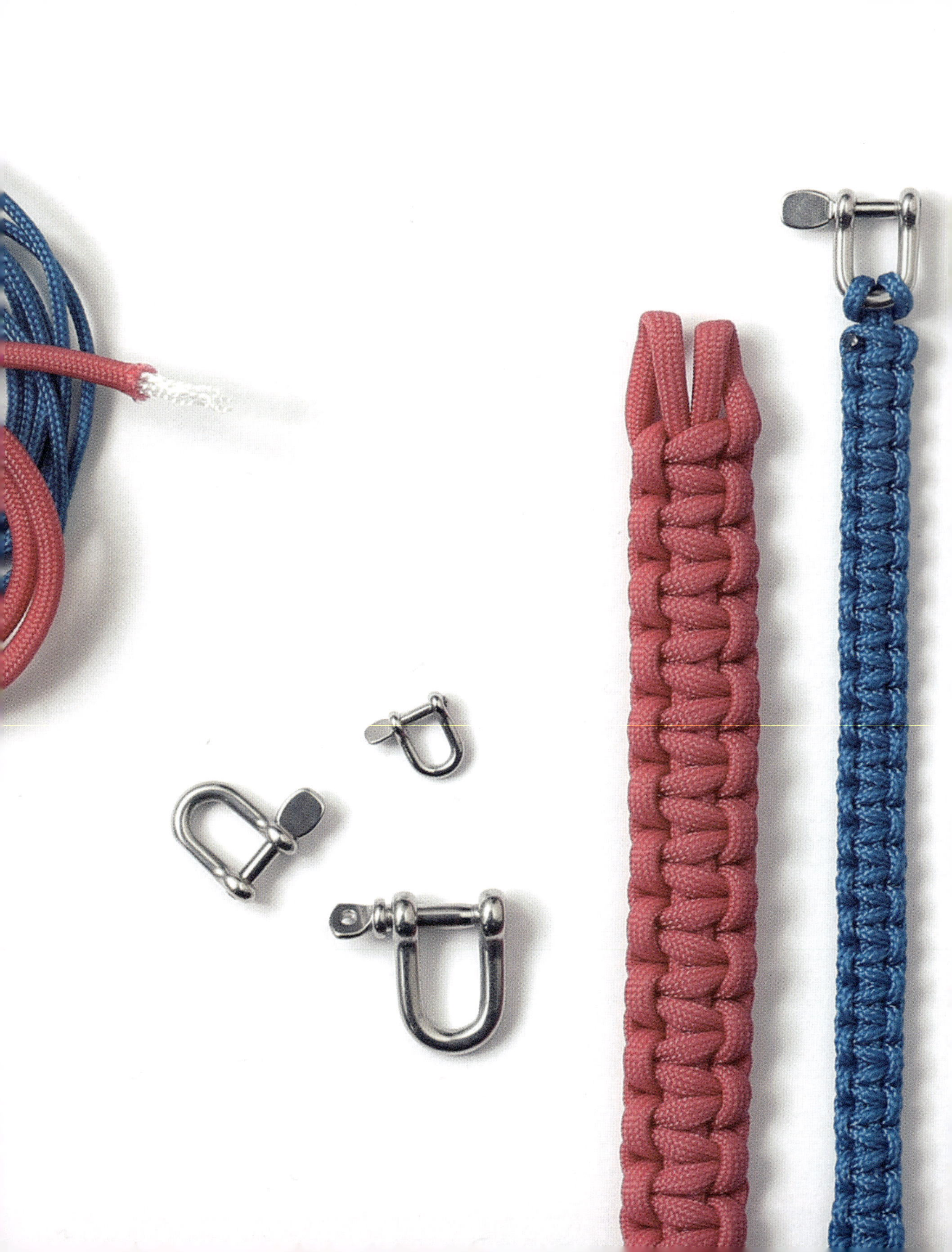

TECHNIKEN

ALLGEMEINE **TECHNIKEN**

TECHNIKEN **FÜR FREUNDSCHAFTSBÄNDER**

SHAMBALLA-**TECHNIKEN**

WICKEL**TECHNIKEN**

KUMIHIMO-**TECHNIKEN**

ROSENKRANZ-**TECHNIKEN**

TECHNIKEN **MIT PARACORD**

TECHNIKEN **MIT ROCAILLES-PERLEN**

TRAUMFÄNGER-**TECHNIK**

Einen Verschluss anbringen

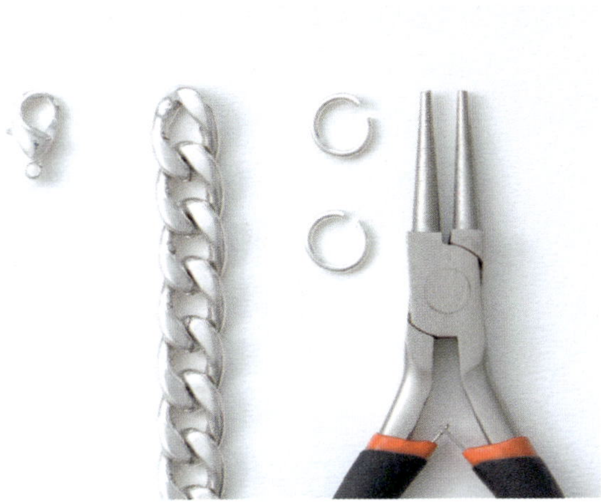

1. Öffne mit einer Rundzange vorsichtig die Ringe.

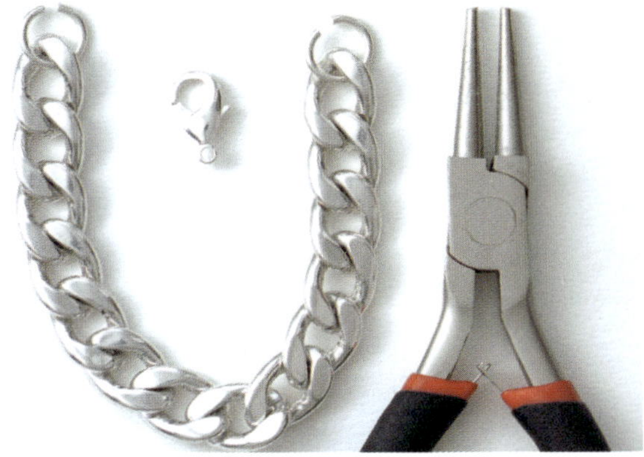

2. Schiebe die Ringe an beiden Enden der Kette durch die Glieder.

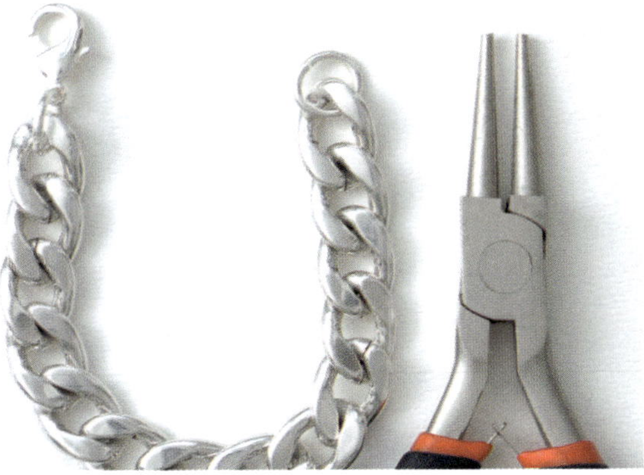

3. Setze einen Karabiner in einen der Ringe. Schließe die Ringe mit der Zange.

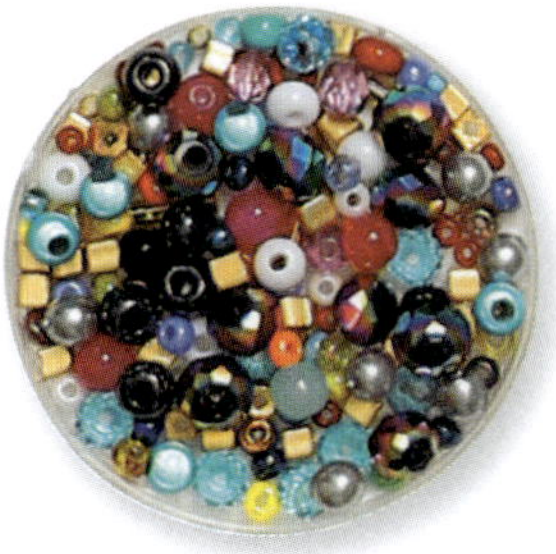

ALLGEMEINE **TECHNIKEN**

Magnetverschluss anbringen

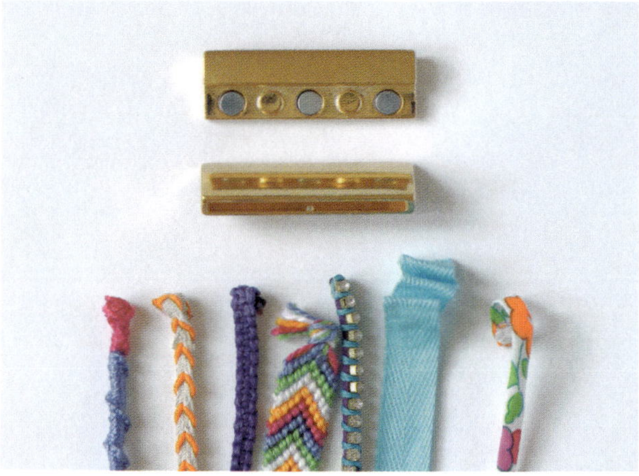

1. Damit die Bänder in diesem Verschluss fixiert sind und gut halten, verstärkst du ihre Enden. Falte die Enden von zu dünnen Schleifenbändern mehrmals. Mache an den Enden von Bändern und Baumwollgarnen einen Doppelknoten.

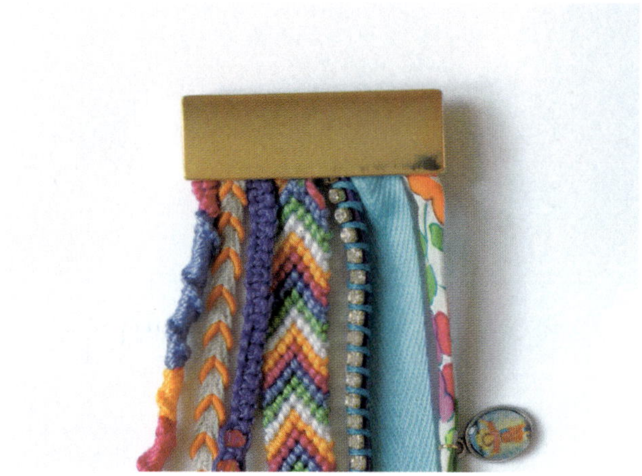

2. Trage auf beide Enden des Armbands Klebstoff auf und schiebe sie dann in den Verschluss. Entferne den überschüssigen Kleber mit einem Wattestäbchen.

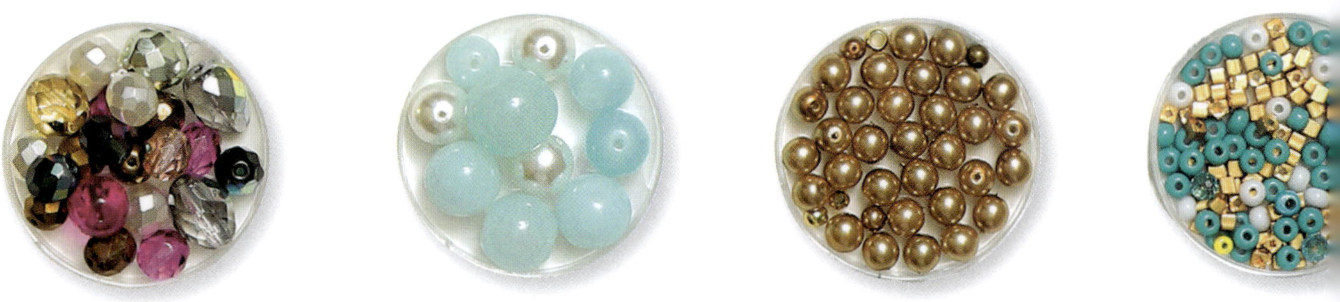

ALLGEMEINE **TECHNIKEN**

Knopfverschluss anfertigen

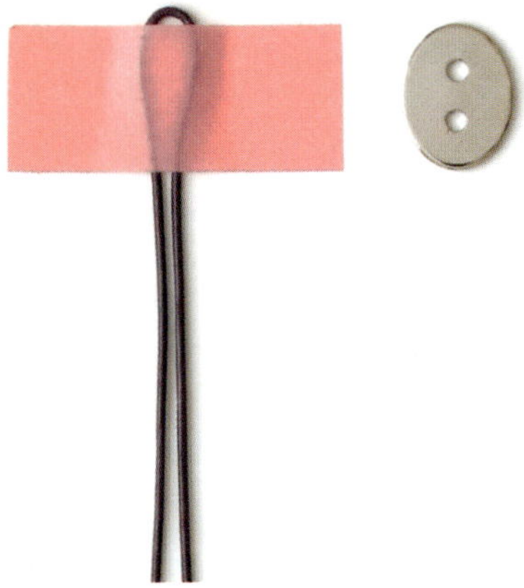

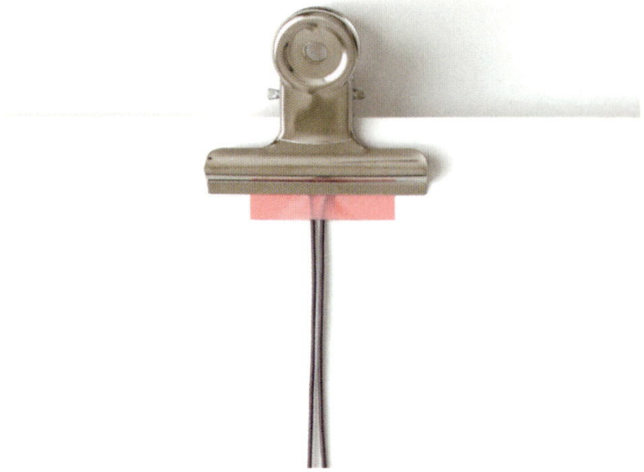

1. Falte das Band in der Mitte und fixiere es mit Malerkrepp, um die Größe der Öse festzulegen. Achte darauf, dass der Knopf, den du als Verschluss ausgewählt hast, durch die Öse passt.

2. Befestige die Schnur auf der Höhe des Knicks mit einer Klemme. Das Malerkrepp schützt das Leder. Fertige das Armband an.

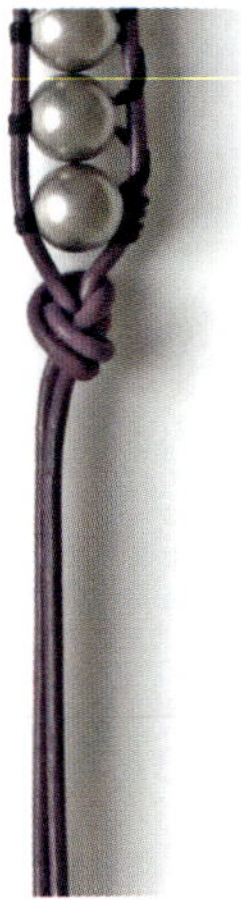

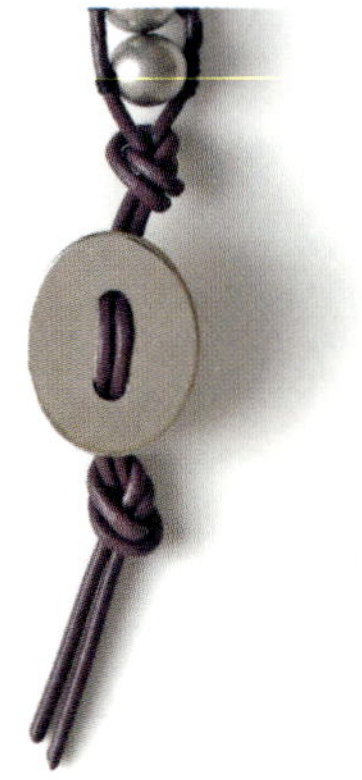

3. Sobald du die gewünschte Länge erreicht hast, mache mit den beiden Bändern einen sehr festen Knoten so nah wie möglich an der Perle. Fädle den Knopf in die Bänder ein.

4. Mache noch einen festen Knoten, um den Knopf zu befestigen. Kürze die Bänder auf 3–4 cm Länge.

Verschluss an einem Webarmband anbringen

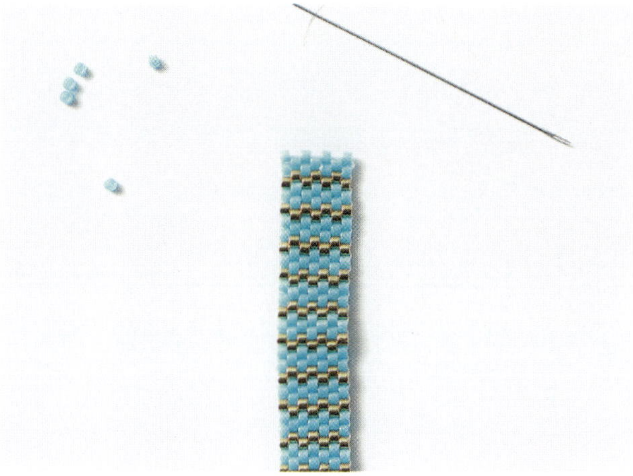

1. Nimm eine Nähnadel und führe sie mehrmals durch die Perlen der letzten Reihe. Ziehe sie in der Mitte des Armbands wieder heraus.

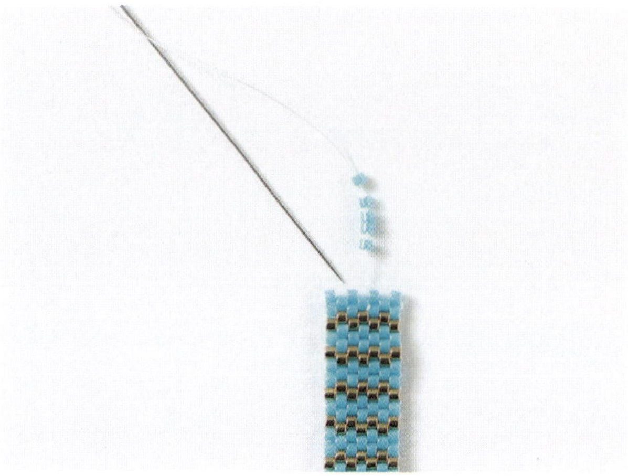

2. Fädle fünf Perlen auf den Faden auf. Stecke die Nadel wieder durch die Mitte und ziehe am Faden, bis du eine ca. 1 cm lange Schlaufe hast. Vernähe den Faden und wiederhole diesen Schritt am anderen Ende des Armbands.

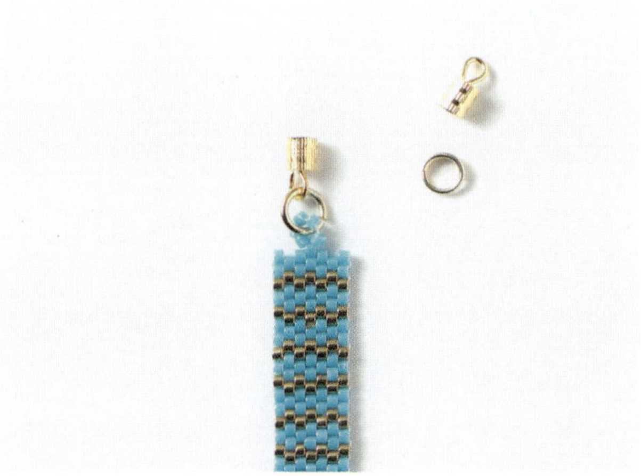

3. Bringe mit einer Zange an beiden Perlenschlaufen einen Ring an. Zum Schluss führst du die beiden Teile des Verschlusses durch die Ringe und schließt sie.

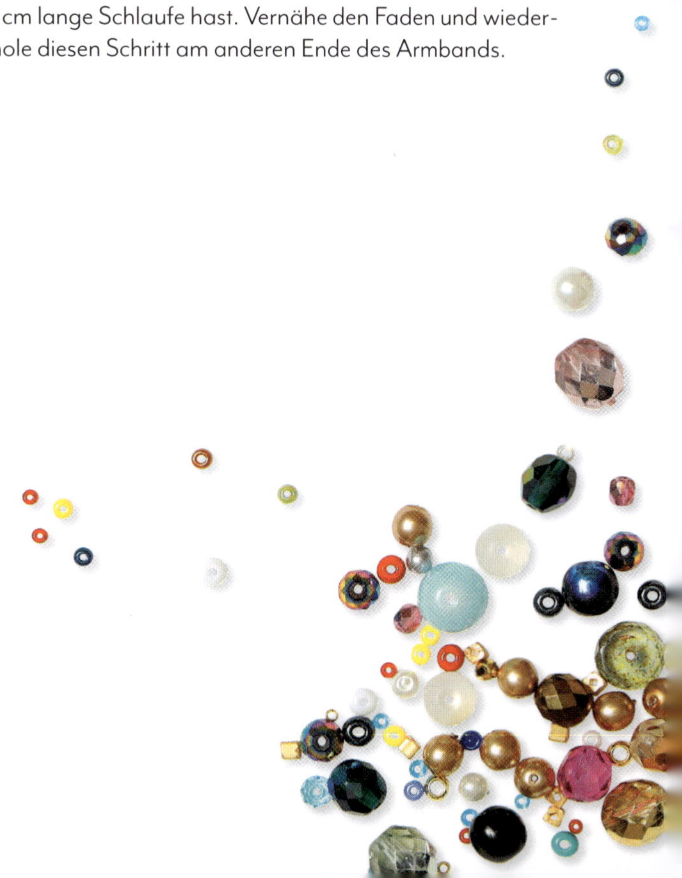

ALLGEMEINE **TECHNIKEN**

Eine Lintklemme anbringen

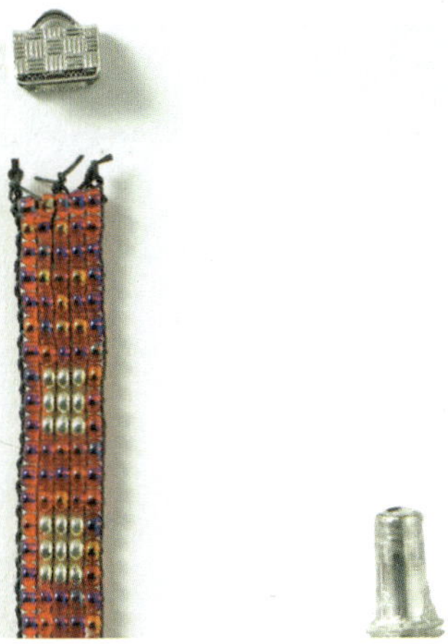

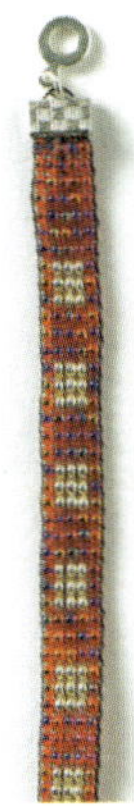

1. Gib einen Tropfen Kleber auf ein Ende des Armbands, bevor du es in ein Endstück schiebst. Drücke es anschließend mit einer Flachzange vorsichtig flach.

2. Wiederhole diesen Schritt am anderen Ende. Füge an beide Endstücken einen Ring an, dann jeweils einen Teil des Verschlusses, und fertig ist das gewebte Perlenarmband!

Eine Quetschperle benutzen

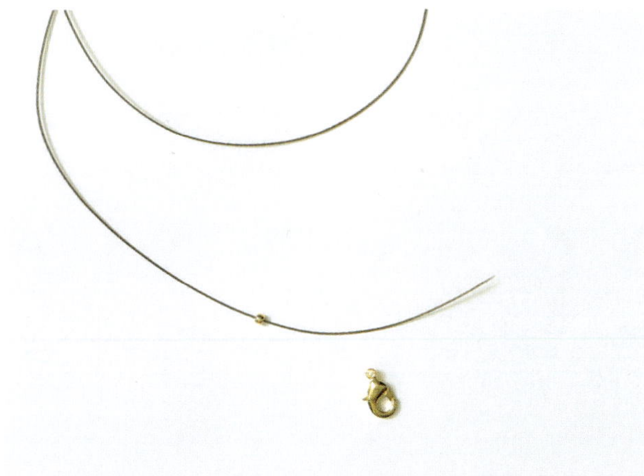

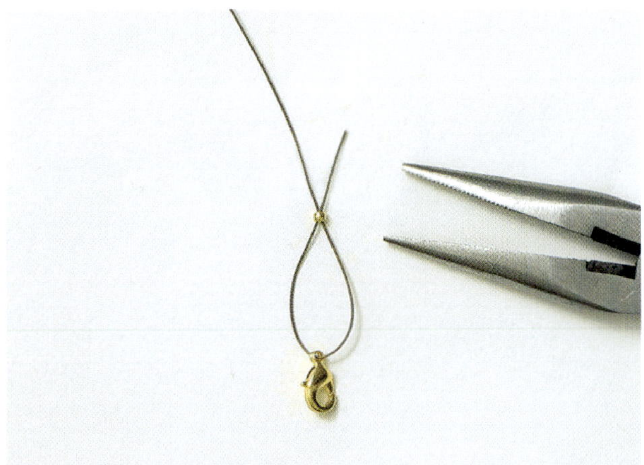

1. Fädle eine Quetschperle auf ein Stück Kabeldraht auf. Anschließend fädelst du den Ring des Verschlusses auf.

2. Fädle den Draht erneut durch die Quetschperle, sodass eine kleine Schlaufe entsteht. Drücke sie mit einer Flachzange nah am Verschluss flach.

ALLGEMEINE **TECHNIKEN**

Eine Feder anbringen

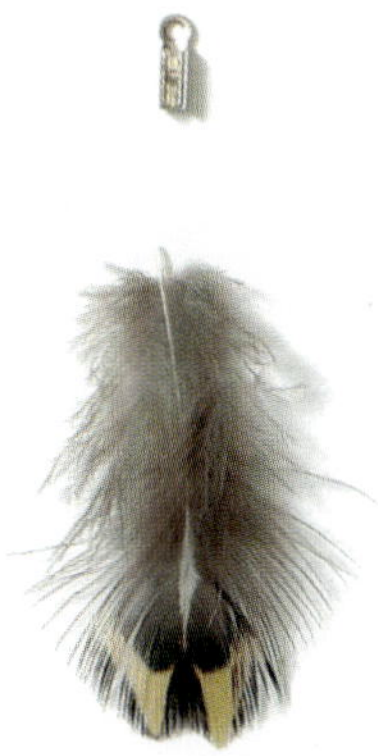

1. Gib einen Tropfen Kleber auf den Federkiel und schiebe ihn in eine Lintklemme.

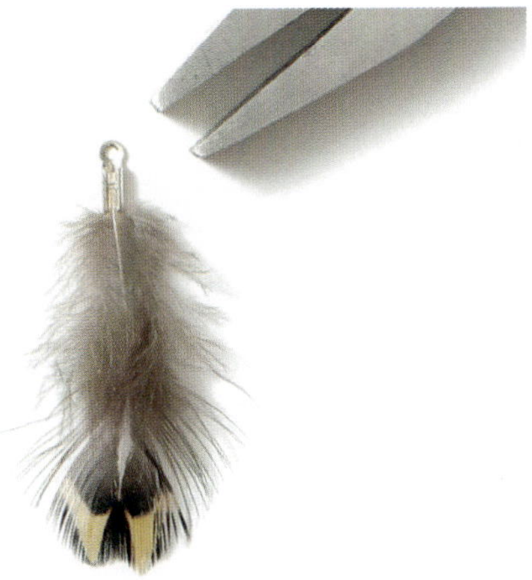

2. Drücke die Lintklemme mit einer Flachzange flach, um die Feder zu fixieren.

Einen Anhänger anbringen

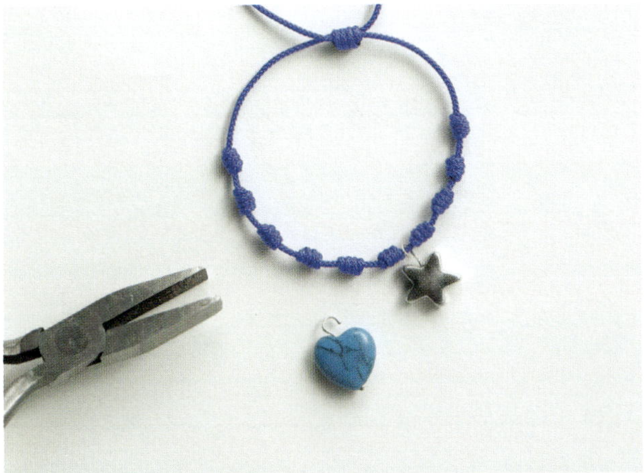

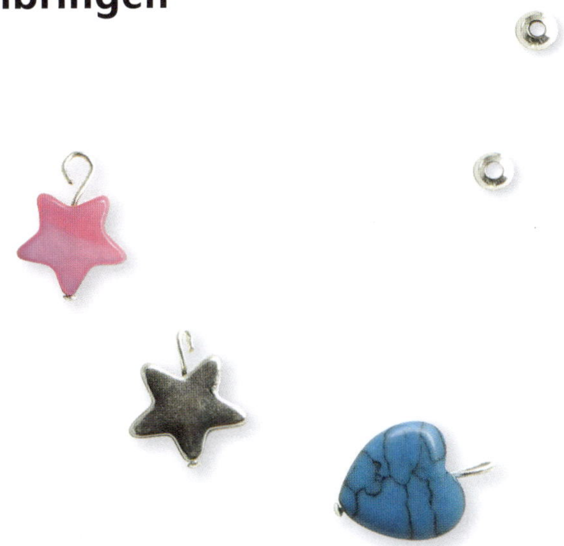

1. Öffne den Ring mit einer Zange, schiebe ihn über den Faden des Armbands und schließe den Ring wieder. Falls der Anhänger keinen Ring besitzt, führe einen Nietstift hindurch und forme mit einer Rundzange einen Ring.

TECHNIKEN FÜR **FREUNDSCHAFTSBÄNDER**

Ein Freundschaftsband beginnen

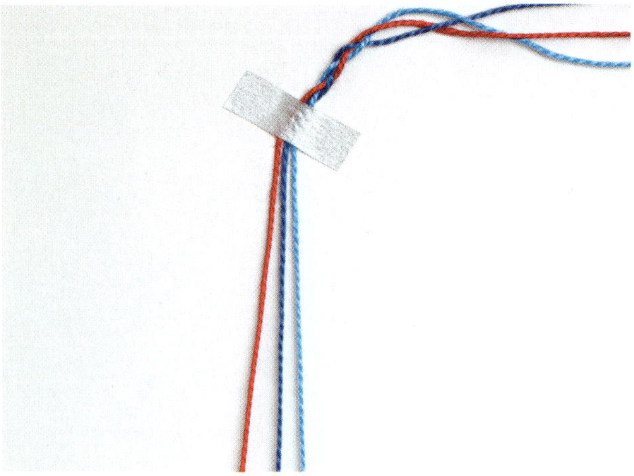

1. Falte die Fäden zur Hälfte, um so die Mitte zu finden. Flechte einen 2,5 cm langen Zopf und knote ihn zu einer Schlaufe.

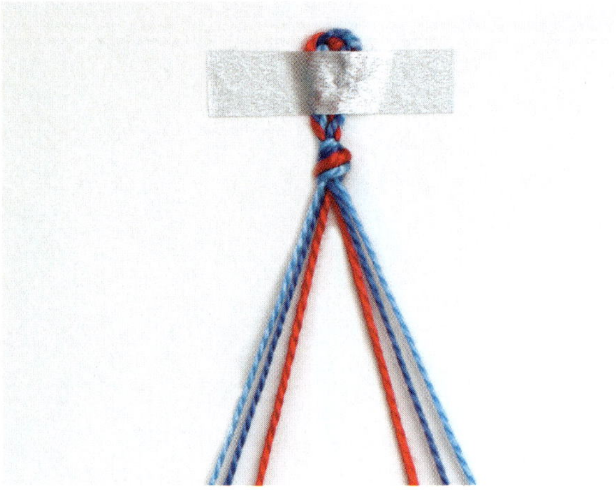

2. Befestige die Schlaufe mit einem Klebestreifen oder einer Klammer auf einer Unterlage. Ordne die Fäden gemäß der Abbildung an.

Ein Freundschaftsband beenden

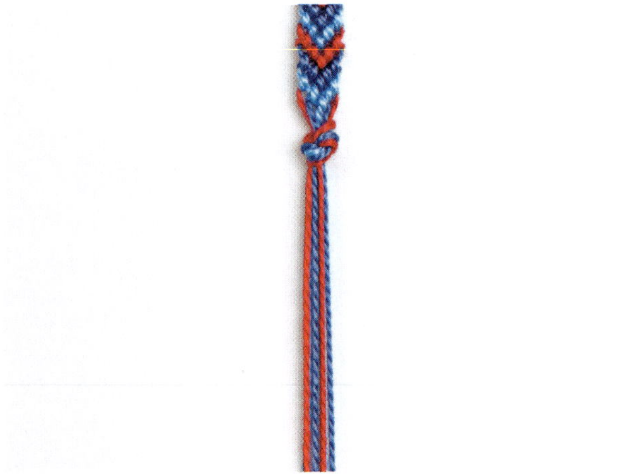

1. Sobald das Armband die gewünschte Länge hat, führe die Fäden zusammen und mache einen einfachen Knoten. Das ist die einfachste Methode, um ein Armband fertigzustellen!

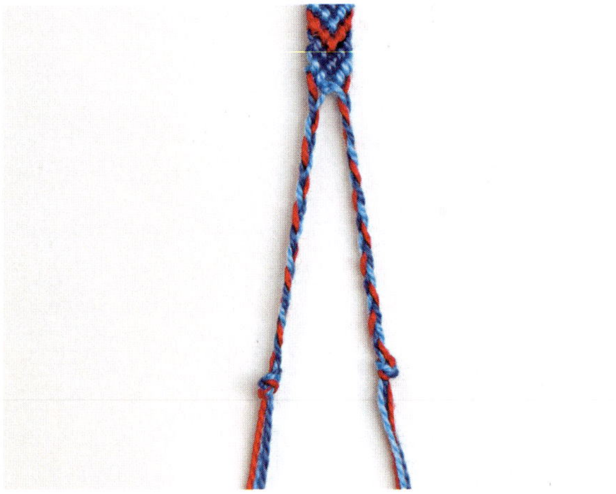

2. Du kannst die Fäden auch in zwei Hälften teilen und zwei schmale Zöpfe flechten, die du jeweils mit einem Knoten beendest.

TECHNIKEN FÜR **FREUNDSCHAFTSBÄNDER**

Ein gerolltes Freundschaftsband anfertigen

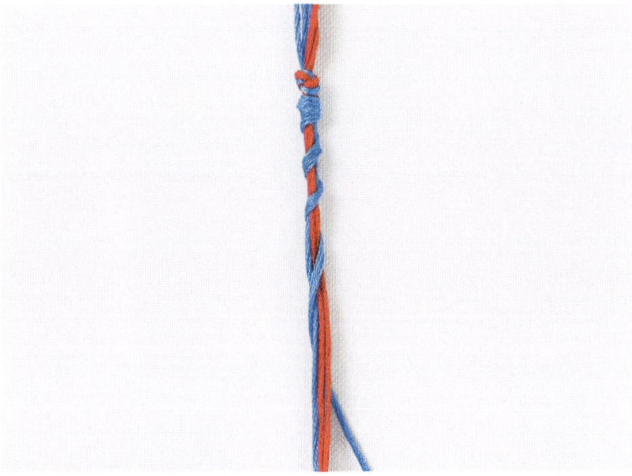

1. Wickle das erste freie Band um die restlichen Bänder und ziehe sie dabei fest. Schiebe das gewickelte Band gleichmäßig nach oben.

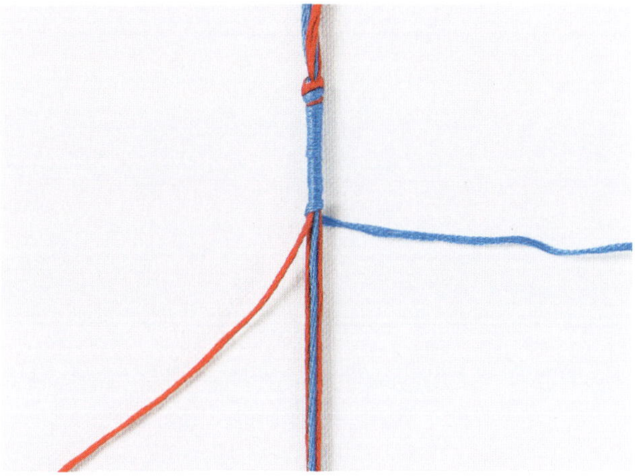

2. Nimm das zweite freie Band und wickle es um die restlichen Bänder. Jetzt müssten die gewickelten Bänder festsitzen. Beende das Armband mit einem festen Knoten.

Bänder flechten

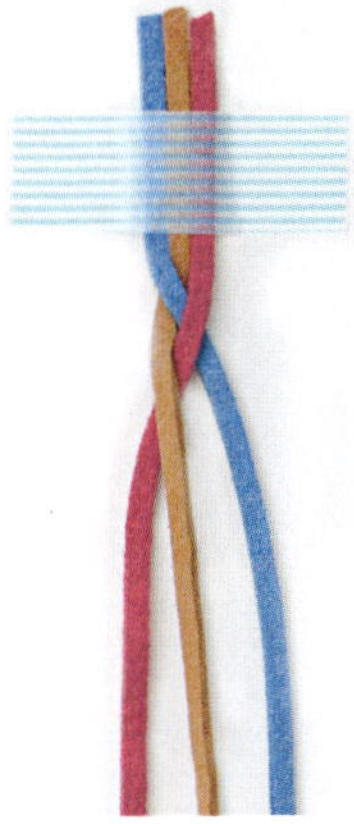

1. Führe das linke Band über das mittlere Band und danach das rechte darüber.

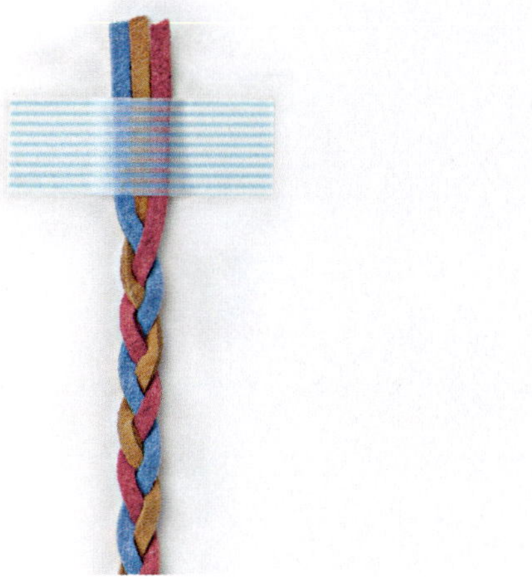

2. Fahre fort, indem du den vorherigen Schritt immer wiederholst. Sobald der Zopf fertig ist, beende ihn provisorisch mit Malerkrepp.

TECHNIKEN FÜR **FREUNDSCHAFTSBÄNDER**

Rechts-rechts-Knoten

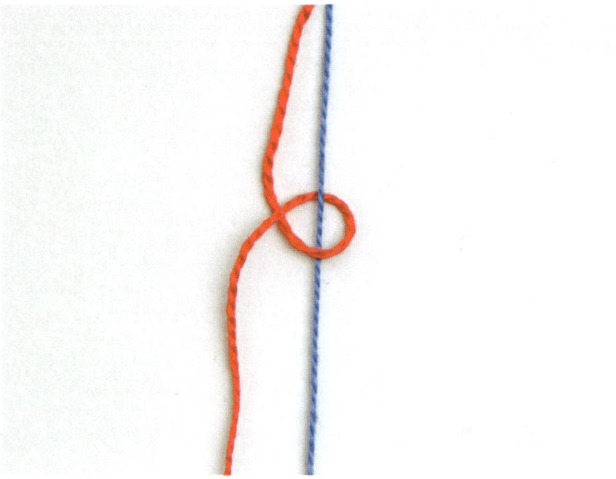

1. Der linke Faden läuft vor dem rechten Faden vorbei, bildet eine Schlaufe um diesen Faden und kommt auf der linken Seite wieder heraus, um den Knoten zu beenden.

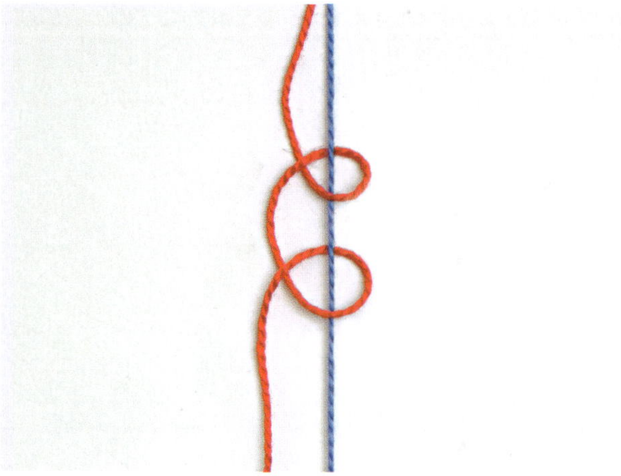

2. Wiederhole diesen Schritt, um einen zweiten Knoten zu machen. Nachdem du beide Knoten gemacht hast, befindet sich der linke Faden rechts vom Knoten.

Rechts-links-Knoten

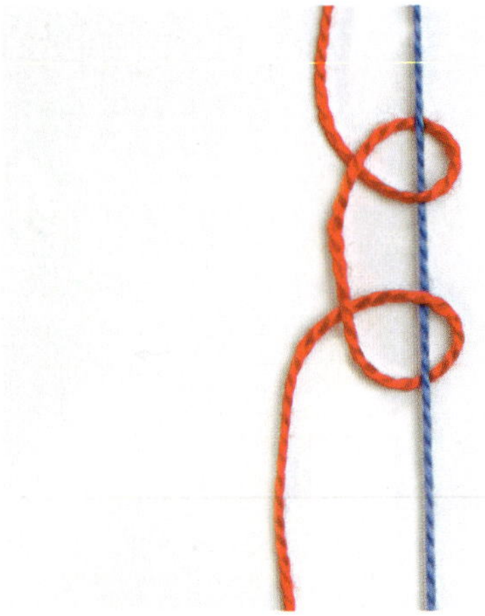

1. Der linke Faden läuft vor dem rechten Faden vorbei, bildet eine Schlaufe um diesen Faden und kommt auf der linken Seite wieder heraus, um den Knoten zu beenden. Für den zweiten Knoten läuft der linke Faden diesmal hinter dem rechten Faden vorbei, bildet eine Schlaufe um diesen Faden und kommt auf der linken Seite wieder heraus. Der linke Faden bleibt links vom Knoten.

HILFSSYMBOLE

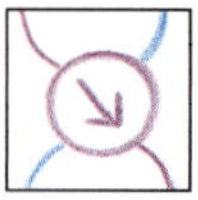

Rechts-rechts-Knoten

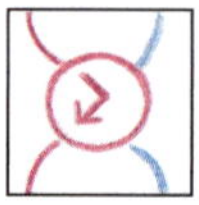

Rechts-links-Knoten

TECHNIKEN FÜR **FREUNDSCHAFTSBÄNDER**

Links-links-Knoten

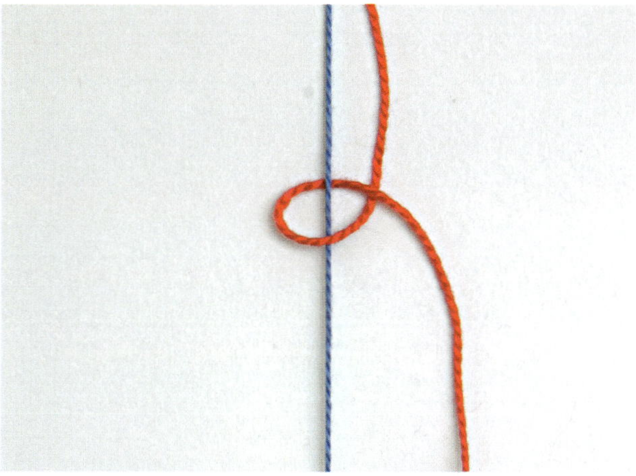

1. Der rechte Faden läuft vor dem linken Faden vorbei, bildet eine Schlaufe um diesen Faden und kommt auf der rechten Seite wieder heraus, um den Knoten zu beenden.

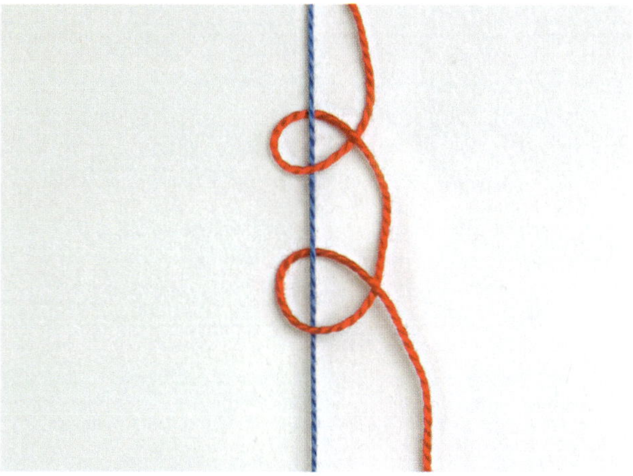

2. Wiederhole diesen Schritt, um einen zweiten Knoten zu machen.

Links-rechts-Knoten

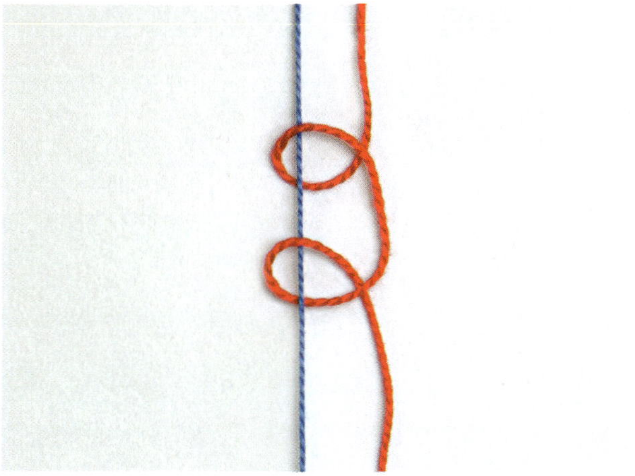

1. Der rechte Faden läuft vor dem linken Faden vorbei, bildet eine Schlaufe um diesen Faden und kommt auf der rechten Seite wieder heraus, um den Knoten zu beenden. Für den zweiten Knoten läuft der rechte Faden diesmal hinter dem linken Faden vorbei, bildet eine Schlaufe um diesen Faden und kommt auf der rechten Seite wieder heraus. Der rechte Faden bleibt rechts vom Knoten.

HILFSSYMBOLE

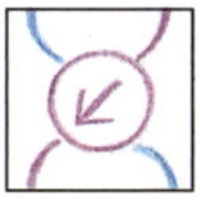

Links-links-Knoten

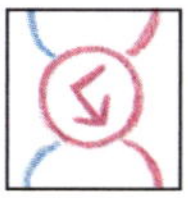

Links-rechts-Knoten

Spiralknoten

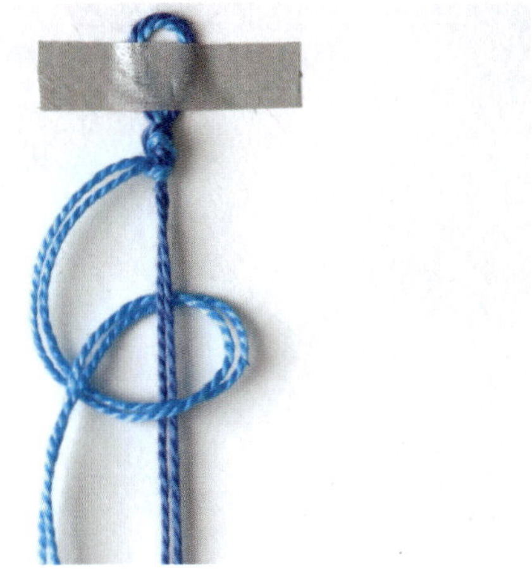

1. Falte die Fäden zur Hälfte und verbinde sie mit einem Knoten. Mache mit den zwei rechten Fäden einen Knoten auf den zwei linken Fäden und ziehe ihn nah an der Ausgangsschleife fest.

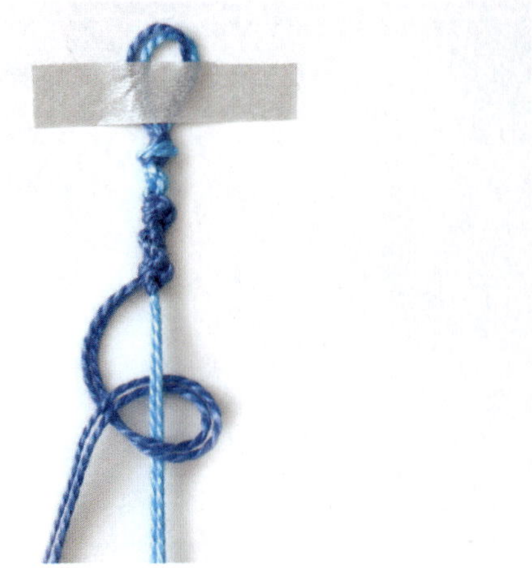

2. Wiederhole diesen Schritt für die folgenden Knoten. Währen du weiter knotest, drehen sich die Knoten wie eine Spirale um die zwei zentralen Fäden.

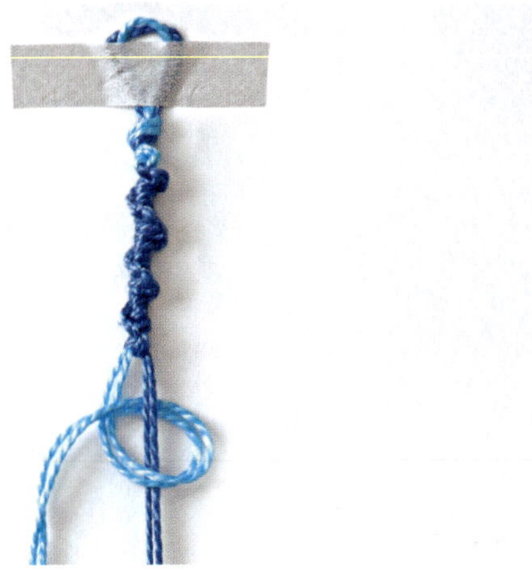

3. Wechsle regelmäßig die Farbe der Fäden. So entsteht ein hübsches Relief.

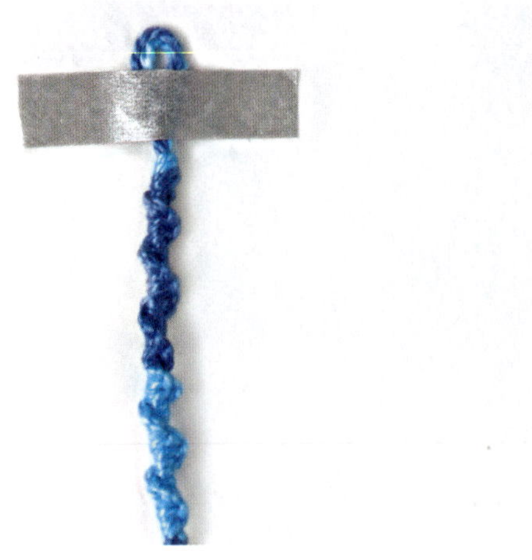

4. Mache einen Knoten nach dem anderen. Nach und nach formt sich die Spirale ganz von allein. Nimm abwechselnd eine andere Farbe und beende das Armband mit einem festen Knoten. Gib einen Tropfen Kleber auf den Knoten und lasse ihn trocknen.

Knüpfmuster lesen

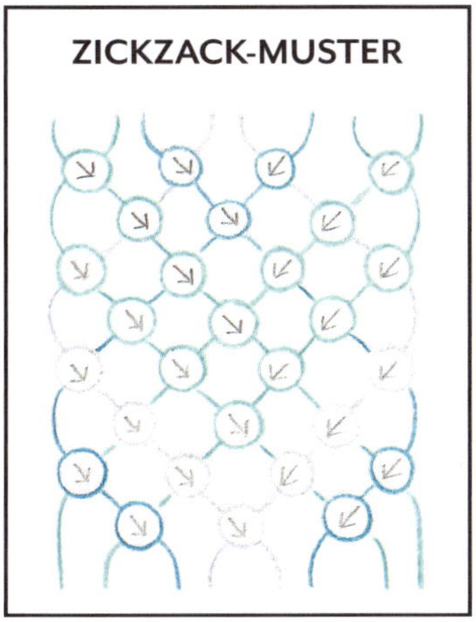

1. Die Anleitungen werden von links nach rechts und von oben nach unten gelesen. Zuerst wird die erste Knotenreihe angefertigt, dann die darunter liegende. Die Pfeile zeigen die Art des Knotens an.

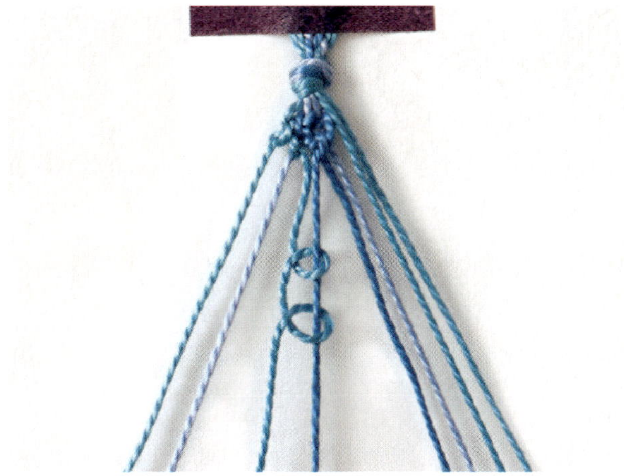

2. Mache zwei Rechts-rechts-Knoten auf die zwei linken Fäden und zwei Links-links-Knoten auf die zwei rechten Fäden.

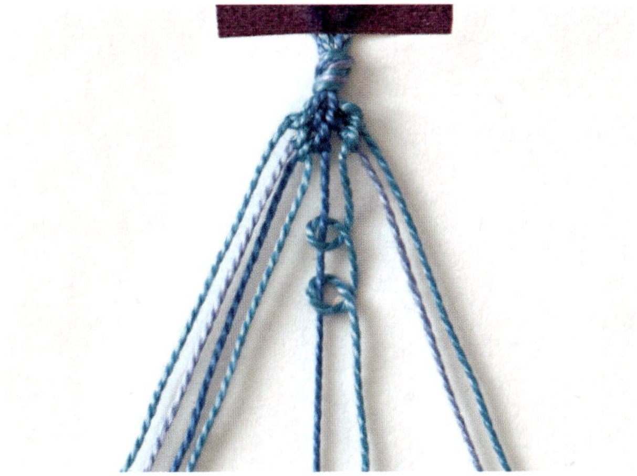

3. Verbinde beide Seiten mit einem Rechts-rechts-Knoten.

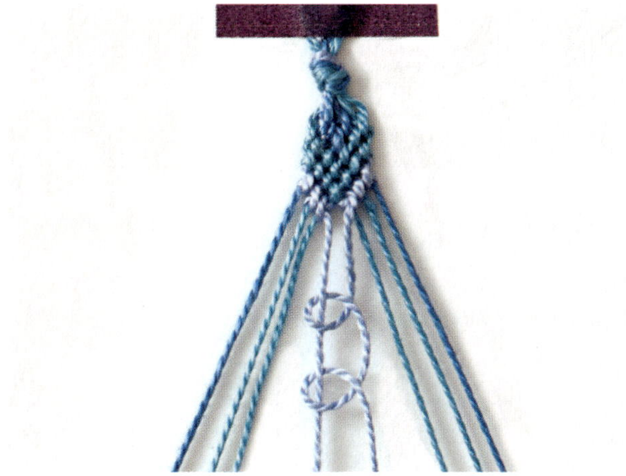

4. Fahre fort, indem du rechts und links Rechts-rechts- und Links-links-Knoten machst. Wechsle dabei mit jeder neuen Reihe die Farbe.

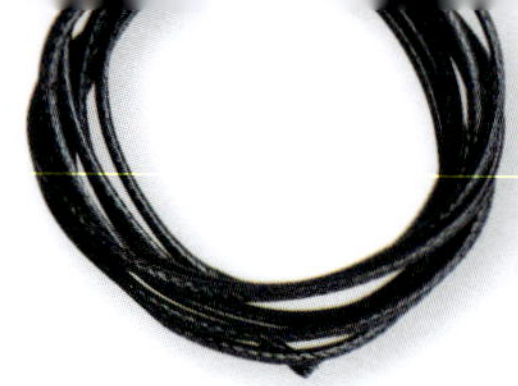

SHAMBALLA-**TECHNIKEN**

Ein Shamballa-Armband beginnen

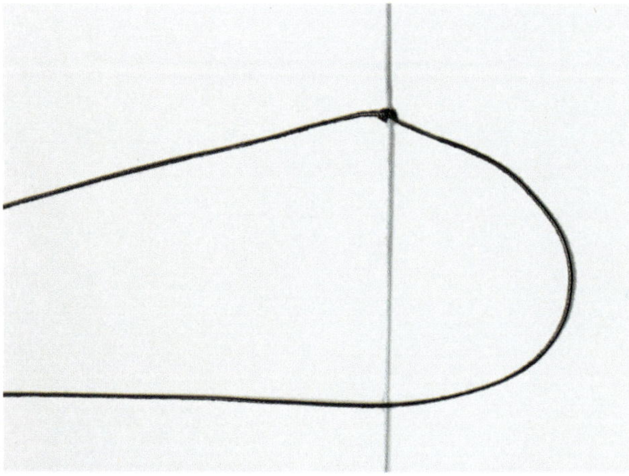

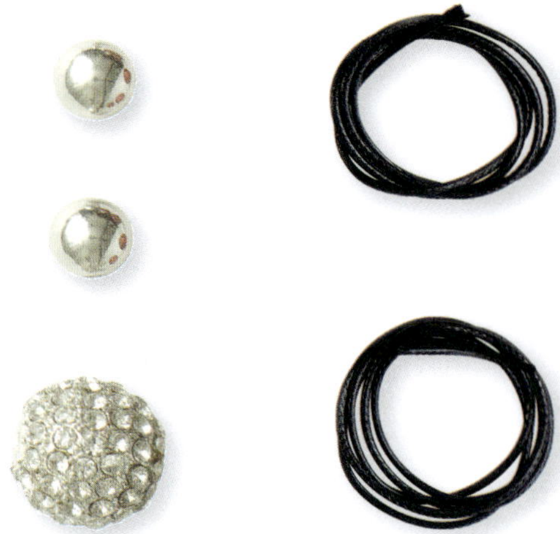

1. Wähle einen Hauptfaden. Er dient als Säule deines Armbands. Nimm einen zweiten Faden und verknote ihn über dem ersten. Achte darauf, dass die Enden auf beiden Seiten gleich lang sind.

Ein Shamballa-Armband beenden

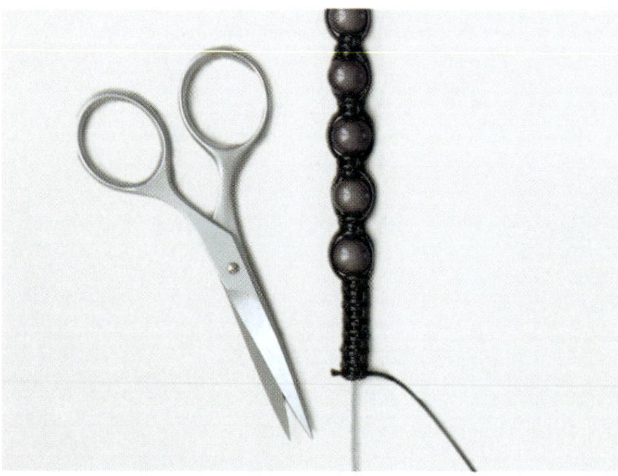

1. Schneide den Nylonfaden, mit dem du die Knoten gemacht hast, ab. Nicht den mittleren Faden! Wenn du mit einem Wachsgarn gearbeitet hast, schiebe die Enden des Garns in die letzten Knoten und klebe sie fest.

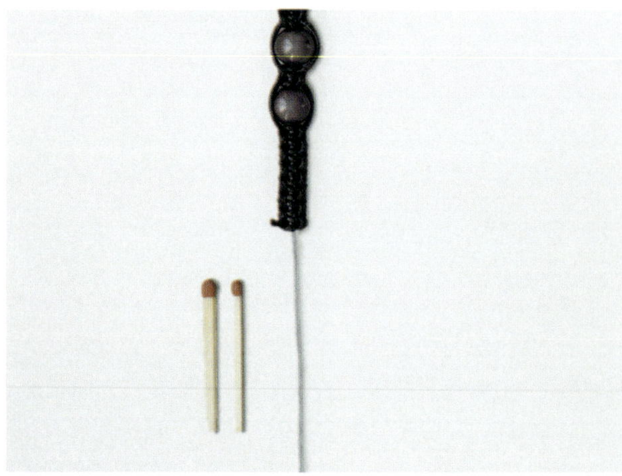

2. Erhitze die Enden des Nylonfadens vorsichtig mit der Flamme eines Streichholzes und drücke sie mit dem Daumen so nah wie möglich an den Knoten flach.

Rechter Kreuzknoten

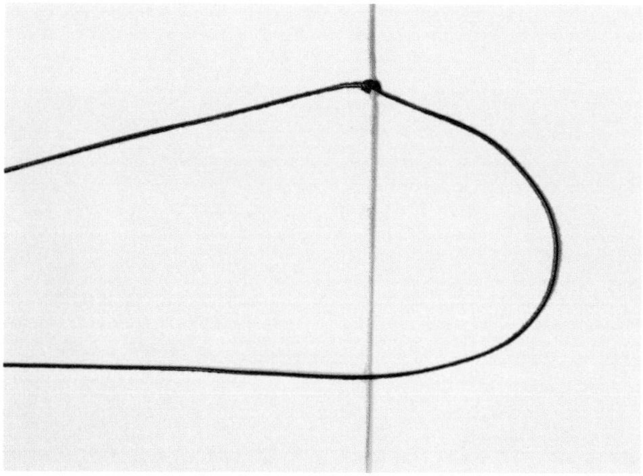

1. Verknote einen Faden um einen mittleren Faden, der als Säule dient. Bilde mit dem rechten Faden eine Schlaufe, indem du ihn über den mittleren Faden legst.

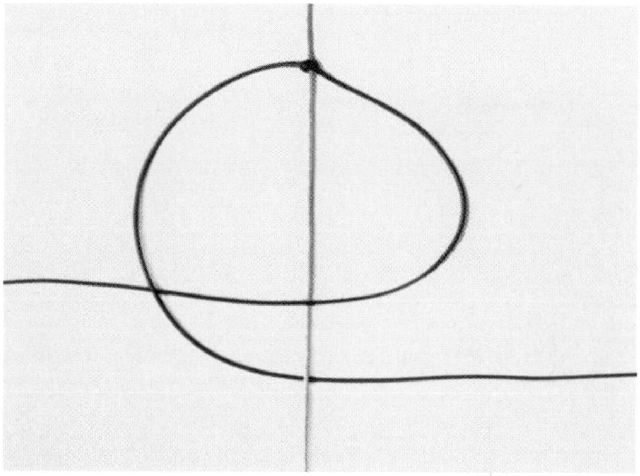

2. Führe den linken Faden über den rechten Faden und unter den mittleren Faden.

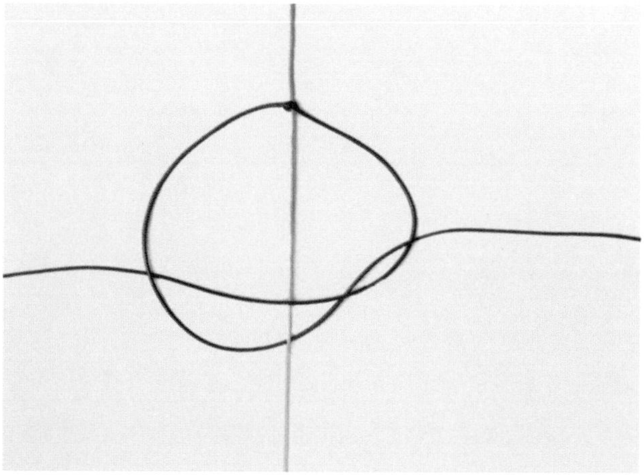

3. Ziehe den linken Faden durch die rechte Schlaufe heraus.

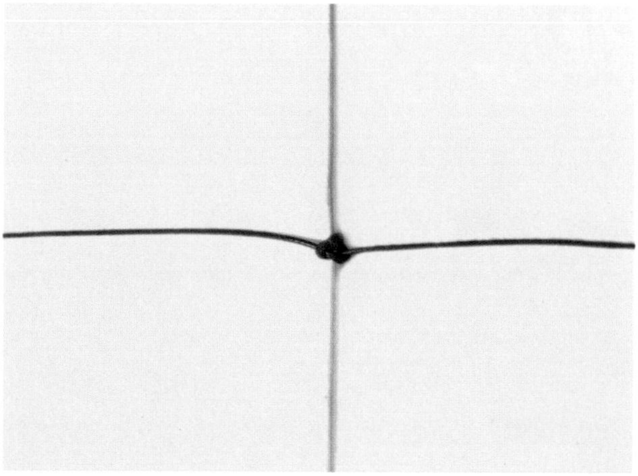

4. Ziehe fest an beiden Enden des Fadens. Der erste rechte Kreuzknoten ist fertig.

SHAMBALLA-**TECHNIKEN**

Linker Kreuzknoten

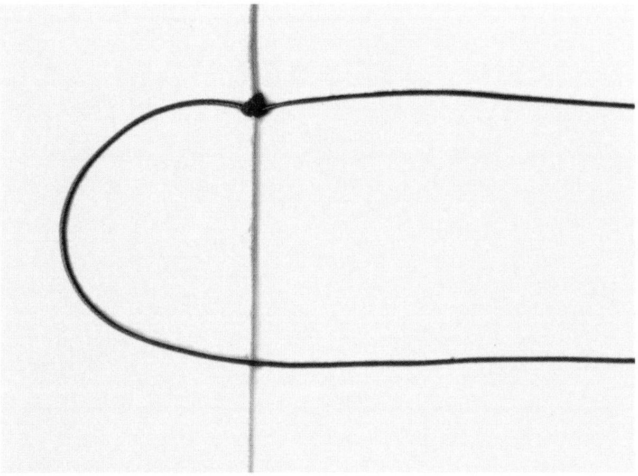

1. Für einen linken Kreuzknoten bildest du mit dem linken Faden eine Schlaufe, indem du ihn über den mittleren Faden legst.

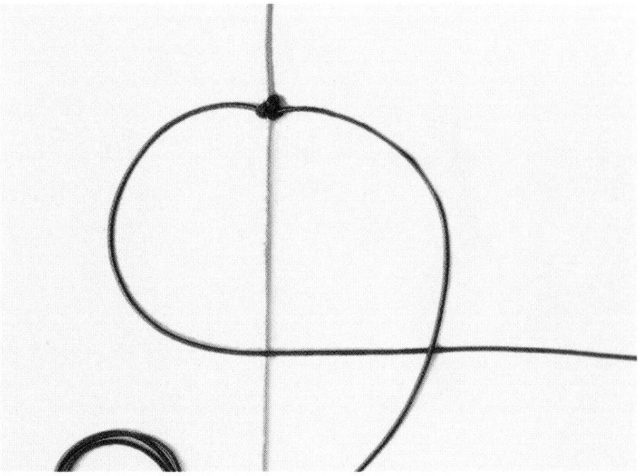

2. Führe den rechten Faden über den linken Faden und unter den mittleren Faden.

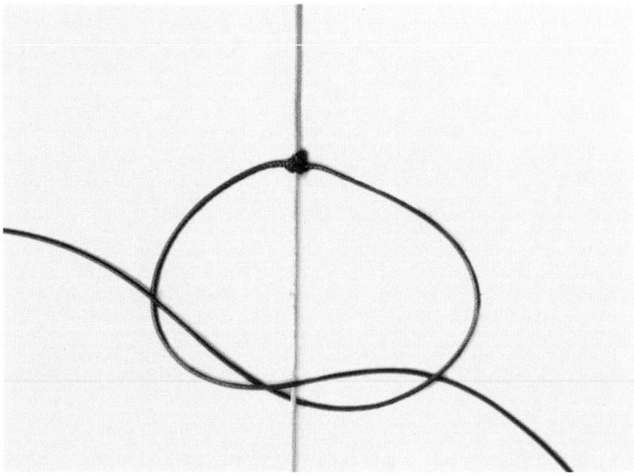

3. Ziehe den rechten Faden durch die linke Schlaufe heraus.

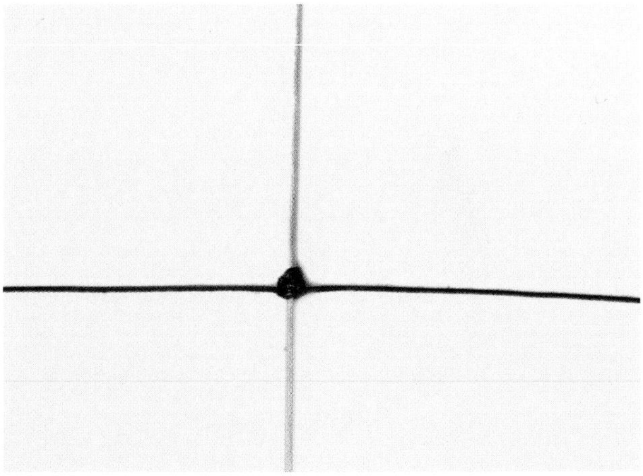

4. Ziehe fest an beiden Enden des Fadens. Der zweite linke Kreuzknoten ist fertig.

SHAMBALLA-**TECHNIKEN**

Schiebeknoten

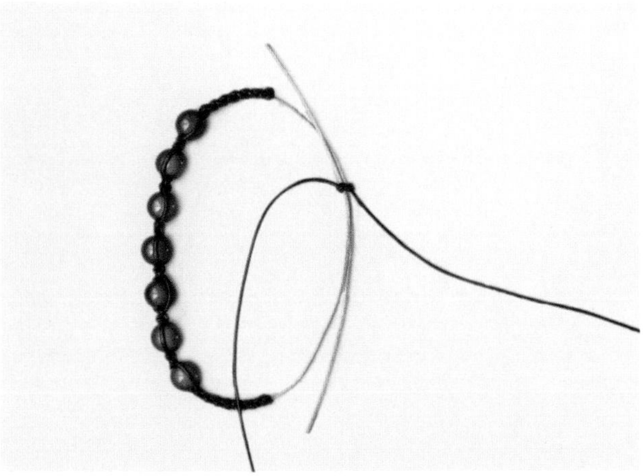

1. Lege das Armband zu einem Kreis und lege die beiden Fäden an den Enden übereinander. Falte einen 40 cm langen Faden in der Mitte und knote ihn um die beiden Fäden des Armbands, um sie miteinander zu verbinden.

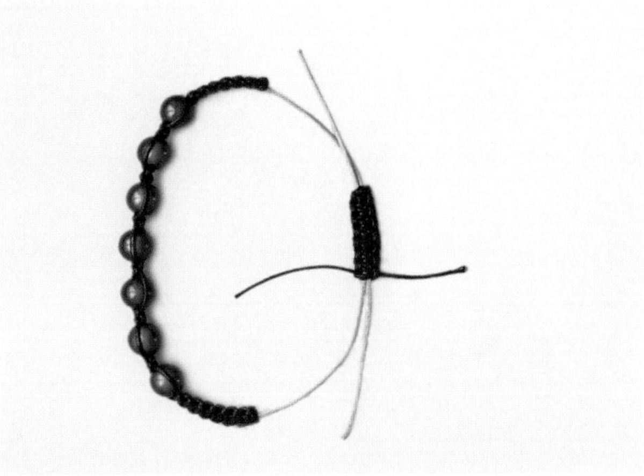

2. Knüpfe mit diesem Faden 3 cm lang sich abwechselnde Kreuzknoten. Der Schiebeknoten ist fertig.

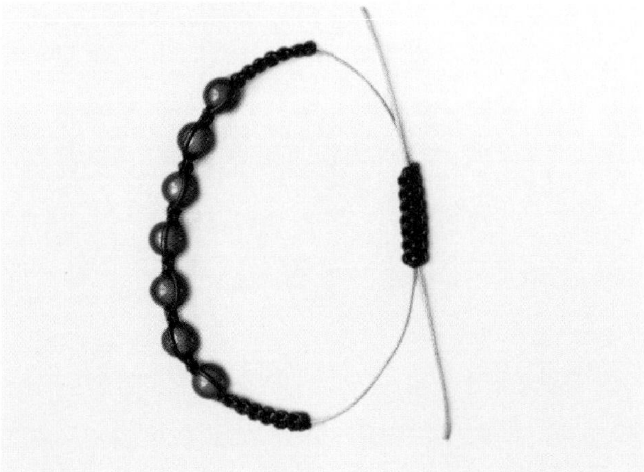

3. Fixiere die Enden des Fadens, den du für den Schiebeknoten verwendet hast, indem du sie anbrennst. Wenn du mit einem Wachsgarn gearbeitet hast, schiebe die Enden in die Knoten und klebe sie fest.

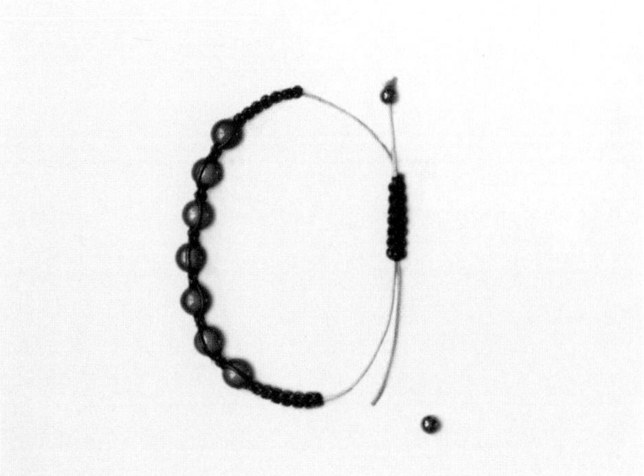

4. Fädle zwei kleine Perlen auf die beiden Fäden des Armbands und mache einen Knoten.

SHAMBALLA-**TECHNIKEN**

Eine Perle in der Mitte anbringen

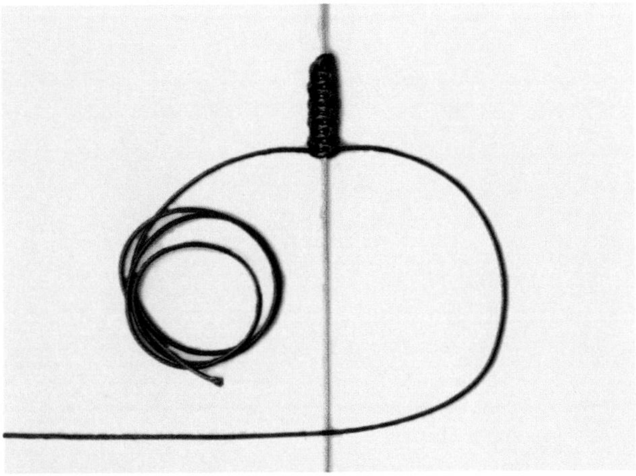

1. Knüpfe abwechselnd Kreuzknoten, bis du zu der Stelle gelangst, an der du die Perle einsetzen möchtest.

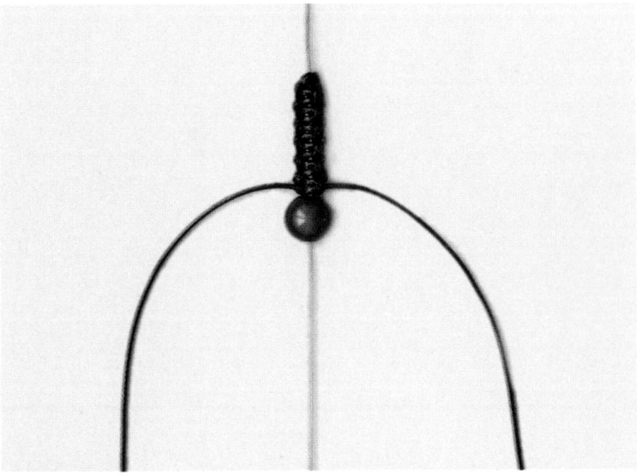

2. Nimm die Perle und schiebe sie bis zu den Knoten.

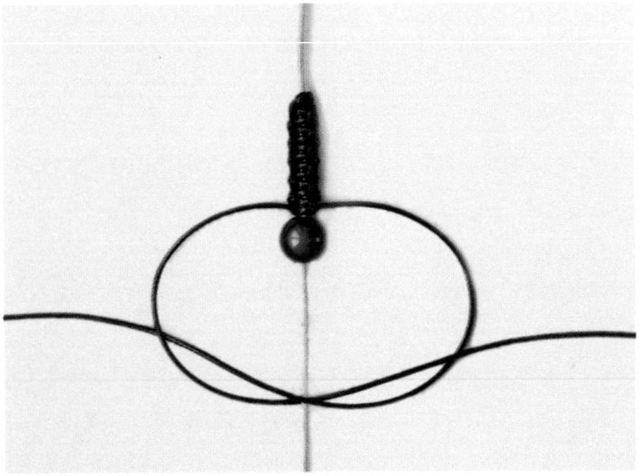

3. Mache mit dem rechten und linken Faden einen Knoten, um die Perle zu sichern.

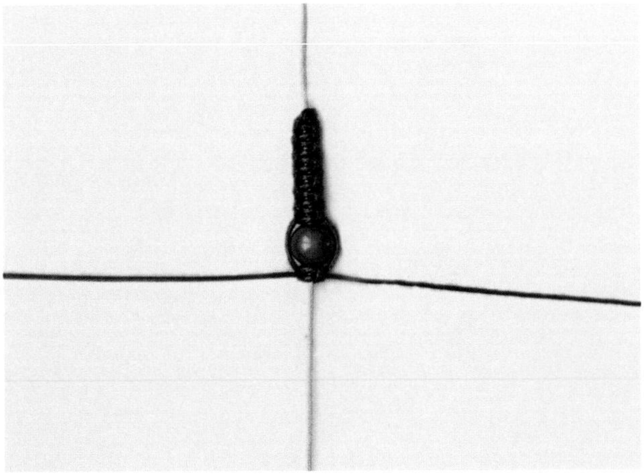

4. Fahre fort, indem du abwechselnd Kreuzknoten knüpfst.

SHAMBALLA-**TECHNIKEN**

Eine Perle an der Seite anbringen

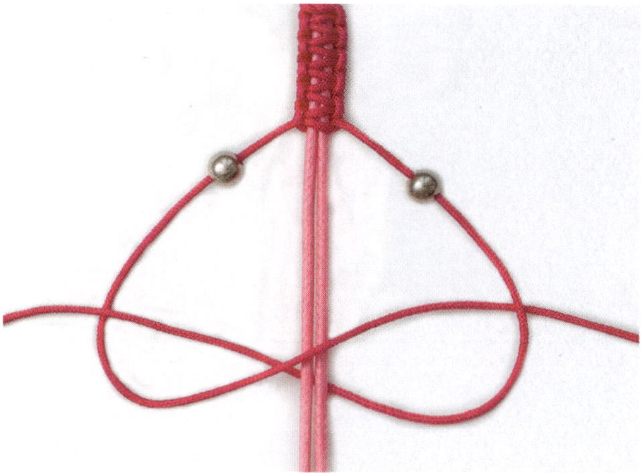

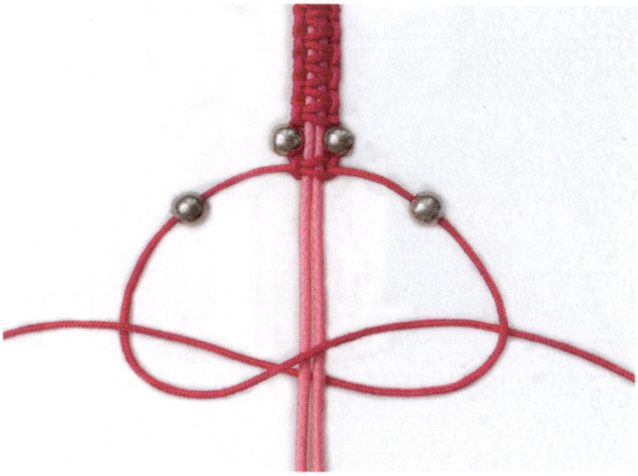

1. Nachdem du mehrere Kreuzknoten gemacht hast, ziehe eine Perle auf den linken und eine weitere auf den rechten Faden auf. Mache einen linken Kreuzknoten. Ziehe an beiden Fäden, um die Perlen zu sichern.

2. Mache einen rechten Kreuzknoten und ziehe eine Perle auf den linken und eine auf den rechten Faden auf. Mache einen linken Kreuzknoten. Der zweite linke Kreuzknoten ist fertig.

Eine aufgesetzte Perle anbringen

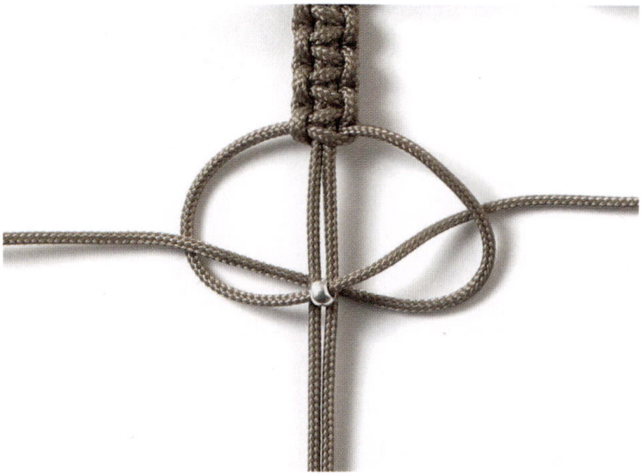

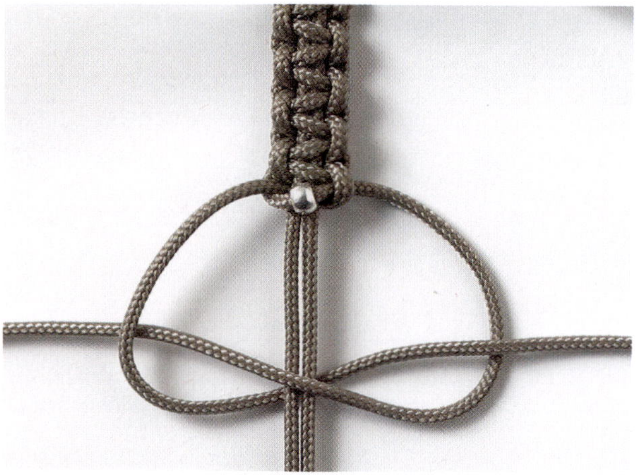

1. Bilde mit dem linken Faden eine Schleife, indem du die Perle auf den Faden ziehst. Bilde einen Knoten und achte dabei darauf, dass die Perle in der Mitte bleibt.

2. Ziehe den Knoten fest. Die Perle ist jetzt gesichert. Fahre fort, indem du weitere Kreuzknoten bildest.

Ein Wickelarmband beginnen

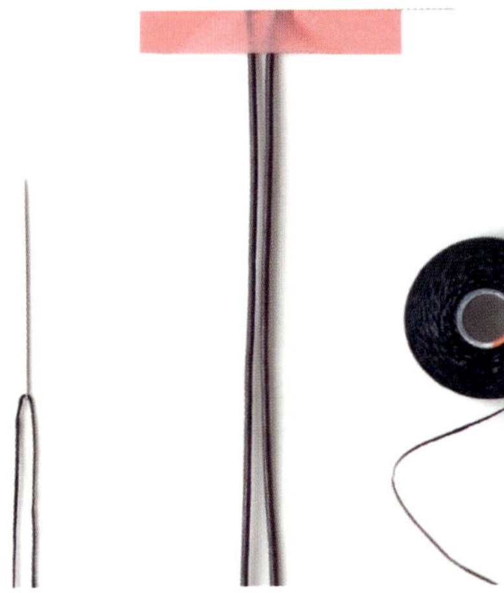

1. Nimm einen 2 m langen Faden. Fädle ihn in eine Nadel ein. Falte eine Lederschnur zur Hälfte und fixiere die Rundung mit Malerkrepp.

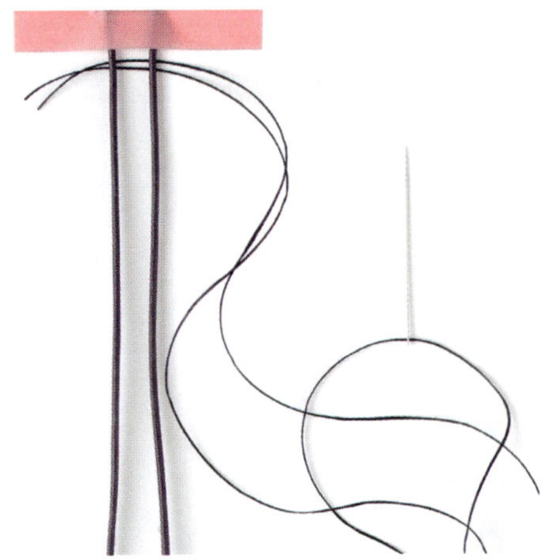

2. Führe den Faden unter den beiden Lederschnüren hindurch und schiebe ihn bis zum Malerkrepp und bis unter die Lederschlaufe hoch.

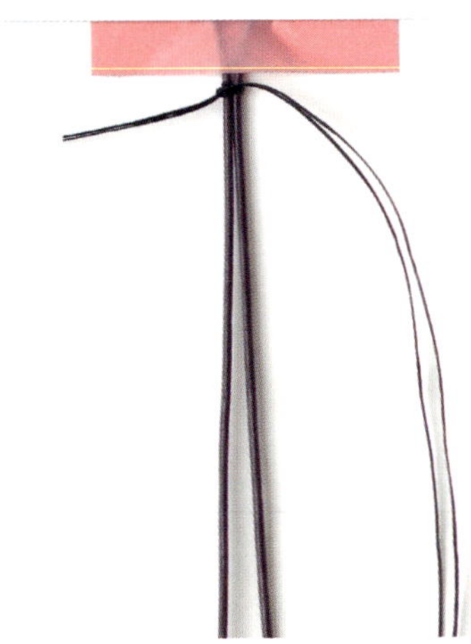

3. Mache einen Doppelknoten, um die Schlaufe zu verschließen und die beiden Lederschnüre zu verbinden.

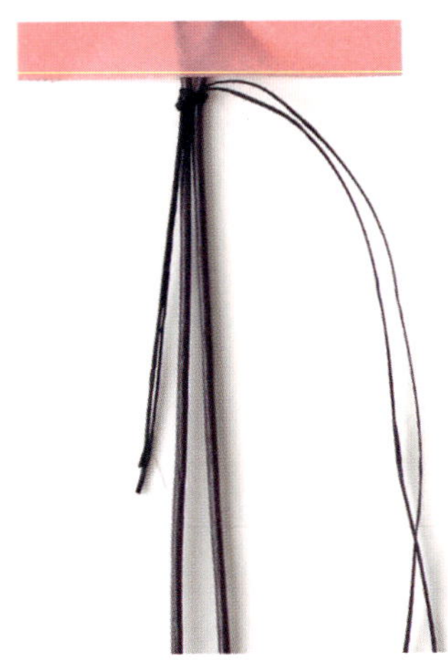

4. Lege den Faden rechts entlang der zwei Lederschnüre ab.

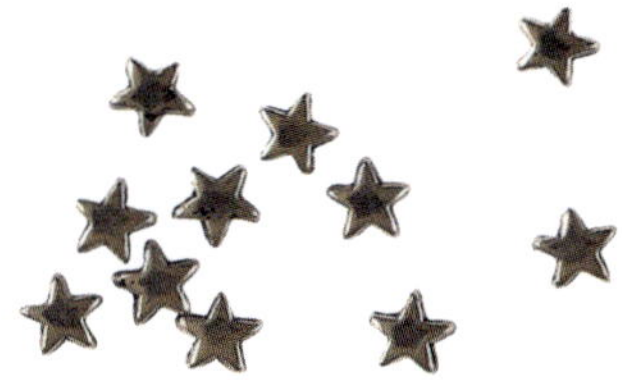

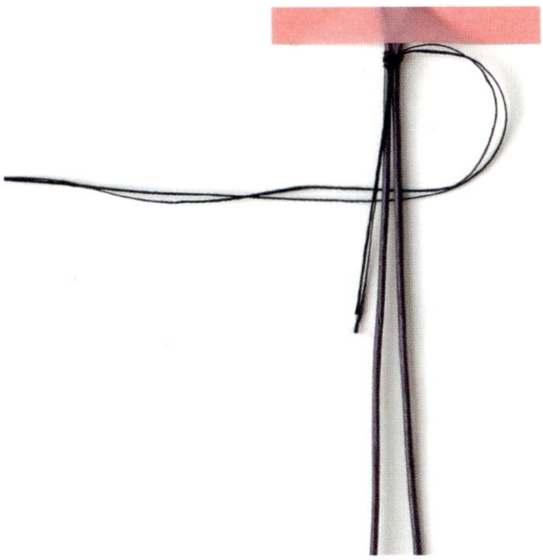

5. Bilde mit dem Faden eine Schleife und führe ihn dann unter den Schnüren hindurch.

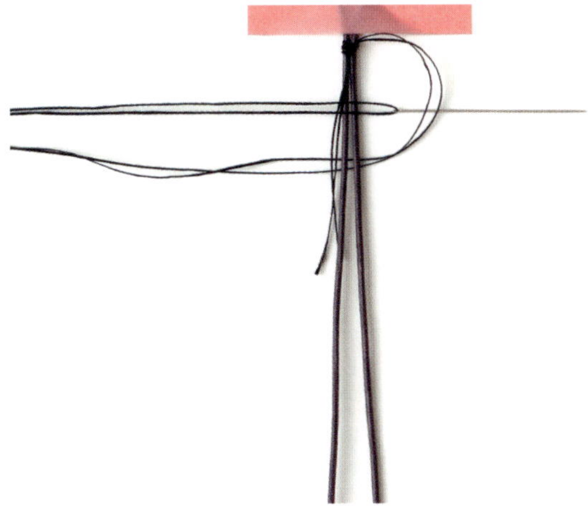

6. Führe die Nadel über die Fäden und Schnüre und schiebe sie durch die rechte Schlaufe.

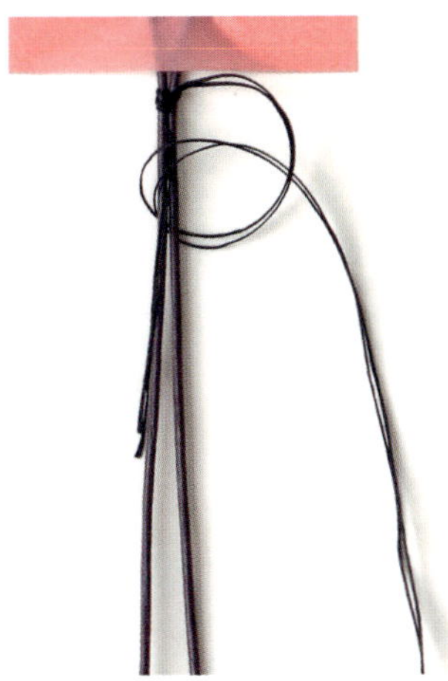

7. Ziehe an den Fäden, sodass sich ein Knoten um die Schnüre und die Fäden auf der rechten Seite bildet. Wiederhole die Schritte 5–7 mehrere Male, um fünf feste Knote zu erhalten.

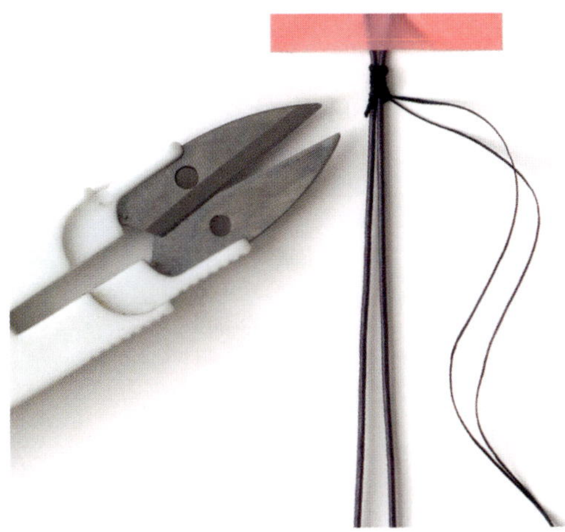

8. Schneide die Fäden links ab und gib einen Tropfen Kleber auf die Knoten.

Eine Perle einfügen

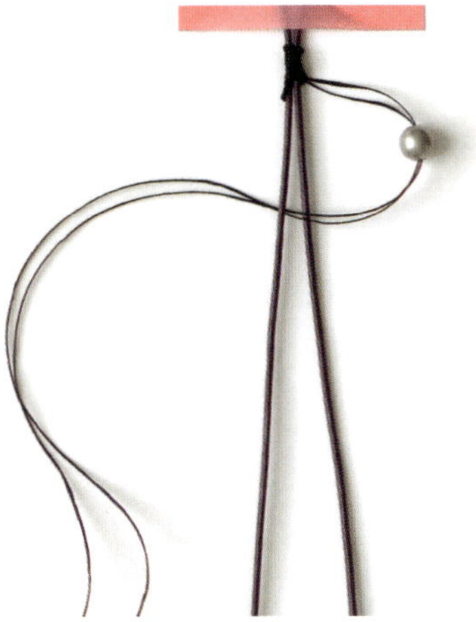

1. Fädle eine Perle auf und führe die Fäden über die rechte Schnur und unter der linken Schnur hindurch.

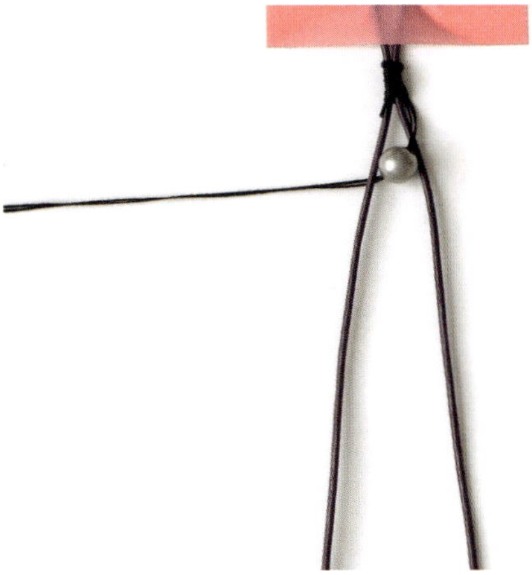

2. Platziere die Perle in die Mitte der beiden Schnüre.

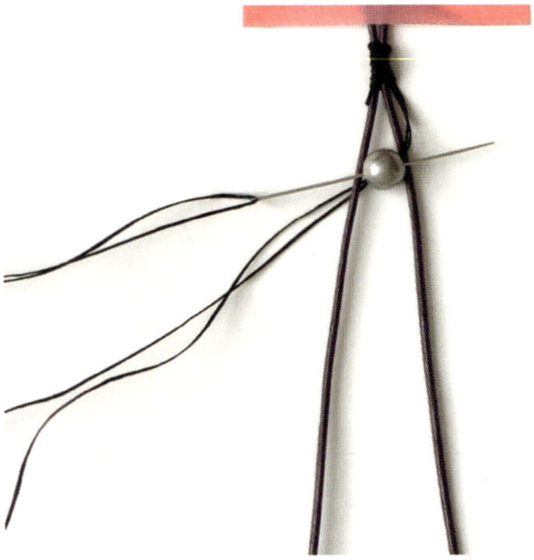

3. Führe die Nadel durch die Perle, indem du die Fäden über die linke Schnur legst.

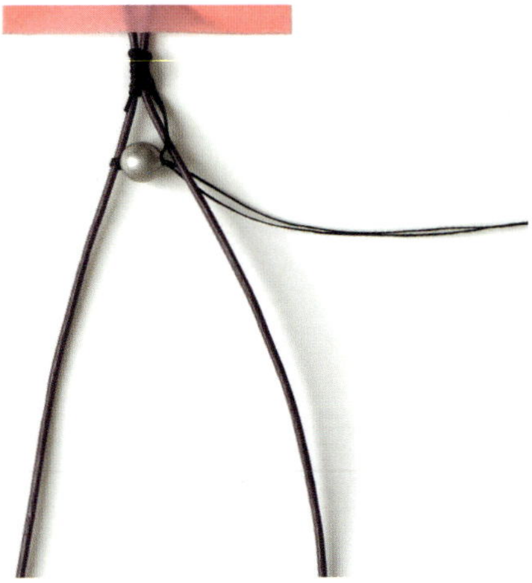

4. Führe die Nadel unter der rechten Schnur hindurch.

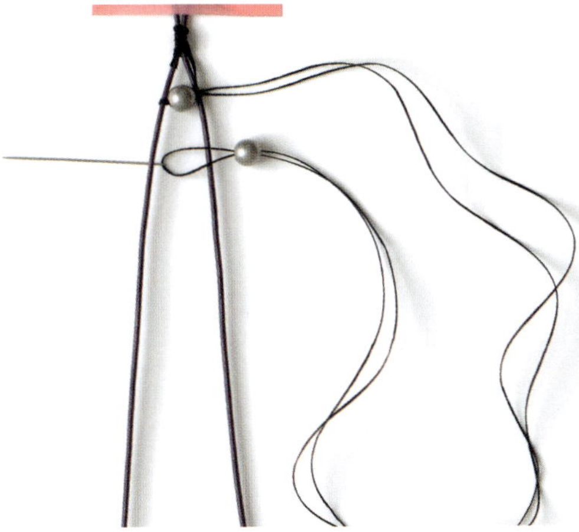

5. Fädle eine zweite Perle auf.

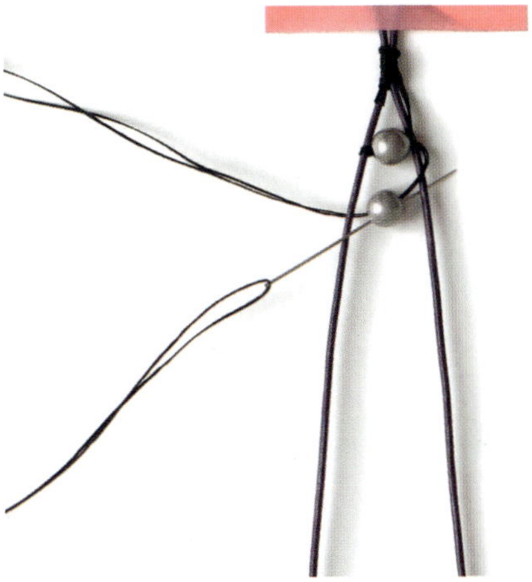

6. Wiederhole die Schritte 1–5.

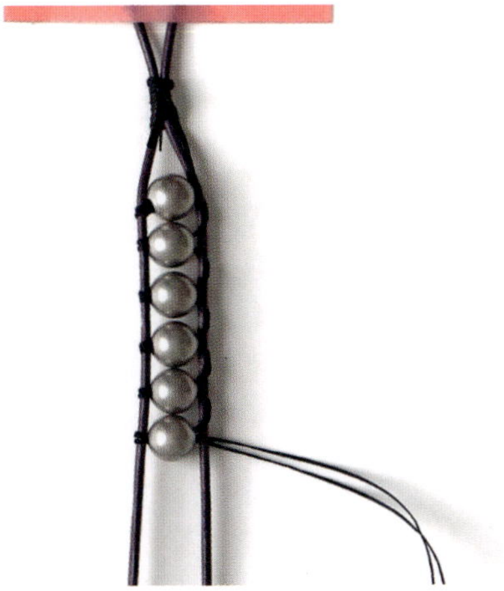

7. Fahre so fort, bis dein Armband die gewünschte Länge erreicht hat.

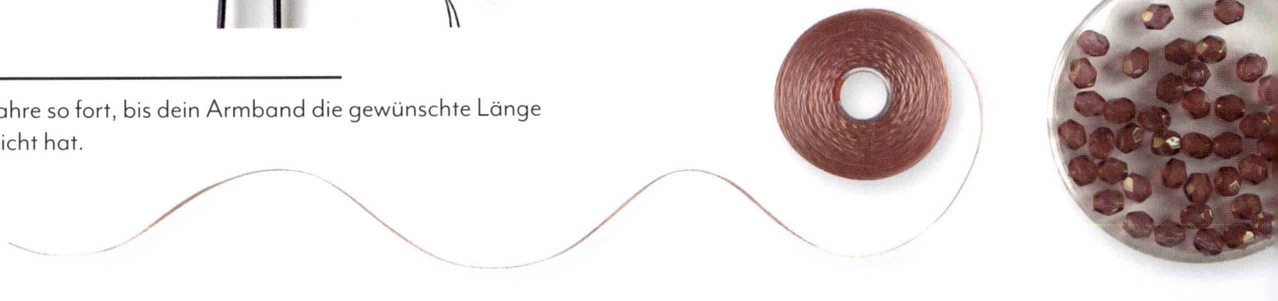

Ein Wickelarmband beenden

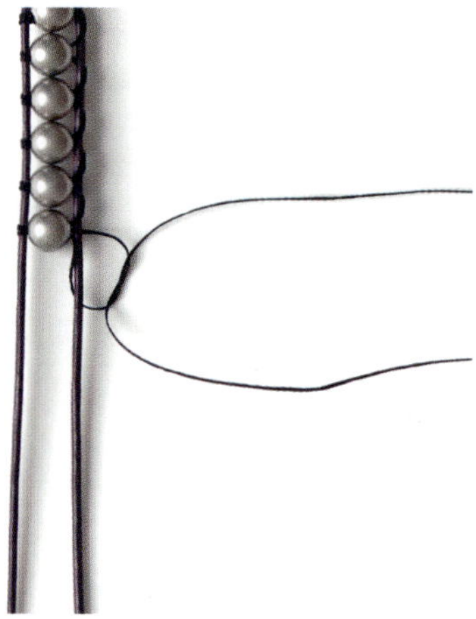

1. Lege einen der Fäden um die rechte Schnur und mache fünf oder sechs Knoten. Achte darauf, dass du die Knoten festziehst.

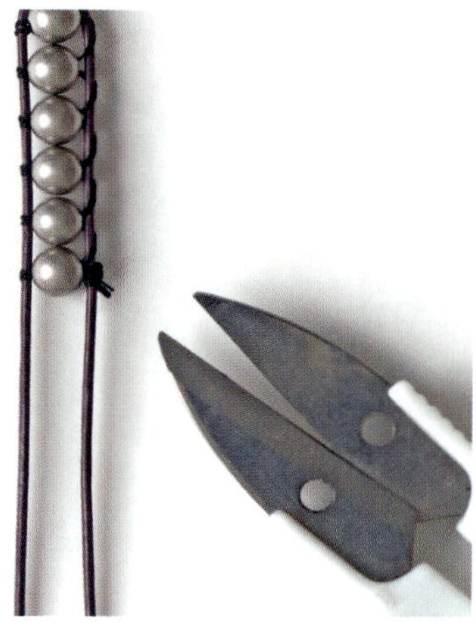

2. Schneide die Bänder so nah wie möglich an den Knoten ab.

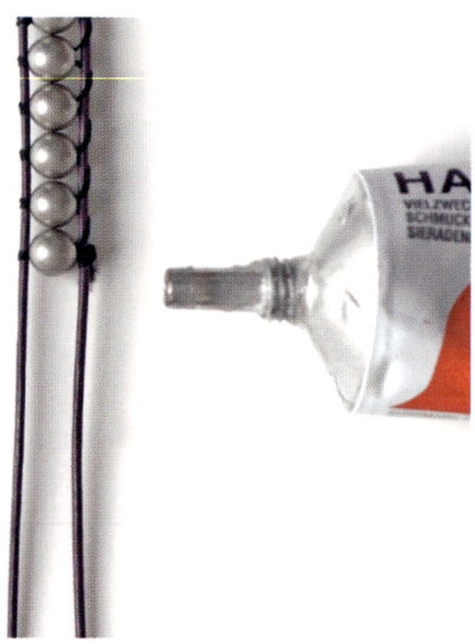

3. Gib einen Tropfen Kleber auf die Knoten an beiden Enden des Armbands.

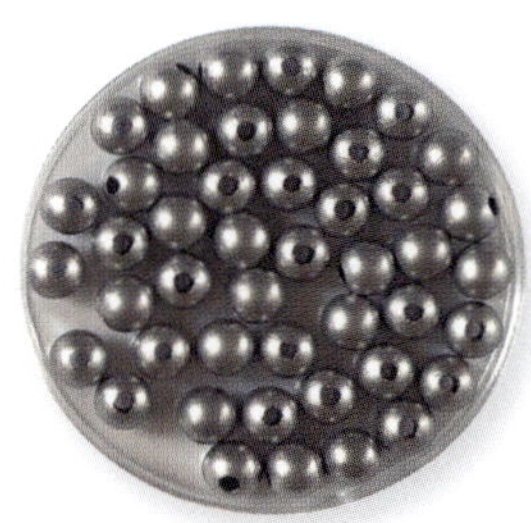

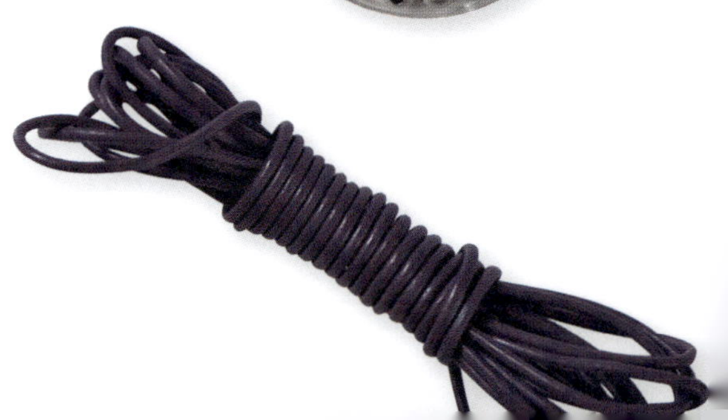

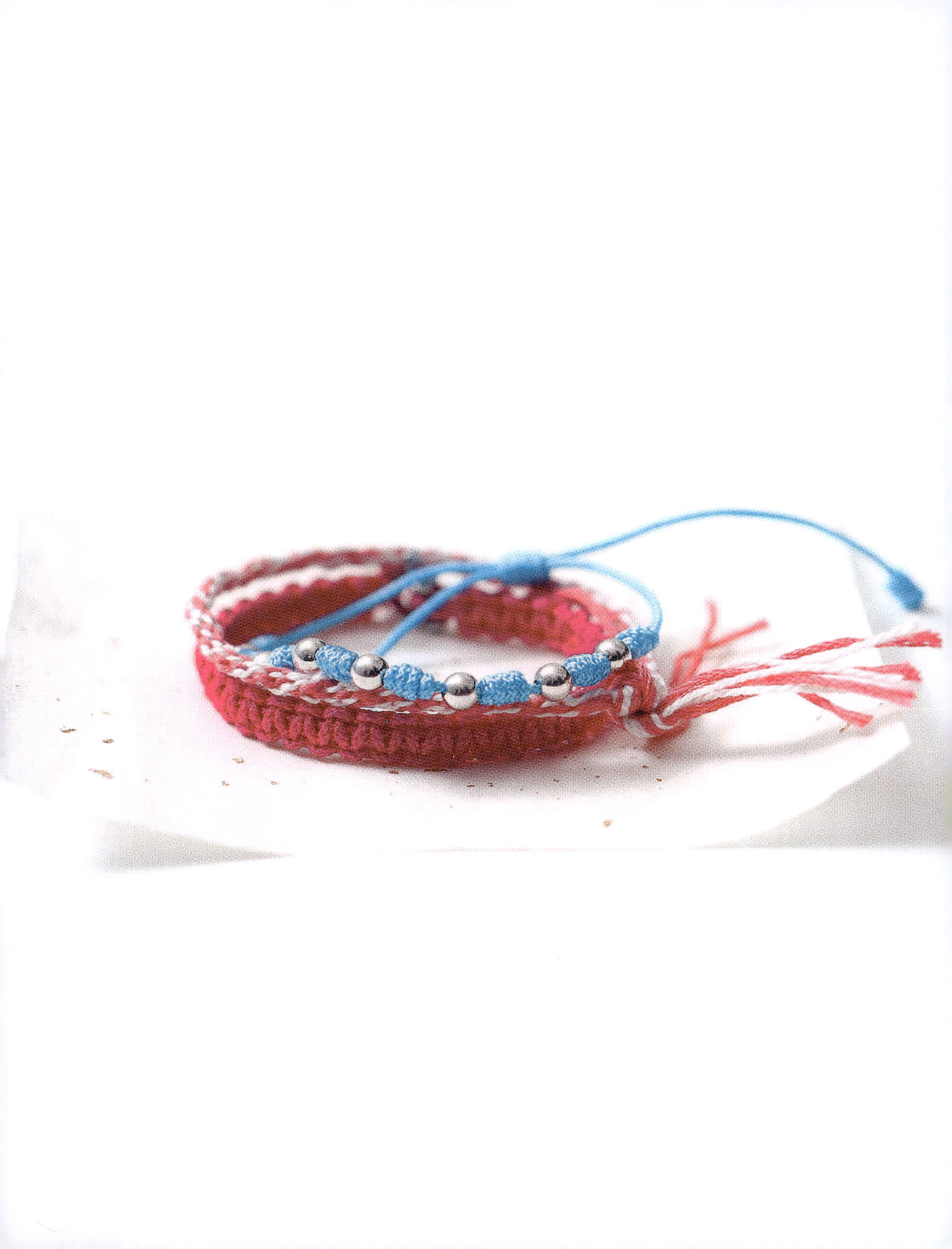

Kumihimo-Flechtscheibe

MATERIAL

- Pappkarton, 14 cm x 14 cm
- Kleber
- Schere

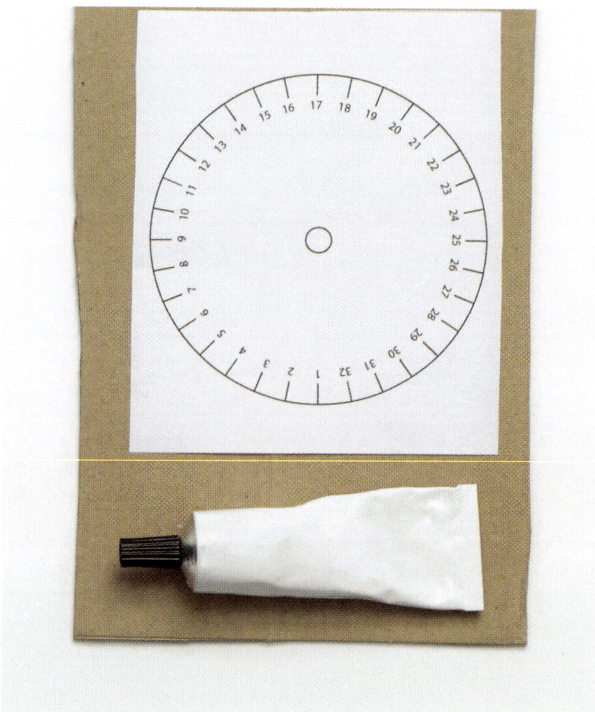

1. Fotokopiere die Scheibe in Originalgröße auf ein weißes Blatt Papier. Schneide um die Scheibe herum ein Quadrat aus, wobei du einen Rand von etwa 1 cm lässt. Trage auf die Rückseite dieses Quadrats Kleber auf und klebe es auf den Karton. Streiche mehrmals über das Papier, damit es gut am Karton haftet. Lasse den Kleber trocknen.

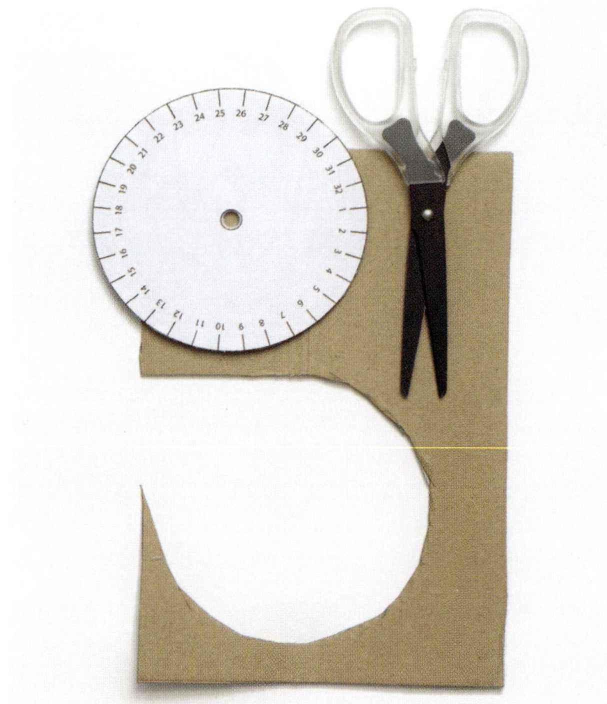

2. Schneide die Scheibe aus. Loche den mittleren Kreis. Schneide alle Schlitze rund um die Scheibe herum ein.

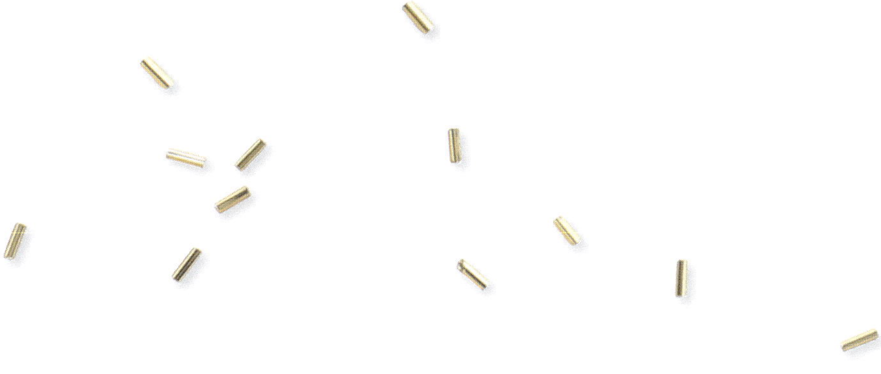

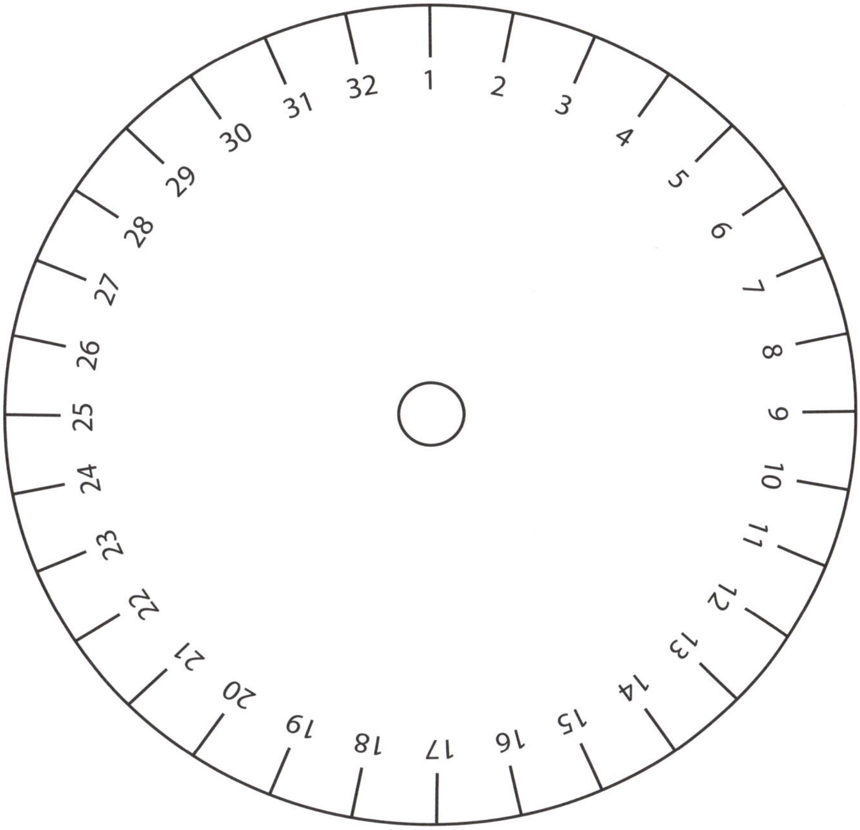
1
2
3
4
5
6
7
8
9
10
11
12
13
14
15
16
17
18
19
20
21
22
23
24
25
26
27
28
29
30
31
32

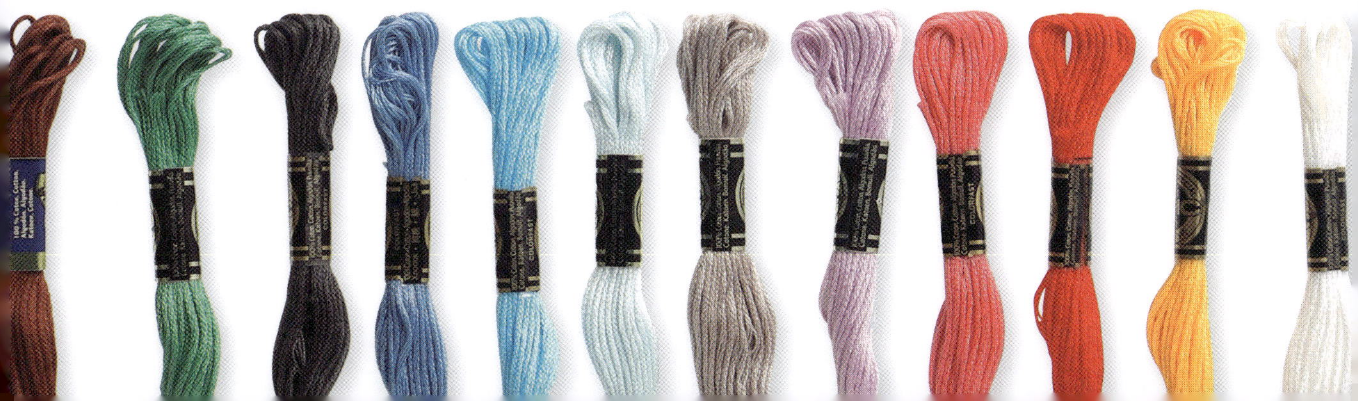

KUMIHIMO-**TECHNIKEN**

Kumihimo mit 8 Strängen

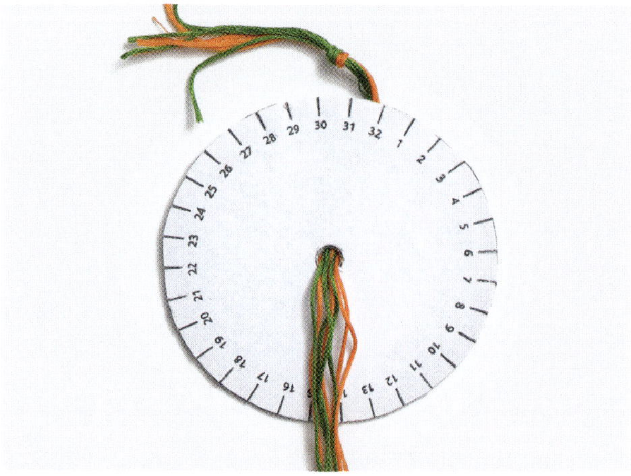

1. Stecke die Fäden durch das mittlere Loch der Scheibe, sodass sich der Knoten auf der Rückseite befindet. Halte den Knoten und die Scheibe mit den Fingern der linken Hand fest.

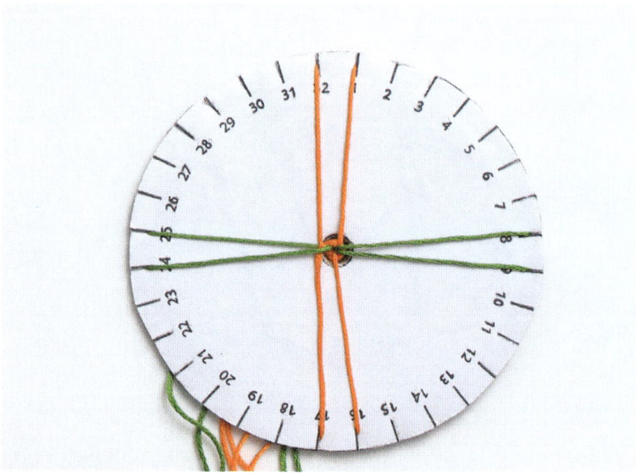

2. Lege die Fäden wie auf der Abbildung in die Kerben. Die Fäden müssen straff sein und während des gesamten Flechtvorgangs straff bleiben. Ziehe sie gegebenenfalls regelmäßig von hinten wieder fest.

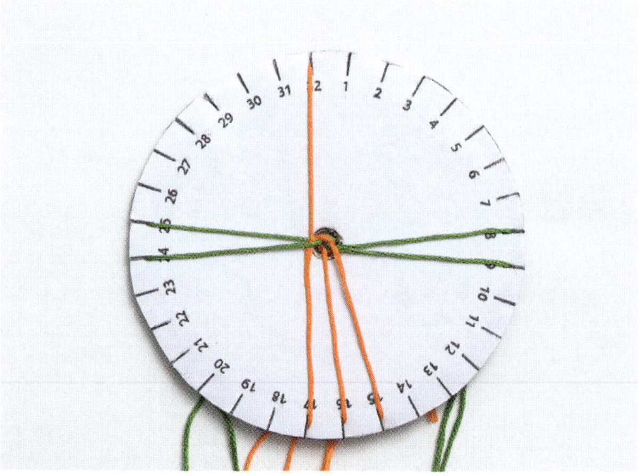

3. Nimm den Faden aus Kerbe 1 und stecke ihn in Kerbe 15. Der rechte obere Faden wandert nach unten rechts.

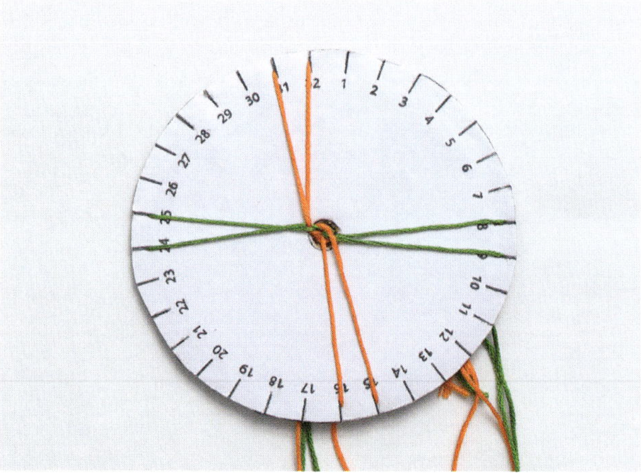

4. Ziehe den Faden aus Kerbe 17 in die Kerbe 31 hoch. Der linke untere Faden wandert nach oben links.

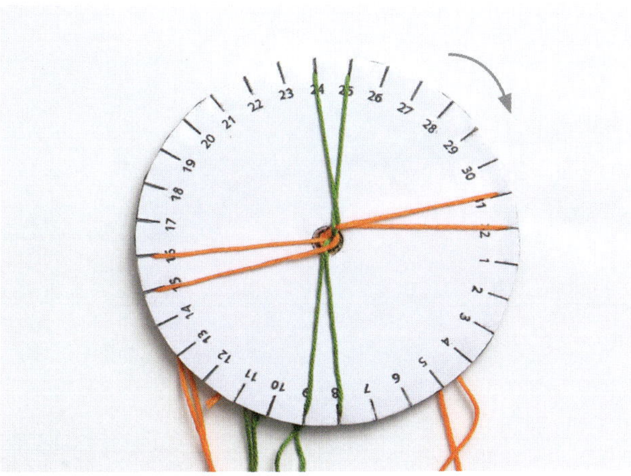

5. Drehe die Scheibe nach rechts. Es ist wichtig, dass du die Scheibe während des Flechtens immer in die gleiche Richtung drehst. Die Fäden der Kerben 24 und 25 befinden sich oben.

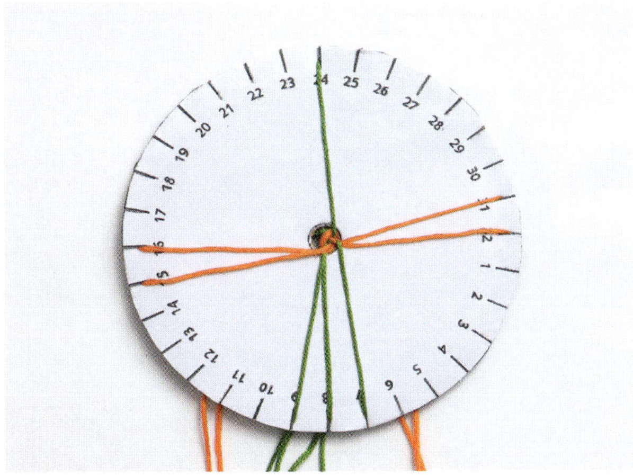

6. Führe den Faden aus Kerbe 25 nach oben in Kerbe 7. Der rechte obere Faden wandert nach rechts unten.

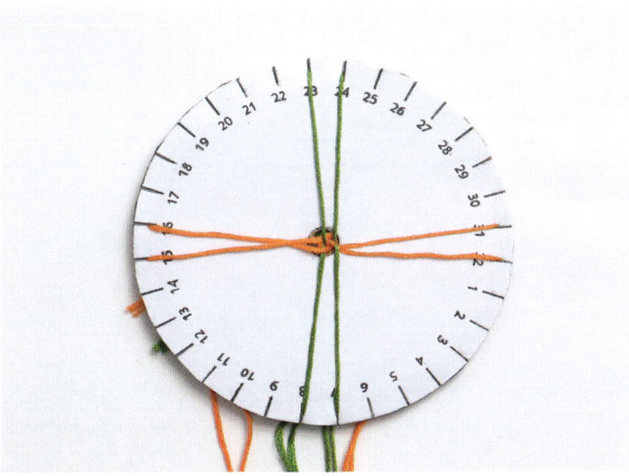

7. Führe den Faden aus Kerbe 9 in Kerbe 23. Der untere linke Faden wandert wieder nach oben links.

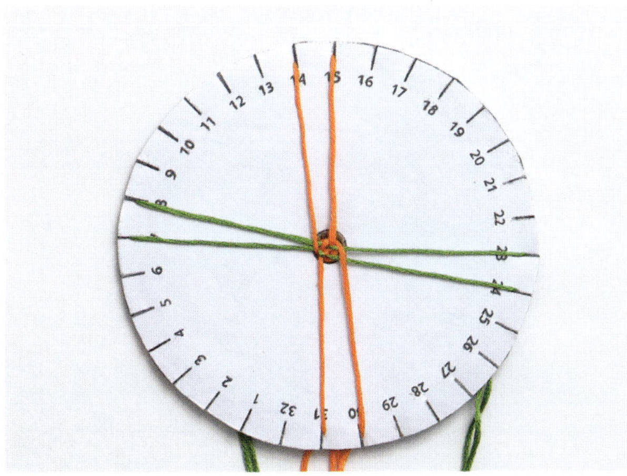

8. Drehe die Scheibe nach rechts und wiederhole diese Schritte immer wieder auf die gleiche Weise.

Kumihimo mit 16 Strängen

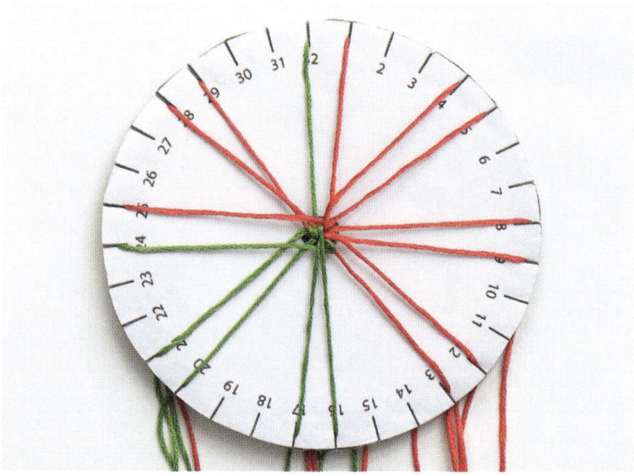

1. Stecke die Fäden in die Kerben 32–1, 17–16, 25–24, 8–9, 4–5, 12–13, 20–21 und 28–29. Halte die Öse und die Scheibe mit den Fingern der linken Hand fest.

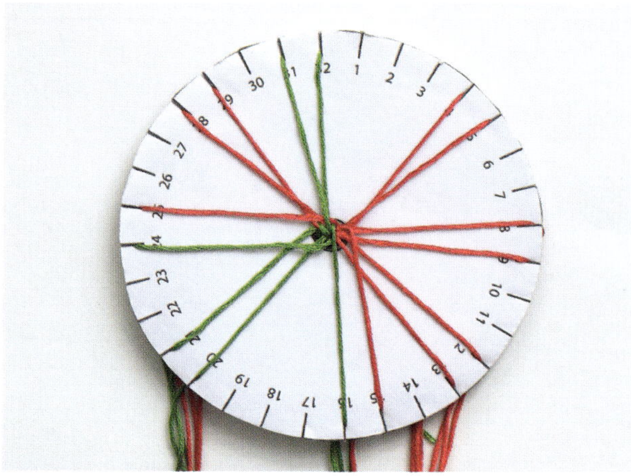

2. Führe den Faden aus Kerbe 1 in Kerbe 15. Der obere rechte Faden wandert nach unten rechts. Führe den Faden aus Kerbe 17 in Kerbe 31. Der untere linke Faden wandert nach oben links.

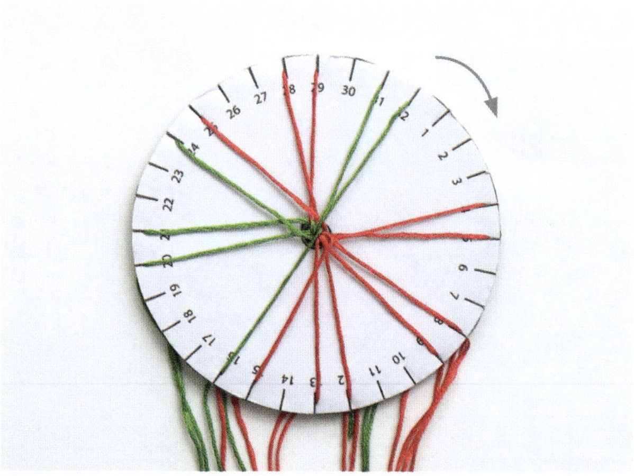

3. Drehe die Scheibe nach rechts, bis zum nächsten Faden-Paar. Die Fäden in den Kerben 28 und 29 befinden sich jetzt oben.

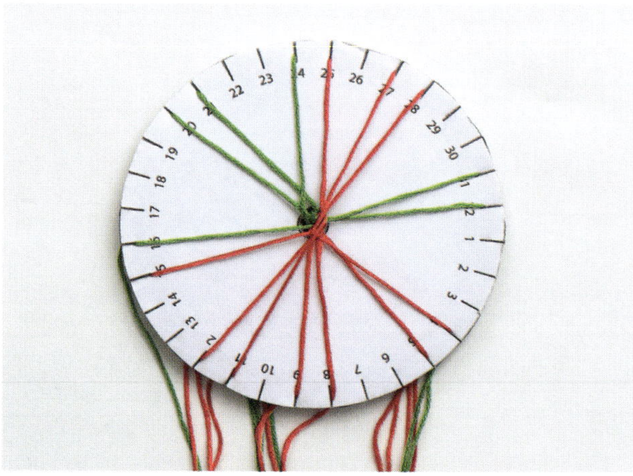

4. Führe den Faden aus Kerbe 29 in Kerbe 11. Führe den Faden aus Kerbe 13 in Kerbe 27. Drehe die Scheibe nach rechts, bis zum nächsten Faden-Paar. Das nächste Faden-Paar (Kerben 25 und 24) befindet sich oben.

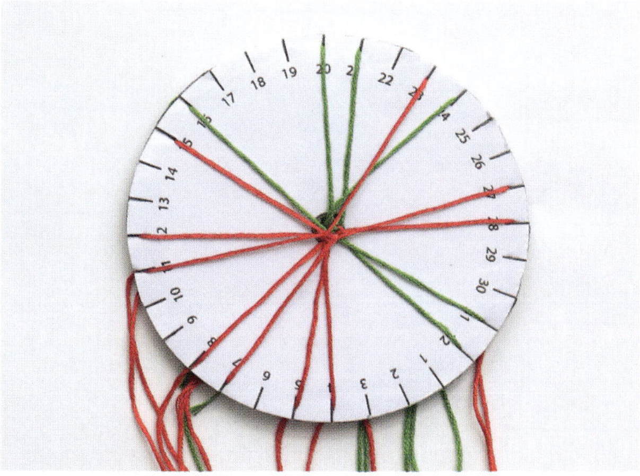

5. Führe den Faden aus Kerbe 25 in Kerbe 7. Führe den Faden aus Kerbe 9 in Kerbe 23. Drehe die Scheibe nach rechts, bis zum nächsten Faden-Paar. Die Fäden in den Kerben 20 und 21 befinden sich jetzt oben.

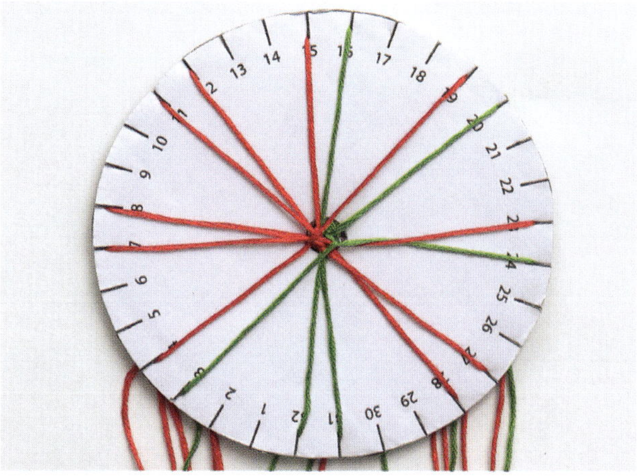

6. Führe den Faden aus Kerbe 21 in Kerbe 3. Führe den Faden aus Kerbe 5 in Kerbe 19. Drehe die Scheibe nach rechts, bis zum nächsten Faden-Paar.

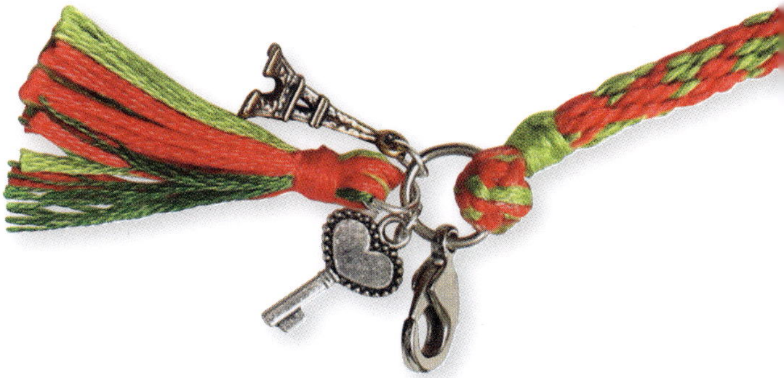

TIPP

Merke: Der obere rechte Faden wandert immer nach unten rechts. Der untere linke Faden wandert immer nach oben links.

KUMIHIMO-**TECHNIKEN**

Perlen-Kumihimo

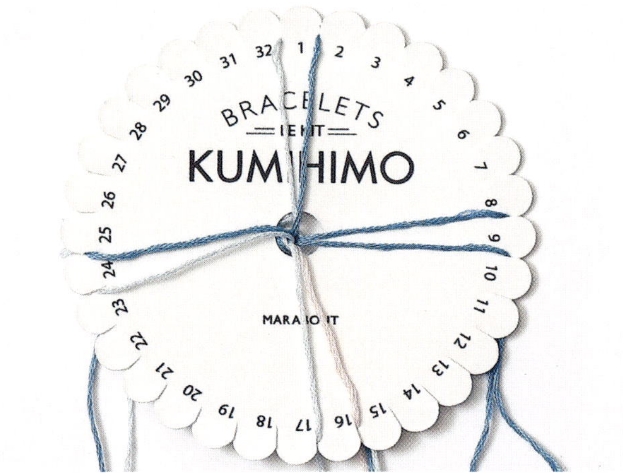

1. Stecke die Fäden in die Kerben 32–1, 17–16, 25–24 und 8–9. Knüpfe auf die gleiche Weise wie bei einem Kumihimo-Band mit acht Fäden, bis du 1 cm erreicht hast.

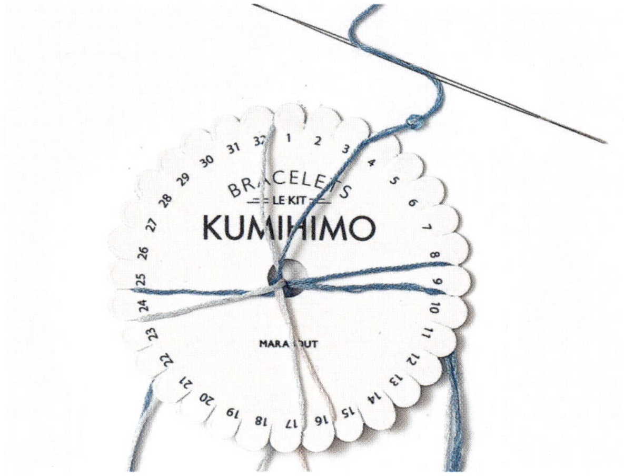

2. Löse den Faden aus der Kerbe oben rechts und fädle mithilfe einer Nadel eine Perle auf.

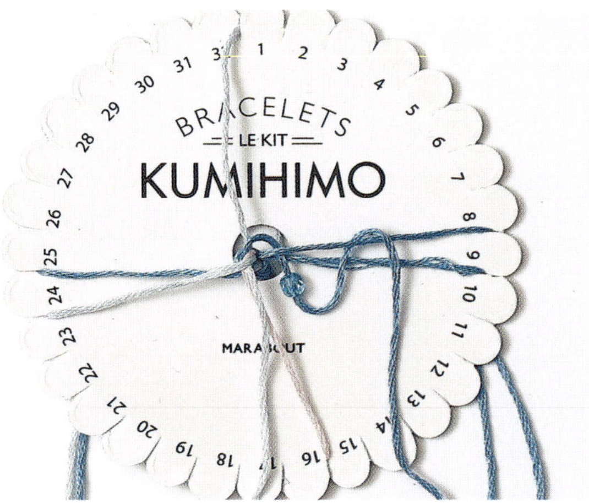

3. Schiebe nur die Perle zur Mitte der Scheibe und führe sie unter dem ersten Faden hindurch, der sich rechtwinklig zum rechten Rand der Scheibe befindet. Halte sie mit dem Daumen der linken Hand gut in dem Loch fest. Stecke diesen Faden in die Kerbe unten rechts.

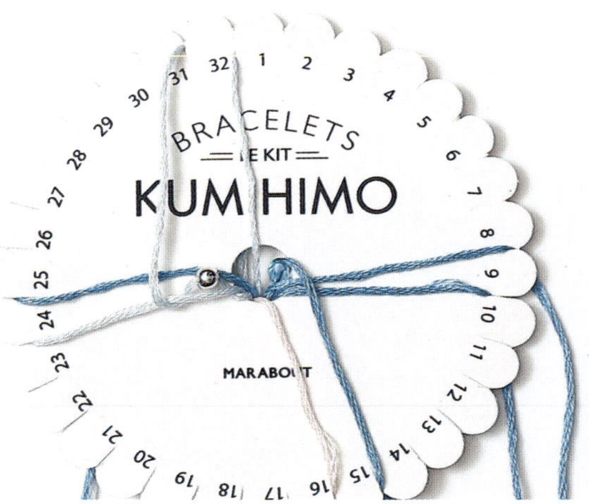

4. Fahre fort, indem du eine Perle auf den unteren linken Faden fädelst. Schiebe sie zur Mitte der Scheibe und führe sie unter den nächstgelegenen Faden, der sich rechtwinklig zur linken Seite der Scheibe befindet. Stecke diesen Faden in die Kerbe oben links und wiederhole fortlaufend die Schritte 2–4 um weitere Perlen einzuflechten.

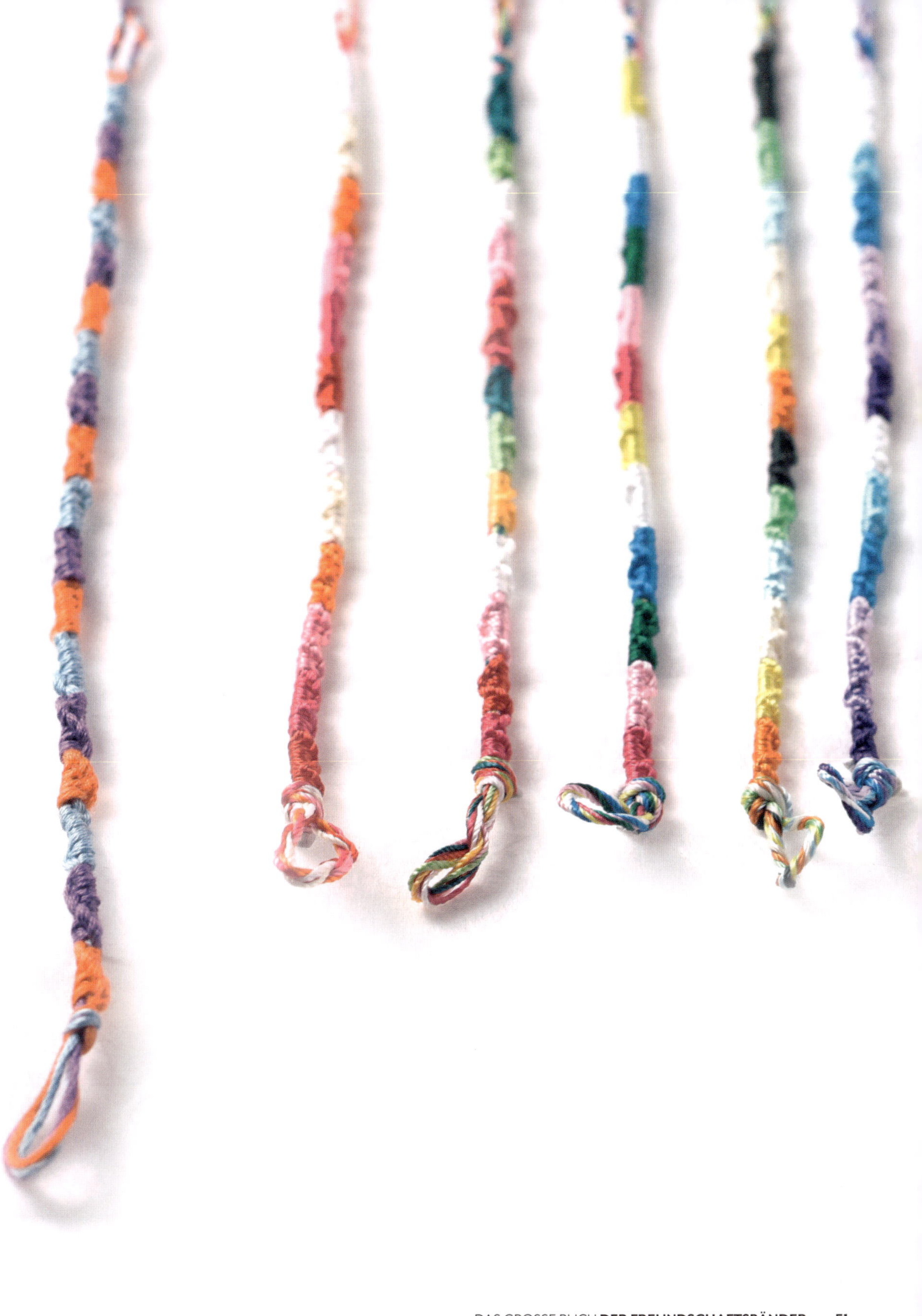

ROSENKRANZ-**TECHNIKEN**

Rosenkranz-Knoten

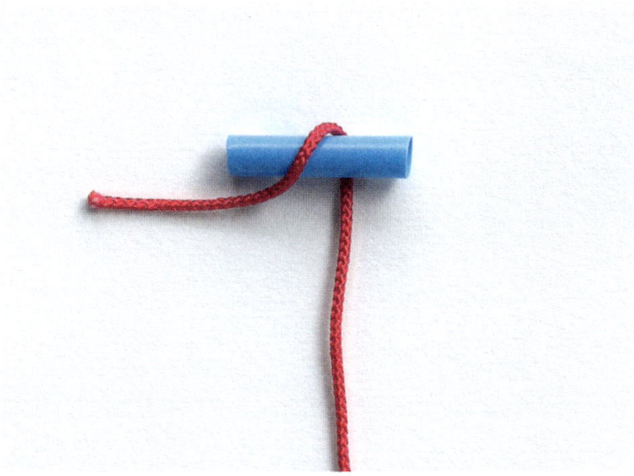

1. Halte eine Nylonschnur und ein Stück Strohhalm mit der linken Hand und führe die Schnur mit der rechten Hand über den Strohhalm.

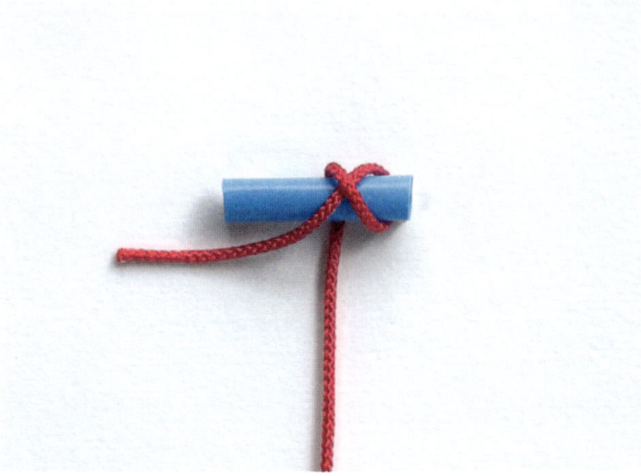

2. Hole die Schnur wieder nach vorne und führe sie nach links über den Strohhalm. Du hast ein Kreuz auf dem Strohhalm gebildet.

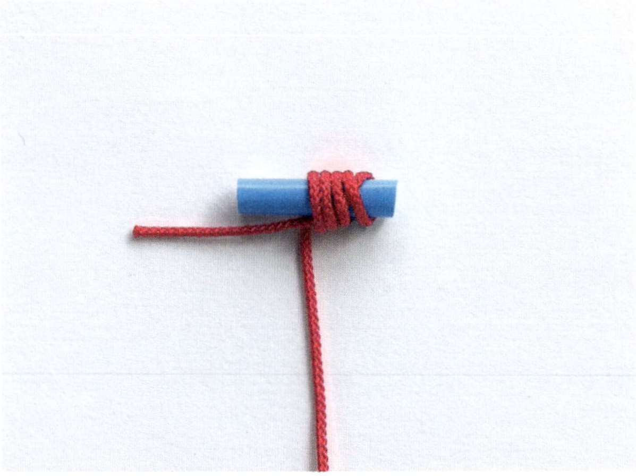

3. Wickle die Schnur noch dreimal über den Strohhalm nach links. Du hast jetzt vier nach links gerichtete Schleifen.

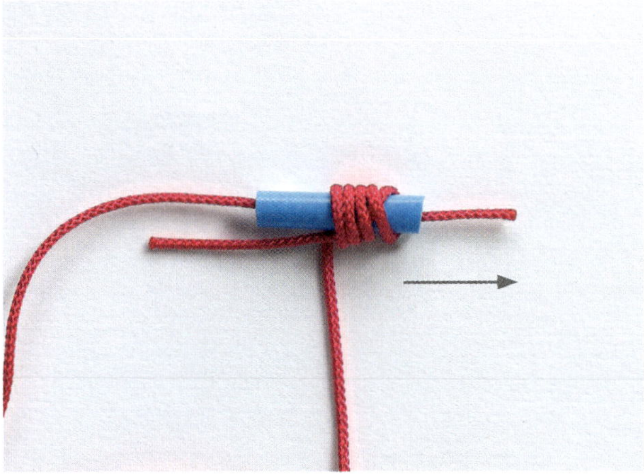

4. Führe das Ende der Schnur, die du gerade um den Strohhalm gewickelt hast, von links nach rechts durch den Strohhalm.

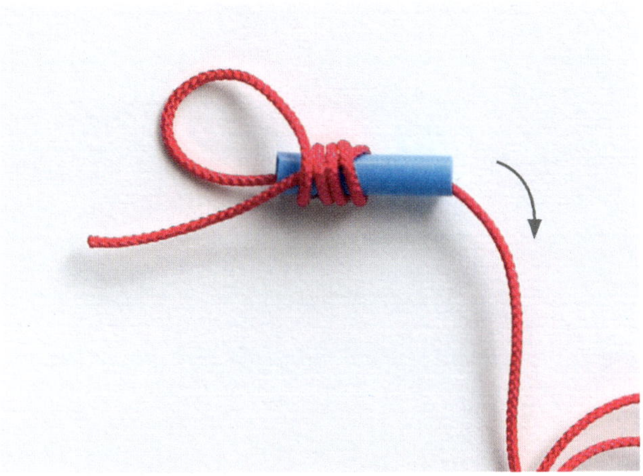

5. Halte die kleine Schlaufenrolle zwischen Daumen und Zeigefinger der linken Hand fest, ohne sie zu zerdrücken. Entferne den Strohhalm, indem du ihn von der Schnur ziehst.

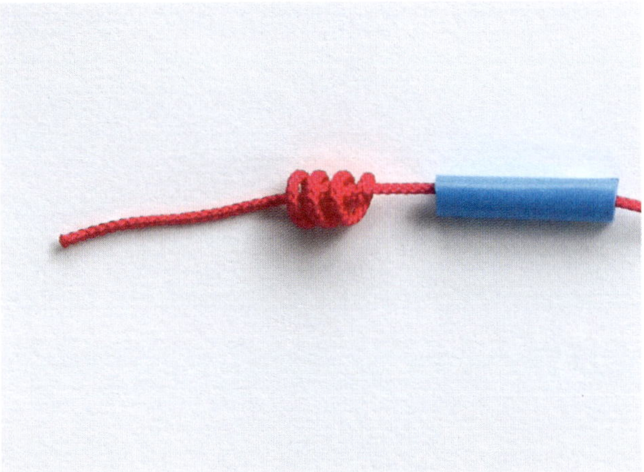

6. Schiebe die kleine Schlaufenrolle nach links. Die Schlaufen sollten senkrecht zur mittleren Schnur bleiben und über dem Knoten positioniert sein.

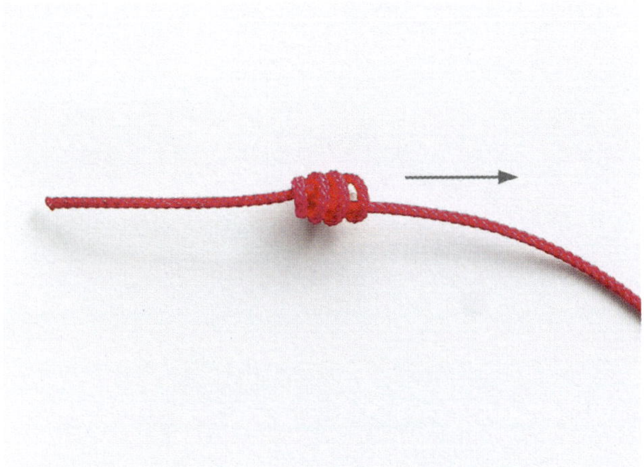

7. Halte die Schlaufen fest, indem du sie zwischen den Fingern der linken Hand hin und her rollst, und ziehe an der mittleren Schnur rechts vom Knoten während du die Schlaufenrolle mit Daumen und Zeigefinger der rechten Hand nach links schiebst.

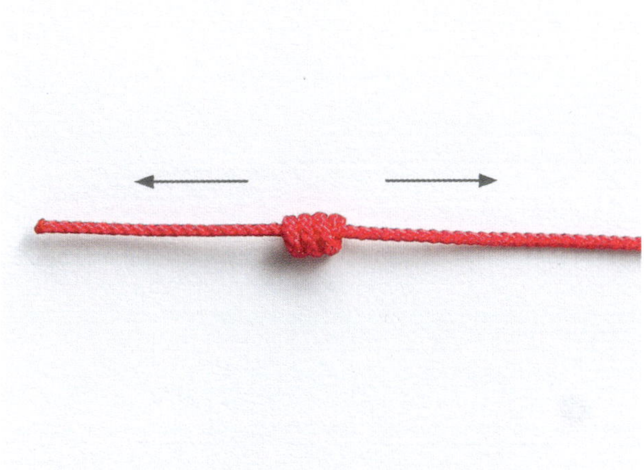

8. Fixiere den Knoten indem du die Schnur auf beiden Seiten des Knotens festhältst und auseinander ziehst.

Rosenkranz-Band mit Schiebeknoten

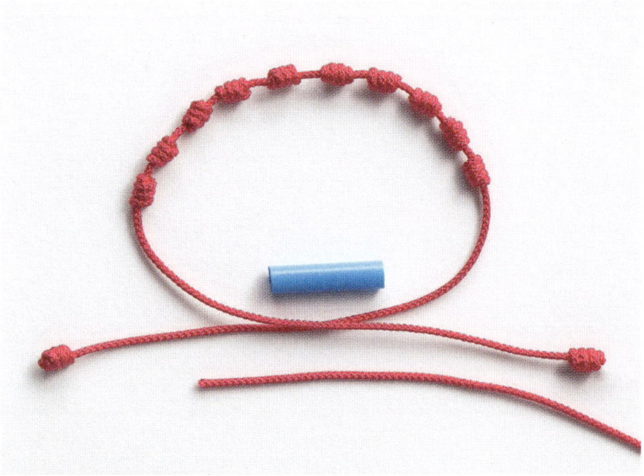

1. Lege das Armband zu einem Kreis und lege die beiden Enden übereinander. Lege den Strohhalm und eine 20 cm lange Schnur für den Schiebeknoten parallel zu den zusammengelegten Schnüren.

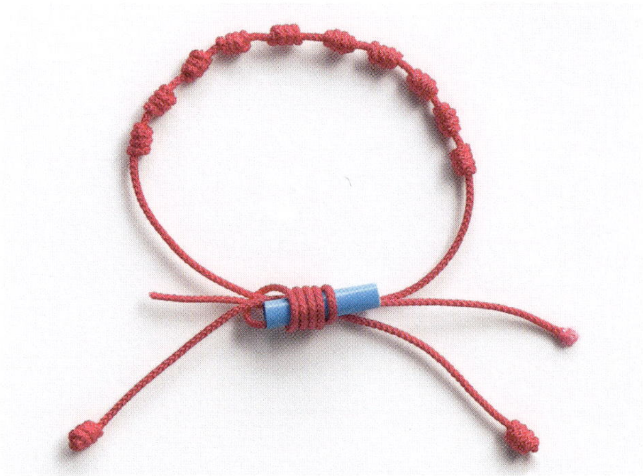

2. Mache einen Rosenkranz-Knoten (siehe S. 52–53) um die Enden des Armbands.

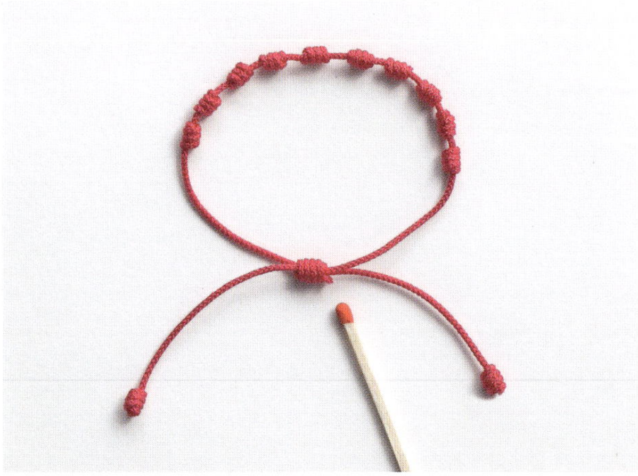

3. Trenne die Schnüre des Armbands von den Schnüren des Schiebeknotens. Schneide und brenne die Schnüre des Schiebeknotens links und rechts des Knotens vorsichtig ab. Achte darauf, dass die Enden des Armbands nicht mitschmelzen.

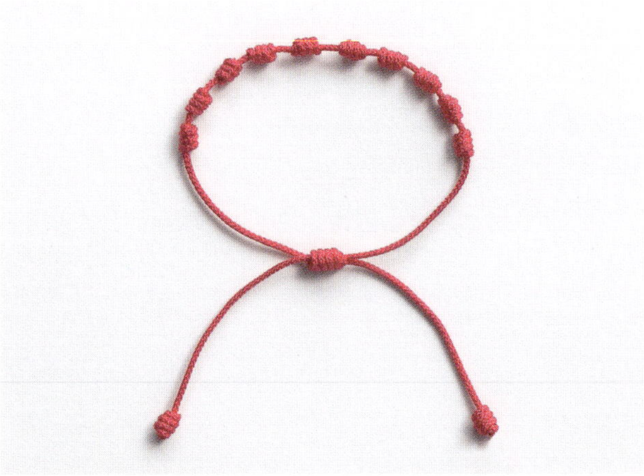

4. Und fertig ist der Knoten!

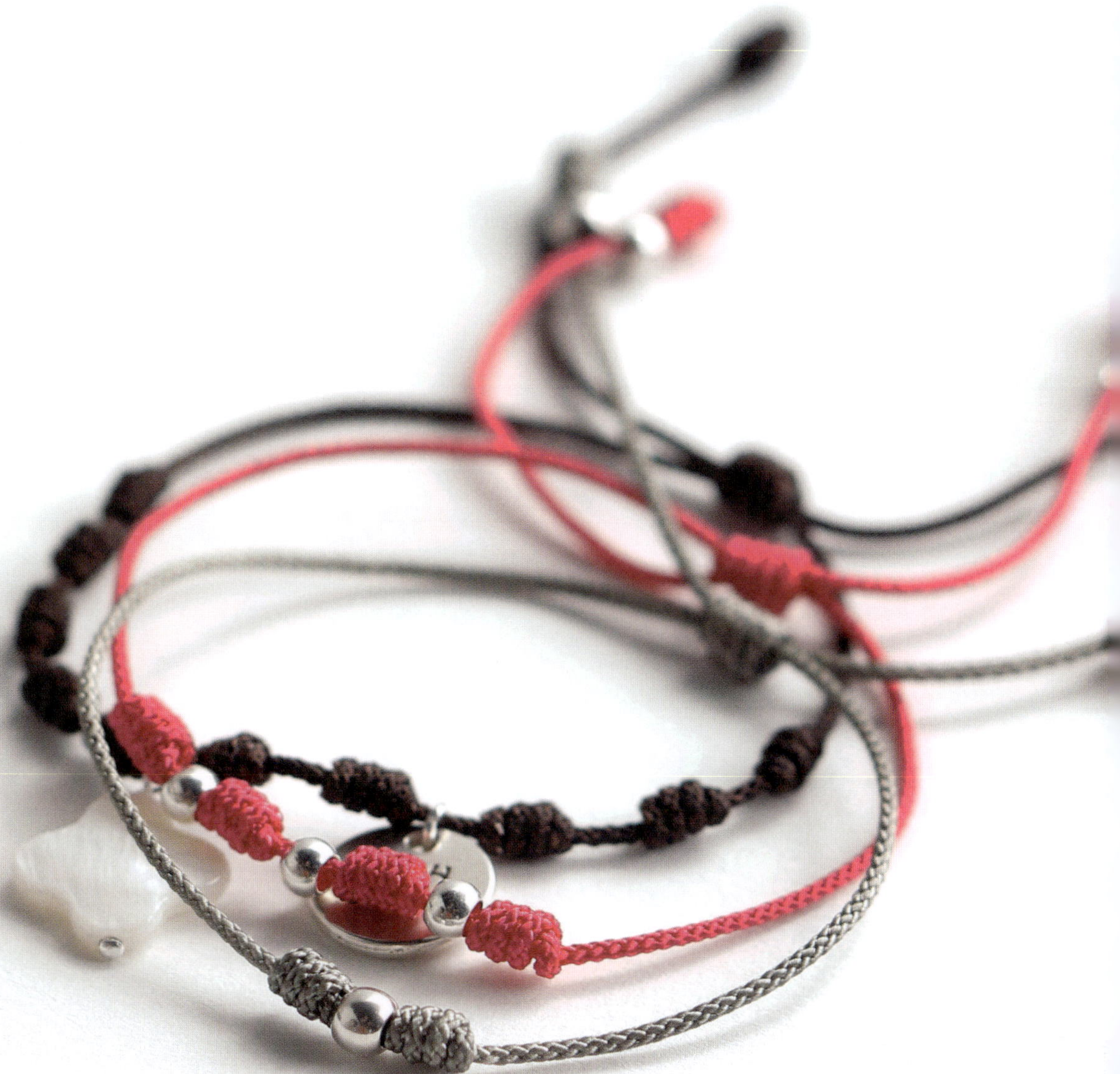

Rosenkranz-Kreuz

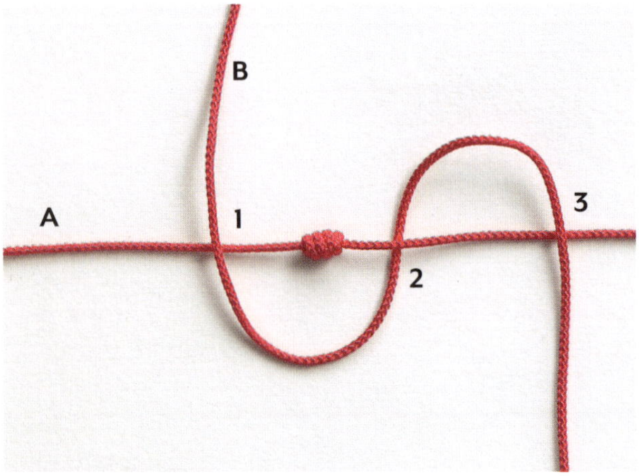

1. Mache einen ersten Knoten auf die mittlere Schnur (A). Führe die kreuzende Schnur (B) über (1), unter (2) und wieder über (3) die mittlere Schnur, sodass sich ein „S“ ergibt.

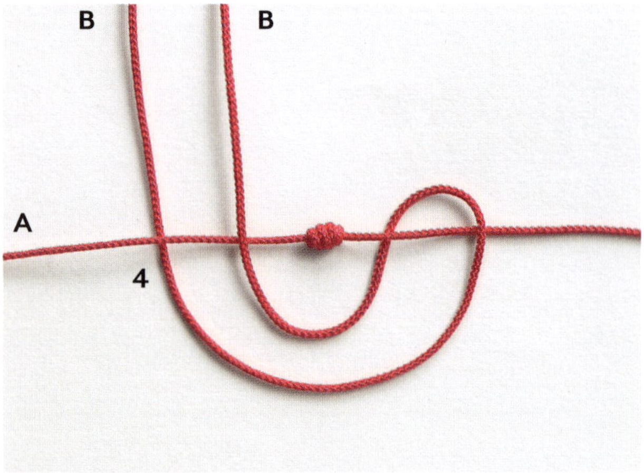

2. Führe anschließend diese Schnur links (4) unter der mittleren Schnur hindurch, sodass sich eine große bohnenförmige Schlaufe ergibt.

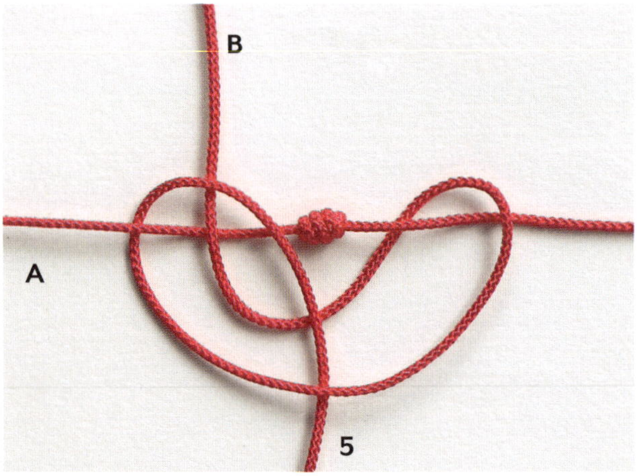

3. Führe die Schnur zurück in die große Schlaufe und führe sie unter der vorderen Schnur (5) hindurch.

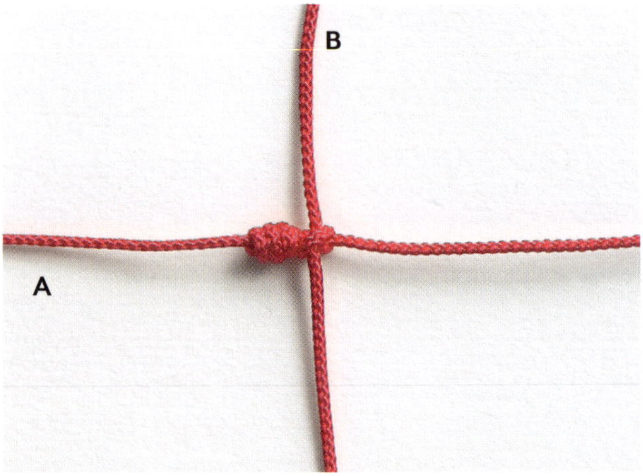

4. Ziehe an den Enden der Schnur (B) rechts vom Knoten. Diese muss senkrecht zur mittleren Schnur (A) verlaufen und ermöglicht die Bildung der 4 Knoten des Kreuzes.

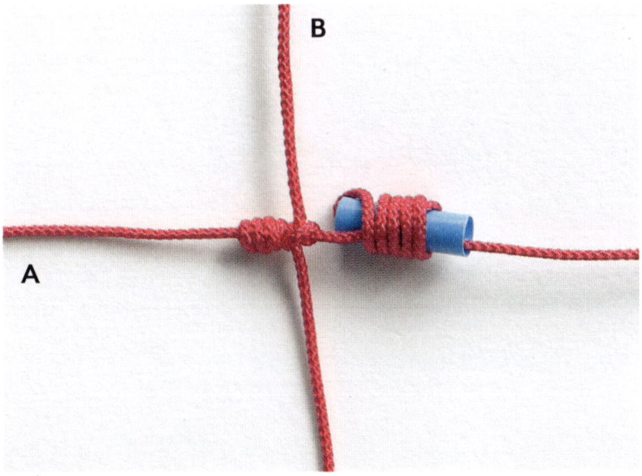

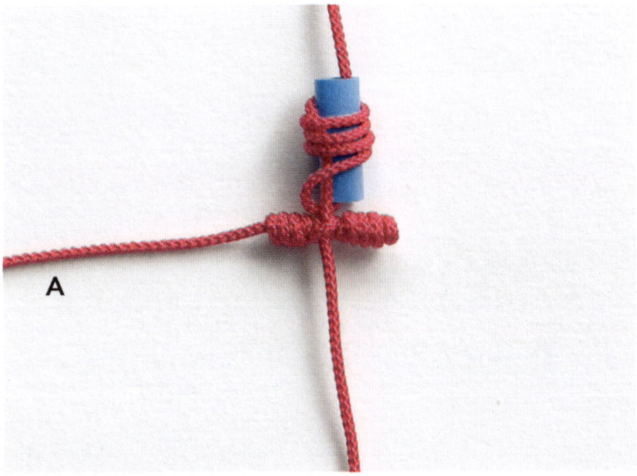

5. Knüpfe rechts einen Knoten, der mit vier weiteren Runden um einen Strohhalm (siehe Schritt 3, S. 52) länger wird als die anderen Knoten. Beende den Knoten wie die anderen Knoten. Schneide und brenne die Schnur am Ende ab.

6. Mache einen dritten Knoten auf die kreuzende Schnur.

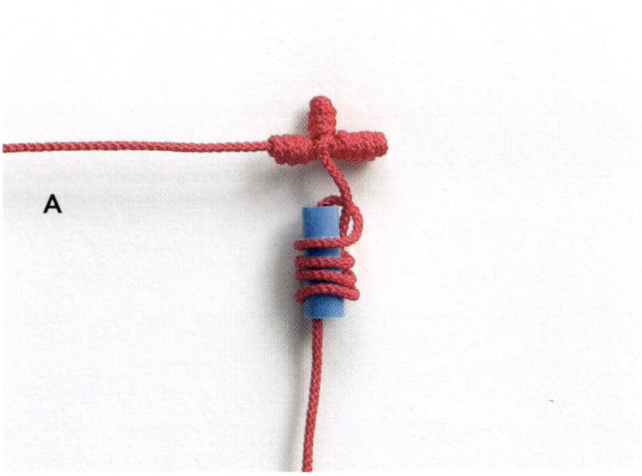

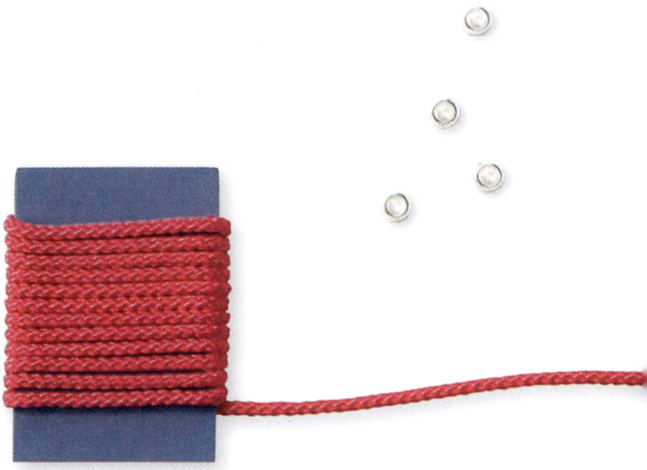

7. Mache den vierten und letzten Knoten des Kreuzes. Nachdem du den Knoten rechts am Ende der mittleren Schnur (A) und die zwei Knoten der kreuzenden Schnur (B) gemacht hast, schneide und brenne die Schnüre vorsichtig an.

Ein Paracord-Armband beginnen

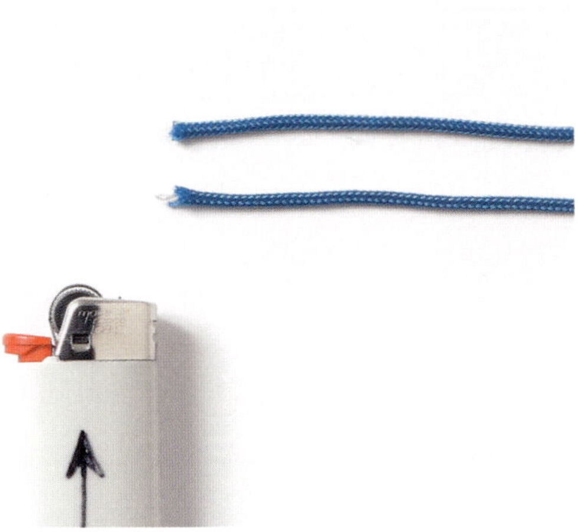

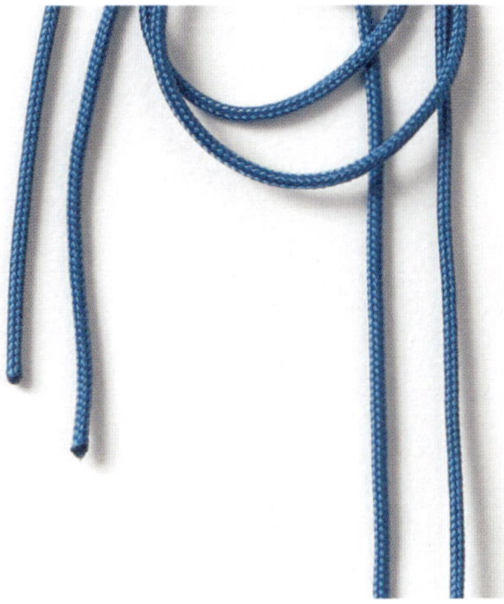

1. Schmelze die Enden eines Seils mit der Flamme eines Feuerzeugs an und drücke dann das Metall des Feuerzeugs rasch auf die angeschmolzenen Enden.

2. Falte das Seil zur Hälfte.

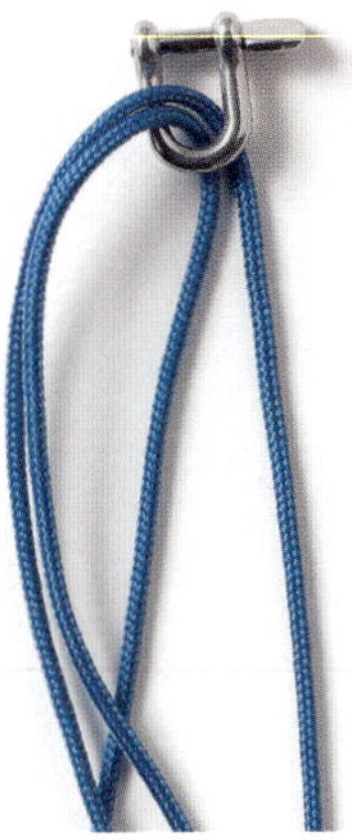

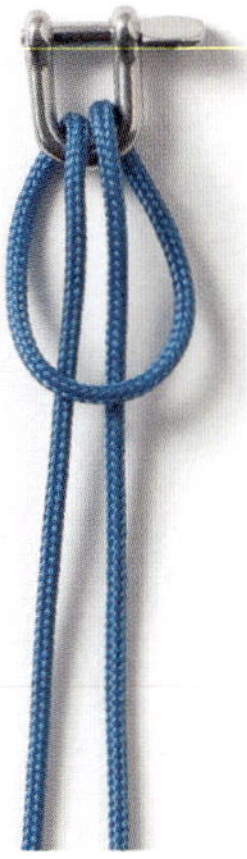

3. Führe die Enden des Seils durch einen geschlossenen Schäkel.

4. Führe die Enden des Seils durch die Schlaufe und ziehe an beiden Seiten des Seils, um einen Knoten zu bilden.

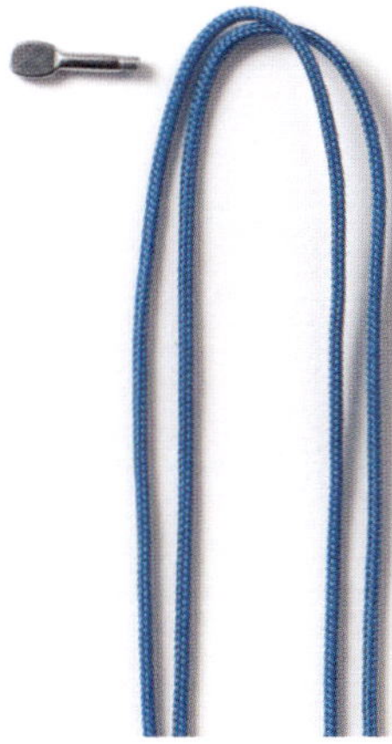

5. Falte die Seile 18 cm vom Schäkel entfernt in der Mitte, um die Länge deines Armbands zu erhalten. Schraube den Schäkelverschluss ab und führe die Schraube in die Biegung der Seile.

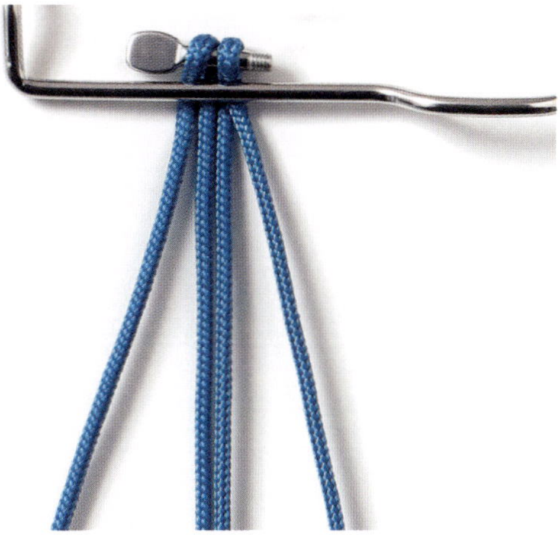

6. Schiebe die Schraube mit dem darauf gefalteten Seil unter eine Klemme. Lege die um den Schäkel gewickelten Seile zwischen die längsten Seile.

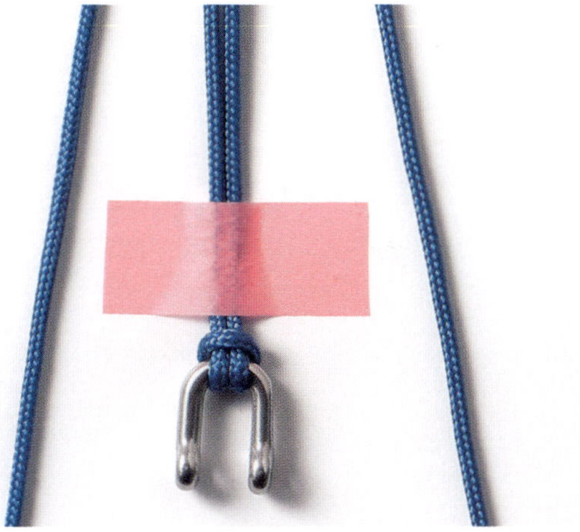

7. Um dir das Knüpfen der Knoten zu erleichtern klebst du etwas Malerkrepp über dem Schäkel auf den Anfang des Armbands.

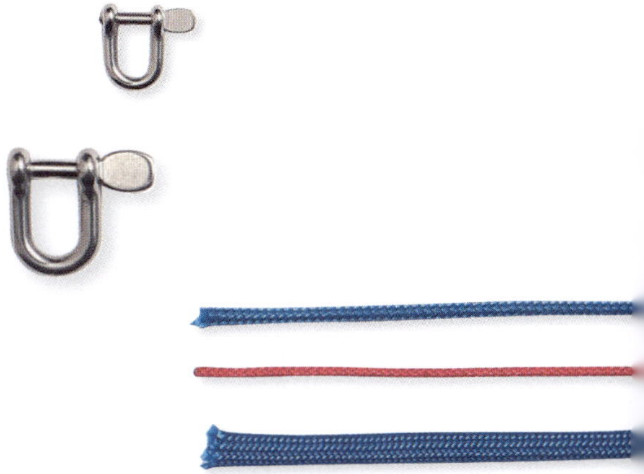

TECHNIKEN MIT **PARACORD**

Zwei Paracord-Stränge miteinander verbinden

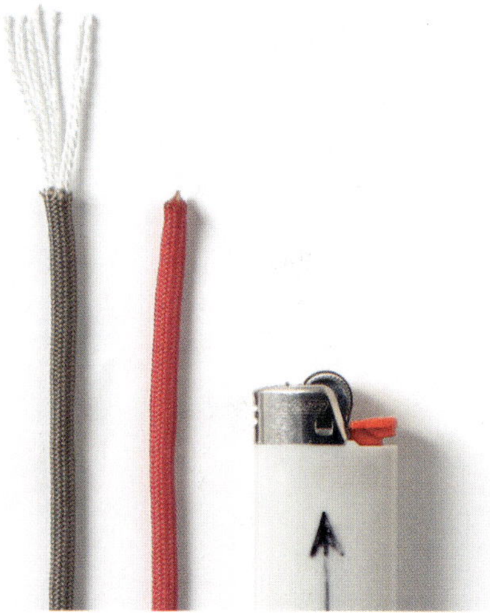

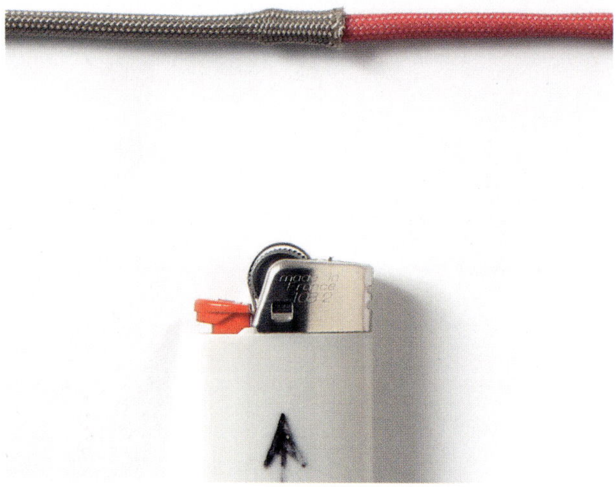

1. Schmelze das Ende einer Schnur an, damit es dünner wird. Nimm dann die andere Schnur, ziehe die weißen Fäden, die sich im Inneren der Schnur befinden, auf 2 cm Länge heraus und schneide sie ab, sodass sie sich wieder ins Innere zurückziehen lassen.

2. Schiebe die angeschmolzene Schnur ins Innere der Schnur mit den abgeschnittenen Fäden. Schmelze die Stelle, an der sich beide Schnüre verbinden, vorsichtig an, indem du sie festdrückst, bis die beiden Schnüre zusammengeschweißt sind. Zieh nicht an den Schnüren!

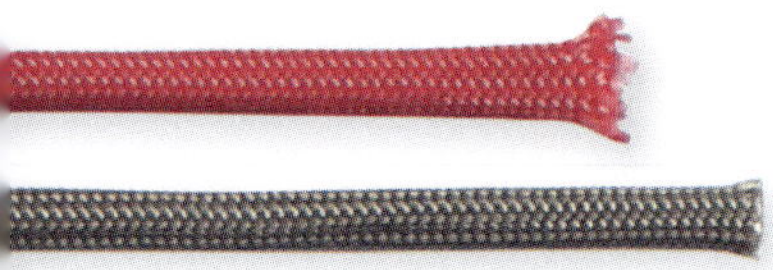

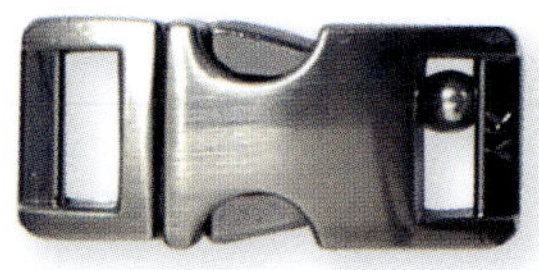

Mit 4 Strängen flechten

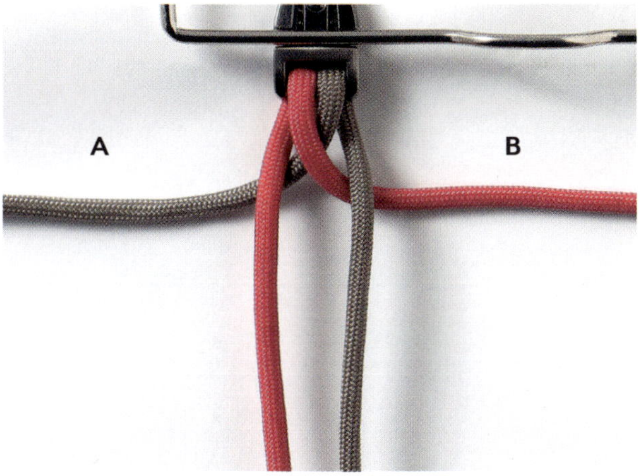

1. Lege die längeren Seile beiderseits der mittleren Seile aus. Führe das rechte vordere Seil (A) unter dem hinteren linken (B) hindurch. Das Seil vorne links (B) wird unter dem Seil hinten rechts (A) hindurchgeführt.

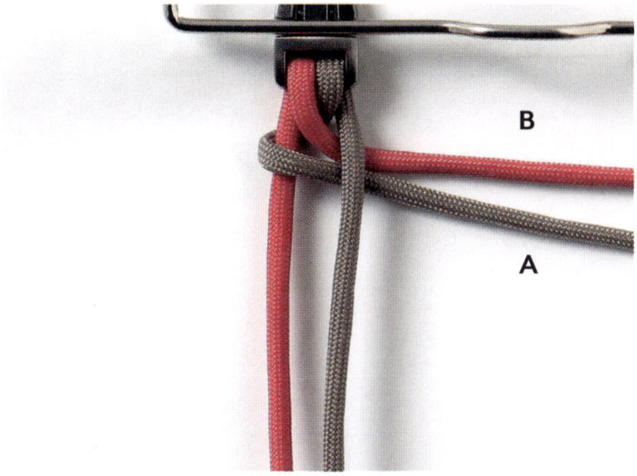

2. Das hintere linke Seil (A) wandert über das Seil vorne links und dann unter das Seil vorne rechts. Es liegen nun zwei Seile auf der rechten Seite: Seil B oben und Seil A unten.

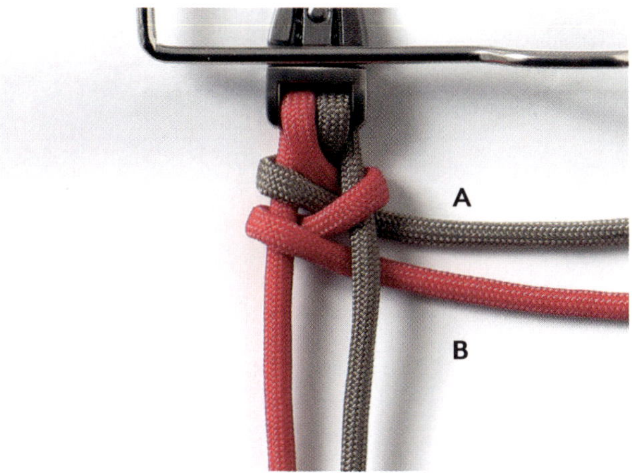

3. Das rechte Seil B wandert über das rechte vertikale Seil, dann unter das linke vertikale Seil und zurück unter das rechte Seil, indem es über das linke vertikale Seil führt. Das Seil B befindet sich jetzt auf der rechten Seite.

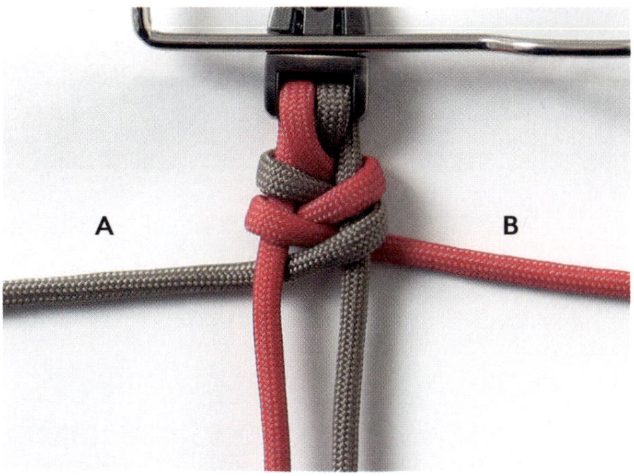

4. Das rechte Seil A wandert über das rechte vertikale Seil und unter das linke vertikale Seil.

Kreuzknoten aus Paracord

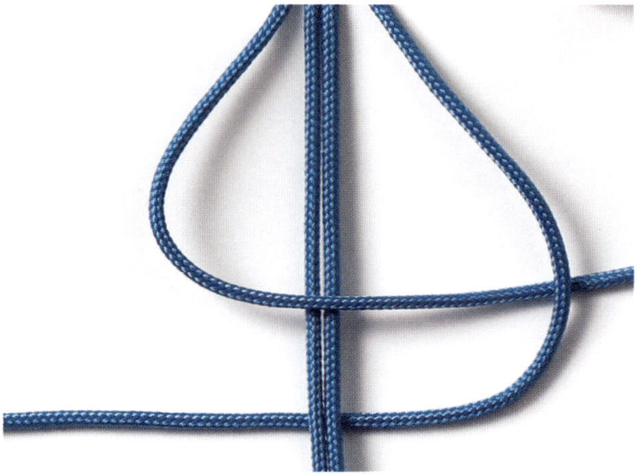

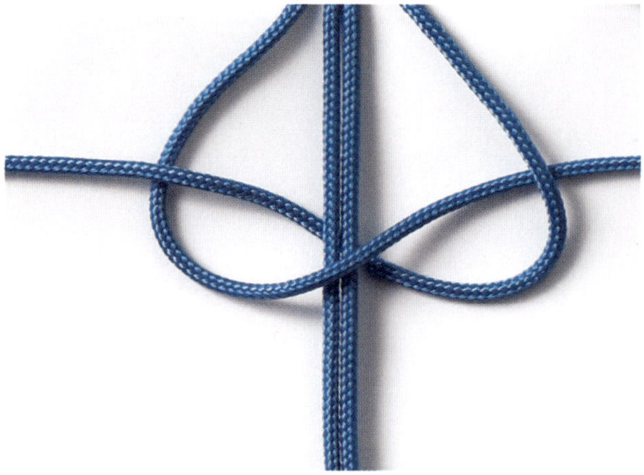

1. Bilde eine Schlaufe aus dem linken Seil, führe es über die mittleren Seile und unter das rechte Seil. Führe das rechte Seil unter den mittleren Seilen hindurch.

2. Führe das rechte Seil durch die linke Schlaufe wieder heraus.

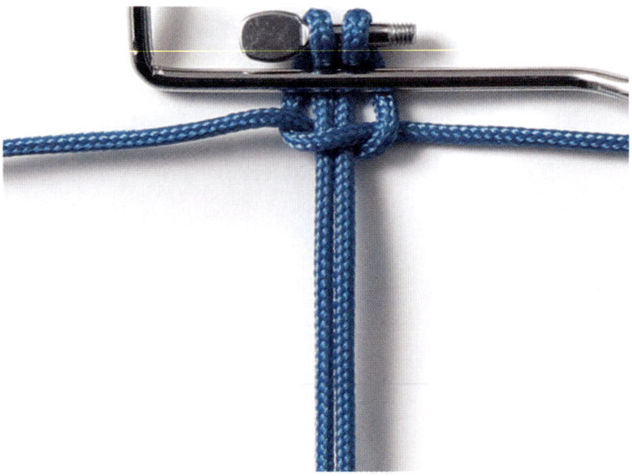

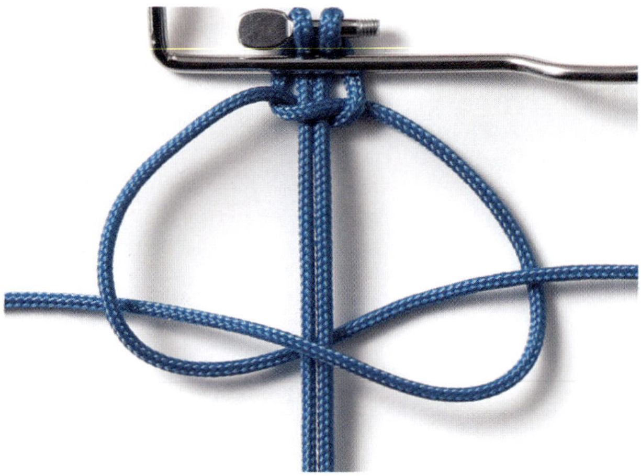

3. Ziehe den Knoten fest, indem du an beiden Enden ziehst. Der erste rechte Kreuzknoten ist fertig. Bilde dann mit dem rechten Seil eine Schlaufe, führe es über die mittleren Seile und unter dem linken Seil hindurch.

4. Bilde mit dem linken Seil eine Schlaufe, führe diese unter den mittleren Seilen hindurch und führe das Seil dann wieder durch die rechte Schlaufe heraus.

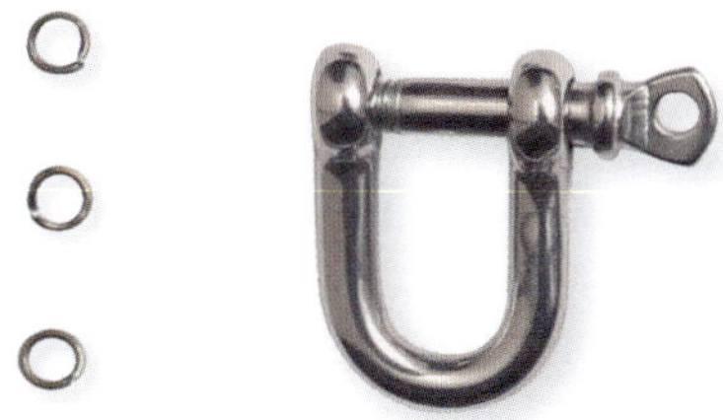

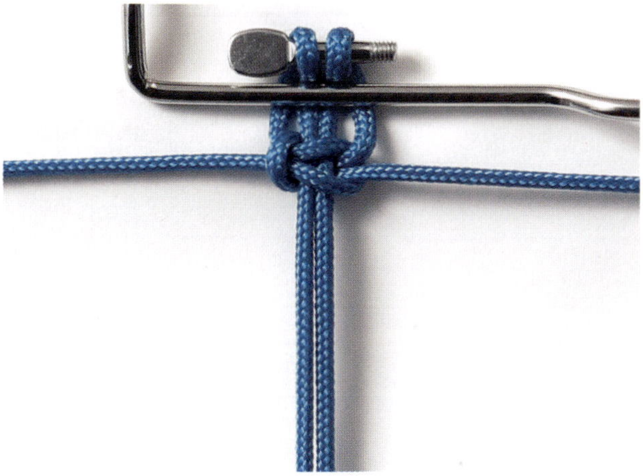

5. Ziehe den Knoten fest, indem du an beiden Enden ziehst. Der erste linke Kreuzknoten ist fertig.

Ein Paracord-Armband beenden

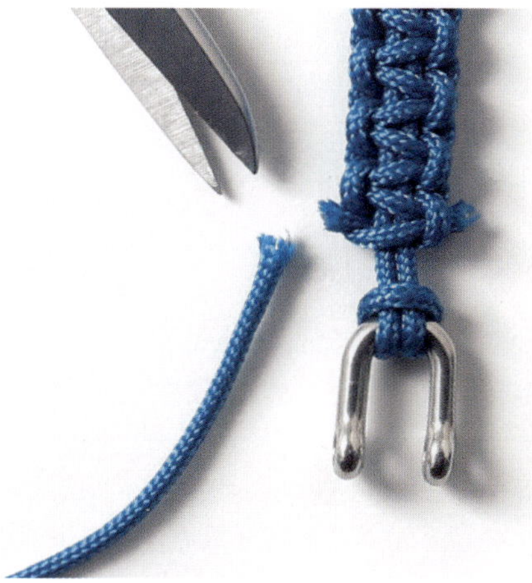

1. Ziehe den letzten Knoten fest und schneide die Seile auf beiden Seiten so nah wie möglich am Knoten ab (ca. 2 mm).

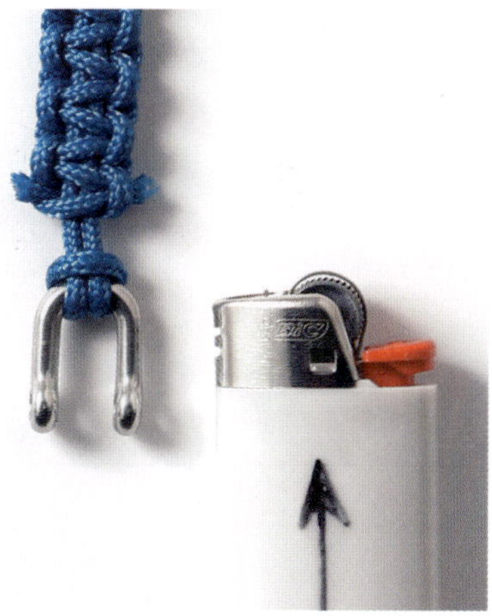

2. Gehe mit der Flamme über die abgeschnittenen Seile und drücke vorsichtig mit dem Metall des Feuerzeugs auf die abgebrannten Enden.

Einen Webrahmen benutzen

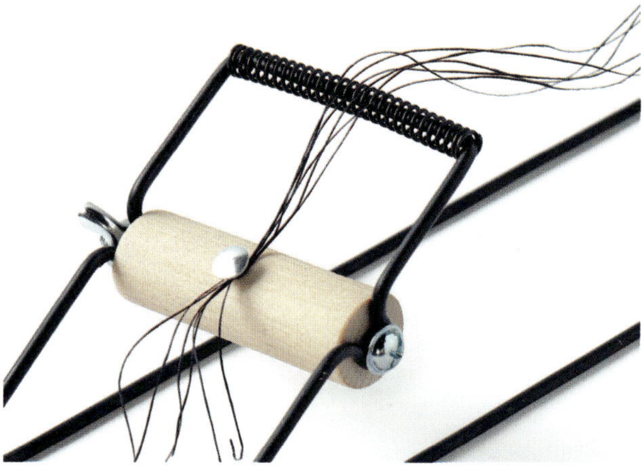

1. Befestige sechs Fäden mit einem Doppelknoten am Webrahmen.

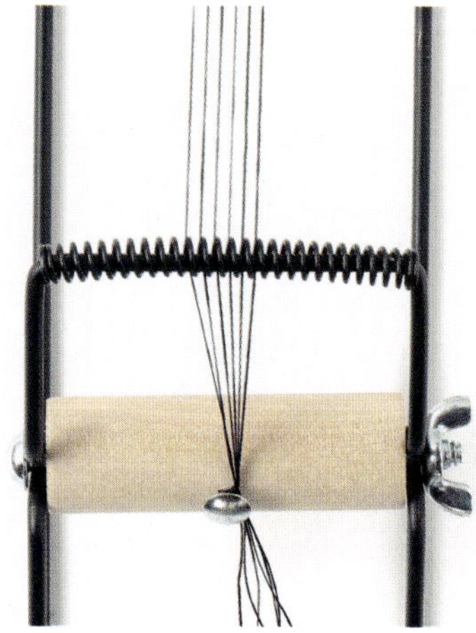

2. Die sechs Fäden müssen sehr straff gespannt sein und „Musiknoten" erzeugen, wenn du mit dem Fingernagel darüberstreichst!

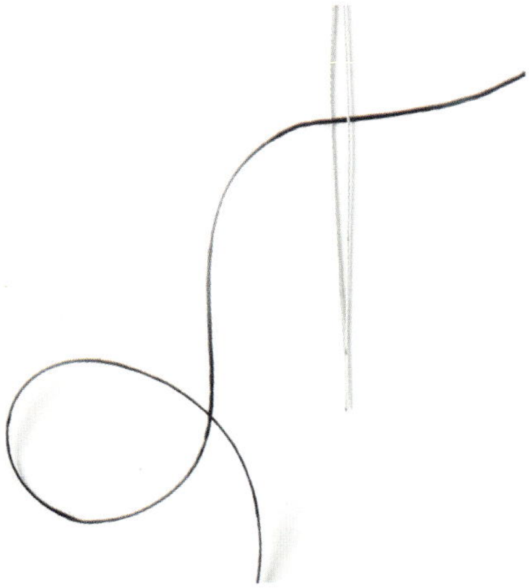

3. Fädle einen 150 cm langen Faden auf eine Perlennadel mit einer großen Öse in der Mitte. Dieser Faden wird zum Weben der Perlen verwendet.

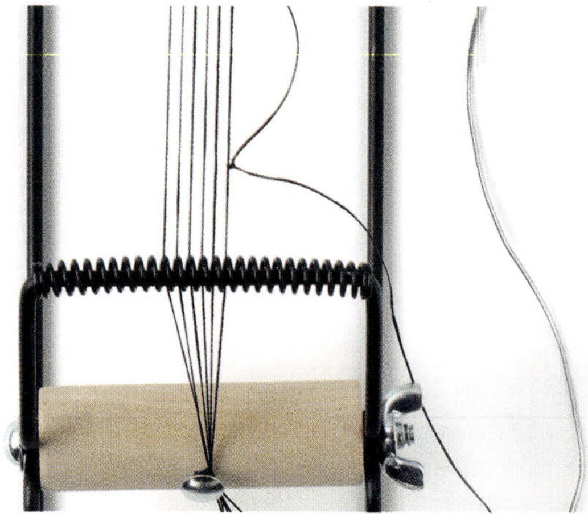

4. Beginne mit dem Perlenweben: Befestige das Ende des Webfadens mit einem Doppelknoten am rechten Faden des Webrahmens.

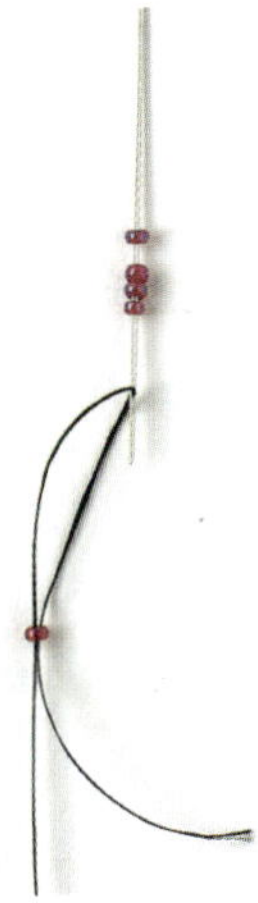

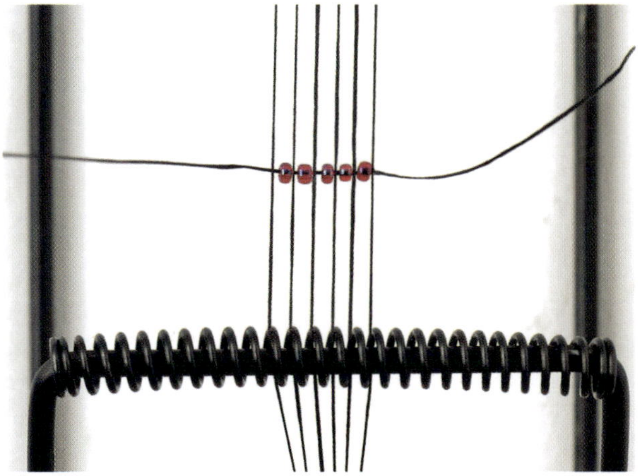

5. Fädle fünf Perlen auf die Nadel auf und schiebe sie auf den Faden an der Stelle, an der der Webfaden an den Kettfäden befestigt ist.

6. Platziere den Faden mit den fünf Perlen unter den Kettfäden und schiebe die Perlen zwischen die Kettfäden.

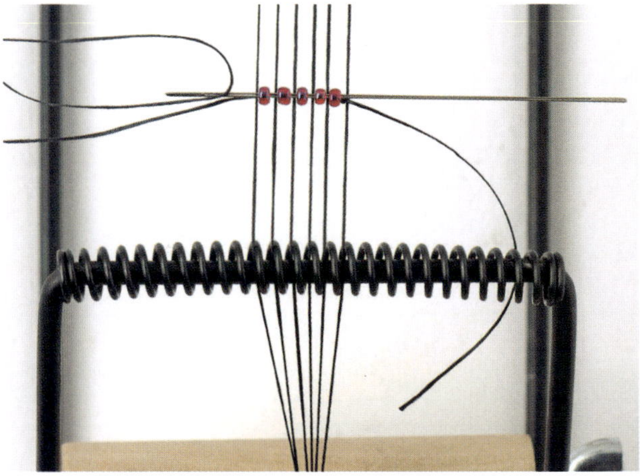

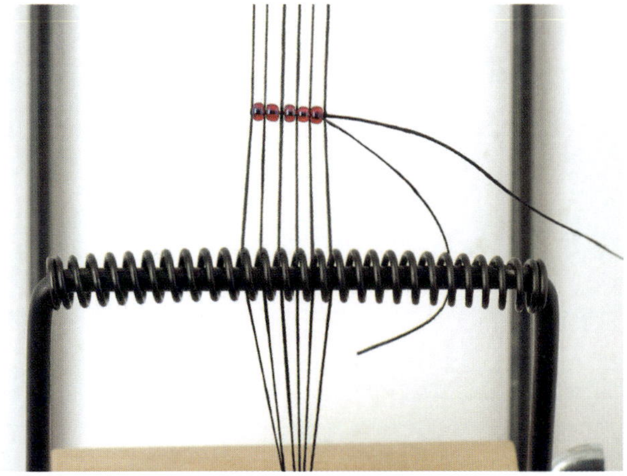

7. Führe die Nadel über den Kettfäden durch die Perlen.

8. Ziehe an dem Webfaden, damit die Perlen zwischen den Kettfäden sitzen bleiben.

TECHNIKEN **MIT ROCAILLES-PERLEN**

Einen Webrahmen benutzen (Fortsetzung)

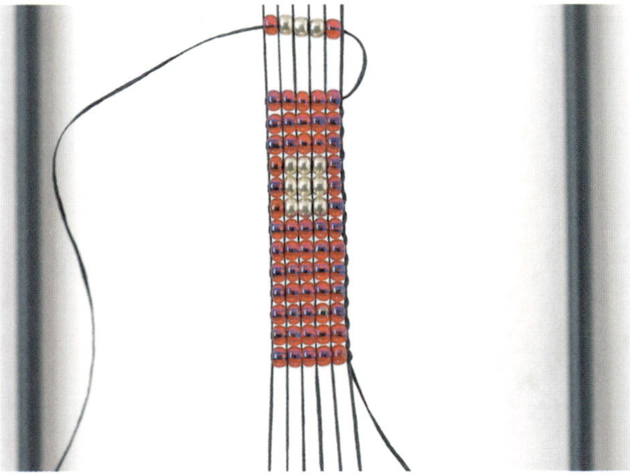

9. Fahre fort, indem du die Perlen in der in deinem Muster vorgegebenen Reihenfolge auffädelst.

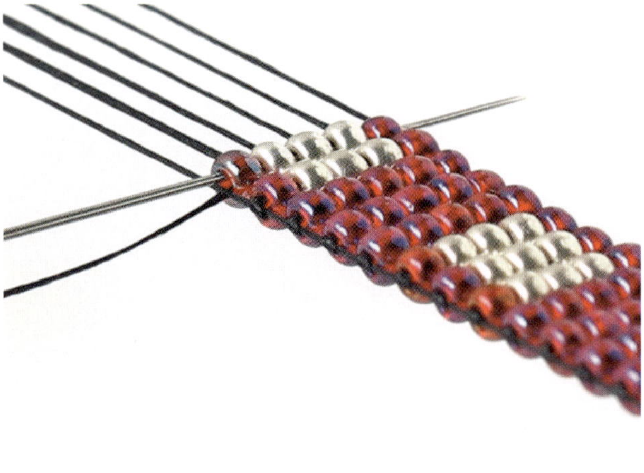

10. Bei jeder Perlenreihe verläuft der Webfaden durch die Perlen, unter und über den Kettfäden hin und her.

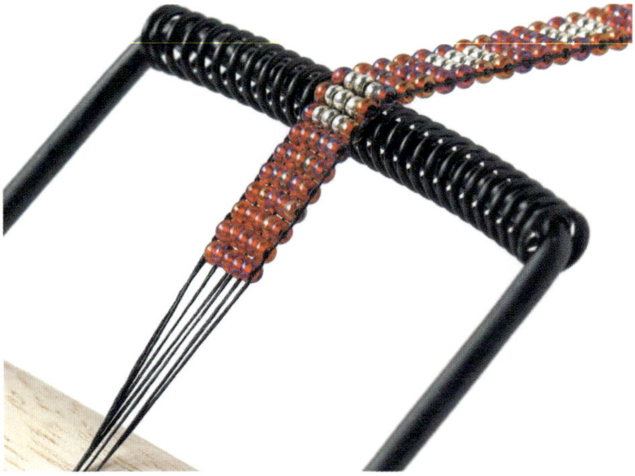

11. Wenn du deine gewünschte Länge an gewebten Perlen erreicht hast, drehe die Spiralen des Webrahmens so, dass das Armband über die Einkerbungen gleitet, um mehr Platz vor dem Anfang der Perlenreihen zu schaffen.

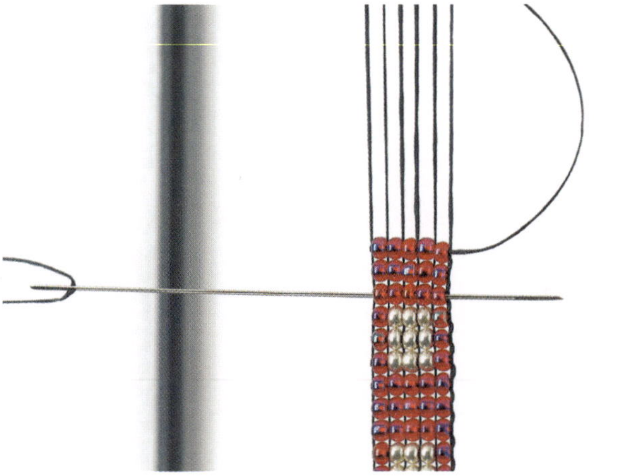

12. Falls du einen neuen Webfaden nehmen musst, mache keine Knoten! Führe den neuen Webfaden durch die vorherigen Reihen, um ihn zu sichern. Verstecke die Fäden auf die gleiche Weise, um die Webarbeit zu beenden.

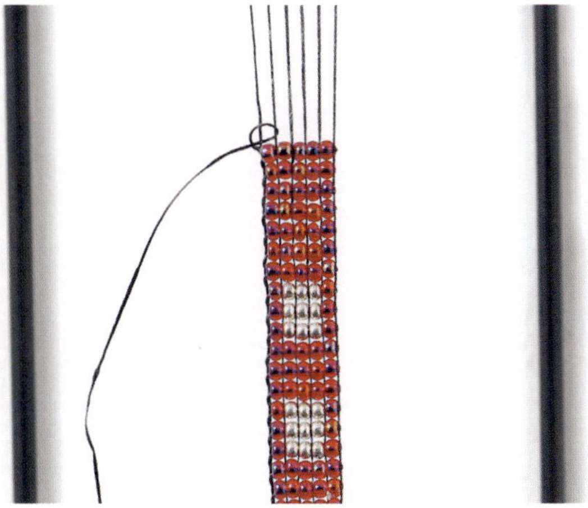

13. Sobald du die gewünschte Länge erreicht hast, mache mit dem Webfaden einen Doppelknoten auf dem letzten Kettfaden.

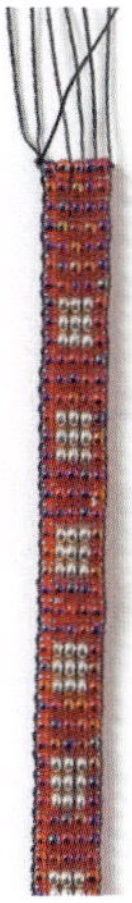

14. Öffne die Knoten, mit denen du das Armband am Webrahmen befestigt hast, und lege es flach vor dich hin.

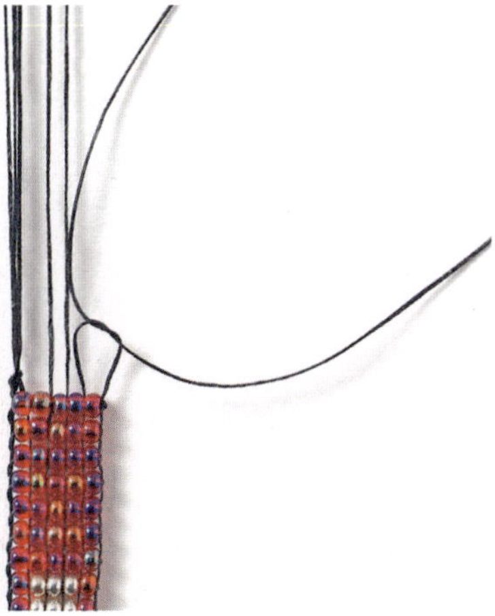

15. Führe den Faden in der Nadel durch die Perlen der letzten Reihe. Mache mit den zwei ersten Kettfäden einen Doppelknoten.

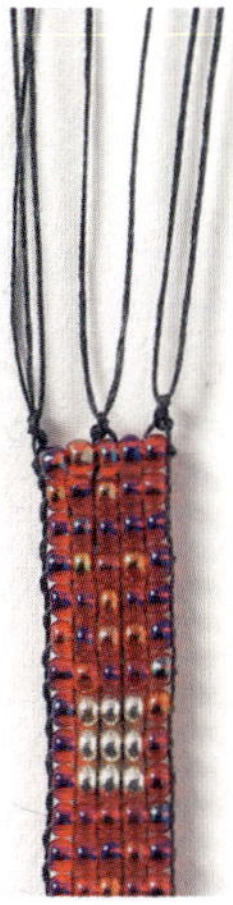

16. Verknote die Kettfäden paarweise, um die Webarbeit zu sichern. Füge den Webfaden in den letzten Knoten mit ein.

TECHNIKEN **MIT ROCAILLES-PERLEN**

Ein Peyote-Armband weben

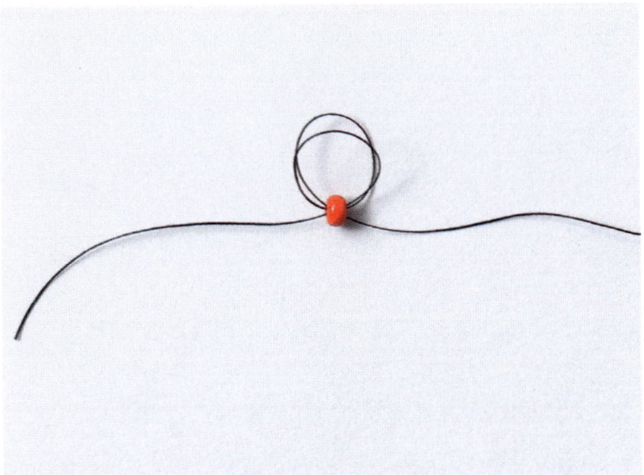

1. Fädle eine Perle mit einem Durchmesser von 4 mm auf eine Nadel auf. Lasse 20 cm Faden aus der Perle hinausragen und führe ihn zweimal durch die Perle, damit sie nicht verrutschen kann.

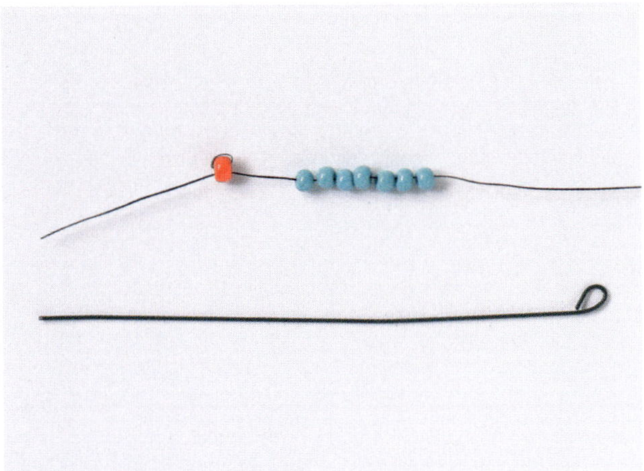

2. Arbeite flach auf einer harten Oberfläche. Fädle sieben Perlen von links nach rechts auf den Webfaden auf und schiebe sie auf den Faden, bis wenige Zentimeter vor die Stopperperle.

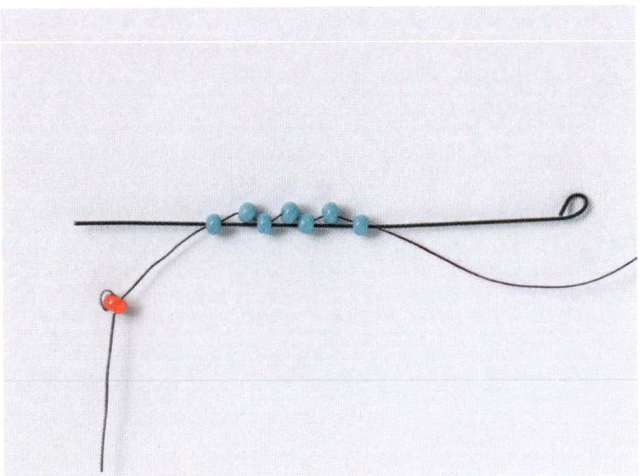

3. Um ein Verheddern der ersten drei Reihen zu verhindern und das Weben zu erleichtern, führe eine dünne Perlennadel oder ein Stück Eisendraht durch die Perlen 1, 3, 5 und 7.

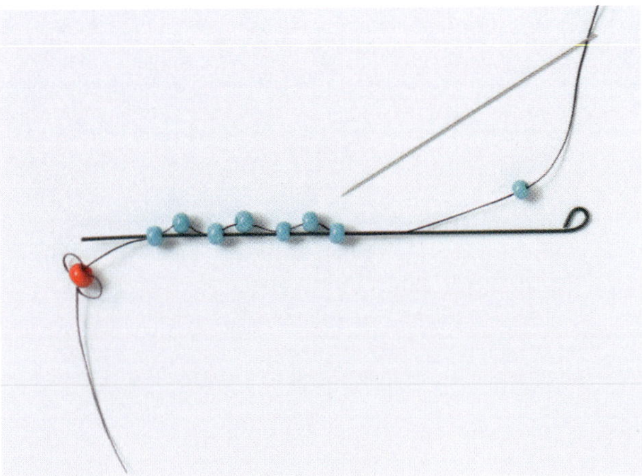

4. Fädle eine neue Perle (Perle 8) auf.

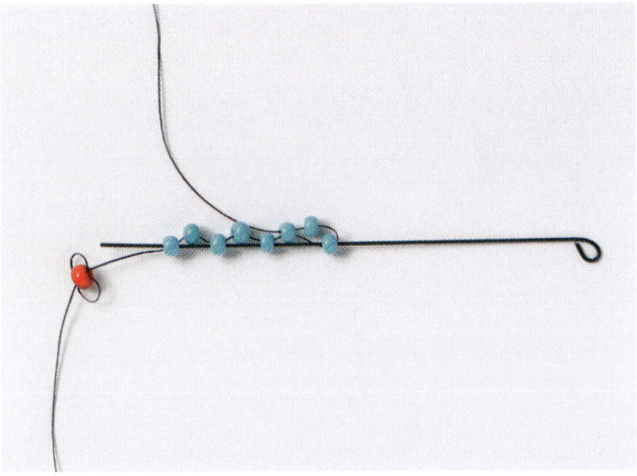

5. Führe die Nadel durch Perle 6, ziehe sie wieder heraus und ziehe an dem Faden.

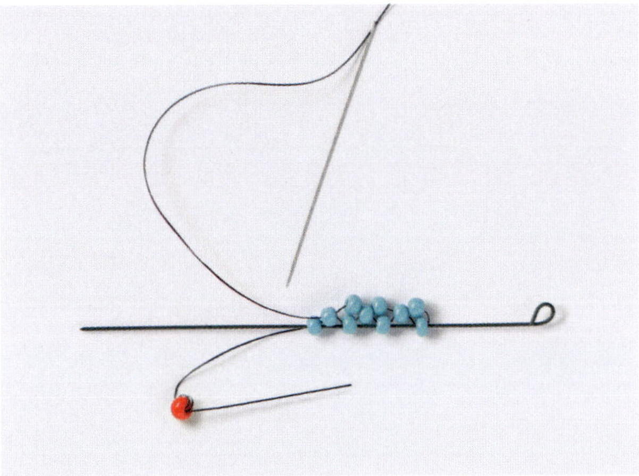

6. Fädle eine neue Perle (9) auf und ziehe den Faden durch Perle 4. Füge eine weitere Perle (10) hinzu, führe den Faden durch Perle 2 und ziehe an dem Faden.

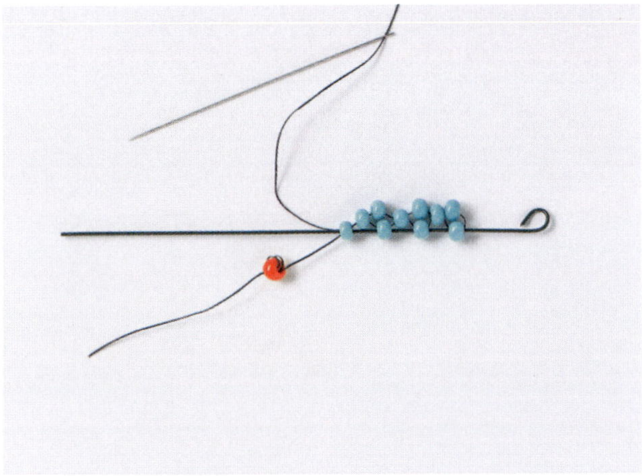

7. Führe die Nadel durch Perle 1. Ziehe an dieser Stelle und an den folgenden Reihenenden an der Schlaufe auf der rechten Seite des Webstücks und am Webfaden, um die Perlen richtig auszurichten und sie nebeneinander anzuordnen.

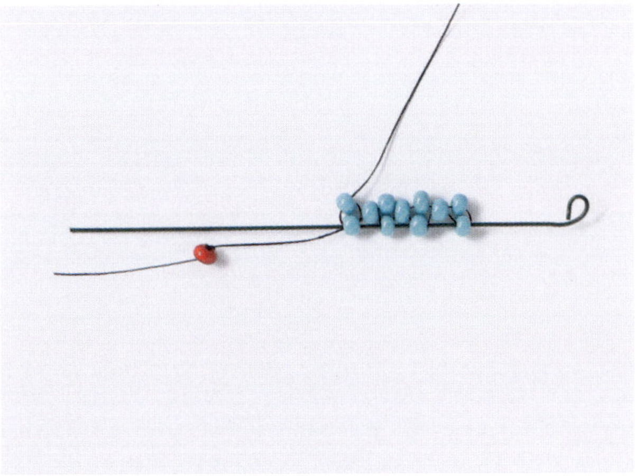

8. Fädle eine Perle (11) auf und gehe erneut durch Perle 1, dann wieder durch Perle 11, um sie an Ort und Stelle zu halten, und ziehe die Nadel wieder heraus.

TECHNIKEN **MIT ROCAILLES-PERLEN**

Ein Peyote-Armband weben (Fortsetzung)

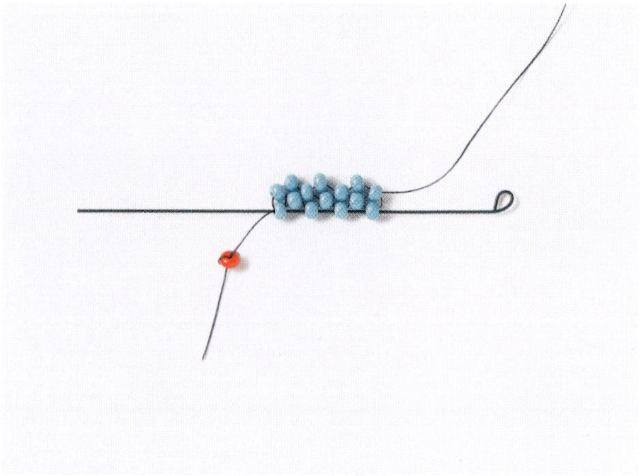

9. Von links nach rechts: Fädle eine Perle (12) auf und gehe mit der Nadel durch Perle 10. Fädle eine Perle (13) auf und gehe durch Perle 9. Fädle dann eine Perle (14) auf und gehe durch Perle 8 mit der Nadel wieder heraus.

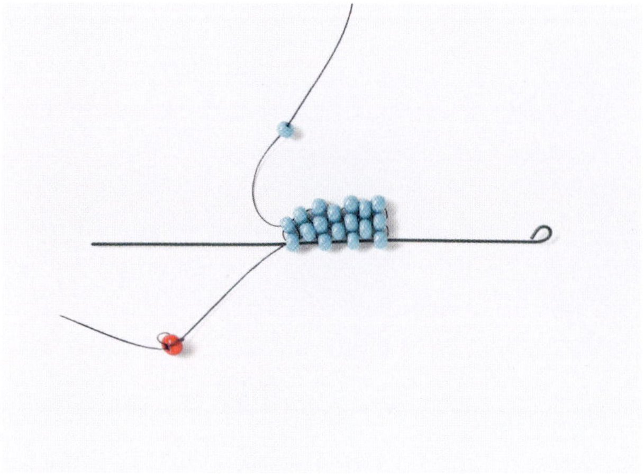

10. Von rechts nach links: Fädle eine Perle (15) auf, gehe durch Perle 14, fädle eine Perle (16) auf und gehe durch Perle 13, fädle eine Perle (17) auf und gehe durch Perle 12. Gehe durch Perle 11. Fädle eine weitere Perle (18) auf.

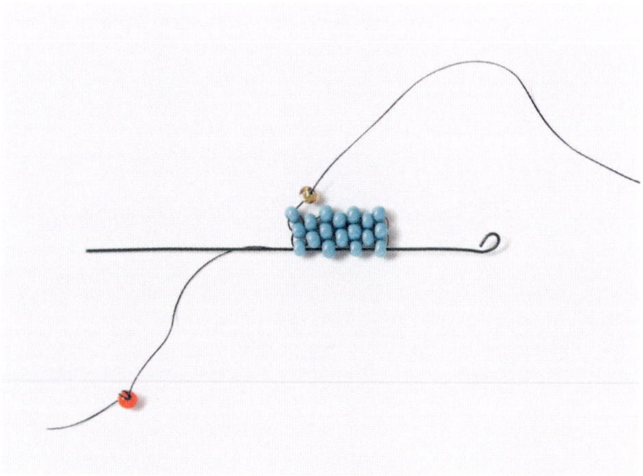

11. Führe den Faden zweimal durch die Perlen 11 und 18, wie in Schritt 8, um die Perle 18 gut zu fixieren. Füge eine Perle hinzu und wiederhole die Schritte ab Schritt 7. Dann fängst du wieder von vorne an, bis du die gewünschte Länge deines Webarmbands erreicht hast.

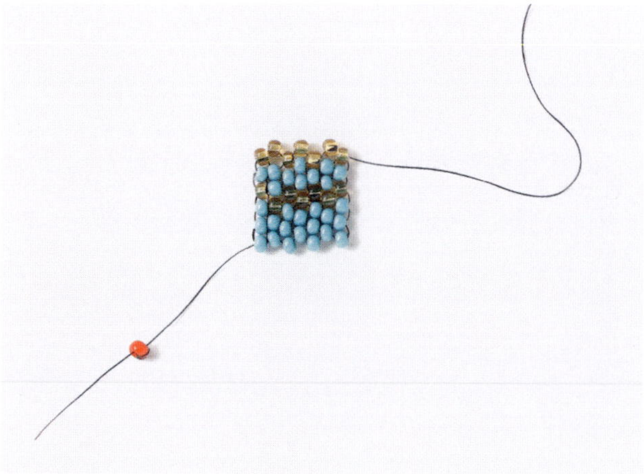

12. Halte das Armband nach der Fertigstellung der ersten drei Reihen in einer Hand fest und lege es nicht mehr auf den Tisch. Der Anfangsfaden mit der Stopperperle befindet sich immer unten links.

TECHNIKEN **MIT ROCAILLES-PERLEN**

Fadenwechsel

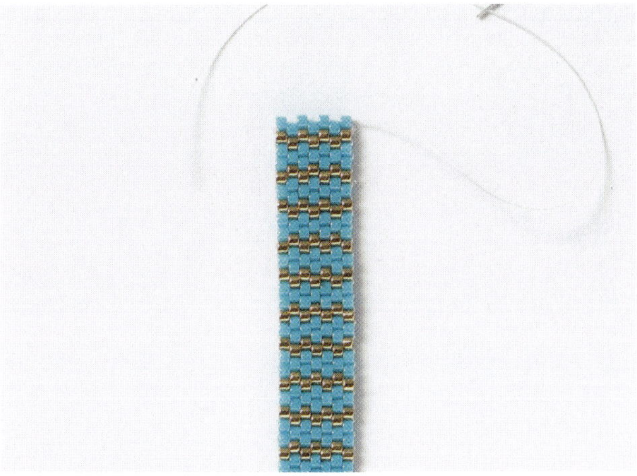

1. Wenn der Faden zu kurz ist, um weiter weben zu können (15 cm), beende die Reihe, an der du gerade arbeitest und ziehe den Faden an einer Seite des Armbands heraus.

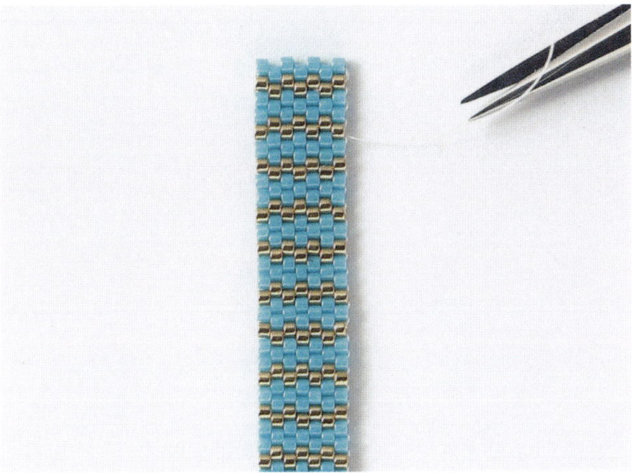

2. Führe den Faden durch die Perlen der vorherigen Reihe und wieder zurück, um ihn zu sichern. Schneide den Faden bündig mit dem Armband ab.

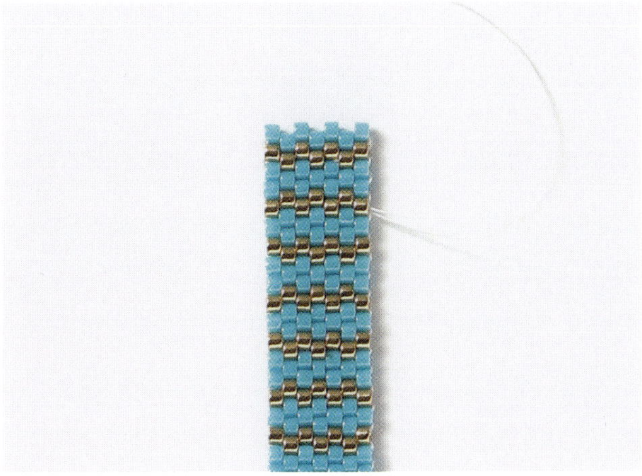

3. Führe den neuen Webfaden durch die Perle, an der du den ersten Faden abgeschnitten hast, ziehe 10 cm Faden heraus. Führe den Webfaden mehrmals durch die Perlen rundherum, um den Faden zu sichern.

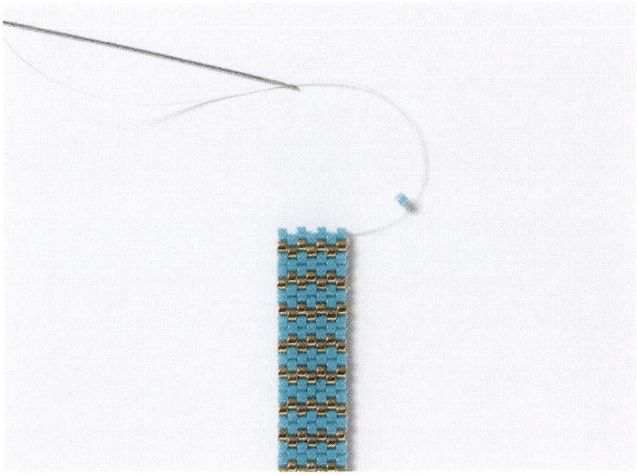

4. Führe den Webfaden durch die Perlen mehrerer Reihen, ziehe ihn dann durch die letzte Perle der letzten Reihe heraus und nimm das Weben wieder auf.

Traumfänger weben

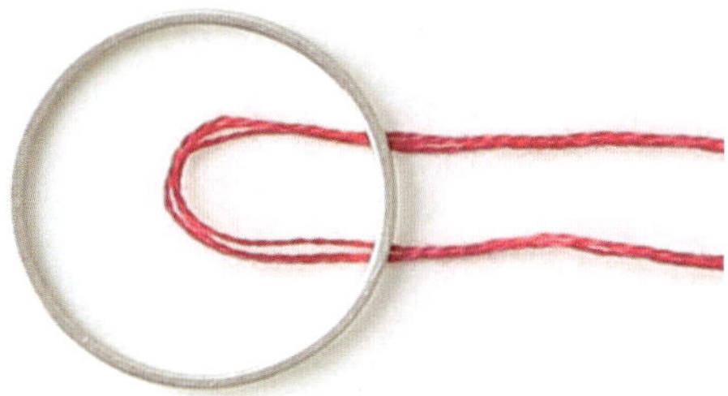

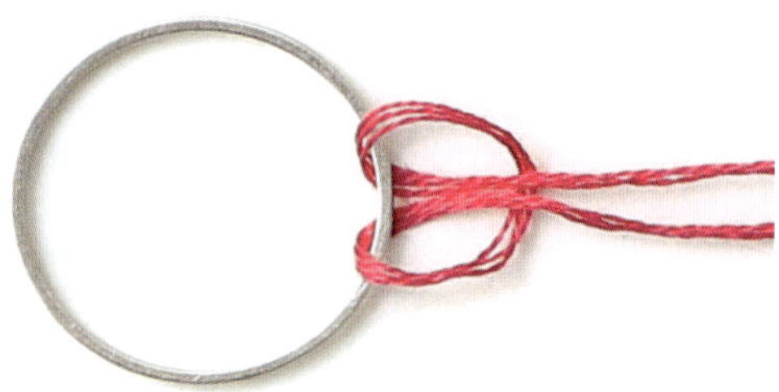

1. Falte einen Faden zur Hälfte und lege einen Ring auf den Faden sodass die Schlaufe sich in der Mitte befindet.

2. Um einen Festonstich zu bilden, führe die Enden des Fadens durch die Schlaufe in der Mitte des Rings und ziehe so lange am Faden, bis er um den Ring gebunden ist.

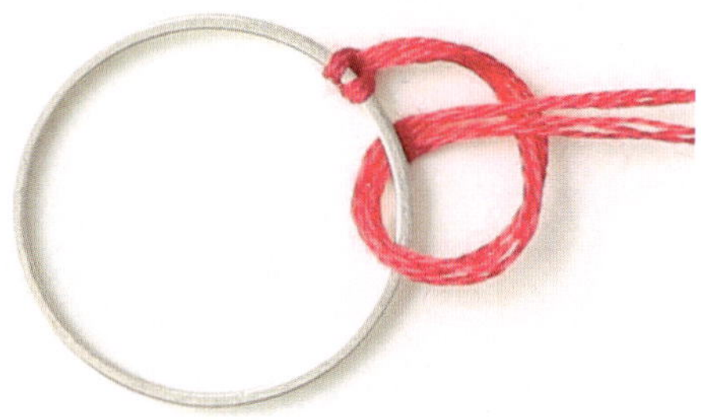

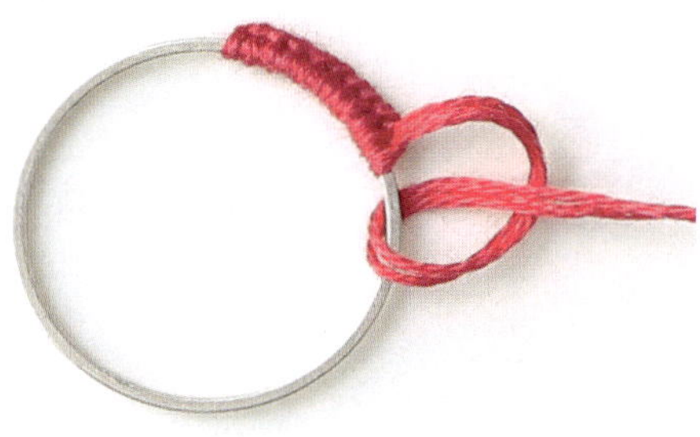

3. Fädle die Enden der Stränge in eine Wollnadel ein. Beginne damit, Schlaufen um den Ring zu bilden, indem du eine Schlaufe machst und den Faden durch diese wieder herausziehst.

4. Bedecke den Ring mit Festonstichen. Sobald nur noch 1 cm frei ist, lasse den Faden einfach hängen.

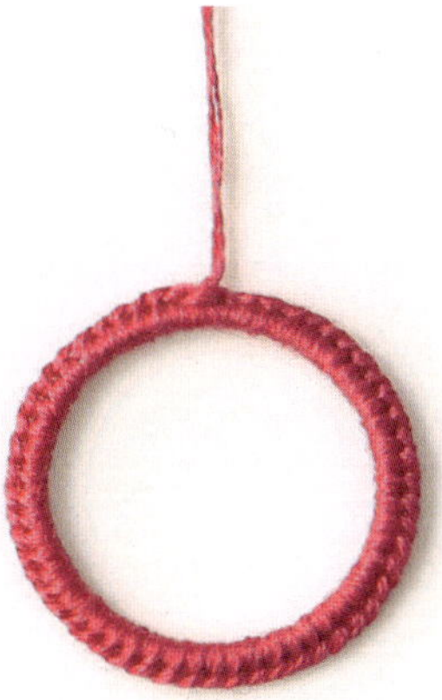

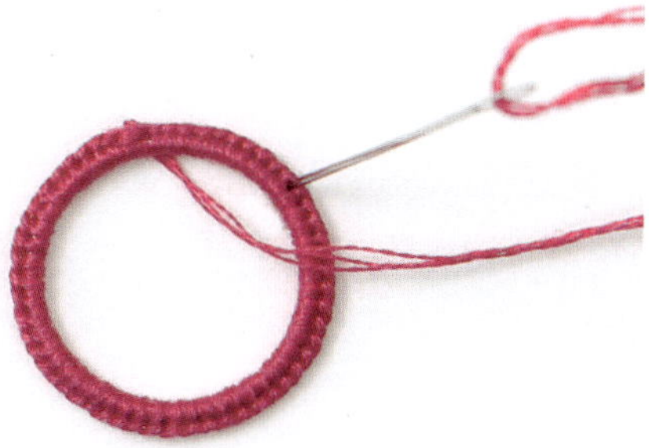

5. Befestige einen neuen Faden an dem noch freien Bereich des Rings. Bedecke dann den gesamten Ring mit dem ersten Faden und schneide ihn ab.

6. Beginne mit dem neuen Faden die Spitzen eines Sterns zu bilden, indem du die Nadel von oben nach unten durch die Festonstiche auf dem Ring stichst.

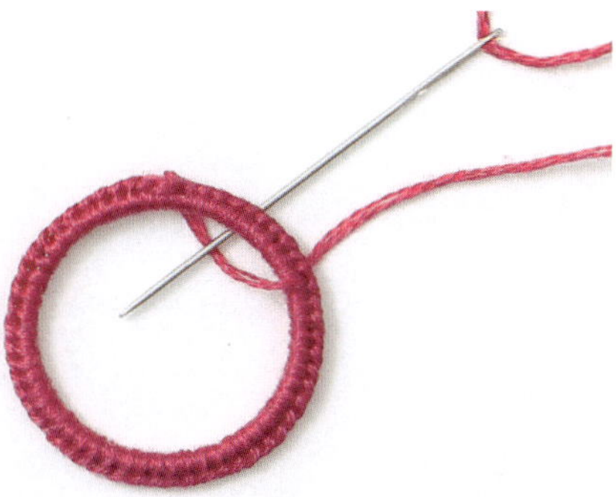

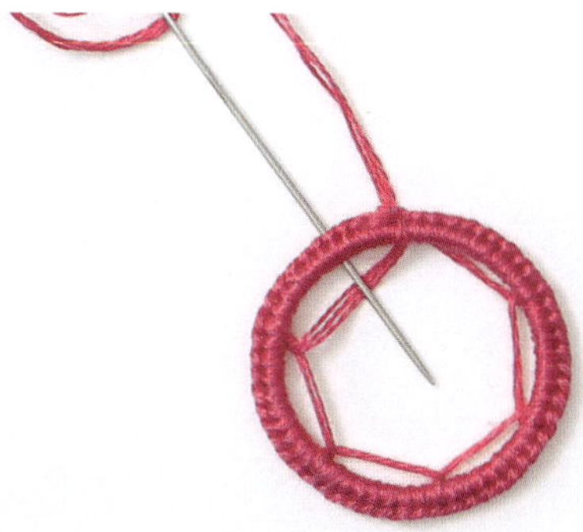

7. Führe die Nadel durch die im Ring gebildete Schlaufe wieder heraus und ziehe den Faden vorsichtig straff.

8. Fahre fort, die Sternspitzen rund um den Ring herum zu bilden, indem du in regelmäßigen Abständen in die Festonstiche auf dem Ring einstichst.

Traumfänger weben (Fortsetzung)

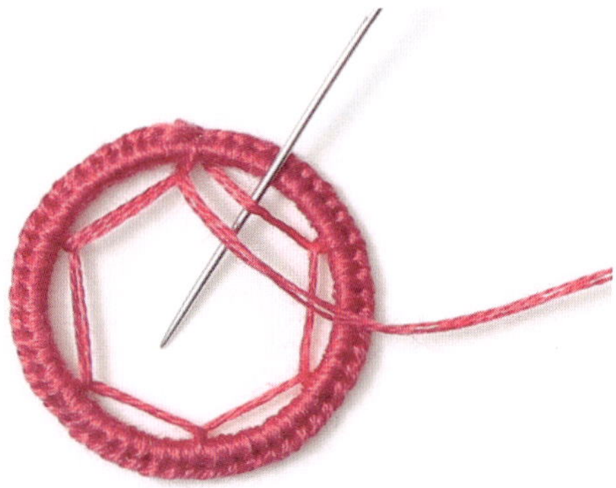

9. Beginne in der gleichen Bewegung die zweite Runde des Sterns, indem du die Nadel sowohl durch die erste Schlaufe rechts als auch unter den Faden hindurchführst.

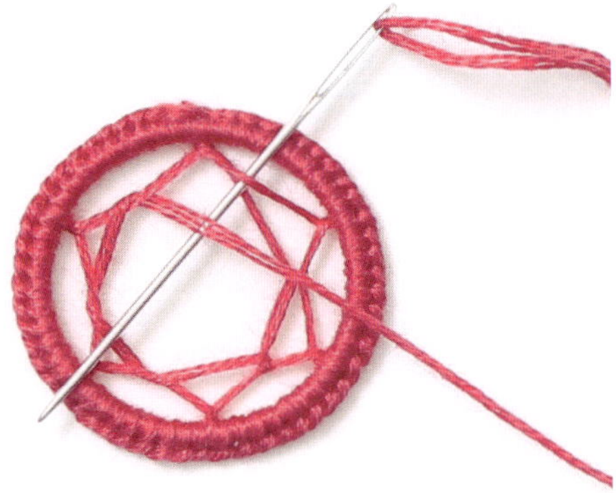

10. Beginne die dritte Runde des Sterns, indem du die Fäden auseinanderziehst, um die Nadel sowohl durch das kleine Faden-Dreieck als auch unter dem Arbeitsfaden hindurchzuführen.

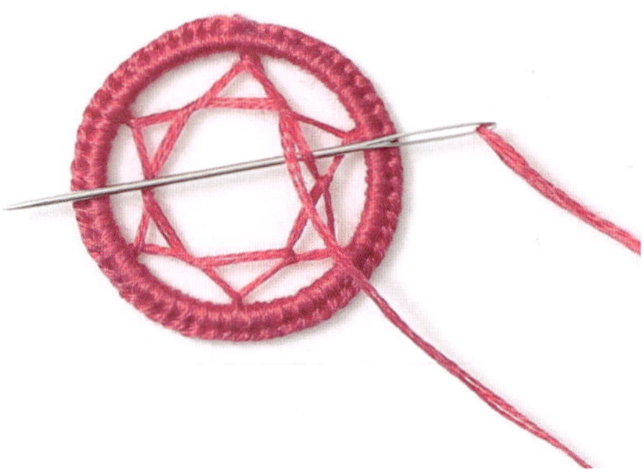

11. Fahre fort, das Fadengewebe zu weben, indem du die Nadel durch jedes kleine Faden-Dreieck und immer unter dem Arbeitsfaden hindurchführst.

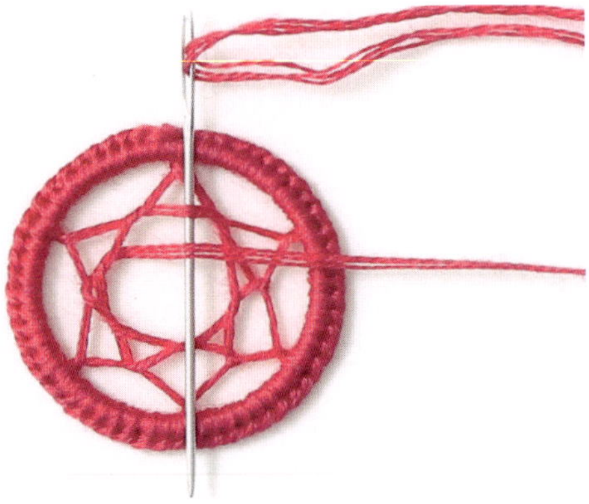

12. Wenn der Faden zu kurz ist, um weiter weben zu können (15 cm), beende die Reihe, an der du gerade arbeitest und ziehe den Faden an einer Seite des Armbands heraus.

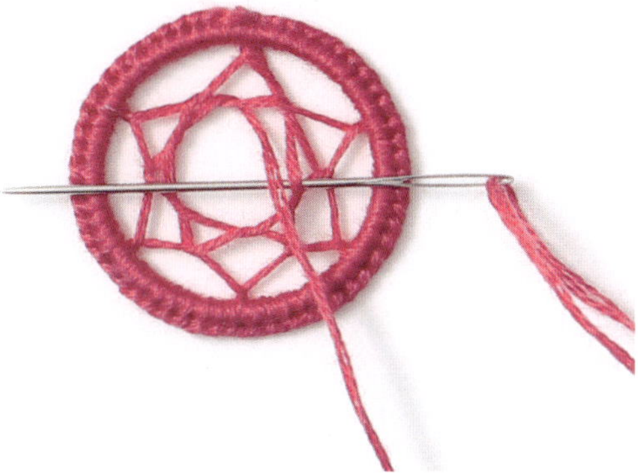

13. Fahre so fort, bis du das Ende der vierten Runde erreicht hast. Je näher du der Mitte des Sterns kommst, desto straffer wird der Faden und desto schwieriger ist es, die Fäden auseinanderzuziehen, um die Nadel durchzuführen.

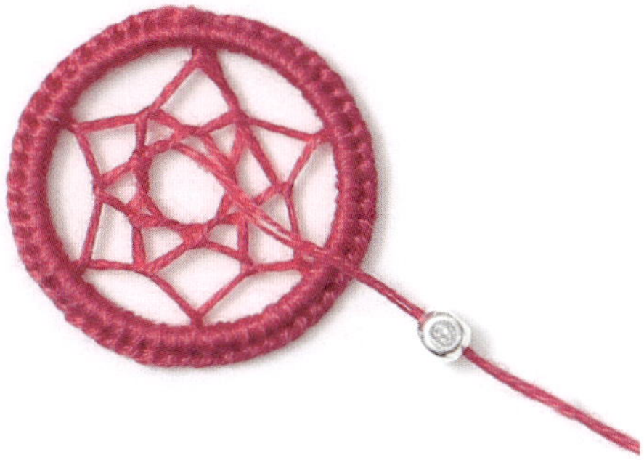

14. Sobald du die vierte Runde beendet hast, fädle eine Perle auf und platziere sie in der Mitte des Sterns.

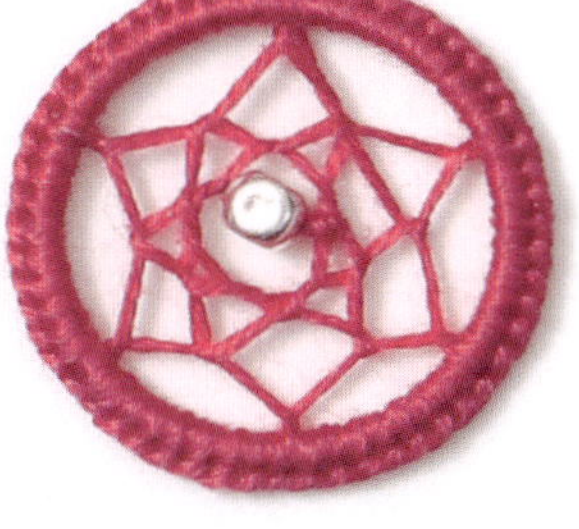

15. Ziehe den Faden fest und mache auf der Rückseite der Perle am Stern einen festen Doppelknoten. Schneide den Faden ab und trage einen kleinen Tropfen Klebstoff auf.

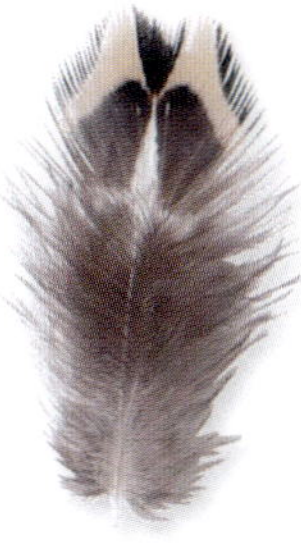

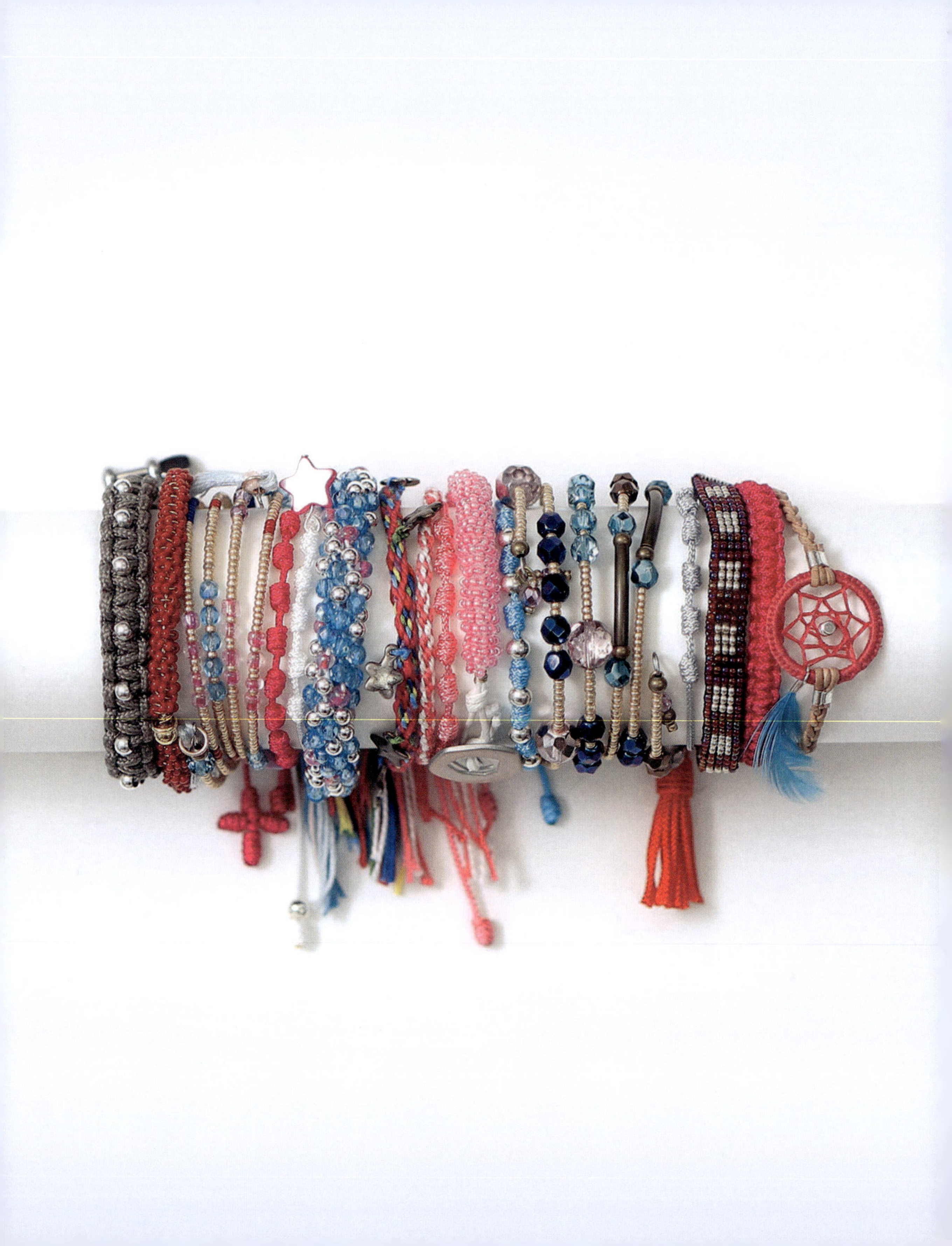

MODELLE

FREUNDSCHAFTS**BÄNDER**

Um das traditionelle lateinamerikanische Freundschaftsband zu knüpfen, benötigst du nur Baumwollfäden, mit denen du einfache Rechts-rechts- und Links-links-Knoten knüpfst. Einer Legende nach wird das Freundschaftsarmband zum Glücksbringer, wenn du dir beim Umbinden dreimal etwas wünschst und es schließlich abfällt. Wünsche gehen also doch in Erfüllung!

5 TIPPS FÜR EIN PERFEKTES FREUNDSCHAFTSBAND

• Perlgarn eignet sich am besten, um Freundschaftsbänder herzustellen, da die Fäden glatt sind und sich nicht verheddern. Fäden aus Mouliné-Baumwolle sind weniger praktisch, haben aber den Vorteil, dass sie günstiger sind. Es gibt eine große Auswahl an Farben!

• Um die richtige Länge des Fadens zu ermitteln, die du für dein Handgelenk benötigst, halte das Ende des Fadens in der linken Hand und strecke den Arm gerade und waagerecht aus. Ziehe nun mit der rechten Hand den Faden bis zur Spitze deiner rechten Schulter, als würdest du Bogen schießen. Verdopple diese Länge und du hast genau die Länge, die du brauchst.

• Damit deine Armbänder gleichmäßig werden, knüpfe alle Knoten gleich stramm, aber ziehe sie auf keinen Fall zu fest!

• Die Anordnung der Fäden bevor du losknüpfst ist sehr wichtig. Nachdem du die Fäden auf einer Unterlage befestigt hast, lege sie voneinander getrennt vor dich hin und folge dabei der Fadenreihenfolge des Musters, das du zum Knüpfen verwenden möchtest.

• Die Knüpftechnik von Freundschaftsbändern ist eine Grundtechnik, bei der du einfach aus bunten Fäden einen Knoten nach dem anderen knüpfst. Sie erfordert nur ein wenig Geduld.

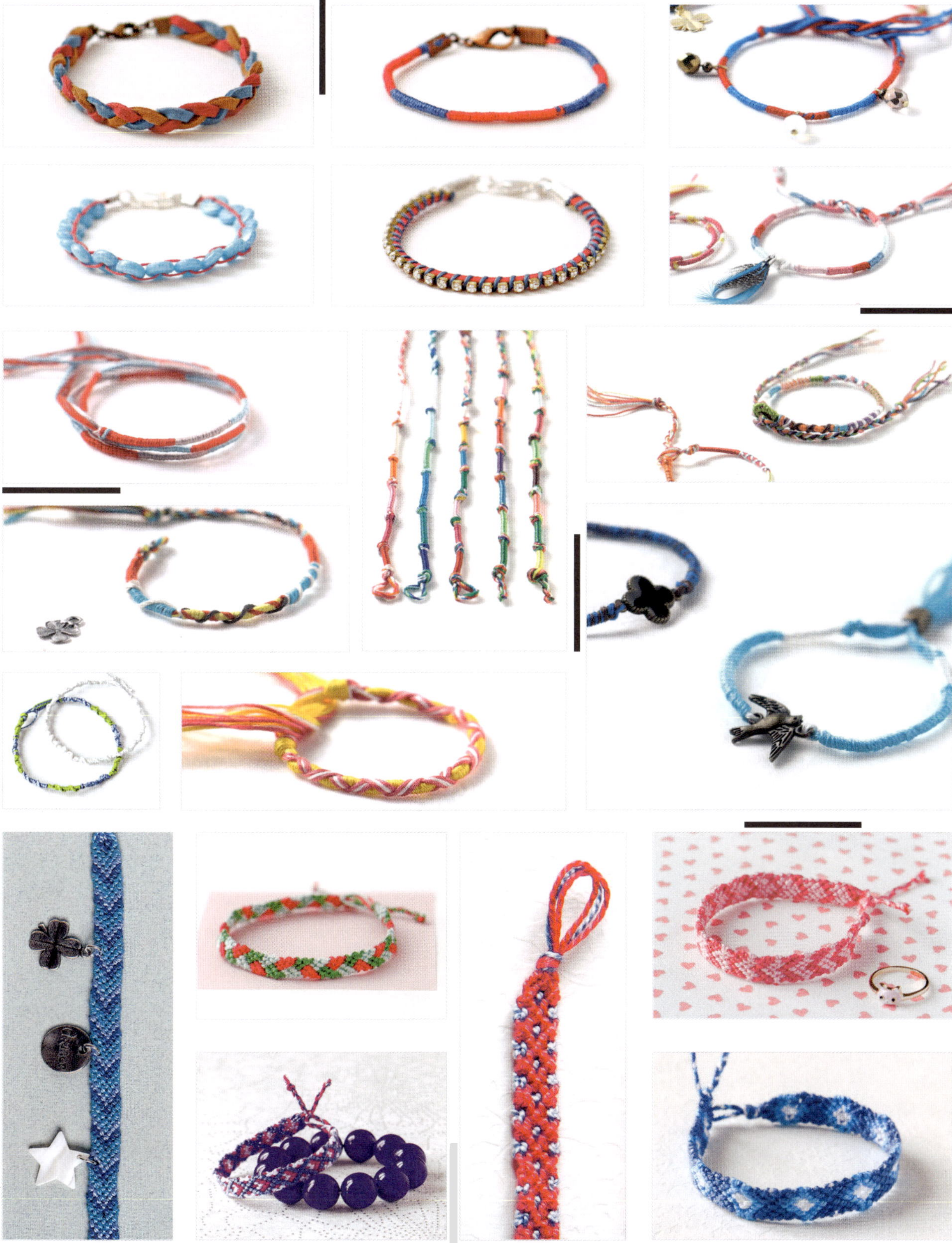

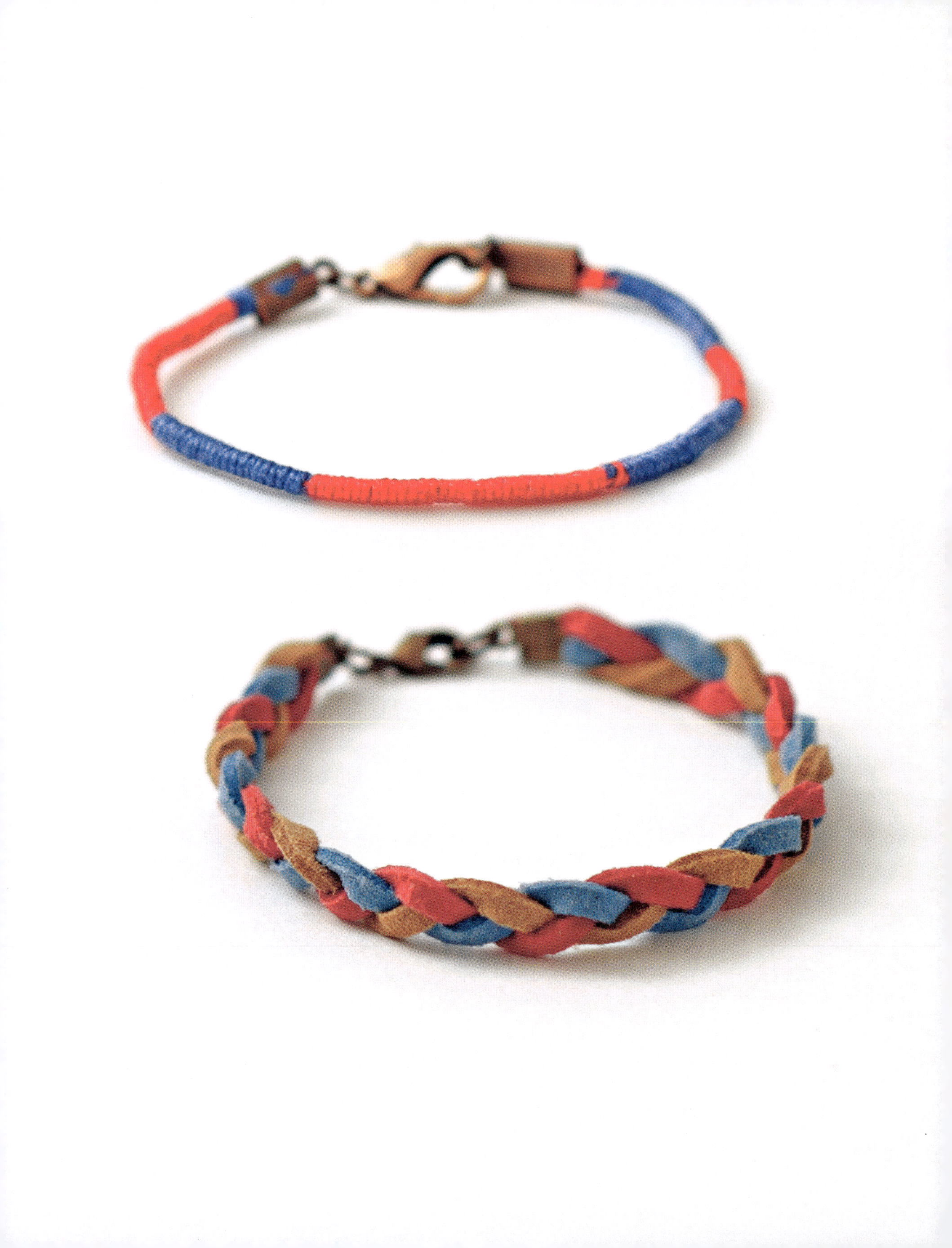

GEROLLTES UND GEFLOCHTENES FREUNDSCHAFTSBAND

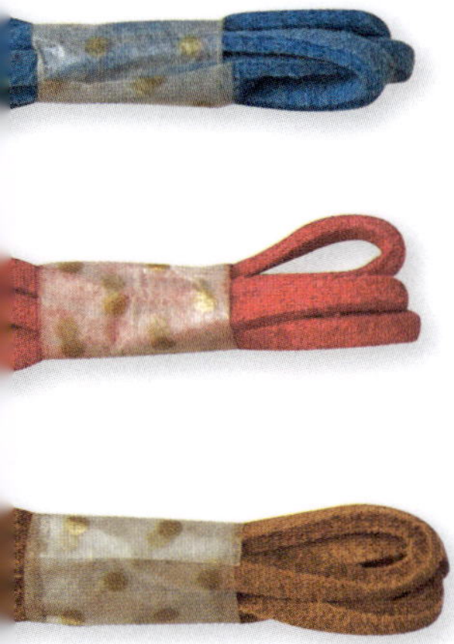

MATERIAL

GEROLLTES ARMBAND

- Wildlederband in Rosa, 30 cm lang
- Wildlederband in Blau, 30 cm lang
- Wildlederband in Braun, 30 cm lang
- 2 Lintklemmen
- 2 Ringe
- 1 Karabinerverschluss

GEFLOCHTENES ARMBAND

- Wildlederband in Rosa, 30 cm lang
- Wildlederband in Blau, 30 cm lang
- Wildlederband in Braun, 30 cm lang
- 2 Lintklemmen
- 2 Ringe
- 1 Karabinerverschluss

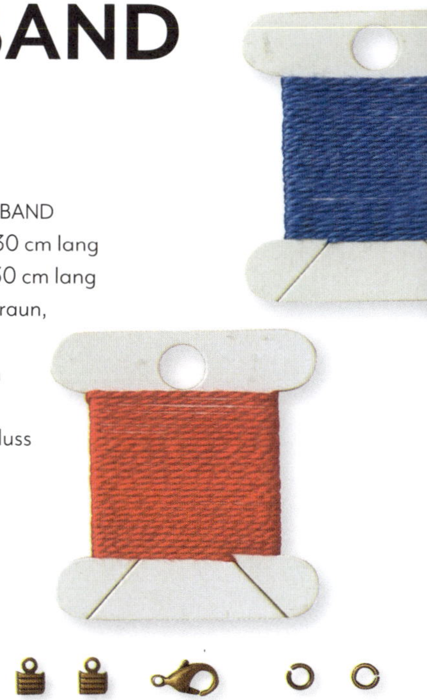

BENÖTIGTE TECHNIKEN

Einen Verschluss anbringen (S. 20)
Eine Lintklemme anbringen (S. 24)
Ein Freundschaftsband beginnen (S. 26)
Ein gerolltes Freundschaftsband anfertigen (S. 27)

ANLEITUNG

GEROLLTES FREUNDSCHAFTSBAND

1. Falte die Bänder zur Hälfte und mache einen Knoten, um sie miteinander zu verbinden. Wickle das erste freie Band um die fixierten Bänder und ziehe es gleichzeitig fest. Schiebe die Wicklungen nach und nach nach oben.

2. Nimm das zweite freie Band und wickle es um die fixierten Bänder, indem du es in die Spirale des ersten gewickelten Bandes miteinfügst. Nun müssten die gewickelten Bänder fest sitzen. Beende die Arbeit mit einem festen Knoten.

3. Füge die Knoten in die Lintklemmen ein und drücke sie flach. Bringe an beiden Enden einen Ring an und nur an einem Ende einen Karabinerverschluss.

GEFLOCHTENES FREUNDSCHAFTSBAND

1. Lege die drei Wildlederbänder aus und befestige sie mit einem Stück Malerkrepp.

2. Führe das linke Band über das mittlere Band und dann das rechte Band darüber.

3. Fahre fort, indem du den vorherigen Schritt immer wiederholst. Wenn du mit dem Flechten fertig bist, bringe an den Enden zwei Lintklemmen an. Bringe anschließend an beiden Enden einen Ring und an einem einen Karabinerverschluss an.

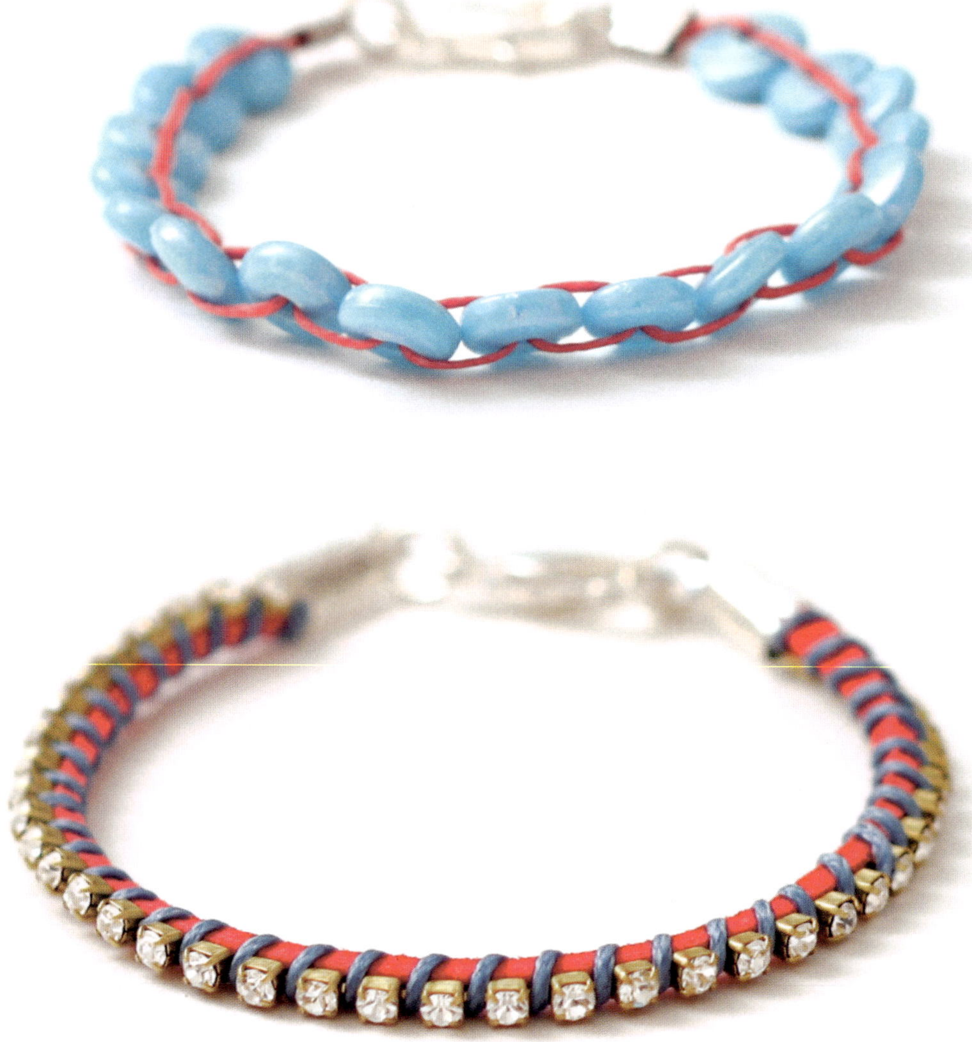

003 | 004

PAILLETTEN- UND STRASS**ARMBAND**

MATERIAL

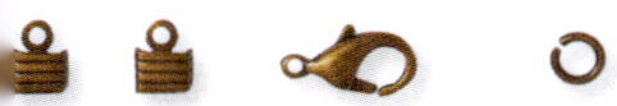

PAILLETTENARMBAND
- Nylonschnur in Rosa, 40 cm lang
- 16 Pailletten
- 2 Lintklemmen
- 2 Ringe
- 1 Karabinerverschluss

STRASSARMBAND
- Wildlederband in Rosa, 20 cm lang
- Strasskette, 20 cm lang
- Nylonschnur in Blau, 40 cm lang
- 2 Lintklemmen
- 2 Ringe
- 1 Karabinerverschluss

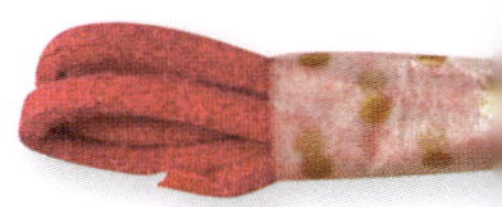

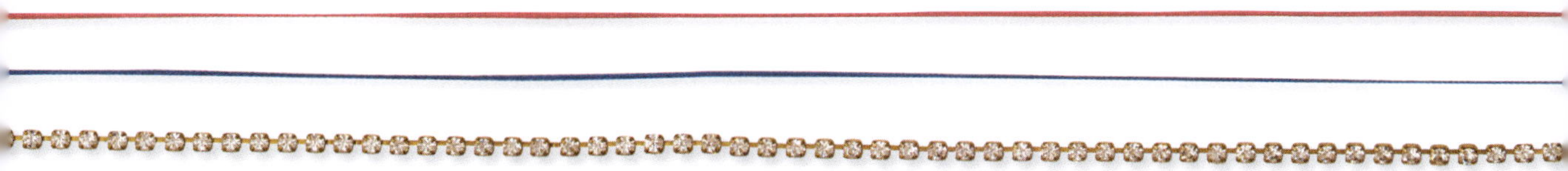

BENÖTIGTE TECHNIKEN

Einen Verschluss anbringen (S. 20)
Eine Lintklemme anbringen (S. 24)

ANLEITUNG

PAILLETTENARMBAND

1. Falte die Nylonschnur in der Mitte und mache einen Knoten. Führe eine Schnur von hinten nach vorn durch eine Paillette. Führe die andere Schnur von vorne nach hinten durch die Paillette. Die beiden Schnüre überkreuzen sich im Paillettenloch.

2. Fädle weitere Pailletten auf dieselbe Weise auf, sodass sie fest zwischen den Schnüren sitzen. Falls die Pailletten sehr dünn sind, überlappen sie sich natürlich. Beende das Band mit einem Knoten.

3. Füge die Knoten in die Lintklemmen ein und drücke sie flach. Bringe an beiden Enden einen Ring an und nur an einem Ende einen Karabinerverschluss.

STRASSARMBAND

1. Lege das Wildlederband und die Strasskette übereinander und halte sie mit Malerkrepp zusammen.

2. Wickle dann die Nylonschnur um das gesamte Armband, indem du die Strasskette mit der Schnur umschließt und festziehst. Beende die Arbeit mit einem Doppelknoten und einem Tropfen Kleber zum Fixieren.

3. Füge die Knoten in die Lintklemmen ein und drücke sie flach. Bringe an beiden Enden einen Ring an und nur an einem Ende einen Karabinerverschluss.

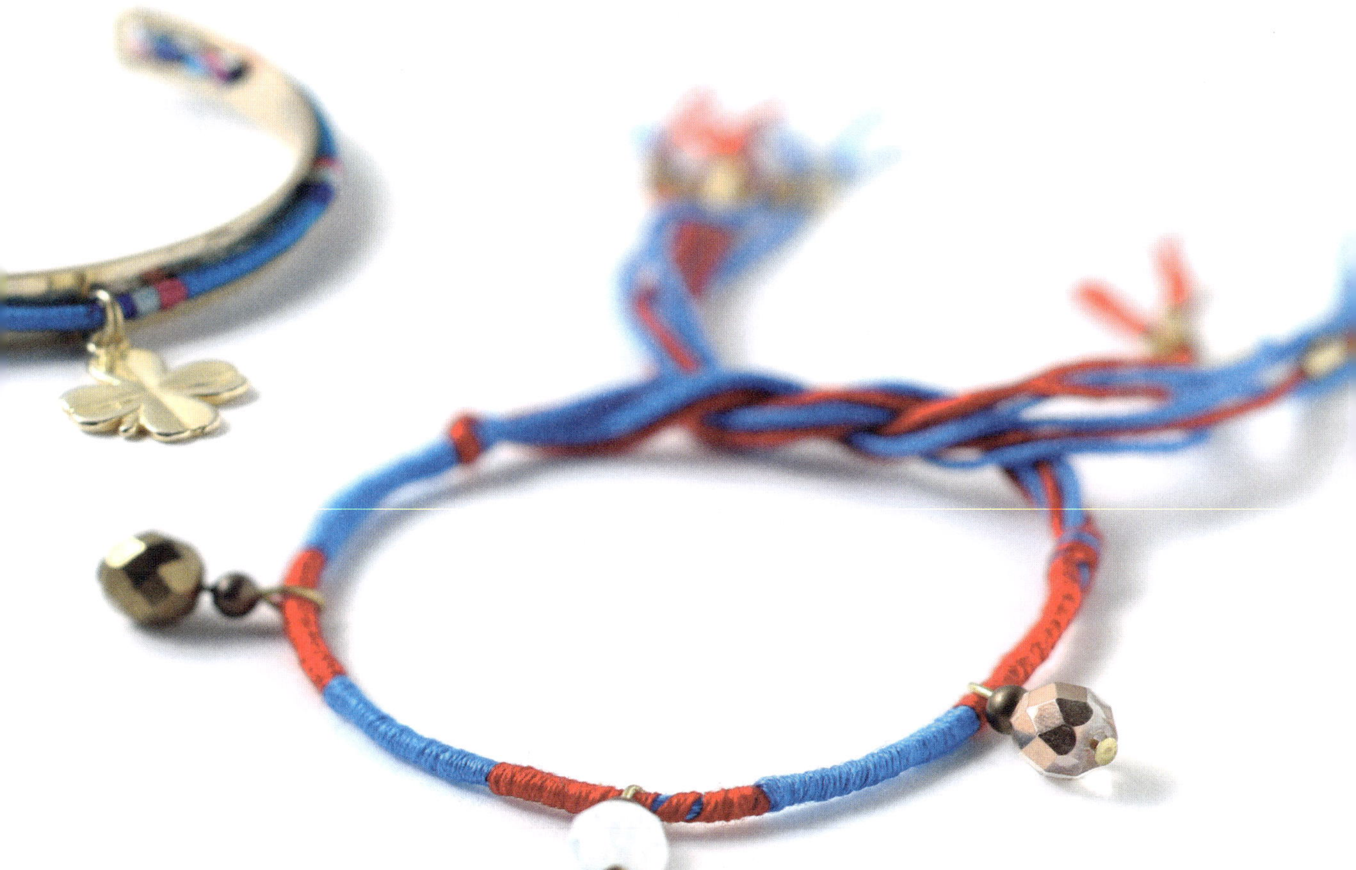

005

EINFACHES FREUNDSCHAFTS-
BAND

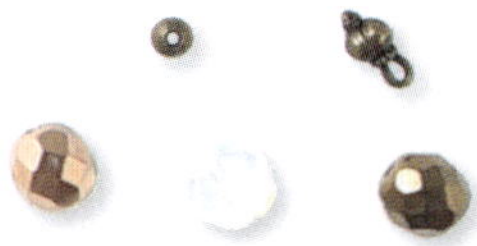

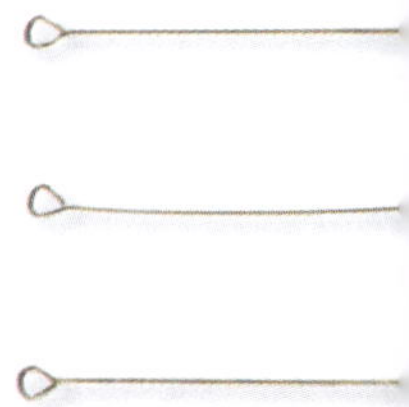

MATERIAL

- DMC Mouliné-Garn in Rot (321), 3 x 50 cm lang
- DMC Mouliné-Garn in Blau (3843), 3 x 50 cm lang
- 3 Nietstifte mit goldenem Kopf
- 3 runde Perlen, Ø 2 mm
- 3 facettierte Perlen, Ø 8 mm

BENÖTIGTE TECHNIKEN

Einen Anhänger anbringen (S. 25)
Ein Freundschaftsband beginnen (S. 26)
Ein Freundschaftsband beenden (S. 26)
Ein gerolltes Freundschaftsband anfertigen (S. 27)

ANLEITUNG

1. Knote die Fäden bei 11 cm ab dem einen Ende zusammen. Befestige sie oberhalb des Knotens mit der Klammer auf einem Klemmbrett. Wähle einen blauen Faden (Lauffaden) aus und wickle ihn um die restlichen Fäden herum.

2. Wechsle den blauen Faden alle 2 cm mit einem roten Faden ab. Wenn du die gewünschte Länge erreicht hast, mache dicht an der Arbeit einen Knoten, um sie zu sichern, und schneide die Enden der Fäden so ab, dass sie alle die gleiche Länge haben.

3. Fädle eine facettierte Perle und eine runde Perle auf einen Nietstift auf. Verbiege den Nietstift mit einer Rundzange und befestige den so entstandenen Anhänger am Armband. Wiederhole diesen Schritt, um die anderen beiden Anhänger herzustellen.

TIPP
Am Ende eines Farbbereichs könntest du auch, bevor du die Farbe wechselst, einen Rechts-rechts-Knoten machen.

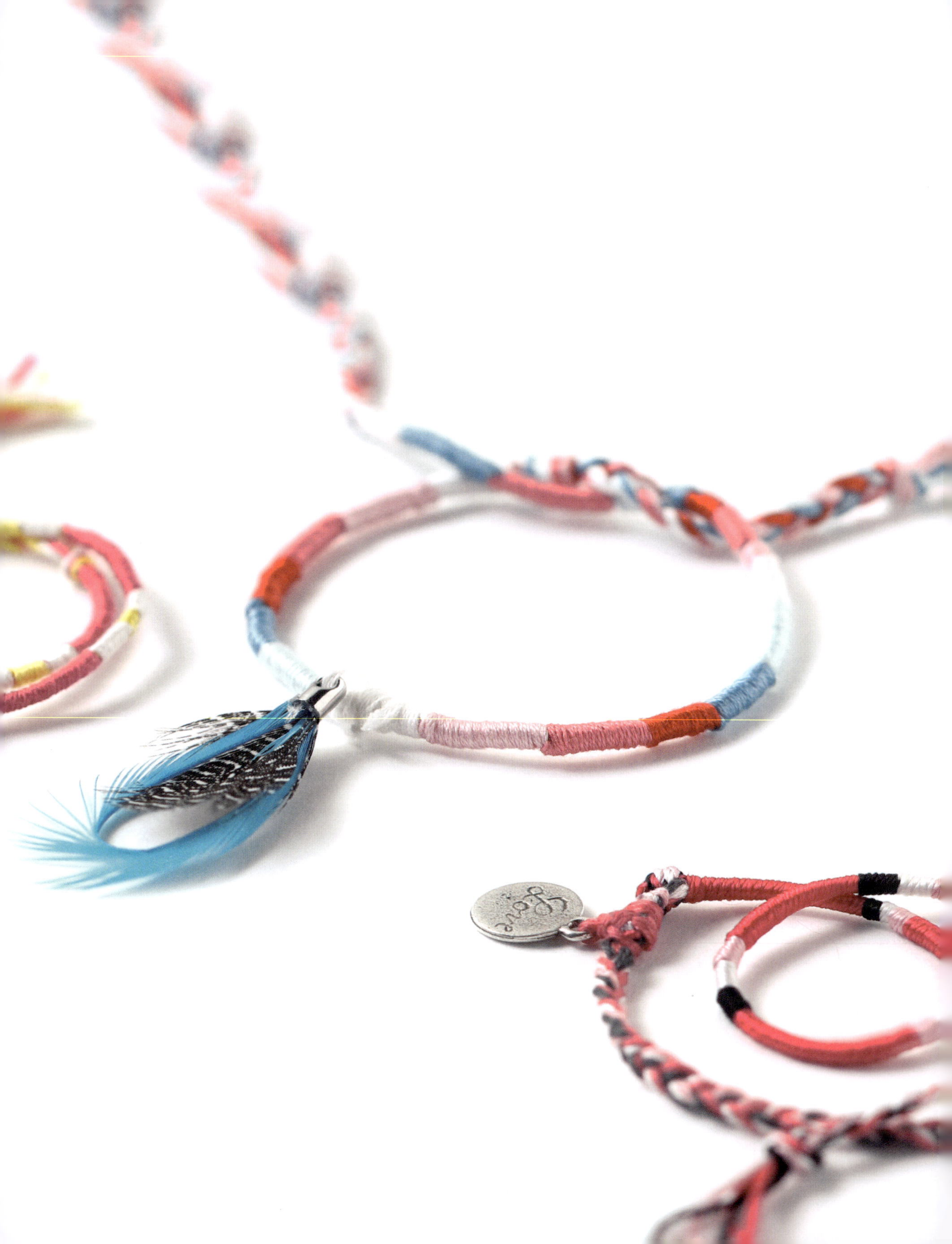

006

MEHRFARBIGES FREUNDSCHAFTS-**BAND**

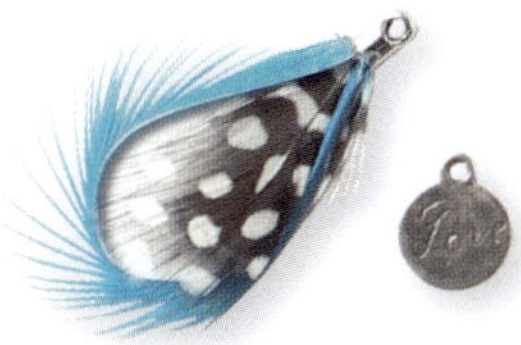

MATERIAL

- DMC Mouliné-Garn in Weiß (B5200), 1 m lang
- DMC Mouliné-Garn in Hellrosa (3689), 1 m lang
- DMC Mouliné-Garn in Dunkelrosa (602), 1 m lang
- DMC Mouliné-Garn in Rot (321), 1 m lang
- DMC Mouliné-Garn in Türkis (807), 1 m lang
- DMC Mouliné-Garn in Eisblau (747), 1 m lang
- 1 Feder
- 1 Lintklemme
- 1 Ring

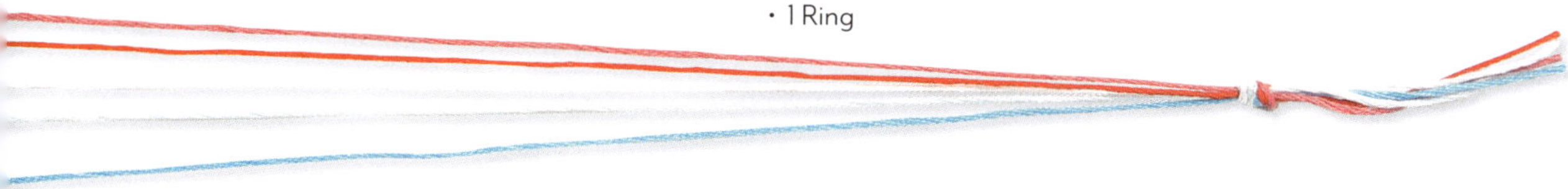

BENÖTIGTE TECHNIKEN

Eine Feder anbringen (S. 25)
Ein Freundschaftsband beginnen (S. 26)
Ein Freundschaftsband beenden (S. 26)
Ein gerolltes Freundschaftsband anfertigen (S. 27)

ANLEITUNG

1. Knote die Fäden bei 12 cm ab dem einen Ende zusammen. Wickle jede Farbe nacheinander 1,5 cm weit um die Fäden, bis du ein 25 cm langes Armband hergestellt hast. Mache einen Knoten.

2. Flechte beide Enden auf 5 cm Länge, knote die Fäden zusammen und schneide sie auf 4 cm Länge ab.

3. Öffne mit einer Flachzange den Ring und schiebe die Lintklemme von der Feder hindurch. Lege den Ring um das Armband und schließe ihn mit der Flachzange.

TIPP
Stelle auf die gleiche Weise doppelt so lange Armbänder her, die etwa 50 cm lang sind, damit du sie zweimal ums Handgelenk wickeln kannst. Verziere sie mit schönen Schmuckanhängern.

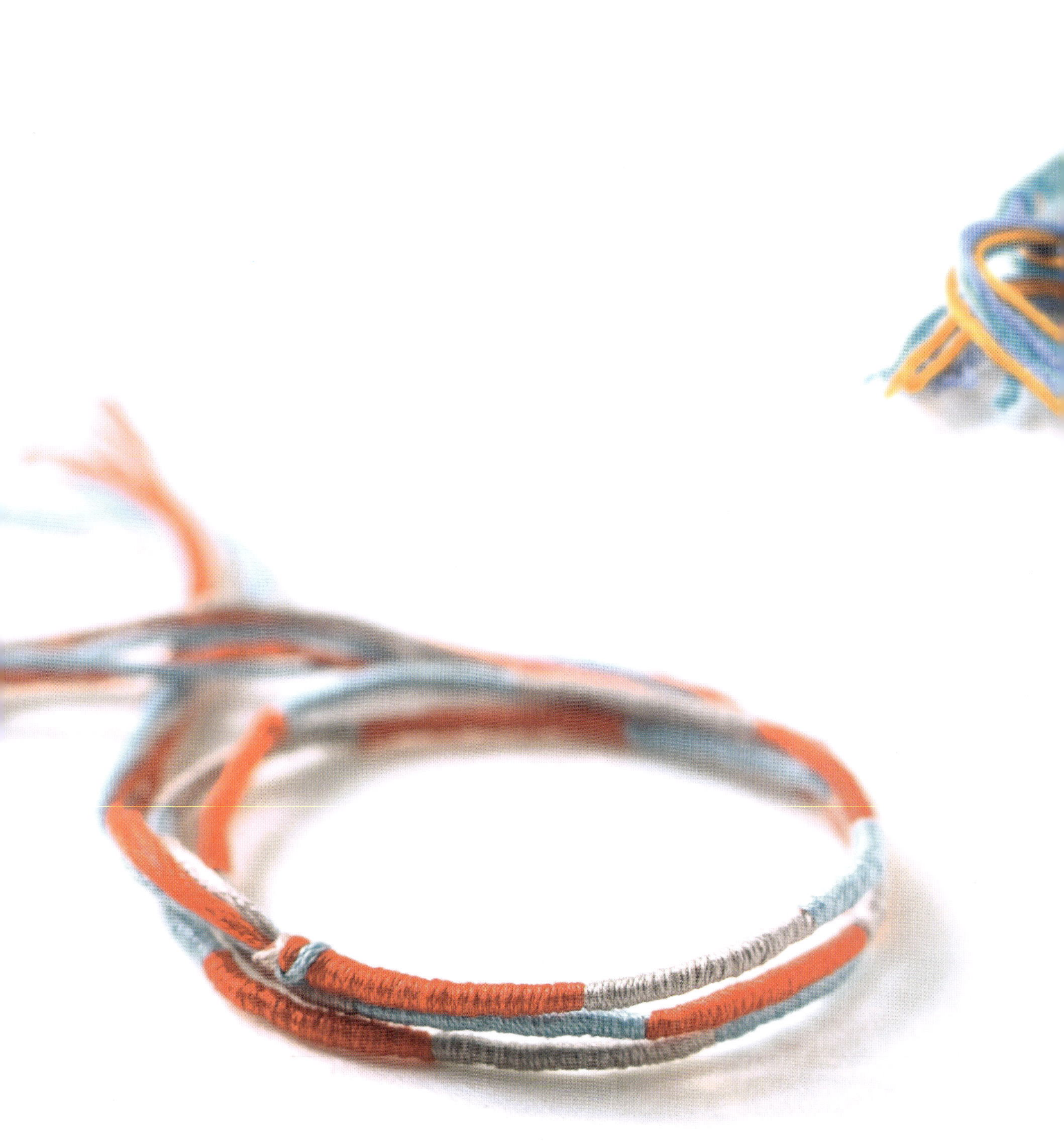

TIPP

Um dein Armband abzuschließen, kannst du an einem Ende eine Schlaufe und zwei kurze Flechtzöpfe machen oder du lässt an beiden Enden ca. 15 cm Faden übrig, die du flechtest und zum Schluss zusammenknotest.

007

FILIGRANES FREUNDSCHAFTS**BAND**

MATERIAL

- DMC Mouliné-Garn in Feuerrot (666), 2 x 1,05 m lang
- DMC Mouliné-Garn in Blau-Grün (3766), 2 x 1,05 m lang
- DMC Mouliné-Garn in Taubengrau (452), 2 x 1,05 m lang

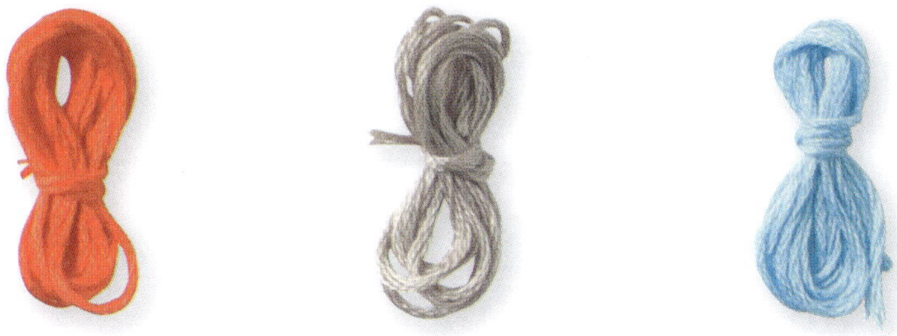

BENÖTIGTE TECHNIKEN

Ein Freundschaftsband beginnen (S. 26)
Ein Freundschaftsband beenden (S. 26)
Ein gerolltes Freundschaftsband anfertigen (S. 27)

ANLEITUNG

1. Knote die Fäden bei 11 cm ab dem einen Ende zusammen und wickle einen Faden 2 cm lang um die anderen.

2. Wechsle die Farbe und wickle den neuen Faden 2 cm lang um die anderen Fäden. Wickle wieder eine neue Farbe um die anderen Fäden. Wickle in der gleichen Reihenfolge der Farben weiter, bis dein Armband eine Länge von 62 cm erreicht hat.

3. Mache am Ende einen Knoten. Schneide die restlichen Fäden auf der gleichen Länge ab.

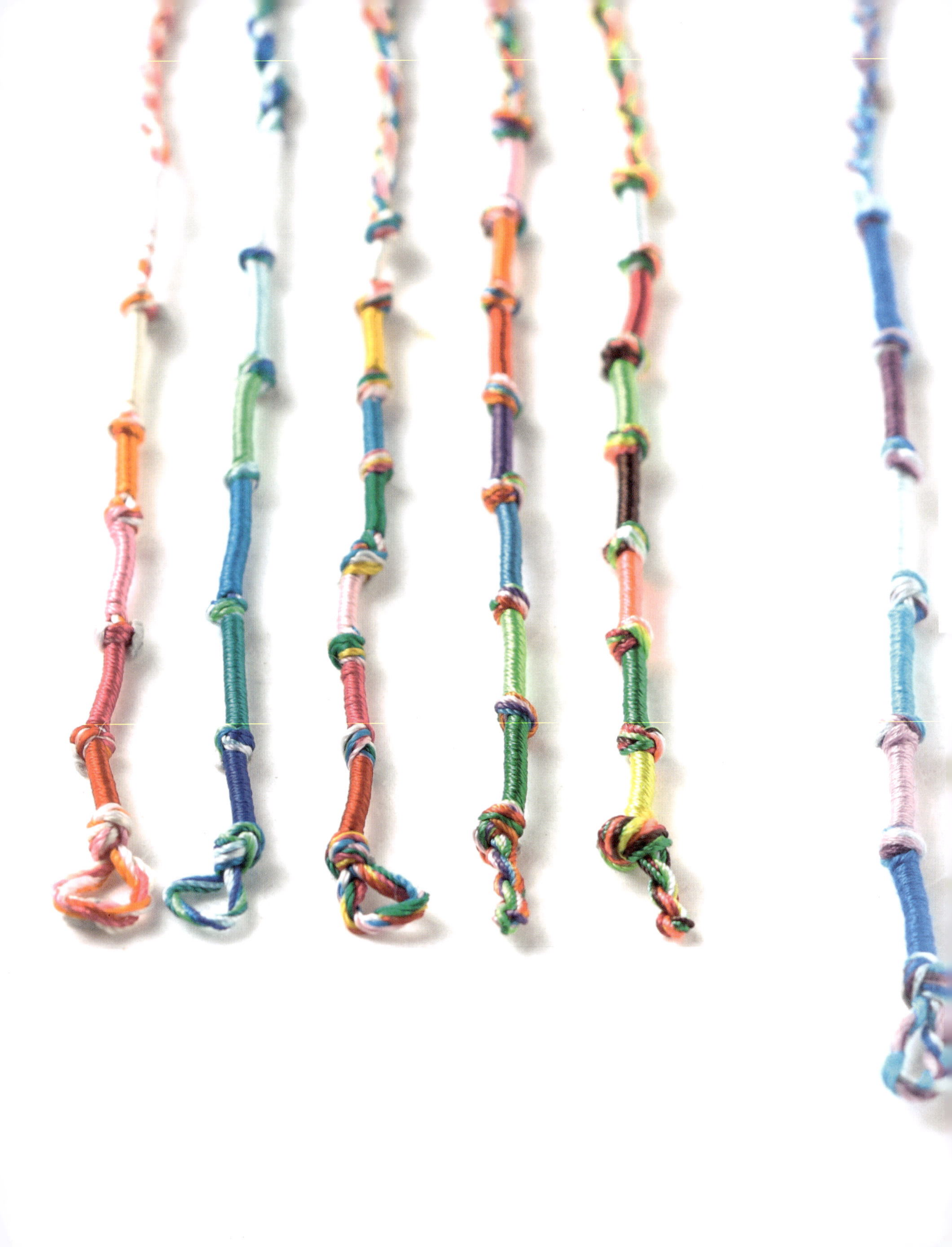

008

GEKNOTETES FREUNDSCHAFTS**BAND**

MATERIAL

- DMC Mouliné-Garn in Türkis (3845), 1,6 m lang
- DMC Mouliné-Garn in Elektrischblau (995), 1,6 m lang
- DMC Mouliné-Garn in Eisblau (747), 1,6 m lang
- DMC Mouliné-Garn in Dunkellila (327), 1,6 m lang
- DMC Mouliné-Garn in Helllila (554), 1,6 m lang

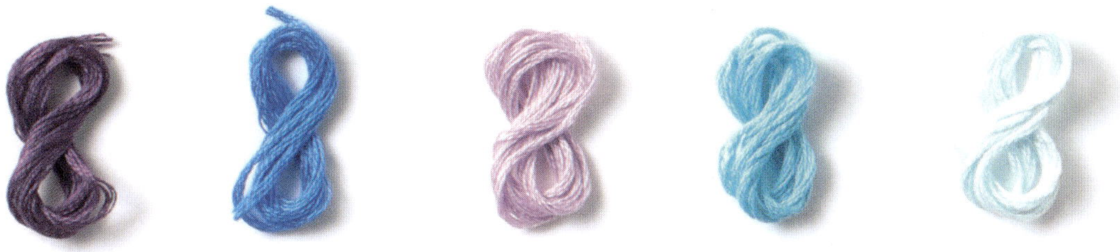

BENÖTIGTE TECHNIKEN

Ein Freundschaftsband beginnen (S. 26)
Ein Freundschaftsband beenden (S. 26)
Ein gerolltes Freundschaftsband anfertigen (S. 27)

ANLEITUNG

1. Fasse alle Fäden zusammen und ermittle die Mitte der Fäden. Flechte die Fäden ab der Mitte 2,5 cm lang, falte das Stück zur Hälfte und mache einen Knoten, um eine Schlaufe zu erhalten.

2. Wickle abwechselnd die Farben 2,5 cm lang um die anderen Fäden und mache hinter jedem Farbabschnitt mit allen Fäden einen Knoten.

3. Am Ende flechtest du zwei „Zöpfe“ und beendest sie mit einem Knoten.

TIPP

Befestige den Anfang deiner Fäden an einer stabilen Unterlage, wie zum Beispiel an einem Klemmbrett oder mit einer Büroklammer an einem Comicheft. Du kannst die Fäden natürlich auch mit einer Sicherheitsnadel an deiner Jeans befestigen und dich gemütlich zurücklehnen!

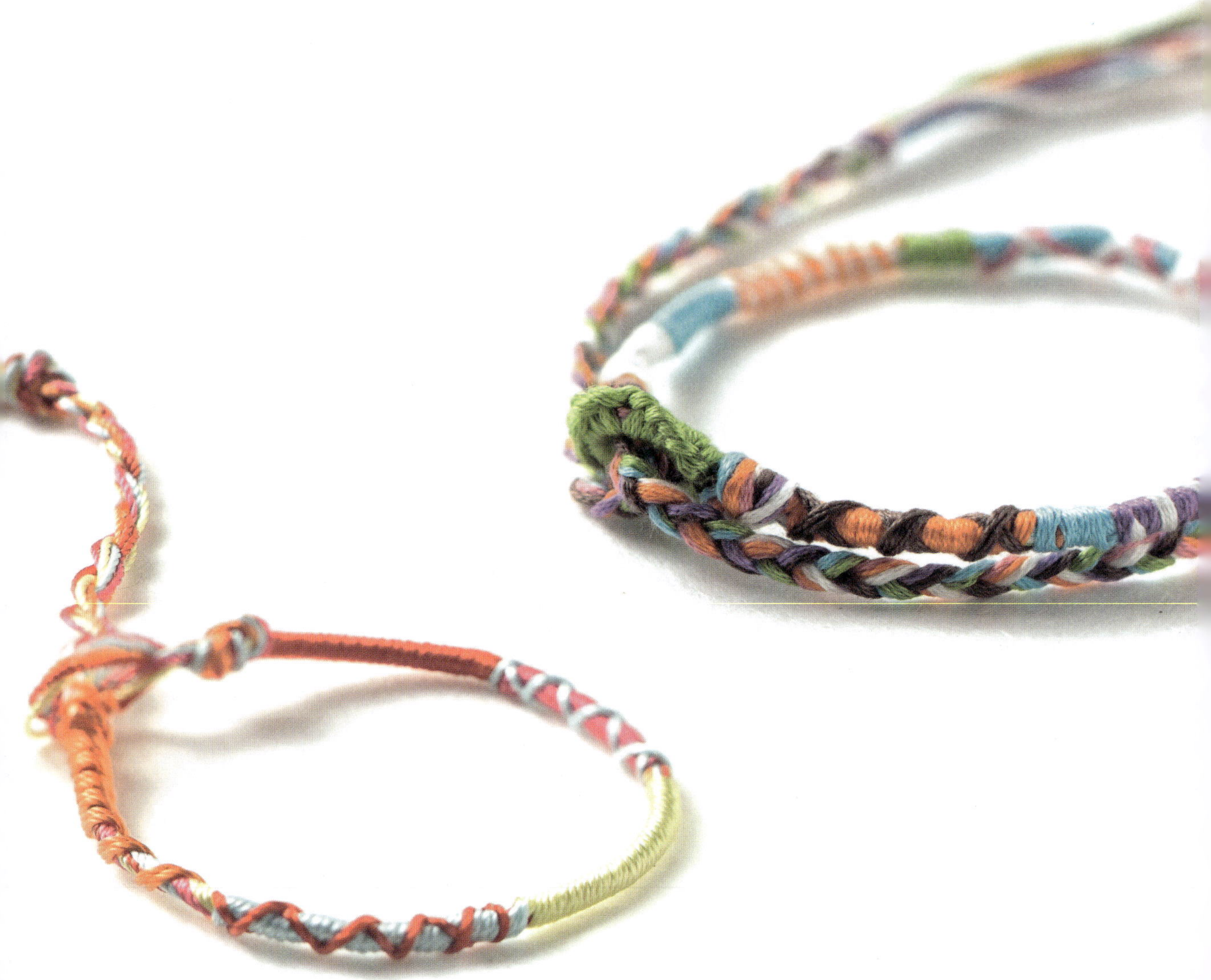

009

GEKREUZTES FREUNDSCHAFTS-**BAND**

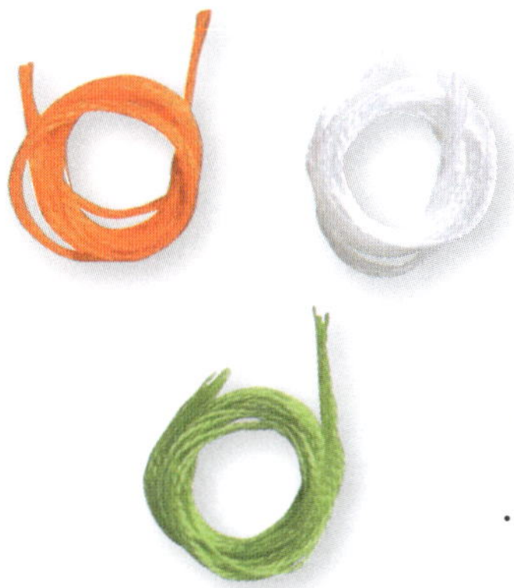

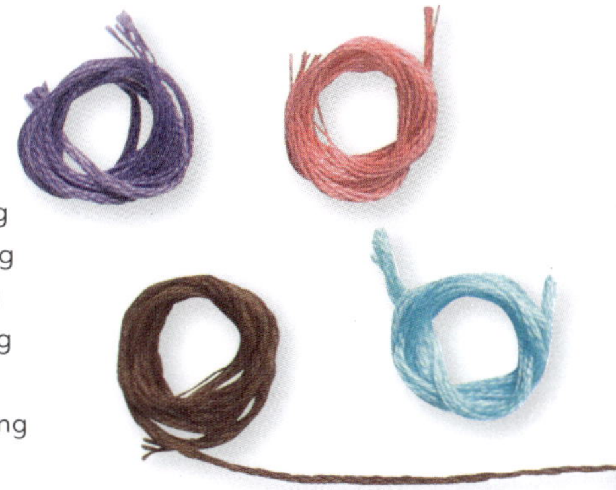

MATERIAL

- DMC Mouliné-Garn in Türkis (3846), 90 cm lang
- DMC Mouliné-Garn in Weiß (B5200), 90 cm lang
- DMC Mouliné-Garn in Braun (779), 90 cm lang
- DMC Mouliné-Garn in Orange (947), 90 cm lang
- DMC Mouliné-Garn in Rosa (602), 90 cm lang
- DMC Mouliné-Garn in Lavendel (3837), 90 cm lang
- DMC Mouliné-Garn in Grün (907), 90 cm lang

BENÖTIGTE TECHNIKEN

Ein Freundschaftsband beginnen (S. 26)
Ein Freundschaftsband beenden (S. 26)
Ein gerolltes Freundschaftsband anfertigen (S. 27)

ANLEITUNG

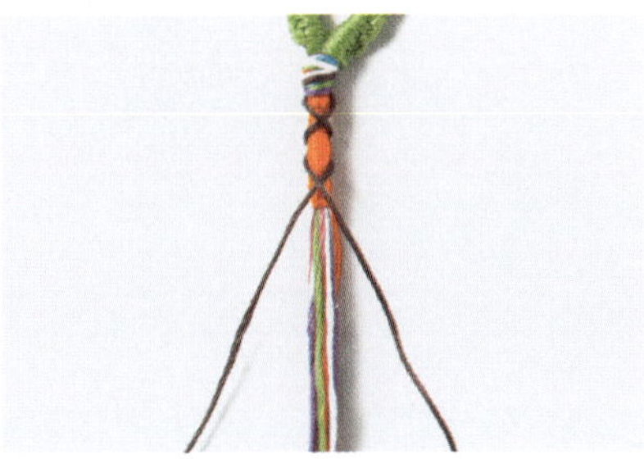

1. Lege alle Fäden zusammen zur Hälfte. Mache einen Knoten, sodass in der Mitte der Fäden eine Schlaufe entsteht. Lege einen orangefarbenen und zwei braune Fäden beiseite und wickle den orangefarbenen Faden 2,5 cm lang um die senkrecht liegenden Fäden. Sichere ihn mit einem Rechts-rechts-Knoten. Überkreuze nun die beiden braunen Fäden mehrmals entlang des orangefarbenen Abschnitts und sichere sie mit einem Knoten.

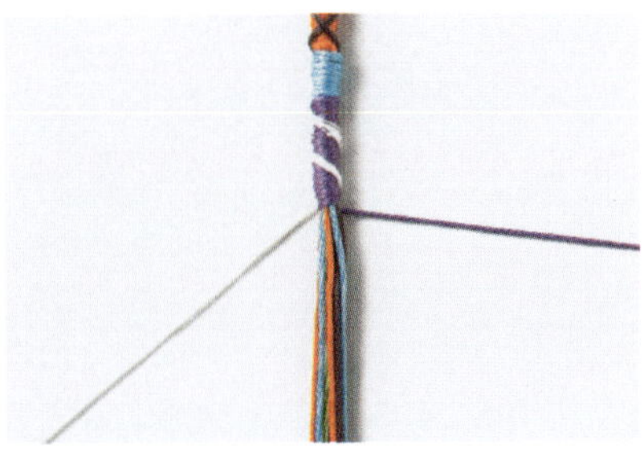

2. Wickle einen blauen Faden ca. 1 cm weit. Lege einen weißen und einen lavendelfarbenen Faden beiseite und wickle den lavendelfarbenen Faden ca. 2,5 cm weit. Wickle den weißen Faden mit etwas Abstand zwischen den Runden über den gesamten lavendelfarbenen Bereich und mache einen Knoten. Nimm einen weiteren weißen Faden, wickle ihn ca. 1 cm weit und mache einen Knoten.

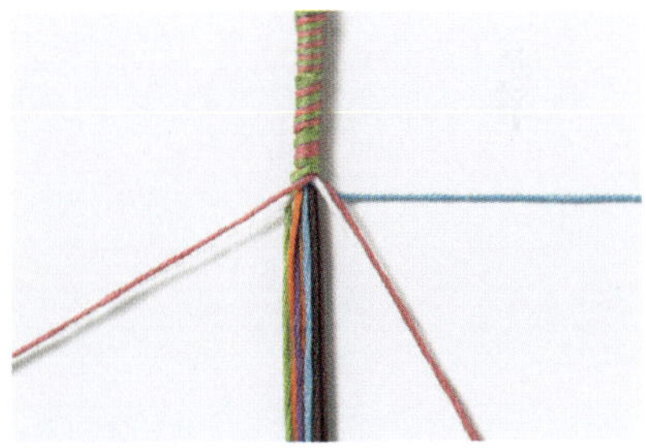

3. Wickle den rosafarbenen und den grünen Faden zusammen ca. 2,5 cm weit. Fahre fort, indem du den blauen Faden ca. 3 cm weit wickelst und darüber den rosafarbenen und weißen Faden kreuzt. Wickle einen grünen Faden 1 cm weit, einen orangefarbenen und einen weißen Faden zusammen 2 cm weit und dann zwei blaue Fäden zusammen. Beende die Arbeit mit einem weißen Faden über 1 cm. Flechte zum Schluss mit allen Fäden zwei Zöpfe.

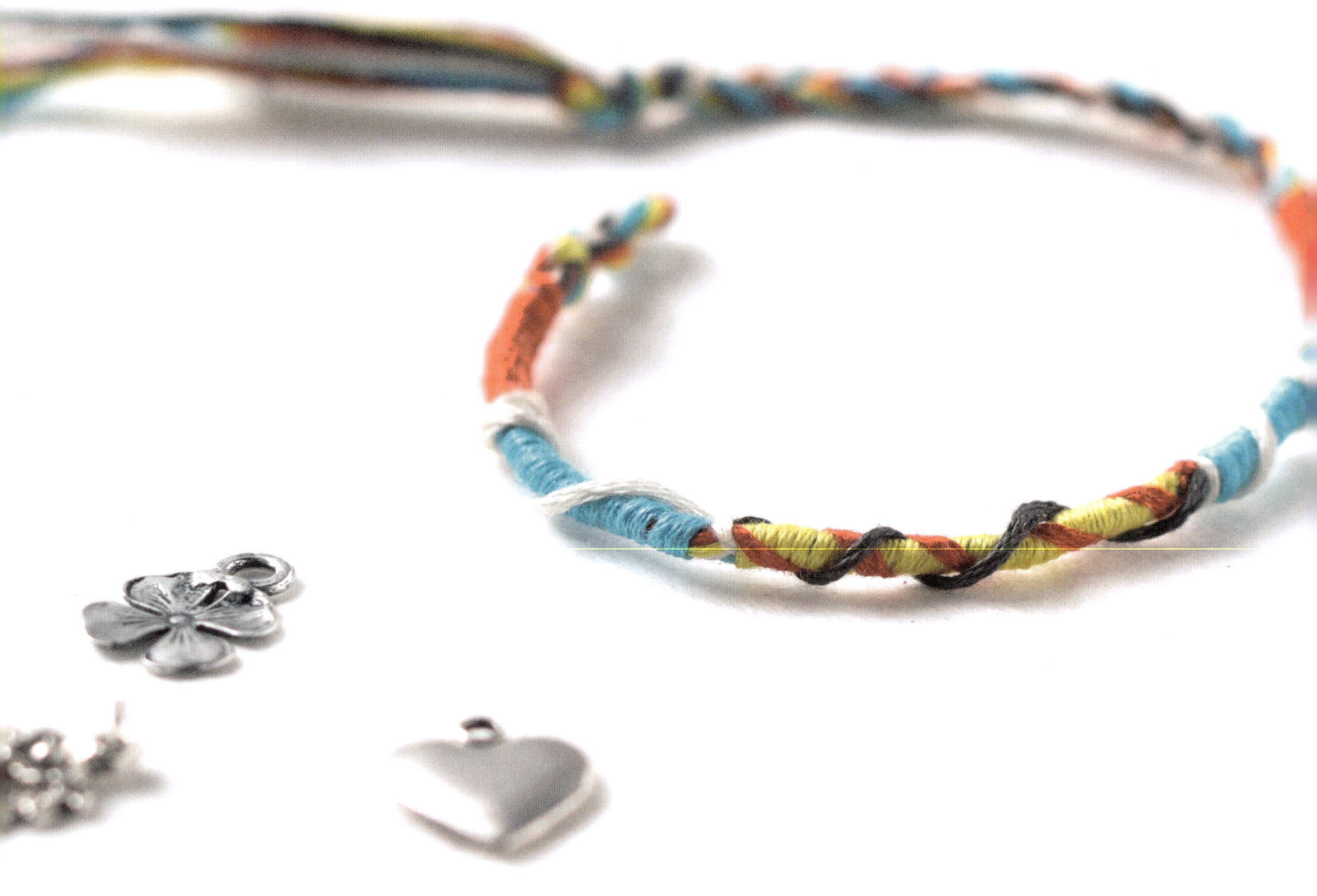

010

SOMMERLICHES FREUNDSCHAFTS**BAND**

MATERIAL

- DMC Mouliné-Garn in Türkis (3845), 90 cm lang
- DMC Mouliné-Garn in Rot (817), 90 cm lang
- DMC Mouliné-Garn in Ecru (117), 90 cm lang
- DMC Mouliné-Garn in Schwarz (3799), 90 cm lang
- DMC Mouliné-Garn in Gelb (307), 90 cm lang

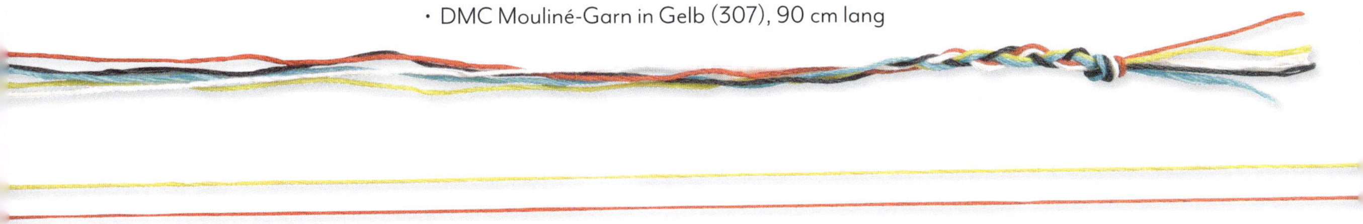

BENÖTIGTE TECHNIKEN

Ein Freundschaftsband beginnen (S. 26)
Ein Freundschaftsband beenden (S. 26)
Ein gerolltes Freundschaftsband anfertigen (S. 27)

ANLEITUNG

1. Falte die Fäden in der Mitte und mache einen Knoten, um eine 2 cm große Schlaufe zu erhalten. Beginne, indem du einen roten Faden ca. 2 cm weit wickelst. Lege ihn zu den anderen Fäden zurück und wähle dann einen blauen und einen ecrufarbenen Faden aus. Wickle den blauen Faden 2,5 cm weit und wickle anschließend dreimal den ecrufarbenen Faden mit Abständen über den blauen Abschnitt.

2. Wähle die drei Fäden in Gelb, Rot und Schwarz aus. Lasse den roten und schwarzen Faden beiseite. Wickle den gelben Faden 3,5 cm weit. Überkreuze den roten und schwarzen Faden mehrmals über dem gelben Abschnitt.

3. Wiederhole den ersten und zweiten Schritt. Beende die Arbeit mit zwei Flechtzöpfen von 7 cm Länge und mache einen Knoten.

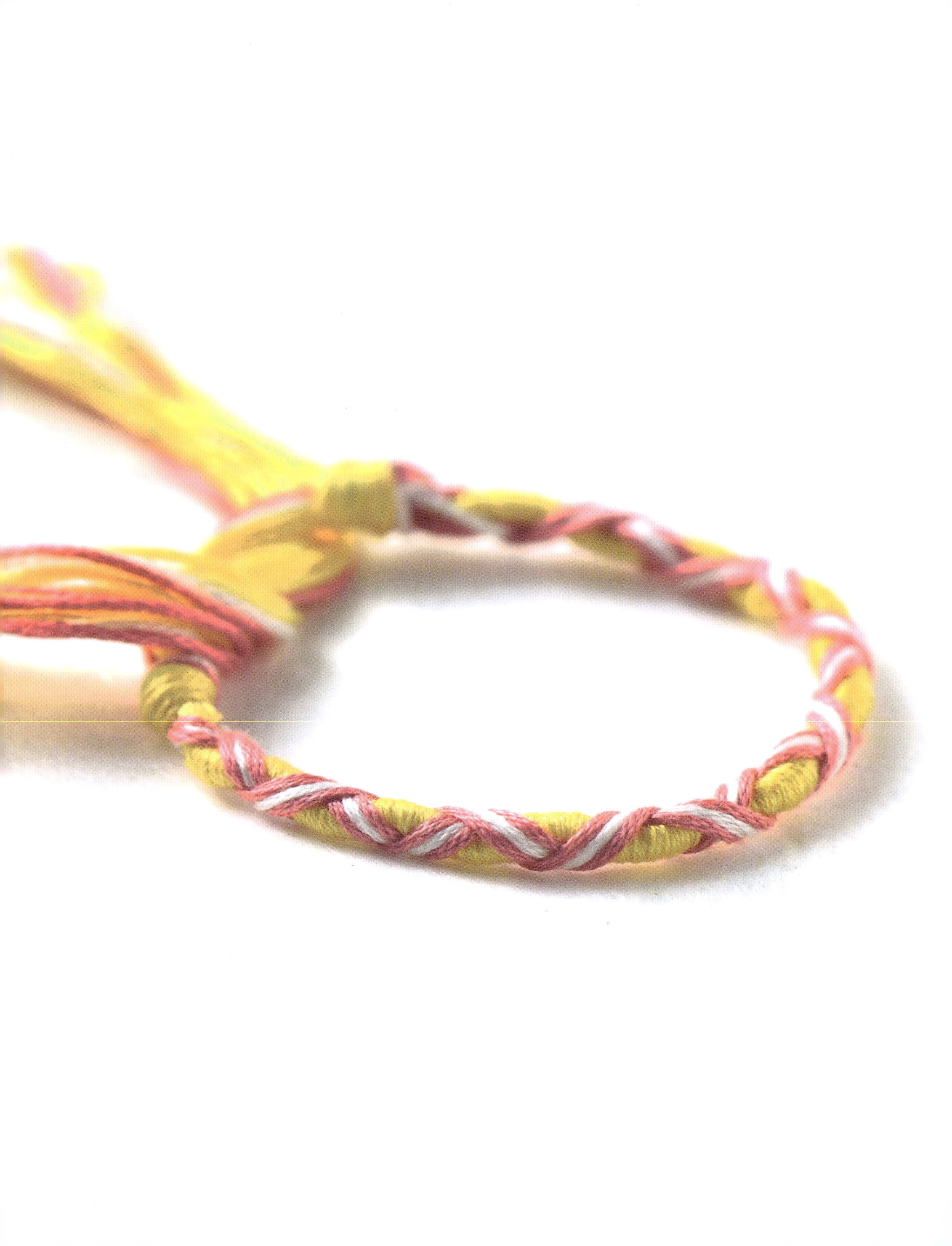

011

LEUCHTENDES FREUNDSCHAFTS**BAND**

MATERIAL

- DMC Mouliné-Garn in Narzissengelb (973), 9 x 50 cm lang und 1 x 1,3 m lang
- DMC Mouliné-Garn in Dunkelrosa (602), 4 x 50 cm lang
- DMC Mouliné-Garn in Weiß (B5200), 2 x 50 cm lang

BENÖTIGTE TECHNIKEN

Ein Freundschaftsband beginnen (S. 26)
Ein Freundschaftsband beenden (S. 26)
Ein gerolltes Freundschaftsband anfertigen (S. 27)

ANLEITUNG

1. Knote die Fäden 10 cm von einem ihrer Enden entfernt zusammen und wickle dann den langen gelben Faden um die anderen neun gelben Fäden über die gesamte Länge des Armbands, wobei du die Fäden in Dunkelrosa und Weiß beiseitelässt.

2. Trenne die Fäden in Weiß und in Rosa in zwei Hälften, wobei du zwei rosafarbene und einen weißen Faden auf jede Seite legst und sie dann über dem Armband überkreuzt.

3. Beende die Arbeit, indem du alle Fäden miteinander verknotest und sie auf 10 cm abschneidest.

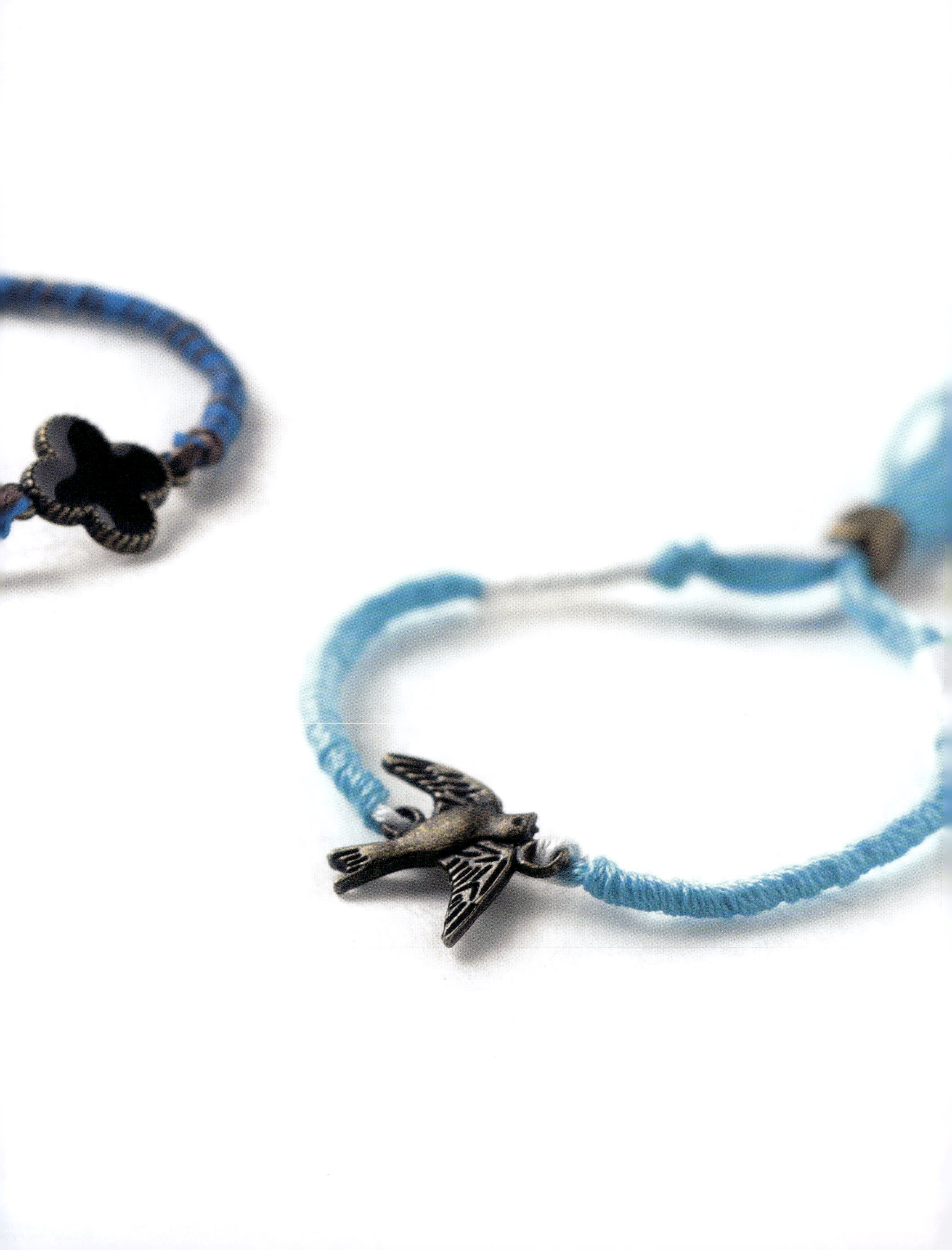

012

GLÜCKSBRINGER-**ARMBAND**

MATERIAL

- DMC Mouliné-Garn in Türkis (3846), 8 x 60 cm lang
- DMC Mouliné-Garn in Weiß (B5200), 2 x 60 cm lang
- 1 Schwalbenanhänger mit zwei Ringen
- 1 runde Perle mit Loch, Ø 3 mm

BENÖTIGTE TECHNIKEN

Ein Freundschaftsband beginnen (S. 26)
Ein Freundschaftsband beenden (S. 26)
Ein gerolltes Freundschaftsband anfertigen (S. 27)

ANLEITUNG

1. Fädle vier blaue Fäden und einen weißen Faden auf eine Sticknadel auf und ziehe sie durch einen Ring des Anhängers. Ziehe die Fäden so weit durch die Nadel, bis der Ring sich in der Mitte der Fäden befindet, und mache dicht am Ring einen Knoten.

2. Wickle einen blauen Faden 4,5 cm weit um die anderen Fäden. Wickle anschließend den weißen Faden 1,5 cm weit um die anderen Fäden. Wiederhole diesen Schritt auf der anderen Seite des Anhängers.

3. Fädle zum Schluss alle Fäden durch die große Perle und schneide die Fäden auf die gleiche Länge ab. Beende das Armband mit einem festen Knoten.

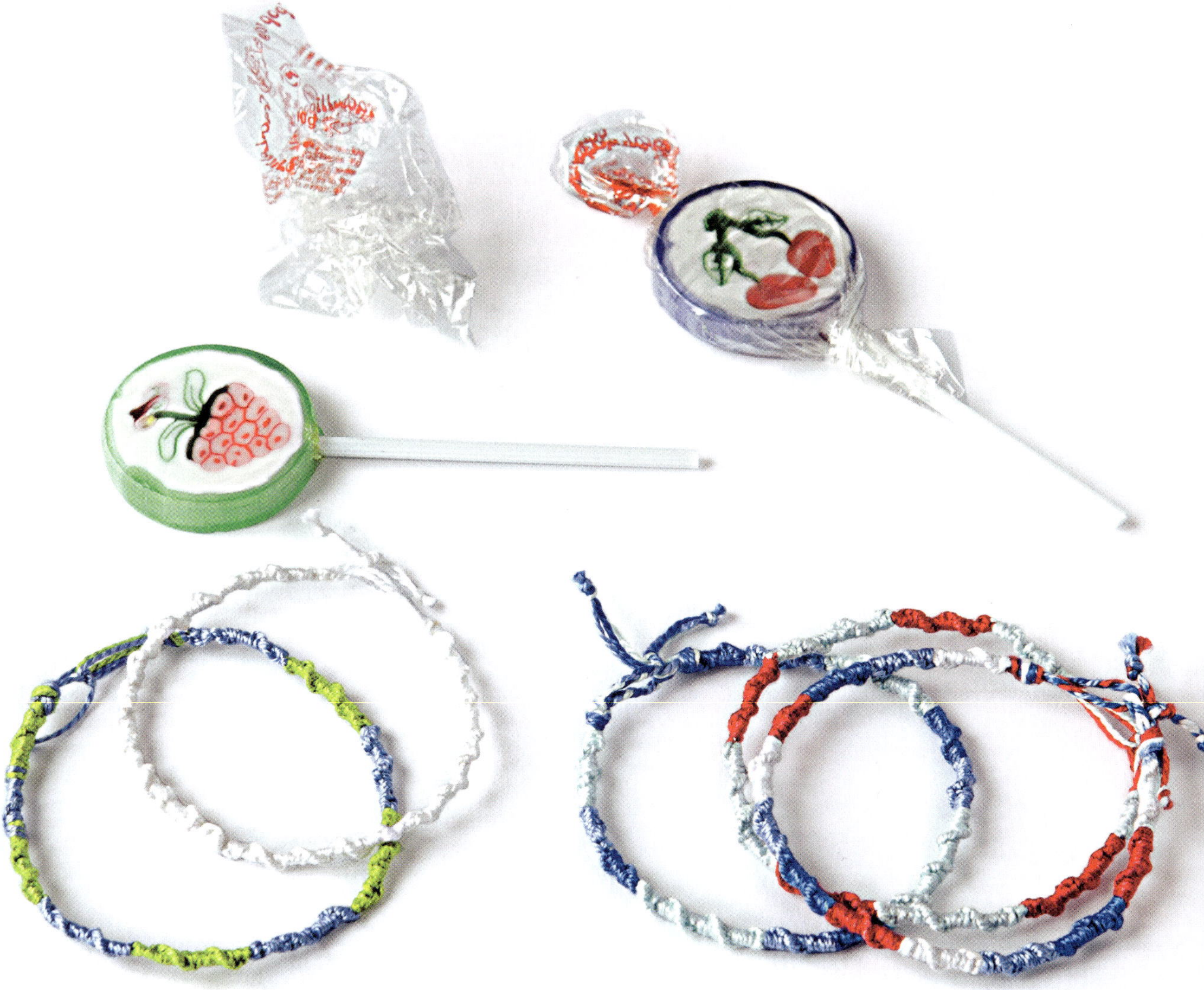

013

SPIRAL-**FREUNDSCHAFTSBAND**

MATERIAL

- DMC Perlgarn in Weiß (B5200), 2 x 1,8 m lang
- DMC Perlgarn in Blau (809), 2 x 1,8 m lang

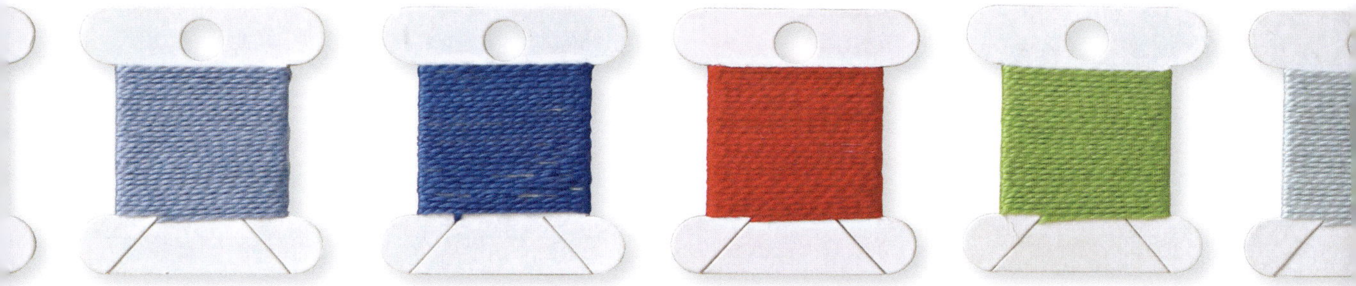

BENÖTIGTE TECHNIKEN

Ein Freundschaftsband beginnen (S. 26)
Ein Freundschaftsband beenden (S. 26)
Spiralknoten (S. 30)

ANLEITUNG

1. Falte die Fäden in der Mitte und verknote sie miteinander. Mache mit den beiden rechten Fäden einen Knoten auf den beiden linken Fäden und ziehe ihn nahe der Anfangsschlaufe fest.

2. Fahre so mit den Knoten fort. Sie drehen sich um die beiden festen Fäden in der Mitte. Wechsle regelmäßig die Farbe der Fäden, um kleine Abschnitte zu bilden, die das Relief ergeben.

3. Mache einen Knoten nach dem anderen. Die Spirale bildet sich im Laufe der Arbeit von selbst. Wechsle die Farben und beende das Armband mit einem festen Knoten. Trage einen Tropfen Kleber auf und lasse ihn trocknen.

TIPP

Für ein Armband mit zwei Farben nimmst du zwei 1,80 m lange Fäden. Für ein Armband mit drei Farben benötigst du drei 1,80 m lange Fäden und so weiter.

13

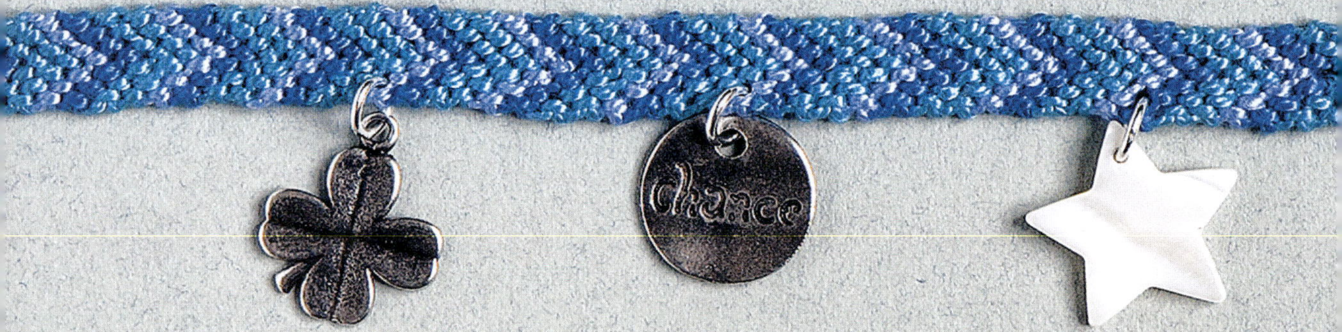

JOUR DE CHANCE

014

ZICKZACK-FREUNDSCHAFTSBAND

MATERIAL

- DMC Perlgarn in Dunkelblau (807), 2 x 1,8 m lang
- DMC Perlgarn in Mittelblau (517), 1,8 m lang
- DMC Perlgarn in Hellblau (809), 1,8 m lang
- 3 Anhänger, Ø 1,1 cm
- 3 Ringe, Ø 6 mm

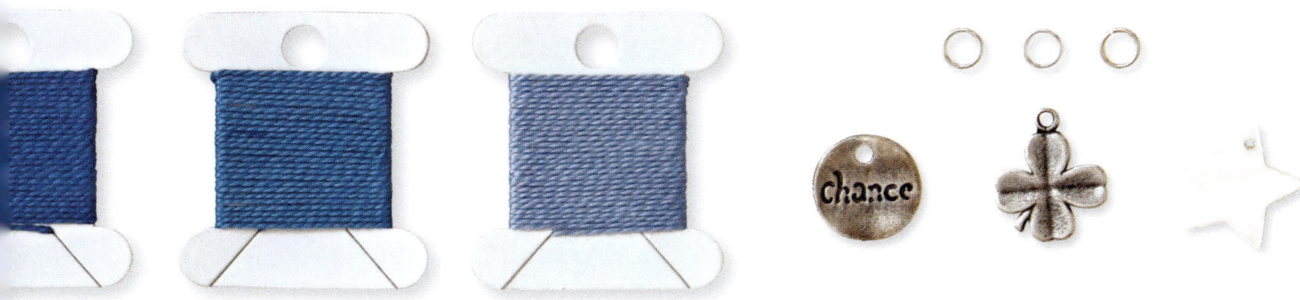

BENÖTIGTE TECHNIKEN

Einen Anhänger anbringen (S. 25)
Ein Freundschaftsband beginnen (S. 26)
Ein Freundschaftsband beenden (S. 26)
Rechts-rechts-Knoten (S. 28)
Links-links-Knoten (S. 29)
Knüpfmuster lesen (S. 31)

ANLEITUNG

MUSTER

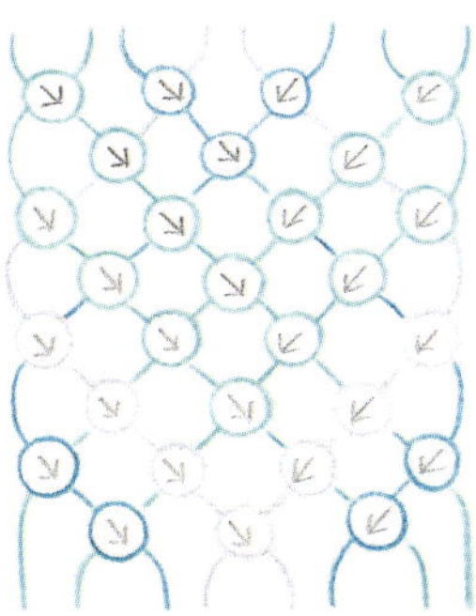

1. Beginne das Armband, indem du die Fäden gemäß der Musteranleitung anordnest. Mache einen Rechts-rechts-Knoten auf der linken Seite und einen Links-links-Knoten auf der rechten Seite der vier mittleren Fäden. Knüpfe anschließend einen Rechts-rechts-Knoten mit den beiden mittleren Fäden.

2. Fahre fort, indem du 16 cm weit abwechselnd auf der linken Seite Rechts-rechts-Knoten und auf der rechten Seite Links-links-Knoten knüpfst. Beende die Arbeit, indem du zwei Zöpfe flechtest und die Anhänger anbringst.

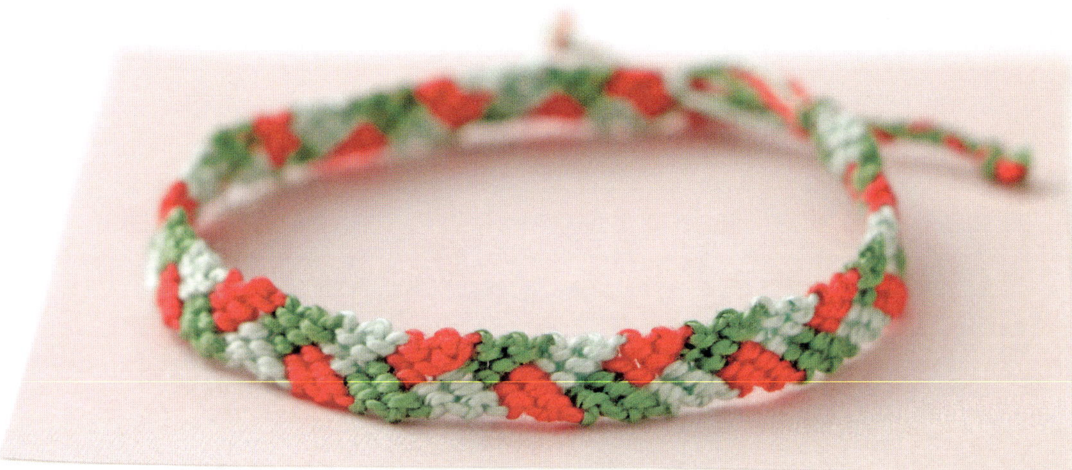

015

RANKEN**ARMBAND**

MATERIAL

- DMC Perlgarn in Saftgrün (702), 2 x 1,8 m lang
- DMC Perlgarn in Blassgrün (955), 2 x 1,8 m lang
- DMC Perlgarn in Pink (601), 2 x 1,8 m lang

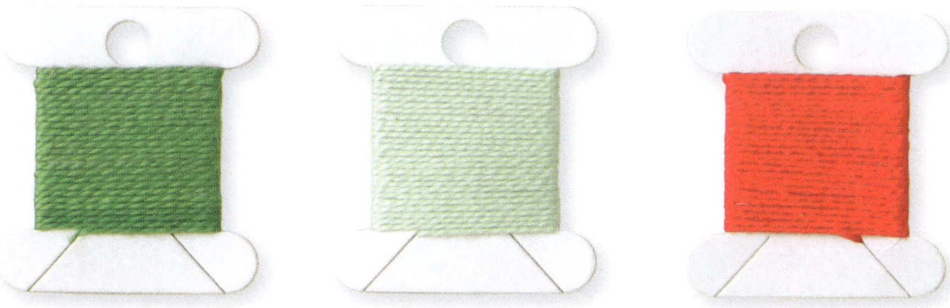

BENÖTIGTE TECHNIKEN

Ein Freundschaftsband beginnen (S. 26)
Ein Freundschaftsband beenden (S. 26)
Rechts-rechts-Knoten (S. 28)
Links-links-Knoten (S. 29)
Knüpfmuster lesen (S. 31)

ANLEITUNG

MUSTER

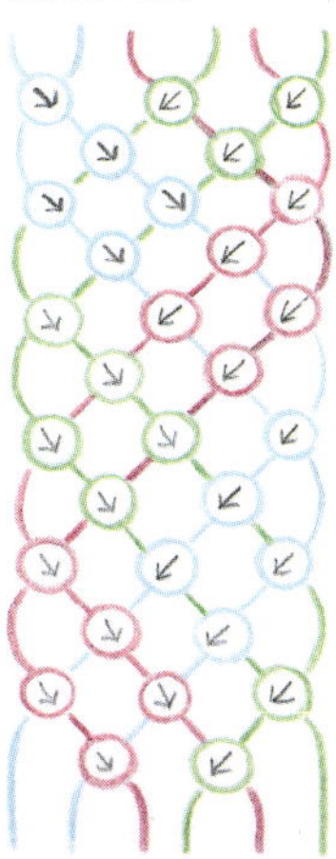

1. Beginne das Armband, indem du die Fäden gemäß der Musteranleitung anordnest. Knüpfe mit den beiden mittleren Fäden einen Links-links-Knoten. Knüpfe mit den rechten Fäden zwei Links-links-Knoten. Knüpfe anschließend mit den linken Fäden drei Rechts-rechts-Knoten. Knüpfe zwei Rechts-rechts-Knoten, um den linken Farbabschnitt zu beenden.

2. Fahre fort, indem du mit den rechten Fäden Links-links-Knoten und dann mit den linken Fäden Rechts-rechts-Knoten knüpfst, jeweils 16 cm weit. Beende das Armband mit zwei geflochtenen Zöpfen.

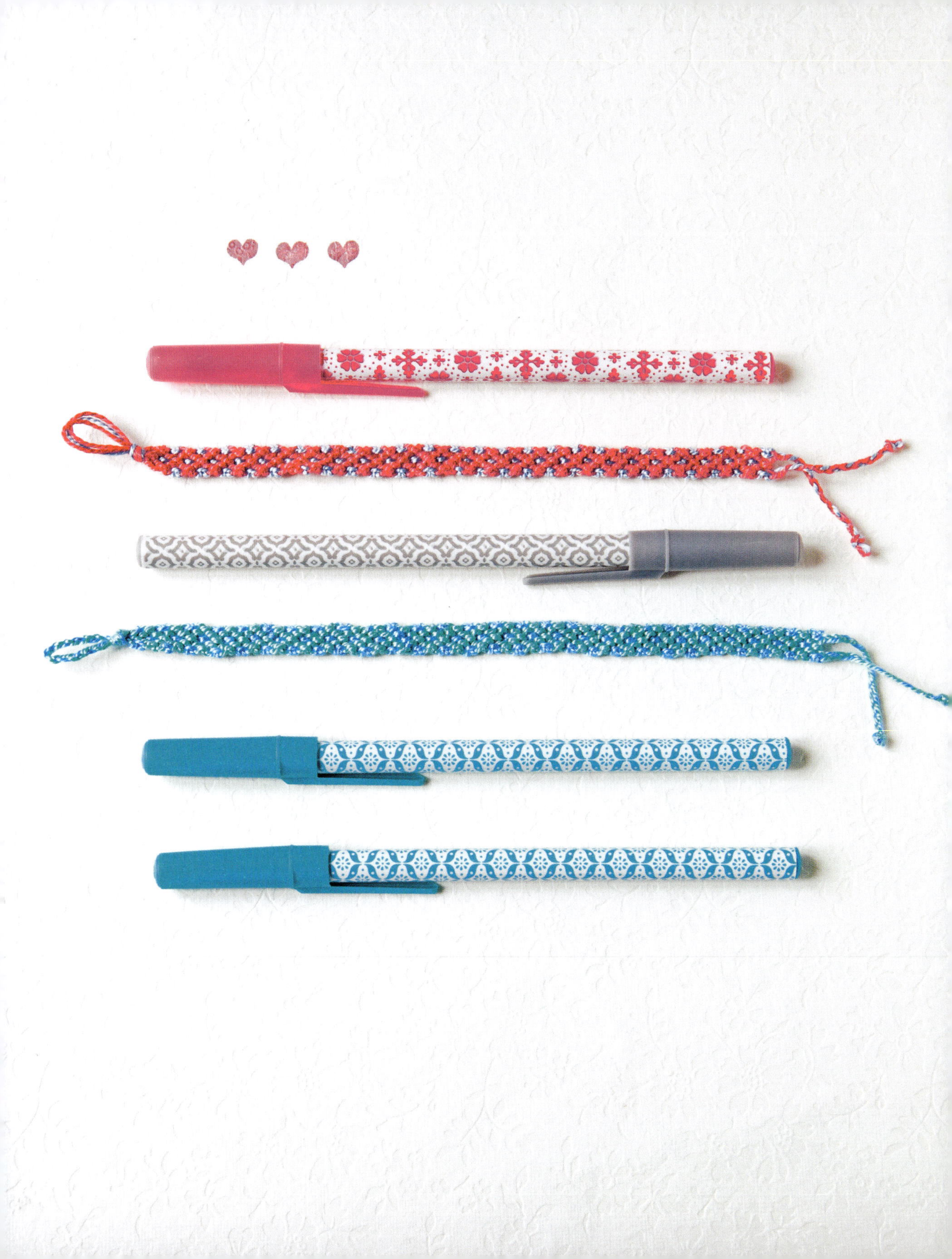

016

PLUMETIS-**ARMBAND**

MATERIAL

- DMC Perlgarn in Elektrischblau (996), 2 x 1,8 m lang
- DMC Perlgarn in Blassgrün (955), 2 x 1,8 m lang
- DMC Perlgarn in Hellblau (3325), 2 x 1,8 m lang
- DMC Perlgarn in Pink (601), 2 x 1,8 m lang

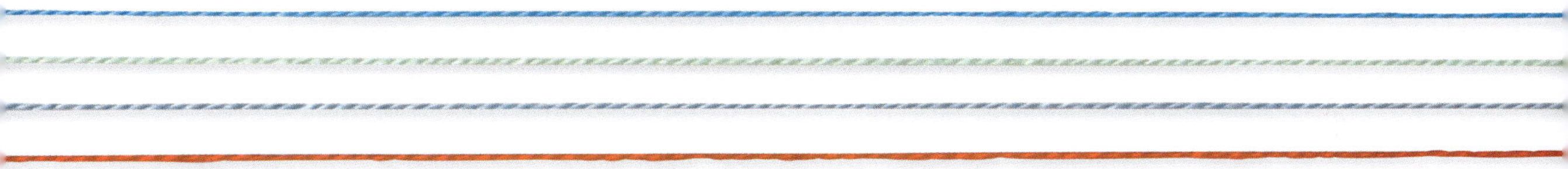

BENÖTIGTE TECHNIKEN

Ein Freundschaftsband beginnen (S. 26)
Ein Freundschaftsband beenden (S. 26)
Rechts-rechts-Knoten (S. 28)
Rechts-links-Knoten (S. 28)
Links-links-Knoten (S. 29)
Links-rechts-Knoten (S. 29)
Knüpfmuster lesen (S. 31)

ANLEITUNG

MUSTER

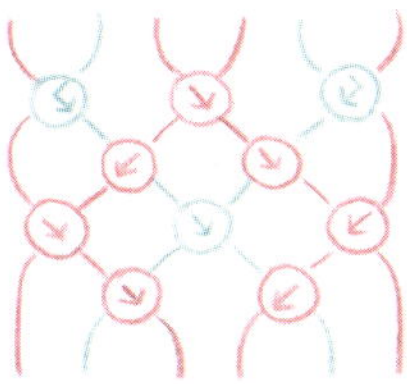

1. Beginne das Armband, indem du die Fäden gemäß der Musteranleitung anordnest. Knüpfe mit den beiden mittleren Fäden einen Rechts-rechts-Knoten. Knüpfe mit den seitlichen Fäden Rechts-links-Knoten und Links-rechts-Knoten. Knüpfe mit der zweiten Farbe, wie im Muster angegeben, in der Mitte Rechts-rechts- und Links-links-Knoten.

2. Knüpfe von den Seiten aus diagonal Rechts-rechts- und Links-links-Knoten. Wiederhole dieses Schema, bis du 16 cm weit geknüpft hast. Beende die Arbeit mit zwei geflochtenen Zöpfen.

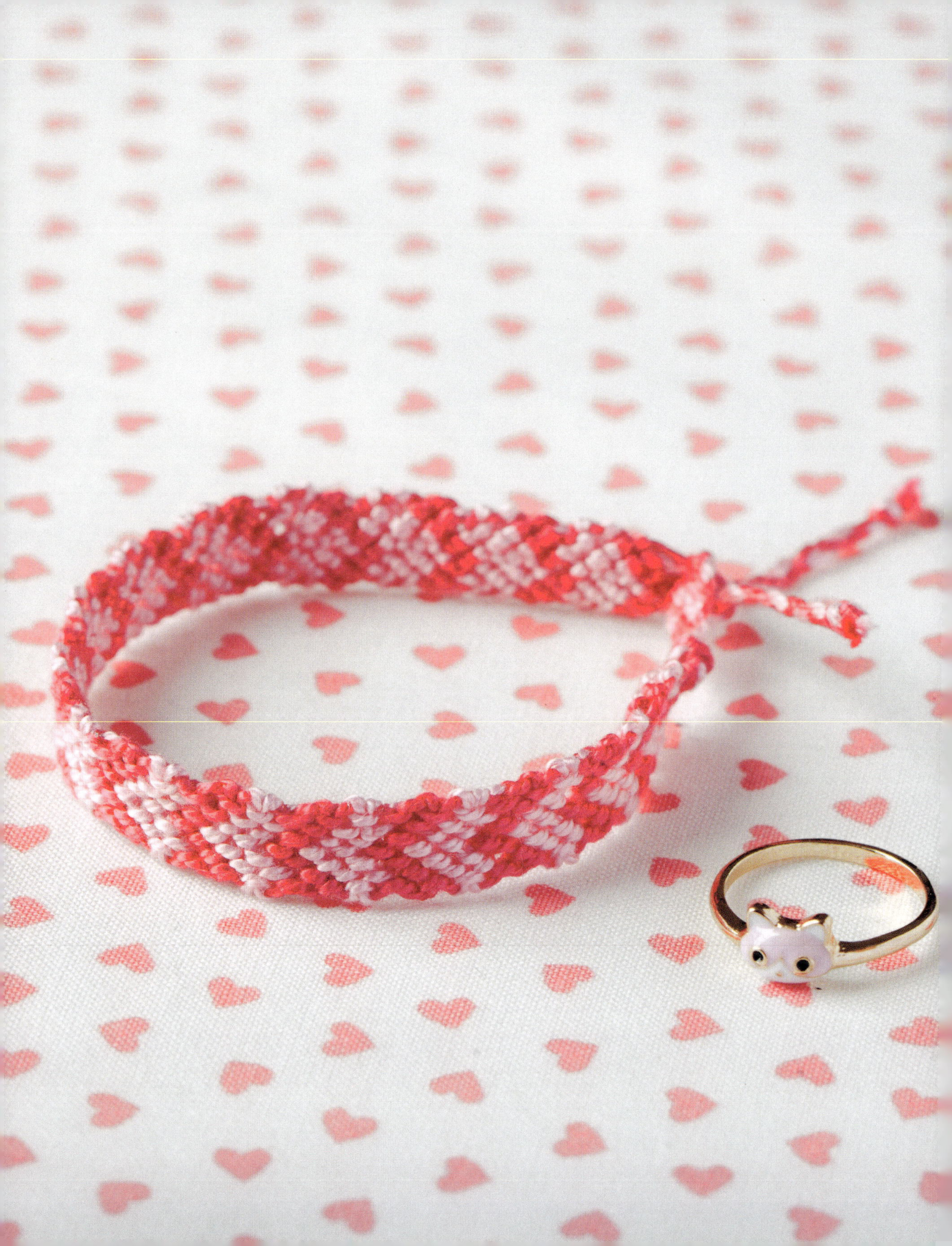

HERZCHEN**ARMBAND**

MATERIAL

- DMC Perlgarn in Pink (601), 2 x 1,8 m lang
- DMC Perlgarn in Blassrosa (605), 2 x 1,8 m lang

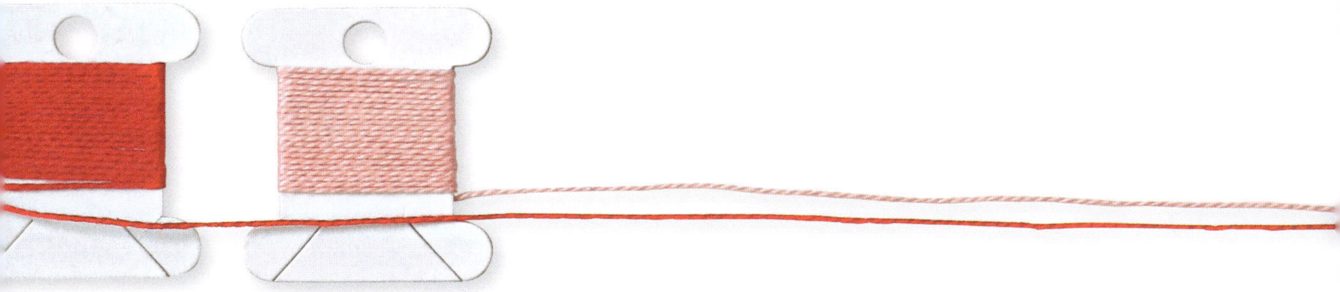

BENÖTIGTE TECHNIKEN

Ein Freundschaftsband beginnen (S. 26)
Ein Freundschaftsband beenden (S. 26)
Rechts-rechts-Knoten (S. 28)
Rechts-links-Knoten (S. 28)
Links-links-Knoten (S. 29)
Links-rechts-Knoten (S. 29)
Knüpfmuster lesen (S. 31)

ANLEITUNG

MUSTER

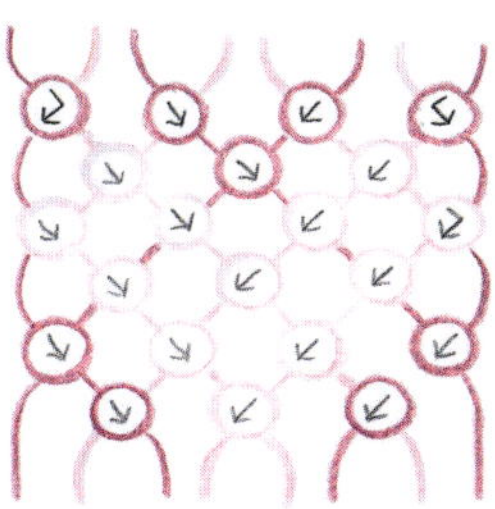

1. Beginne das Armband, indem du die Fäden gemäß der Musteranleitung anordnest. Knüpfe mit den beiden linken Fäden einen Rechts-links-Knoten. Knüpfe mit den beiden rechten Fäden einen Links-rechts-Knoten. Knüpfe in der Mitte Rechts-rechts- und Links-links-Knoten. Knüpfe anhand der Musteranleitung die Herzchen.

2. Wiederhole dieses Schema, bis du 16 cm weit geknüpft hast. Beende die Arbeit mit zwei geflochtenen Zöpfen.

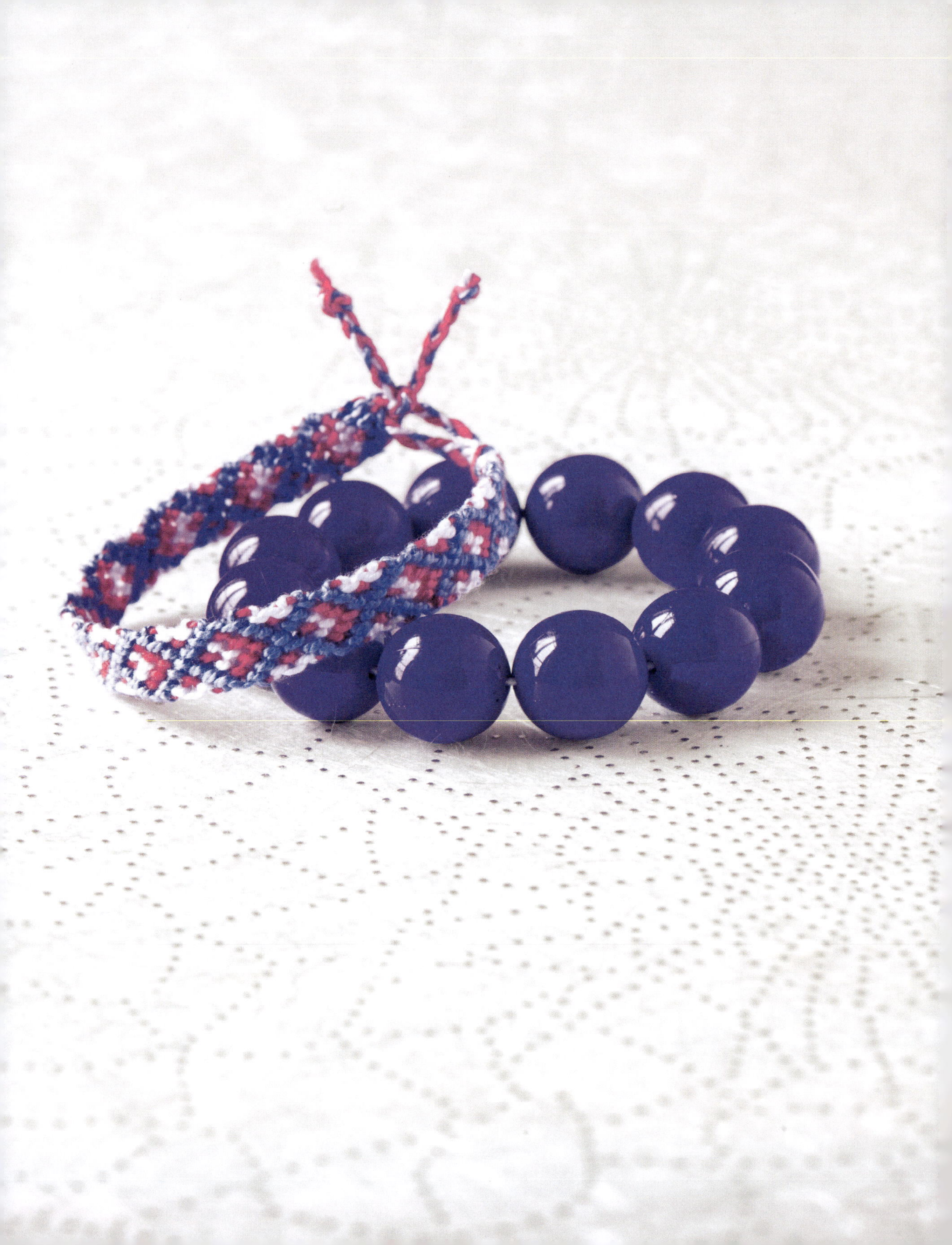

018

SCHOTTEN**ARMBAND**

MATERIAL

- DMC Perlgarn in Lila (718), 2 x 1,8 m lang
- DMC Perlgarn in Blasslila (340), 2 x 1,8 m lang
- DMC Perlgarn in Weiß (B5200), 2 x 1,8 m lang

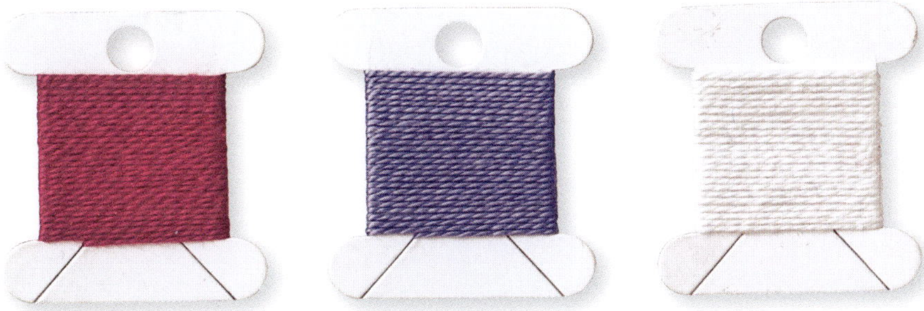

BENÖTIGTE TECHNIKEN

Ein Freundschaftsband beginnen (S. 26)
Ein Freundschaftsband beenden (S. 26)
Rechts-rechts-Knoten (S. 28)
Links-links-Knoten (S. 29)
Knüpfmuster lesen (S. 31)

ANLEITUNG

MUSTER

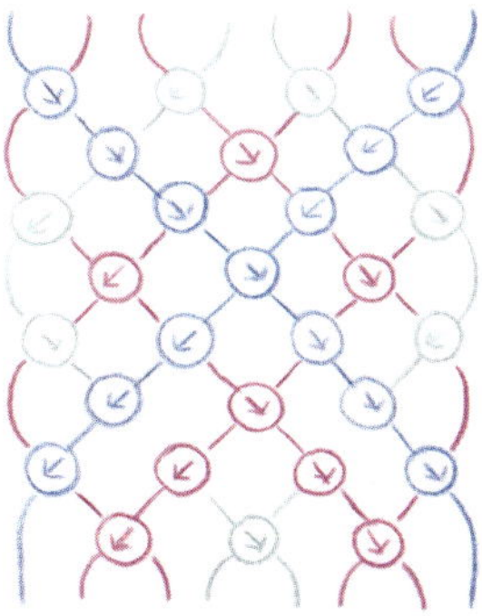

1. Beginne das Armband, indem du die Fäden gemäß der Musteranleitung anordnest. Knüpfe mit den vier mittleren Fäden Links-links- und Rechts-rechts-Knoten. Verbinde die zwei mittleren Fäden mit einem Rechts-rechts-Knoten.

2. Knüpfe dann an den Seiten Rechts-rechts- und Links-links-Knoten. Wiederhole dieses Schema, bis du 16 cm weit geknüpft hast. Beende die Arbeit mit zwei geflochtenen Zöpfen.

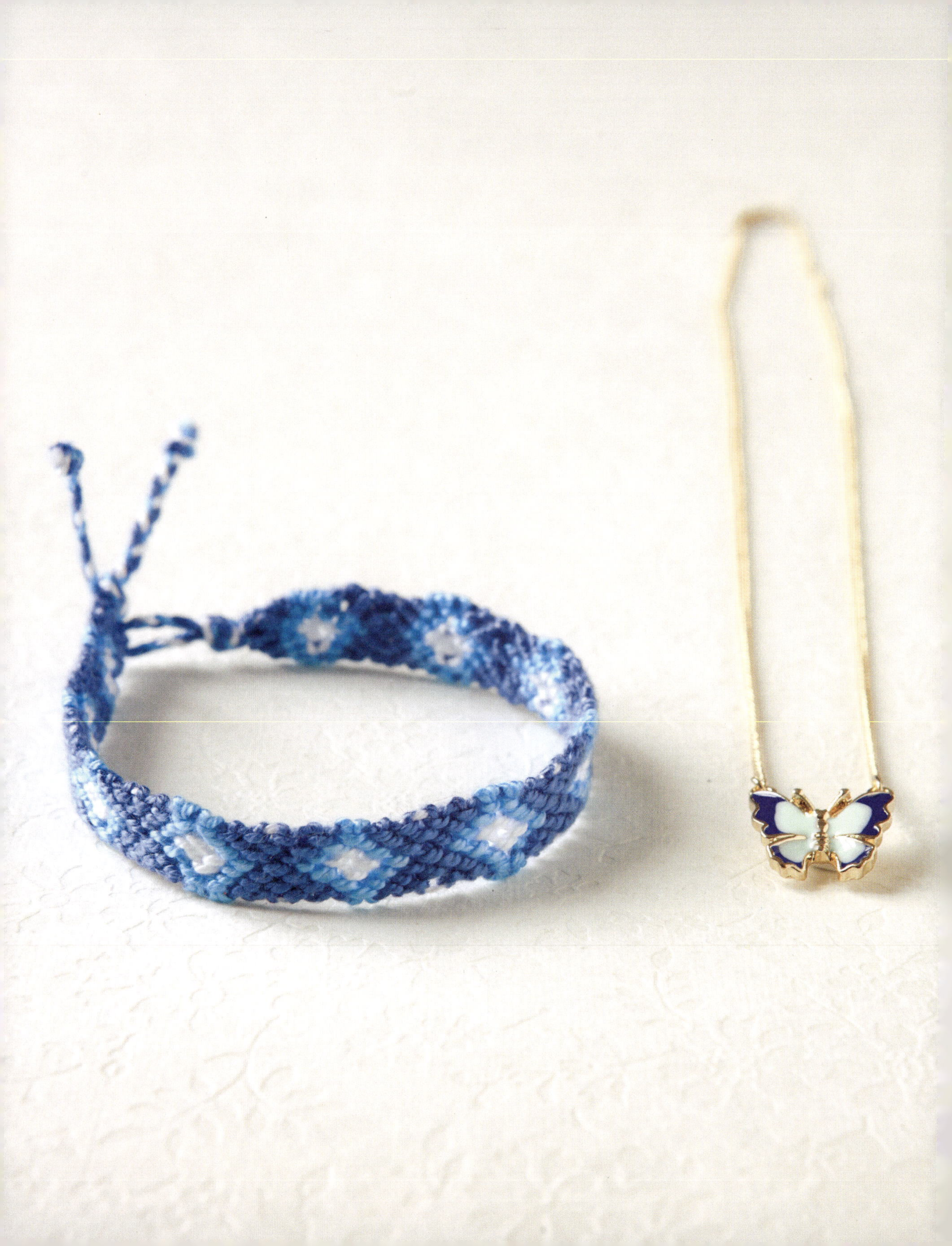

019

DIAMANTEN**ARMBAND**

MATERIAL

- DMC Perlgarn in Weiß (B5200), 2 x 2 m lang
- DMC Perlgarn in Elektrischblau (996), 2 x 2 m lang
- DMC Perlgarn in Neonblau (798), 2 x 2 m lang

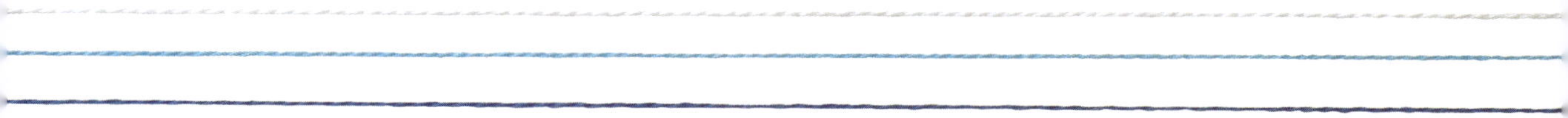

BENÖTIGTE TECHNIKEN

Ein Freundschaftsband beginnen (S. 26)
Ein Freundschaftsband beenden (S. 26)
Rechts-rechts-Knoten (S. 28)
Rechts-links-Knoten (S. 28)
Links-links-Knoten (S. 29)
Links-rechts-Knoten (S. 29)
Knüpfmuster lesen (S. 31)

ANLEITUNG

MUSTER

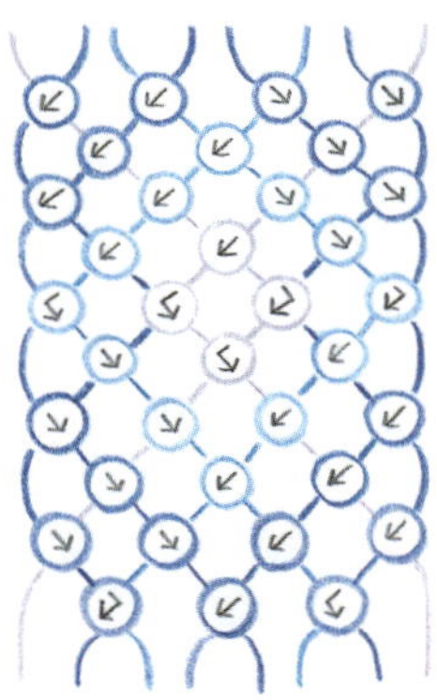

1. Beginne das Armband, indem du die Fäden gemäß der Musteranleitung anordnest. Beginne, indem du jeweils mit beiden seitlichen Fäden einen Rechts-rechts- und einen Links-links-Knoten knüpfst. Knüpfe rechts und links eine Diagonale. Knüpfe links einen Links-rechts-Knoten und rechts einen Rechts-links-Knoten.

2. Knüpfe gemäß der Musteranleitung weiter und achte stets auf die richtige Richtung der Knoten. So bildest du 16 cm weit die „Diamanten". Beende die Arbeit mit zwei geflochtenen Zöpfen.

SHAMBALLA-**ARMBÄNDER**

Ein Armband, das aus einfachen Kreuzknoten geknüpft wird. Es besteht aus runden Hämatit-, Silber- oder Strassperlen mit unterschiedlichem Durchmesser sowie einigen Metern Wachsgarn oder Lederschnur und wird mit einem simplen Schiebeknoten geschlossen.

5 TIPPS FÜR EIN PERFEKTES SHAMBALLA-ARMBAND

• Die goldene Regel bei Shamballa-Armbändern lautet: Setze auf die ungerade Zahl! Gestalte deine Armbänder mit 1, 3, 5, 7, 9 oder sogar 11 Perlen!

• Bevor du beginnst, prüfe, ob das Garn leicht durch das Loch in der Perle passt. Wenn es sich nur schwer durchziehen lässt, verwende einen Fadenhärter, der verhindert, dass die Fadenenden ausfransen. Ein wahres Wundermittel!

• Damit das Armband perfekt aussieht, achte darauf, die Knoten gleichmäßig zu knüpfen und die zentrale Schnur auf Spannung zu halten.

• Falls du dazu neigst, beim Knüpfen der Knoten zu sehr an der zentralen Schnur zu ziehen, sichere sie besser mit Klammern statt mit Malerkrepp.

• Die Anzahl der Knoten hängt von der Dicke der Schnur ab, die du benutzt. Passe die gewünschte Länge an die Dicke der Schnur an, indem du einen Testlauf mit ein paar Knoten machst, bevor du die Arbeit an deinem Armband beginnst!

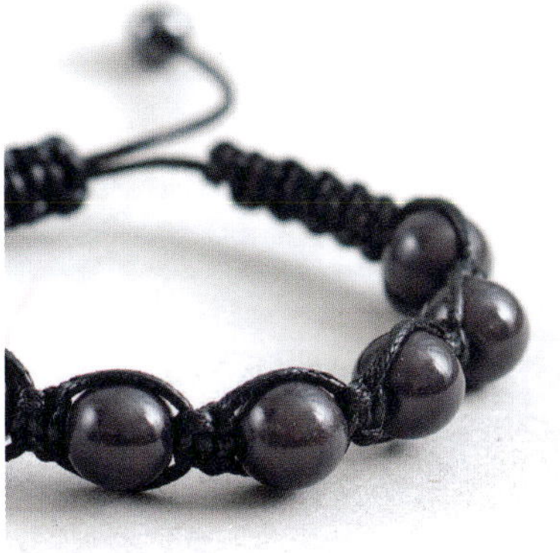
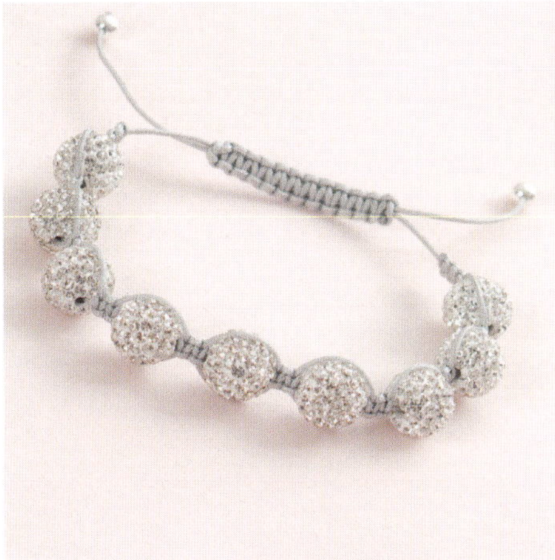
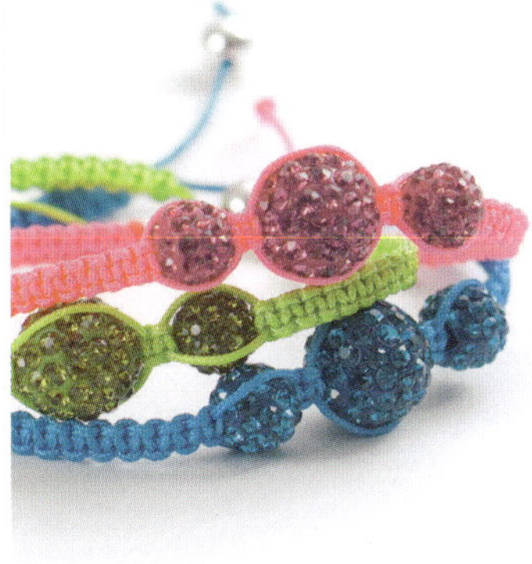
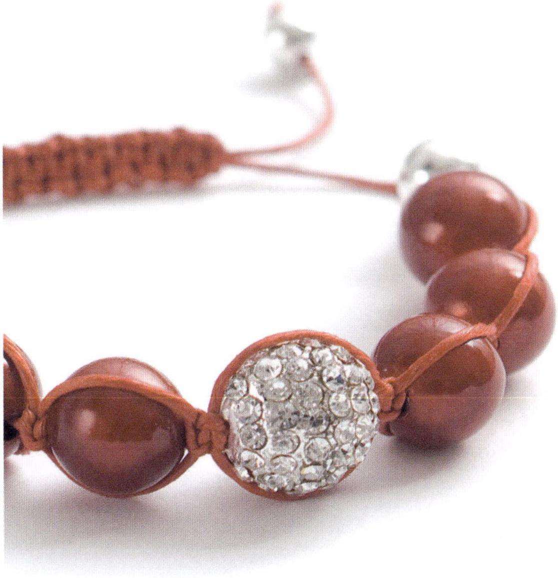
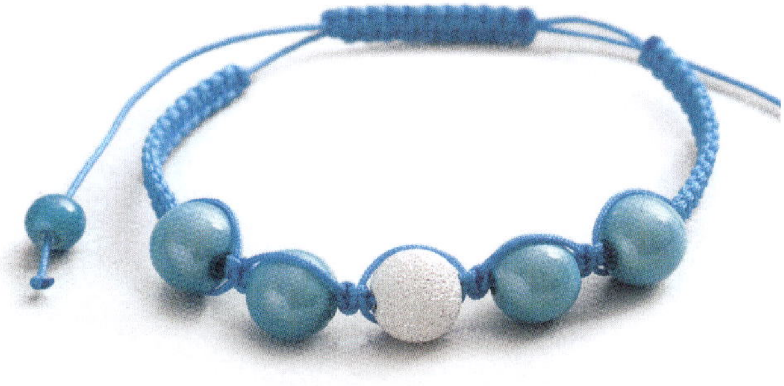
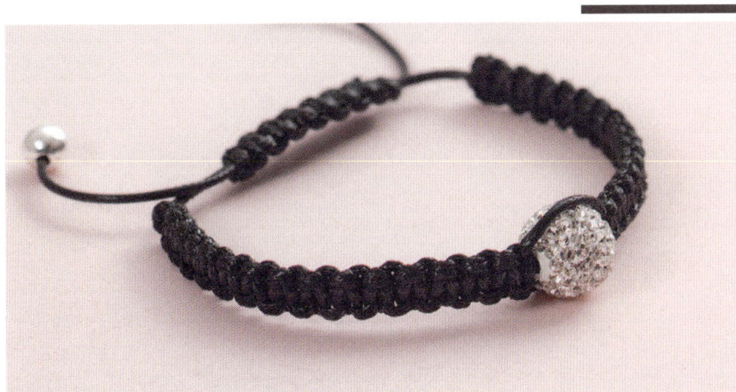
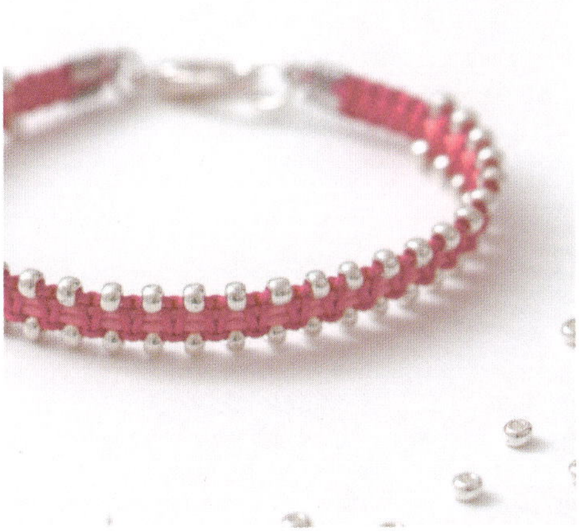
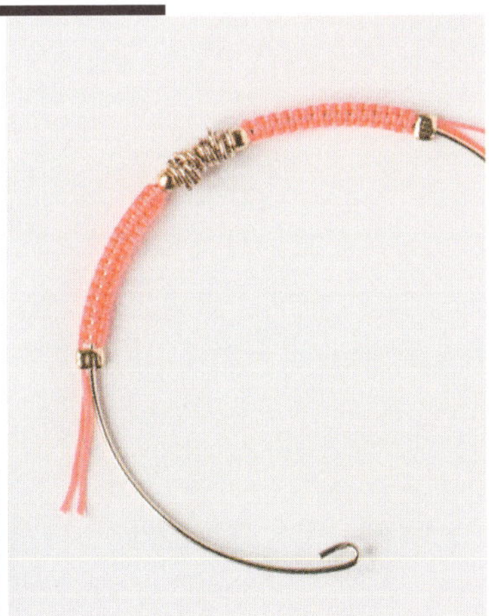
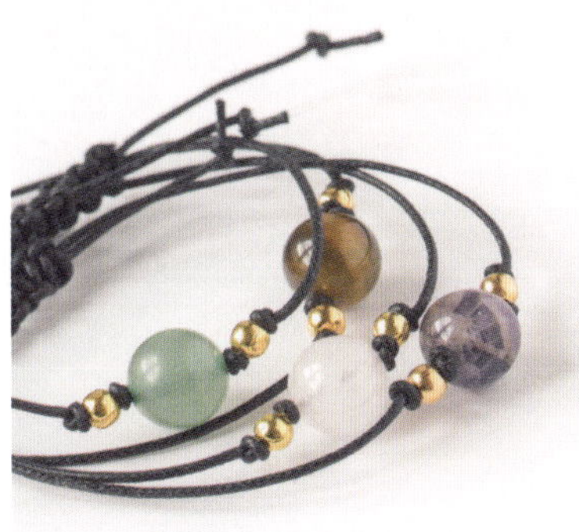

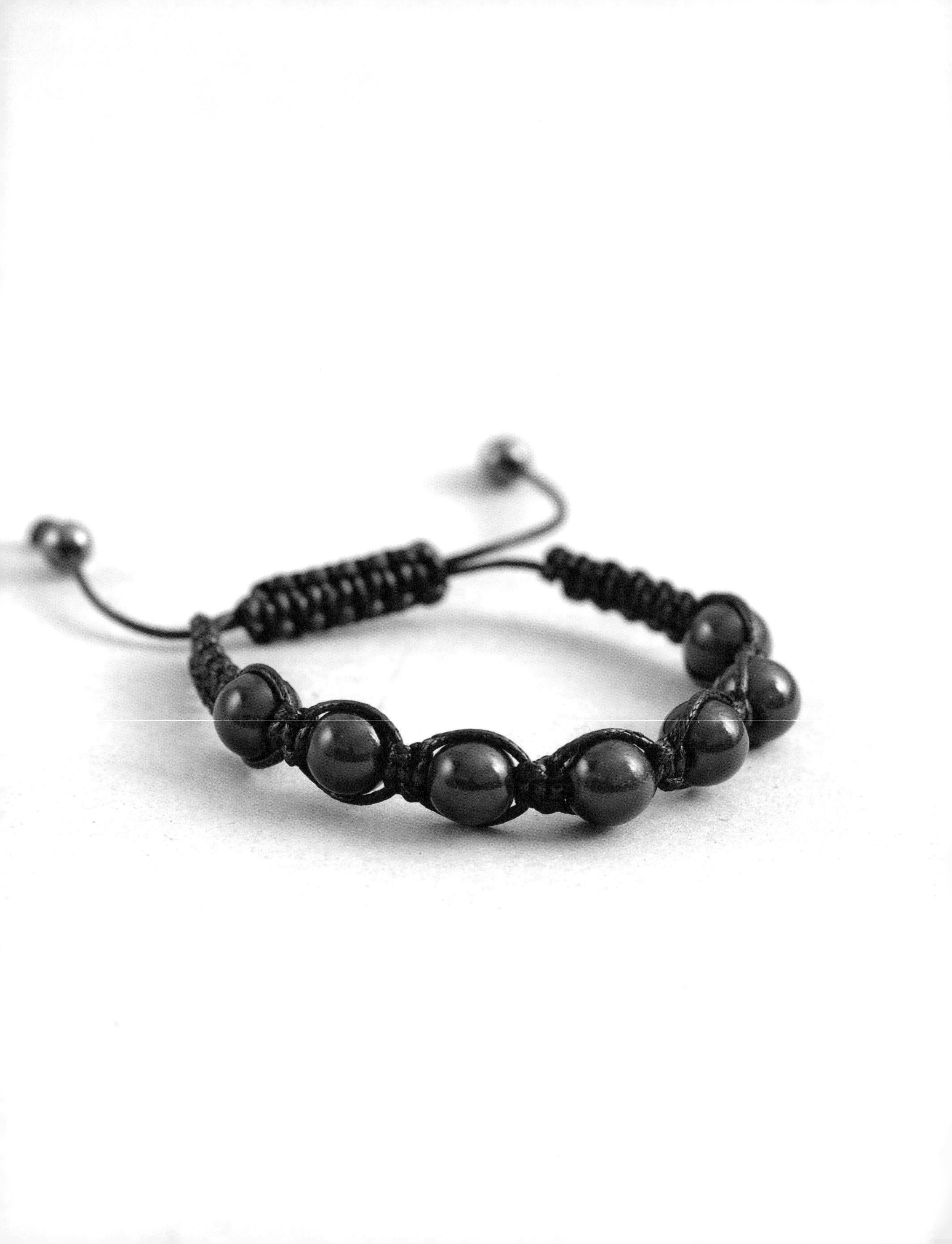

020

TRADITIONELLES **SHAMBALLA**

MATERIAL

- 7 Wunderperlen aus Hämatit, Ø 1 cm
- 2 kleine Hämatitperlen, Ø 6 mm
- Nylonschnur oder Wachsgarn in Schwarz, Ø 1 mm, 2 m lang

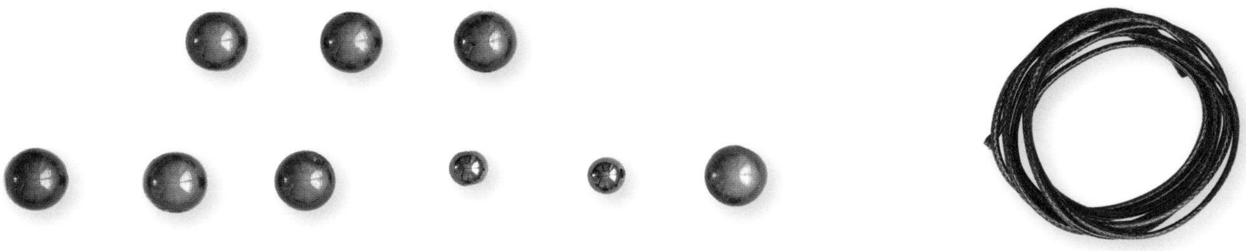

BENÖTIGTE TECHNIKEN

Ein Shamballa-Armband beginnen (S. 32)
Ein Shamballa-Armband beenden (S. 32)
Rechter Kreuzknoten (S. 33)
Linker Kreuzknoten (S. 34)
Schiebeknoten (S. 35)
Eine Perle in der Mitte anbringen (S. 36)

ANLEITUNG

1. Schneide zwei unterschiedlich lange Fäden zu, einen von 40 cm Länge (oder 2,5-mal die Länge deines Handgelenks) und einen zweiten von 1,20 m Länge. Klebe den ersten, 40 cm langen Faden oben und unten mit Malerkrepp fest oder sichere ihn mit Klammern.

2. Falte den 1,20 m langen Faden zur Hälfte, um die Mitte zu finden, und knote ihn ca. 10 cm vom oberen Ende entfernt an den 40 cm langen Faden. Knüpfe 2,5 cm weit sich abwechselnde Kreuzknoten. Schiebe eine Perle auf und knüpfe zwei sich abwechselnde Kreuzknoten. Fahre so fort, bis alle Perlen gesichert sind. Knüpfe abschließend 2,5 cm weit abwechselnd Kreuzknoten. Schneide die Fäden, mit denen du die Knoten geknüpft hast, ab und brenne die Enden ab.

3. Forme das Armband und schließe es mit einem 3 cm langen Schiebeknoten aus Kreuzknoten. Fädle die beiden Perlen auf die Fäden des Armbands und mache einen Knoten. Schneide die Fäden ab und brenne die Enden ab.

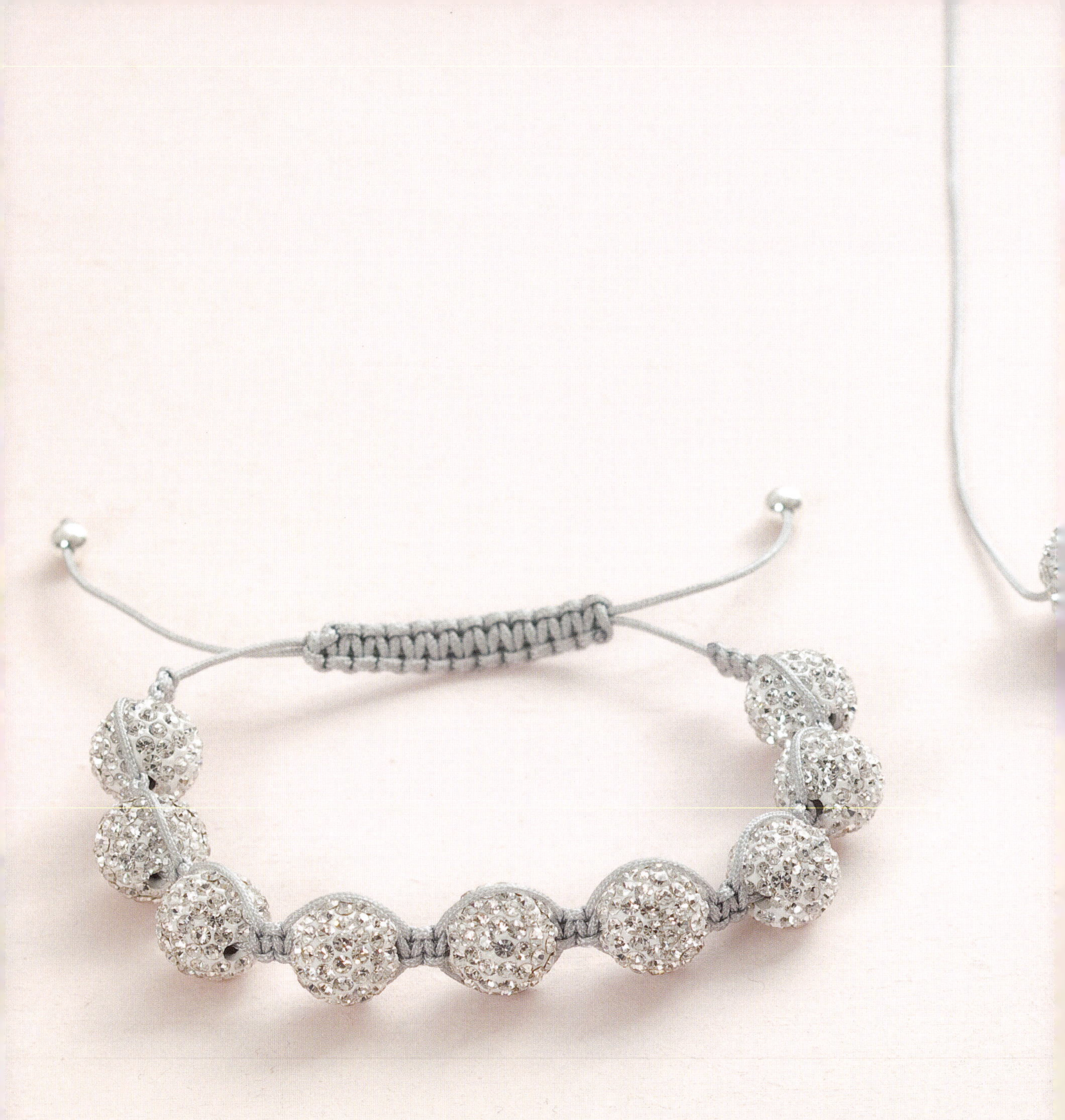

TIPP

Nimm für die Enden des Armbands am besten Perlen mit etwas Gewicht. Sie halten den Schiebeknoten an Ort und Stelle, der dank der Perlen weniger verrutscht und sich nicht so leicht öffnet.

021

STRASS-**SHAMBALLA**

MATERIAL

- 9 Strassperlen in Weiß, Ø 1 cm
- 2 Perlen in Silber, Ø 4 mm
- Nylonschnur oder Wachsgarn in Grau, Ø 0,8 mm, 2 m lang

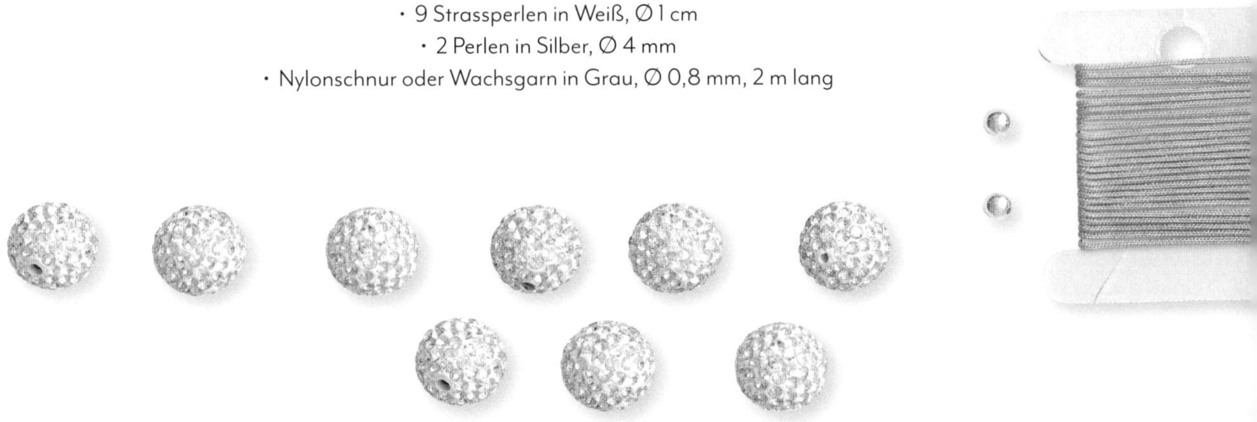

BENÖTIGTE TECHNIKEN

Ein Shamballa-Armband beginnen (S. 32)
Ein Shamballa-Armband beenden (S. 32)
Rechter Kreuzknoten (S. 33)
Linker Kreuzknoten (S. 34)
Schiebeknoten (S. 35)
Eine Perle in der Mitte anbringen (S. 36)

ANLEITUNG

1. Schneide zwei unterschiedlich lange Fäden zu. Einen von 40 cm Länge (oder 2,5-mal die Länge deines Handgelenks) und einen zweiten von 1,20 m Länge. Klebe den ersten, 40 cm langen Faden oben und unten mit Malerkrepp fest oder sichere ihn mit Klammern.

2. Falte den 1,20 m langen Faden zur Hälfte, um die Mitte zu finden, und knote ihn ca. 10 cm vom oberen Ende entfernt an den 40 cm langen Faden. Knüpfe abwechselnd sechs Kreuzknoten. Schiebe eine Perle auf und knüpfe drei sich abwechselnde Kreuzknoten. Fahre mit den anderen acht Perlen so fort, indem du zwischen ihnen immer drei sich abwechselnde Kreuzknoten machst.

3. Beende die Arbeit mit sechs sich abwechselnden Kreuzknoten. Schließe das Armband mit einem 3 cm langen Schiebeknoten und fädle zwei kleine Silberperlen auf die Enden des Armbands auf.

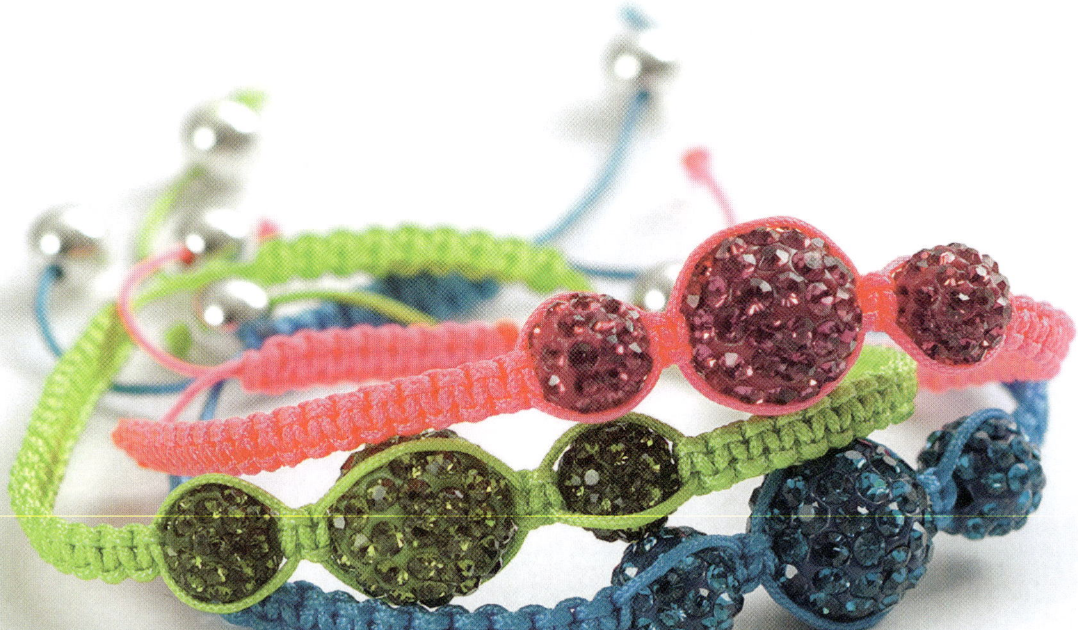

022

SHAMBALLA MIT DREI **STRASSPERLEN**

MATERIAL

- 2 Perlen in Silber, Ø 6 mm
- 2 Strassperlen in Blau, Ø 8 mm
- 1 Strassperle in Blau, Ø 1,2 cm
- Nylonschnur oder Wachsgarn in Neonblau, Ø 0,8 mm, 2 m lang

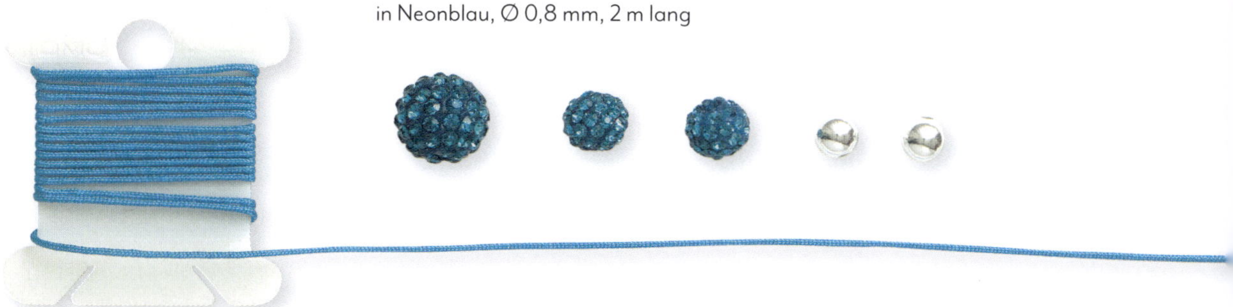

BENÖTIGTE TECHNIKEN

Ein Shamballa-Armband beginnen (S. 32)
Ein Shamballa-Armband beenden (S. 32)
Rechter Kreuzknoten (S. 33)
Linker Kreuzknoten (S. 34)
Schiebeknoten (S. 35)
Eine Perle in der Mitte anbringen (S. 36)

ANLEITUNG

1. Schneide zwei unterschiedlich lange Fäden zu. Einen von 40 cm Länge (oder 2,5-mal die Länge deines Handgelenks) und einen zweiten von 1,20 m Länge. Klebe den ersten, 40 cm langen Faden oben und unten mit Malerkrepp fest oder sichere ihn mit Klammern.

2. Falte den 1,20 m langen Faden zur Hälfte, um die Mitte zu finden, und knote ihn ca. 10 cm vom oberen Ende entfernt an den 40 cm langen Faden. Knüpfe 5 cm weit sich abwechselnde Kreuzknoten (ca. 40 Knoten). Schiebe eine Perle mit 8 mm Durchmesser dicht an die Knoten und knüpfe zwei sich abwechselnde Kreuzknoten.

3. Wiederhole diesen Schritt mit der 12 mm-Perle und der 8 mm-Perle, indem du zwei sich abwechselnde Kreuzknoten zwischen ihnen machst. Beende das Armband mit einem 5 cm langen Abschnitt von sich abwechselnden Kreuzknoten ab. Schließe das Armband mit einem 3 cm langen Schiebeknoten und fädle die zwei kleinen Silberperlen auf die Enden des Armbands auf.

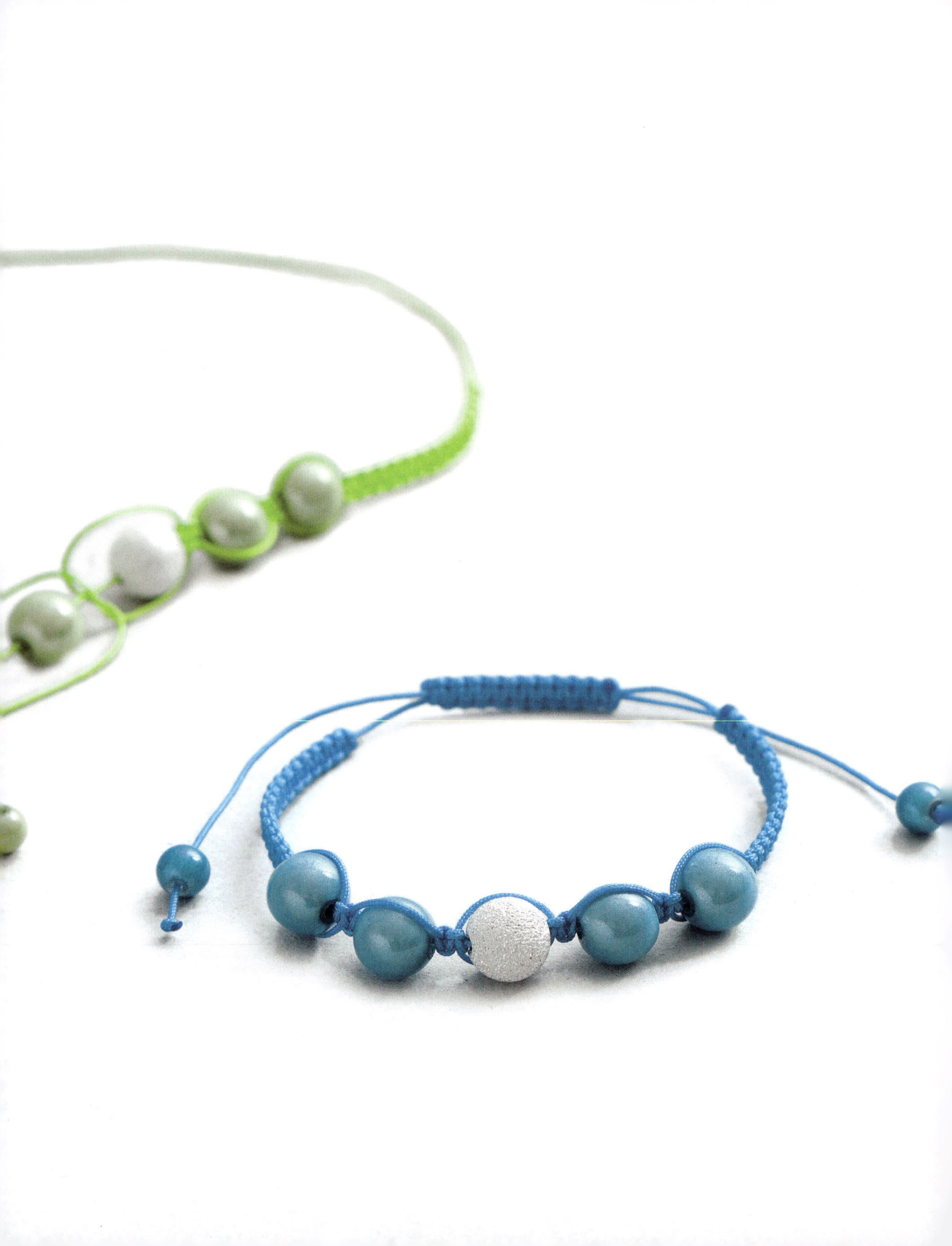

023

WUNDER-**SHAMBALLA**

MATERIAL

- 1 Perle in Mattsilber, Ø 1 cm
- 4 Wunderperlen in Anis, Ø 1 cm
- 2 Wunderperlen in Anis, Ø 6 mm
- Nylonschnur in Anis, Ø 0,8 mm, 2 m lang

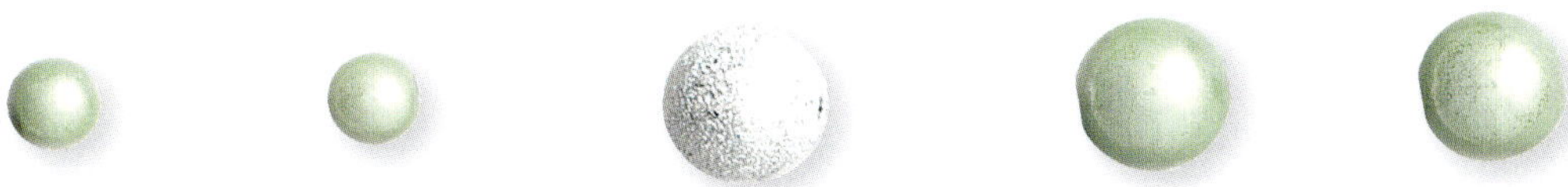

BENÖTIGTE TECHNIKEN

Ein Shamballa-Armband beginnen (S. 32)
Ein Shamballa-Armband beenden (S. 32)
Rechter Kreuzknoten (S. 33)
Linker Kreuzknoten (S. 34)
Schiebeknoten (S. 35)
Eine Perle in der Mitte anbringen (S. 36)

ANLEITUNG

1. Schneide zwei unterschiedlich lange Fäden zu. Einen von 40 cm Länge (oder 2,5-mal die Länge deines Handgelenks) und einen zweiten von 1,20 m Länge. Klebe den ersten, 40 cm langen Faden oben und unten mit Malerkrepp fest oder sichere ihn mit Klammern.

2. Falte den 1,20 m langen Faden zur Hälfte, um die Mitte zu finden, und knote ihn ca. 10 cm vom oberen Ende entfernt an den 40 cm langen Faden. Knüpfe 3,5 cm weit sich abwechselnde Kreuzknoten. Schiebe eine 1-cm-Wunderperle dicht an die Knoten und knüpfe zwei sich abwechselnde Kreuzknoten. Wiederhole diesen Schritt mit einer weiteren 1-cm-Wunderperle, der Silberperle und zwei 1-cm-Wunderperlen, indem du immer zwei sich abwechselnde Kreuzknoten zwischen ihnen machst.

3. Beende das Armband mit einem 3,5 cm langen Abschnitt von sich abwechselnden Kreuzknoten. Schließe das Armband mit einem 3 cm langen Schiebeknoten und fädle die zwei kleinen Wunderperlen auf die Enden des Armbands auf.

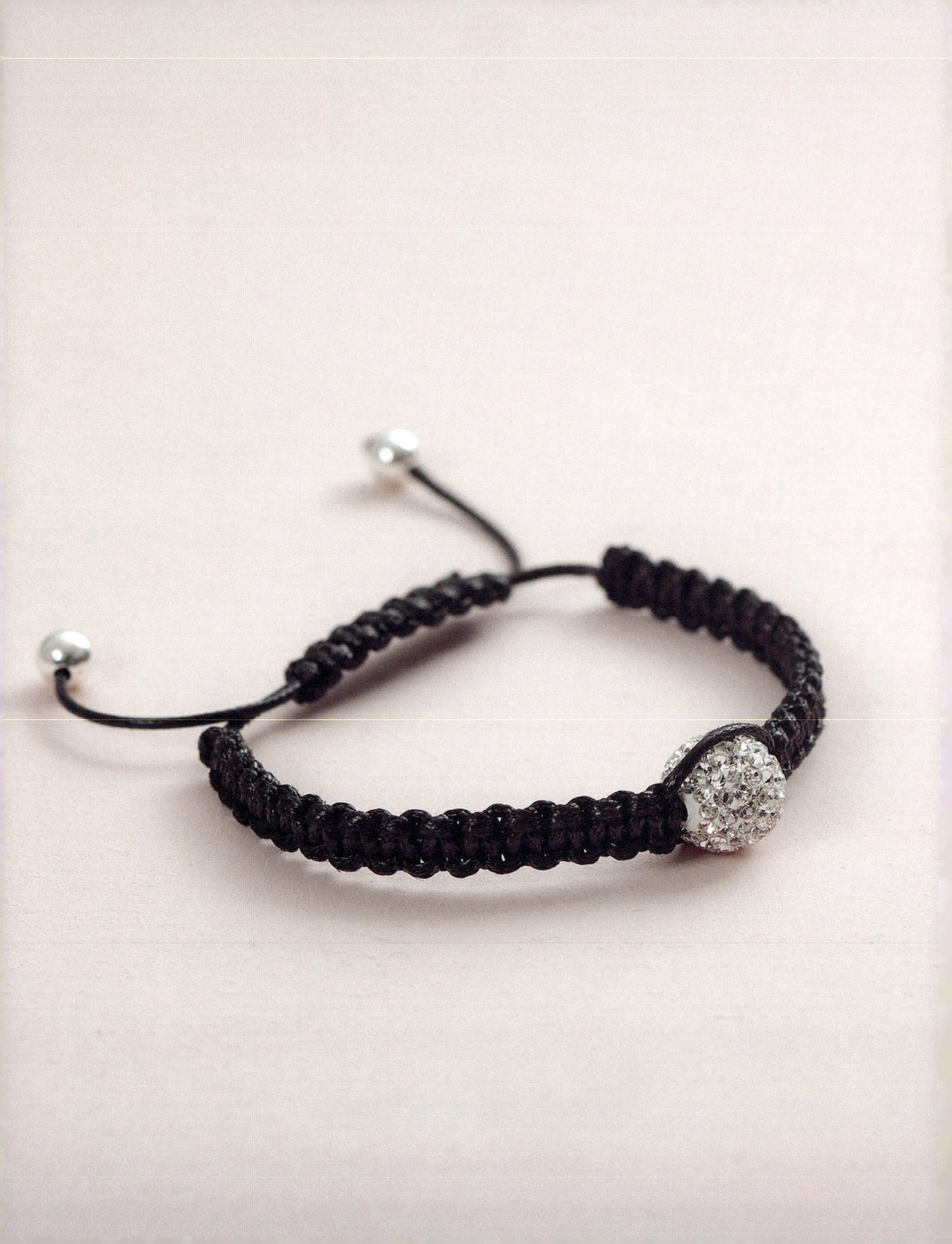

024

EINZELSTÜCK-**SHAMBALLA**

MATERIAL

- 1 Strassperle in Weiß, Ø 1,2 cm
- 2 Perlen in Silber, Ø 6 mm
- Nylonschnur in Schwarz, Ø 1 mm, 2 m lang

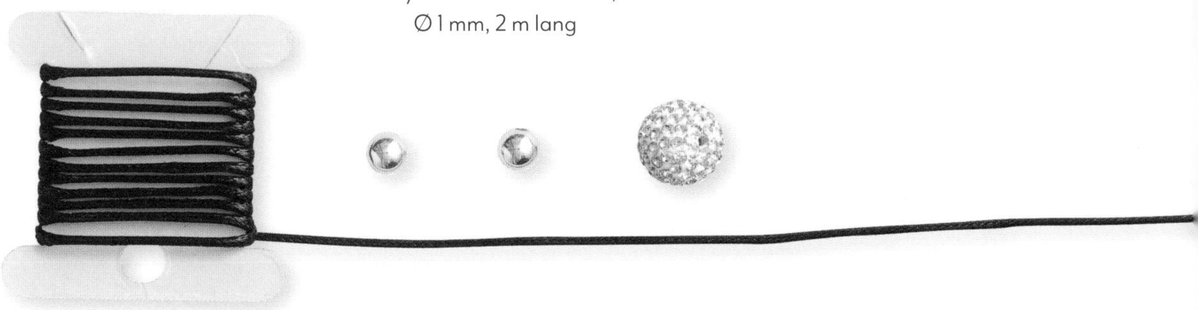

BENÖTIGTE TECHNIKEN

Ein Shamballa-Armband beginnen (S. 32)
Ein Shamballa-Armband beenden (S. 32)
Rechter Kreuzknoten (S. 33)
Linker Kreuzknoten (S. 34)
Schiebeknoten (S. 35)
Eine Perle in der Mitte anbringen (S. 36)

ANLEITUNG

1. Schneide zwei unterschiedlich lange Fäden zu. Einen von 40 cm Länge (oder 2,5-mal die Länge deines Handgelenks) und einen zweiten von 1,20 m Länge. Klebe den ersten, 40 cm langen Faden oben und unten mit Malerkrepp fest oder sichere ihn mit Klammern.

2. Finde die Mitte des 1,20 m langen Fadens und knote ihn ca. 10 cm vom oberen Ende entfernt an den 40 cm langen Faden. Knüpfe 6 cm weit sich abwechselnde Kreuzknoten. Schiebe die weiße Strassperle dicht an die Knoten. Beende das Armband mit einem 6 cm langen Abschnitt von sich abwechselnden Kreuzknoten.

3. Schließe das Armband mit einem 3 cm langen Schiebeknoten und fixiere die beiden kleinen Silberperlen an den Enden des Armbands.

TIPP

Der Schiebeknoten sollte bei einem Armband für Erwachsene immer mindestens 2,5 cm lang sein. Ist er kleiner, kann sich das Armband leichter öffnen.

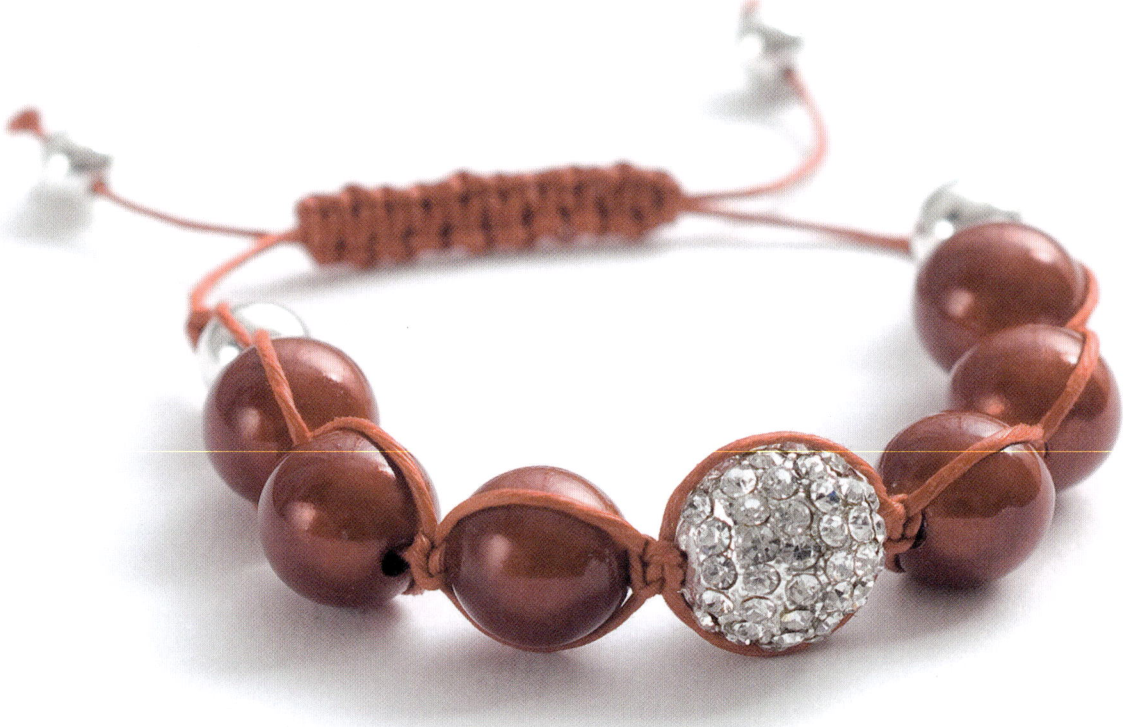

025

BLING-BLING-**SHAMBALLA**

MATERIAL

- 1 Strassperle in Weiß, Ø 1,4 cm
- 6 Wunderperlen in Rot, Ø 1,2 cm
- 2 Perlen in Silber, Ø 6 mm
- 2 Perlen in Silber, Ø 1 mm
- Wachsgarn in Rot, Ø 1 mm, 2 m lang

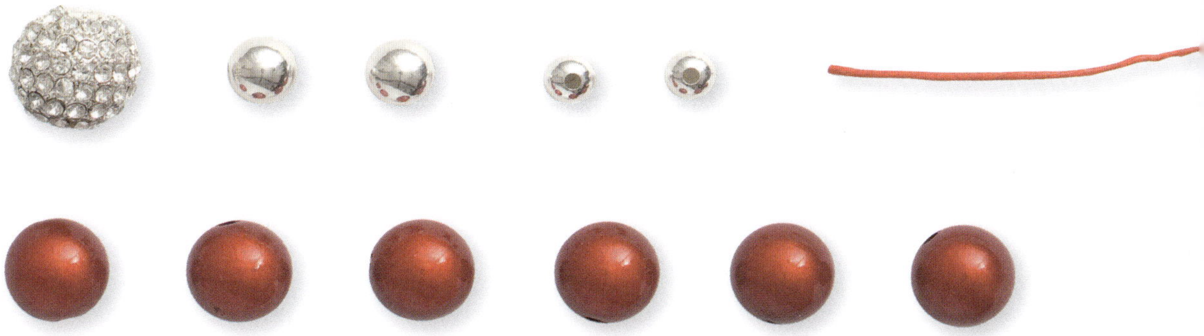

BENÖTIGTE TECHNIKEN

Ein Shamballa-Armband beginnen (S. 32)
Ein Shamballa-Armband beenden (S. 32)
Rechter Kreuzknoten (S. 33)
Linker Kreuzknoten (S. 34)
Schiebeknoten (S. 35)
Eine Perle in der Mitte anbringen (S. 36)

ANLEITUNG

1. Schneide zwei unterschiedlich lange Fäden zu. Einen von 40 cm Länge (oder 2,5-mal die Länge deines Handgelenks) und einen zweiten von 1,20 m Länge. Klebe den ersten, 40 cm langen Faden oben und unten mit Malerkrepp fest oder sichere ihn mit Klammern.

2. Falte den 1,20 m langen Faden zur Hälfte, um die Mitte zu finden, und knote ihn ca. 10 cm vom oberen Ende entfernt an den 40 cm langen Faden. Knüpfe zwei sich abwechselnde Kreuzknoten und schiebe eine Silberperle dicht an die Knoten. Knüpfe zwei sich abwechselnde Kreuzknoten.

3. Wiederhole diesen Schritt mit drei Wunderperlen, der Strassperle, drei Wunderperlen und einer Silberperle, indem du immer zwei sich abwechselnde Kreuzknoten zwischen ihnen machst. Beende das Armband mit zwei sich abwechselnden Kreuzknoten. Schließe das Armband mit einem 2,5 cm langen Schiebeknoten und fixiere die beiden kleinen Silberperlen an den Enden des Armbands.

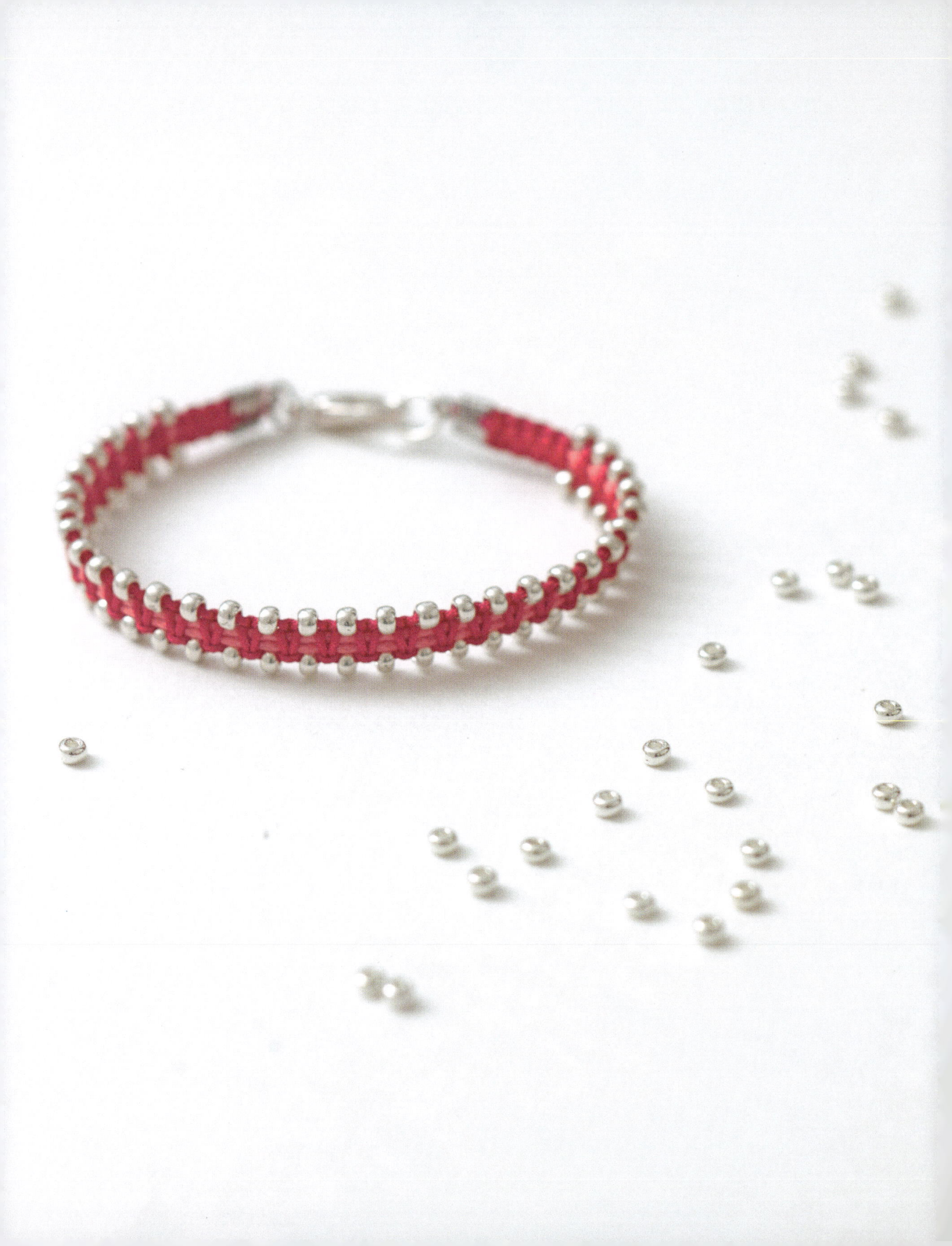

026

PERLEN-**SHAMBALLA**

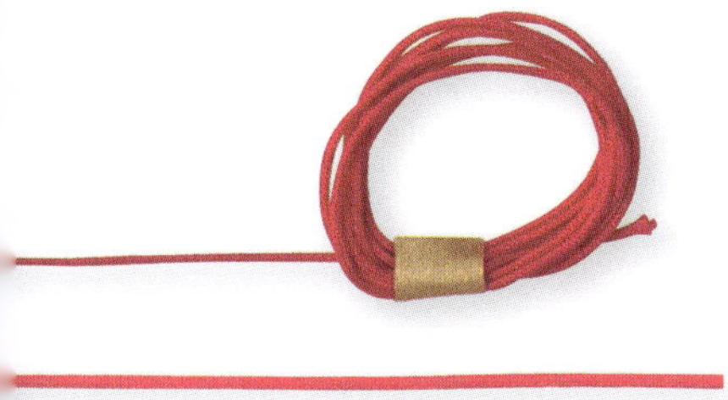

MATERIAL

- 62 Rocailles-Perlen in Silber, Ø 2,6 mm
- Nylonschnur in Rosa, Ø 1 mm, 50 cm lang
- Nylonschnur in Dunkelrosa, Ø 0,8 mm, 3 m lang
- 1 Karabinerverschluss
- 2 Ringe
- 2 Lintklemmen

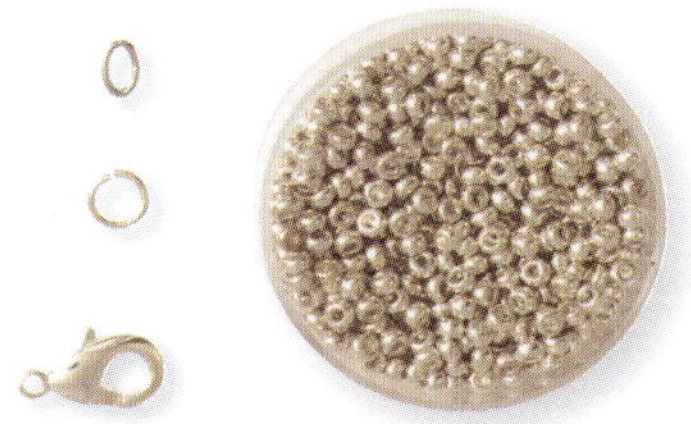

BENÖTIGTE TECHNIKEN

Ein Shamballa-Armband beginnen (S. 32)
Ein Shamballa-Armband beenden (S. 32)
Rechter Kreuzknoten (S. 33)
Linker Kreuzknoten (S. 34)
Schiebeknoten (S. 35)
Eine Perle an der Seite einfügen (S. 36)

ANLEITUNG

1. Falte die rosafarbene Schnur, Ø 1 mm, zur Hälfte. Falte die dunkelrosafarbene Schnur zur Hälfte und verknote sie auf den Schnüren der rosafarbenen Schnüre. Führe die rechte Schnur unter den beiden mittleren Schnüren hindurch. Führe die linke Schnur über die beiden mittleren Schnüre und führe die Schnur dann durch die Schlaufe. Führe die rechte Schnur durch die von der linken Schnur gebildete Schlaufe. Ziehe gleichzeitig an beiden Schnüren. Der erste linke Kreuzknoten ist fertig.

2. Nachdem du mehrere rechte und linke Kreuzknoten gemacht hast, ziehe eine Perle auf die linke und eine weitere auf die rechte Schnur auf. Knüpfe einen linken Kreuzknoten. Ziehe an beiden Schnüren, um die Perlen zu sichern.

3. Knüpfe einen rechten Kreuzknoten und schiebe dann eine Perle auf die linke und eine weitere auf die rechte Schnur. Knüpfe einen linken Kreuzknoten. Fahre so fort. Wenn dein Armband fertig ist, setze an beiden Enden eine Lintklemme auf. Befestige anschließend einen Ring an beiden Lintklemmen sowie an einem der Ringe den Karabinerverschluss.

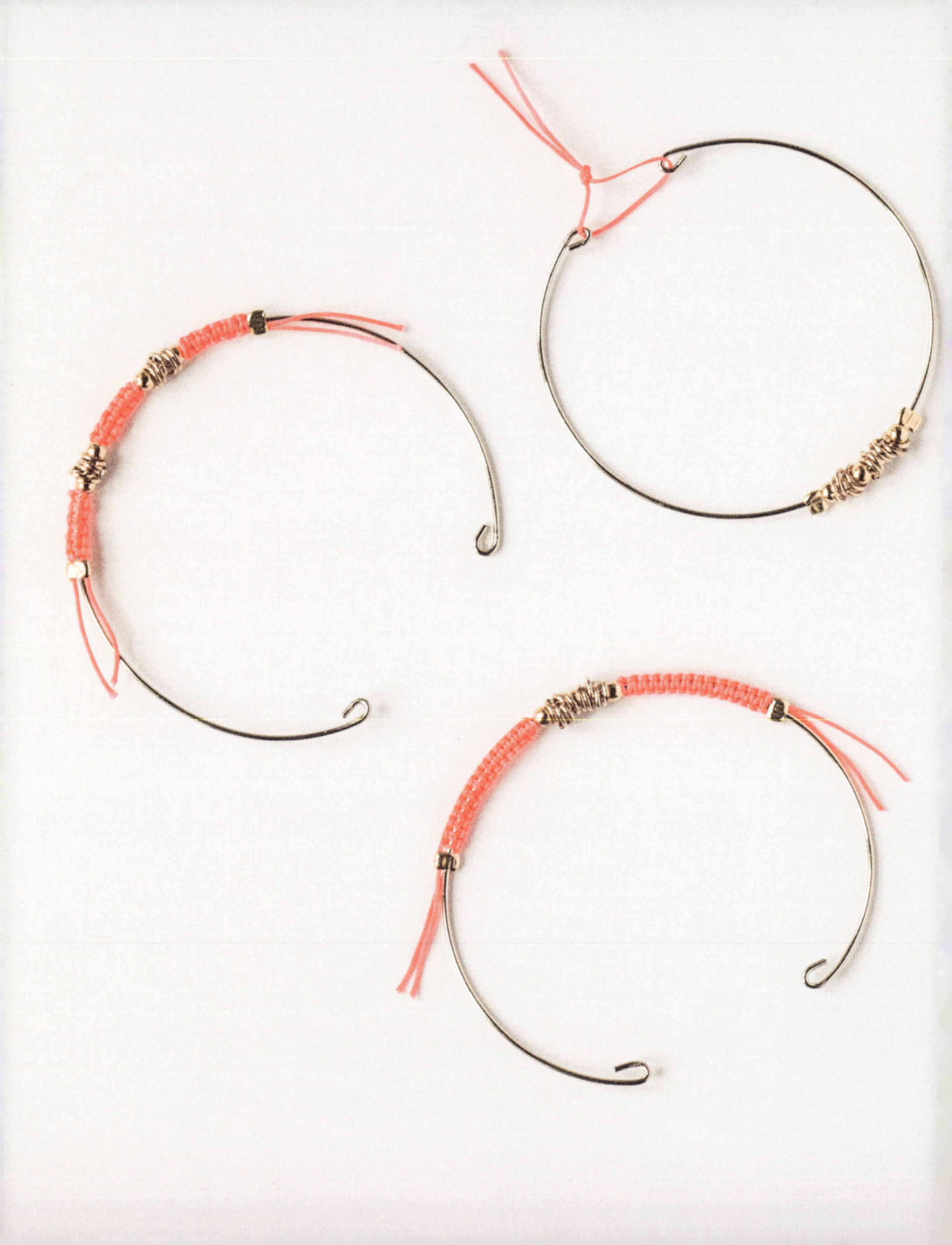

027

REIF-**SHAMBALLA**

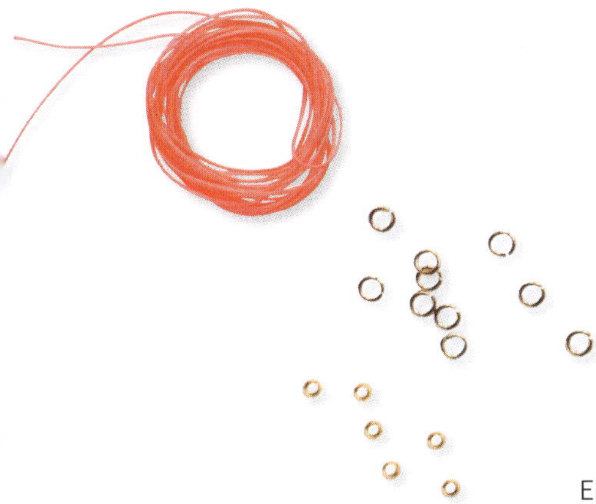

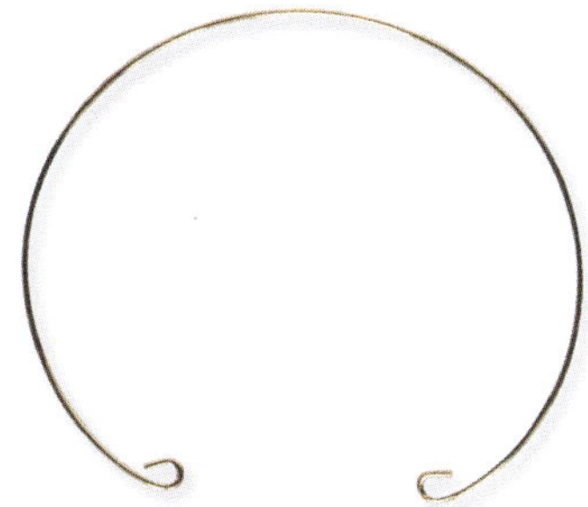

MATERIAL

- 6 Quetschperlen
- 10 kleine goldene Ringe
- Kordel in Neonpink, 3 m lang
- 1 goldener Armreif

BENÖTIGTE TECHNIKEN

Eine Quetschperle benutzen (S. 24)
Rechter Kreuzknoten (S. 33)
Linker Kreuzknoten (S. 34)

ANLEITUNG

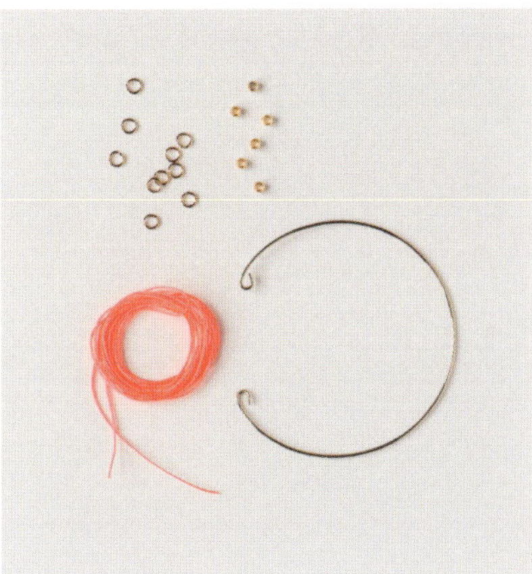

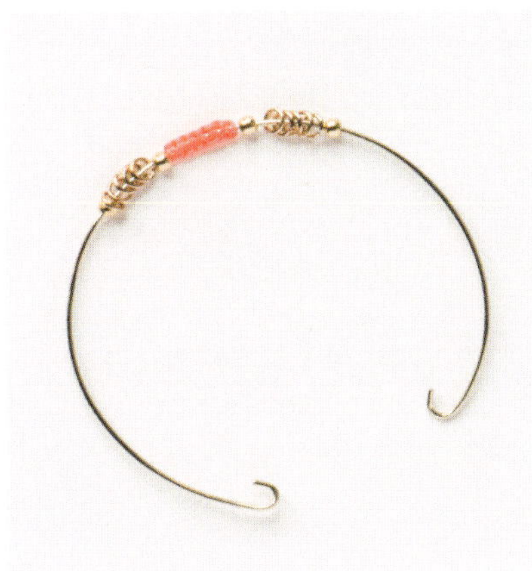

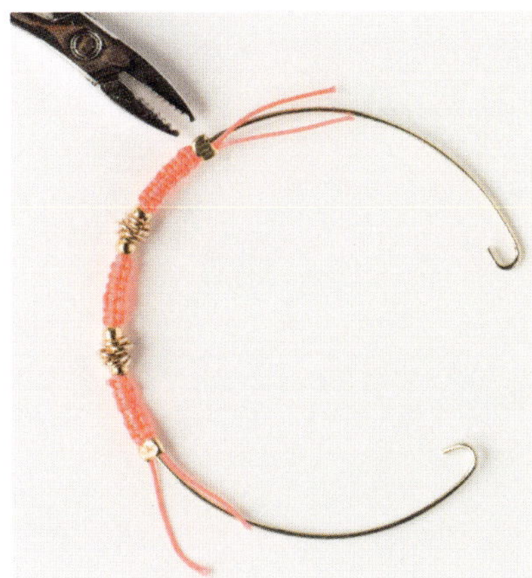

1. Schneide die Kordel in drei gleich lange Stränge. Knote ein Stück Kordel um den goldenen Reif, sodass du zwei gleich lange Stränge hast. Knüpfe anschließend elf Kreuzknoten. Bist du am Ende angelangt, gib einen Tropfen Kleber auf die Enden der Schnüre und schiebe sie in die Knoten.

2. Ziehe die beiden Enden des Reifs mit einer kleinen Zange leicht auseinander. Fädle dann eine goldene runde Perle, fünf goldene Ringe und eine goldene runde Perle auf jede Seite des Reifs auf. Knüpfe anschließend auf jeder Seite zwölf Kreuzknoten. Schiebe die Enden der Kordel durch die letzten Knoten und schneide sie 1,5 cm von den Knoten entfernt ab.

3. Fädle auf jede Seite des Reifs eine goldene Quetschperle auf, wobei du die Enden der Kordel durch die Perle schiebst. Quetsche die soeben aufgefädelten Perlen mit einer kleinen Flachzange so fest, dass die Knoten, Perlen und Ringe nicht verrutschen. Verschließe vorsichtig die beiden Enden des Reifs.

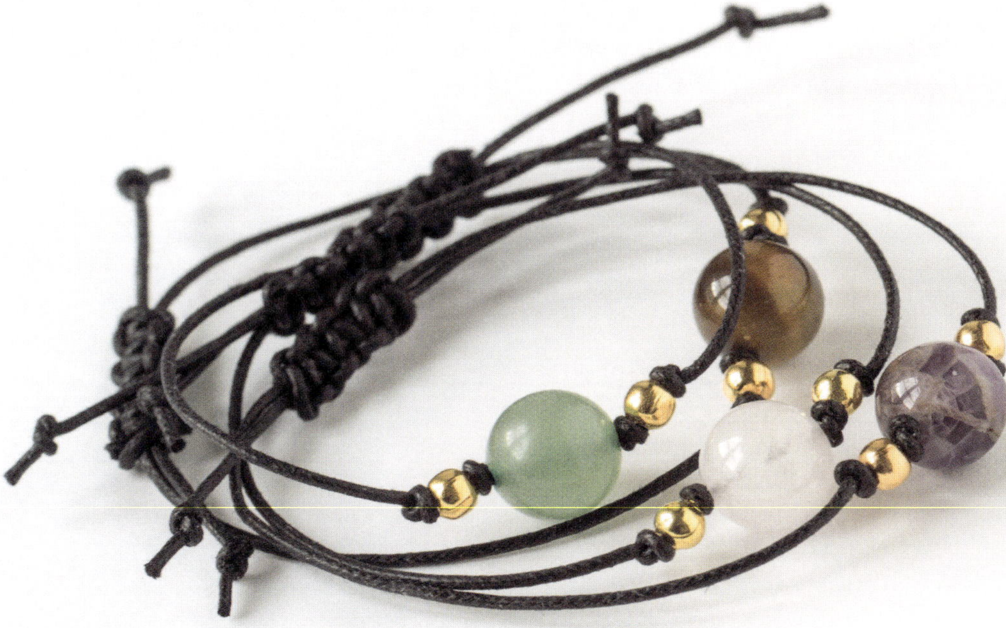

TIPP

Wähle deinen Stein
nach seinen Eigenschaften aus:
Rosenquarz – Liebe
Amethyst – Schutz
Bernstein – Vitalität
Jade – Inneres Gleichgewicht

028

GLÜCKS-**SHAMBALLA**

MATERIAL

- 1 runde Natursteinperle
- 2 kleine goldene Perlen
- Wachsgarn in Schwarz, 70 cm lang

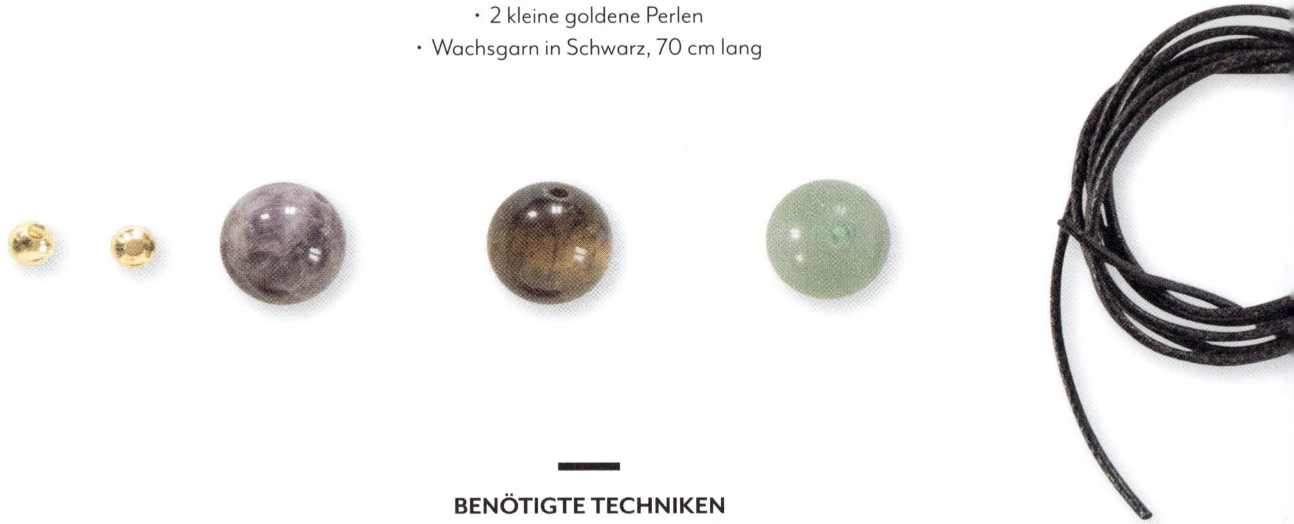

BENÖTIGTE TECHNIKEN

Rechter Kreuzknoten (S. 33)
Linker Kreuzknoten (S. 34)
Schiebeknoten (S. 35)

ANLEITUNG

1. Fädle die Natursteinperle auf das 40 cm lange Stück Wachsgarn auf, schiebe sie bis in die Mitte des Garns und mache auf beiden Seiten einen Knoten, um sie zu sichern. Fädle eine goldene Perle auf und mache einen Knoten, um sie zu sichern. Mache das Gleiche auf der anderen Seite der Natursteinperle.

2. Knote das Band für den Schiebeknoten um das Armband und beginne, abwechselnd rechte und linke Kreuzknoten zu knüpfen, bis der Schiebeknoten ca. 2 cm lang ist. Schneide die Bänder bündig ab und brenne die Enden an, um sie zu sichern.

3. Mache an beiden Enden des Armbands zwei kleine Knoten, um dein Werk zu sichern. Falls du noch Perlen übrighast, kannst du sie hier auch auffädeln.

PANZER**ARMBAND**

Ein Armband, das aus einer Kette mit breiten silber-, gold- oder bronzefarbenen Gliedern besteht, die in der Regel ein Plättchen abschließt, in das der Vorname der Trägerin eingraviert ist. Das Panzerarmband kannst du ganz individuell mit Fäden, Bändern oder Lederschnüren gestalten.

5 TIPPS FÜR DAS PERFEKTE PANZERARMBAND

- Es gibt viele verschiedene Ketten. Wähle am besten eine mit eher großen Gliedern, damit du leicht Kordeln und Schrägbänder durchziehen kannst.

- Die richtige Länge der Kette ermittelst du, indem du den Umfang deines Handgelenks misst und ca. 1 cm abziehst, der für den Verschluss und die Ringe benötigt wird. Teste die Länge aus, bevor du die Kette zuschneidest.

- Denke daran, einen Verschluss auszuwählen, der die gleiche Farbe wie die Kette hat. Das sieht einfach hübscher aus.

- Beginne immer mit dem Anbringen des Verschlusses, bevor du mit der individuellen Gestaltung loslegst.

- Mouliné-Garn, Liberty-Schrägband, Freundschaftsarmbänder, Anhänger: Lass deiner Fantasie beim Flechten deines Panzerarmbands freien Lauf!

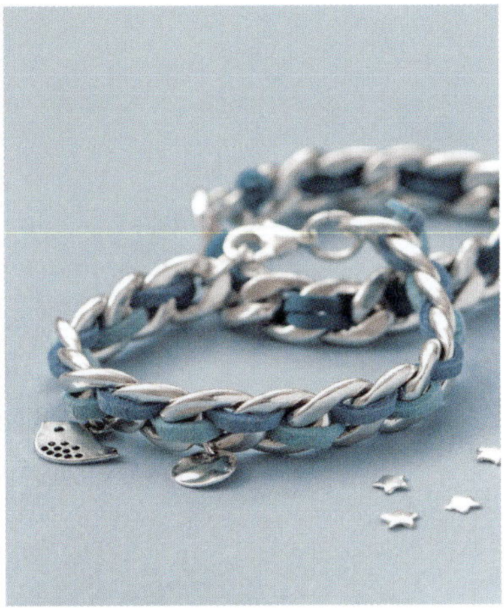
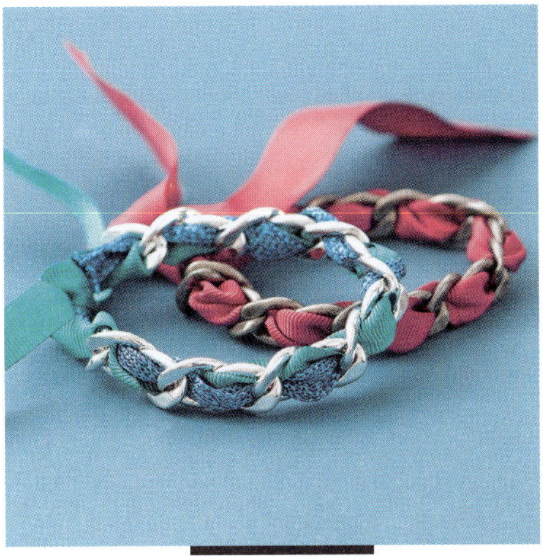
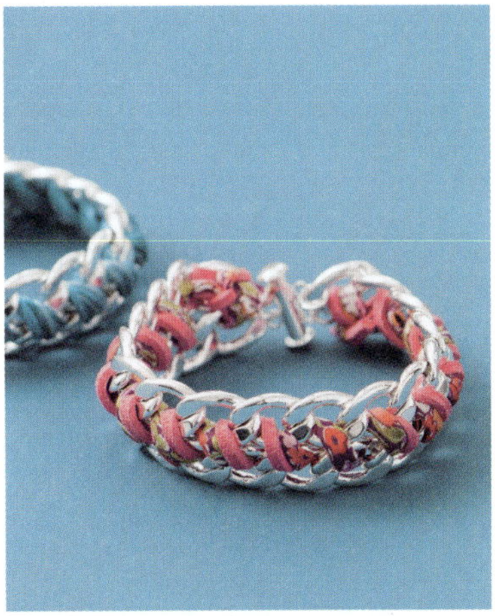
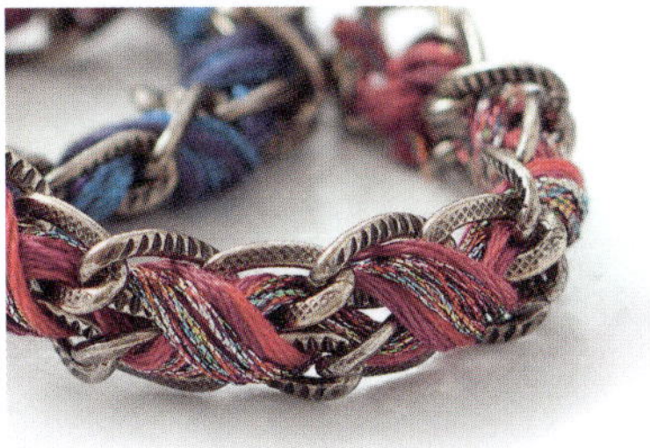
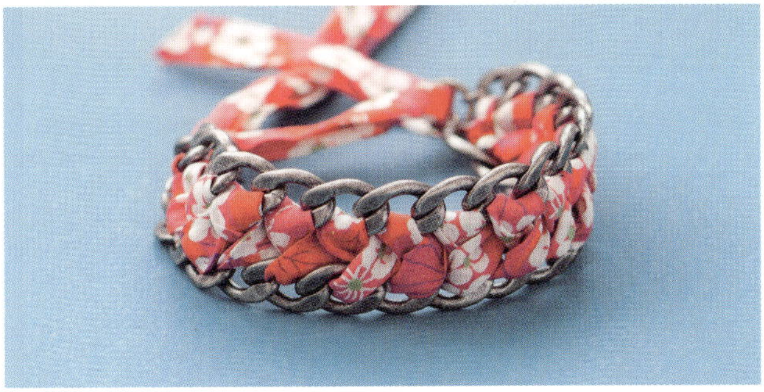
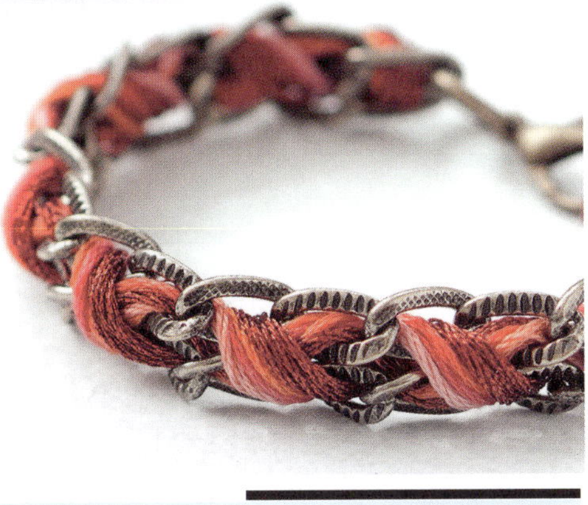
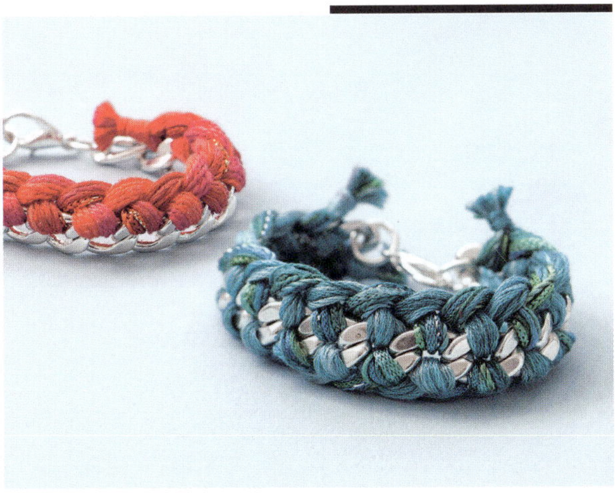
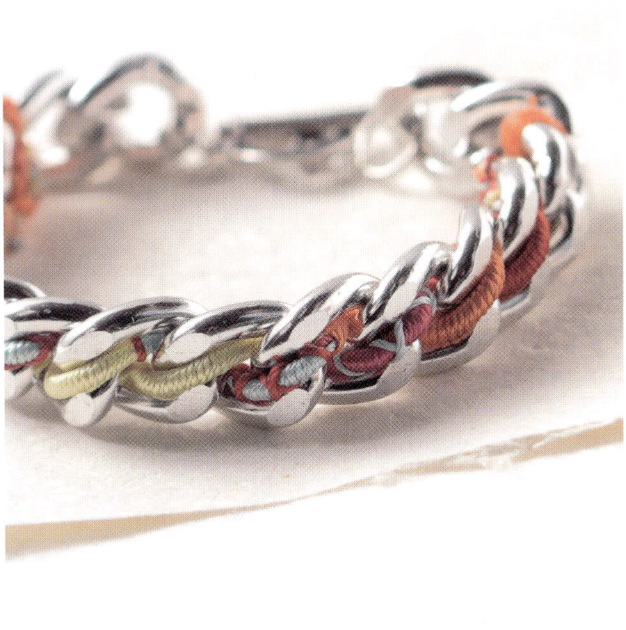

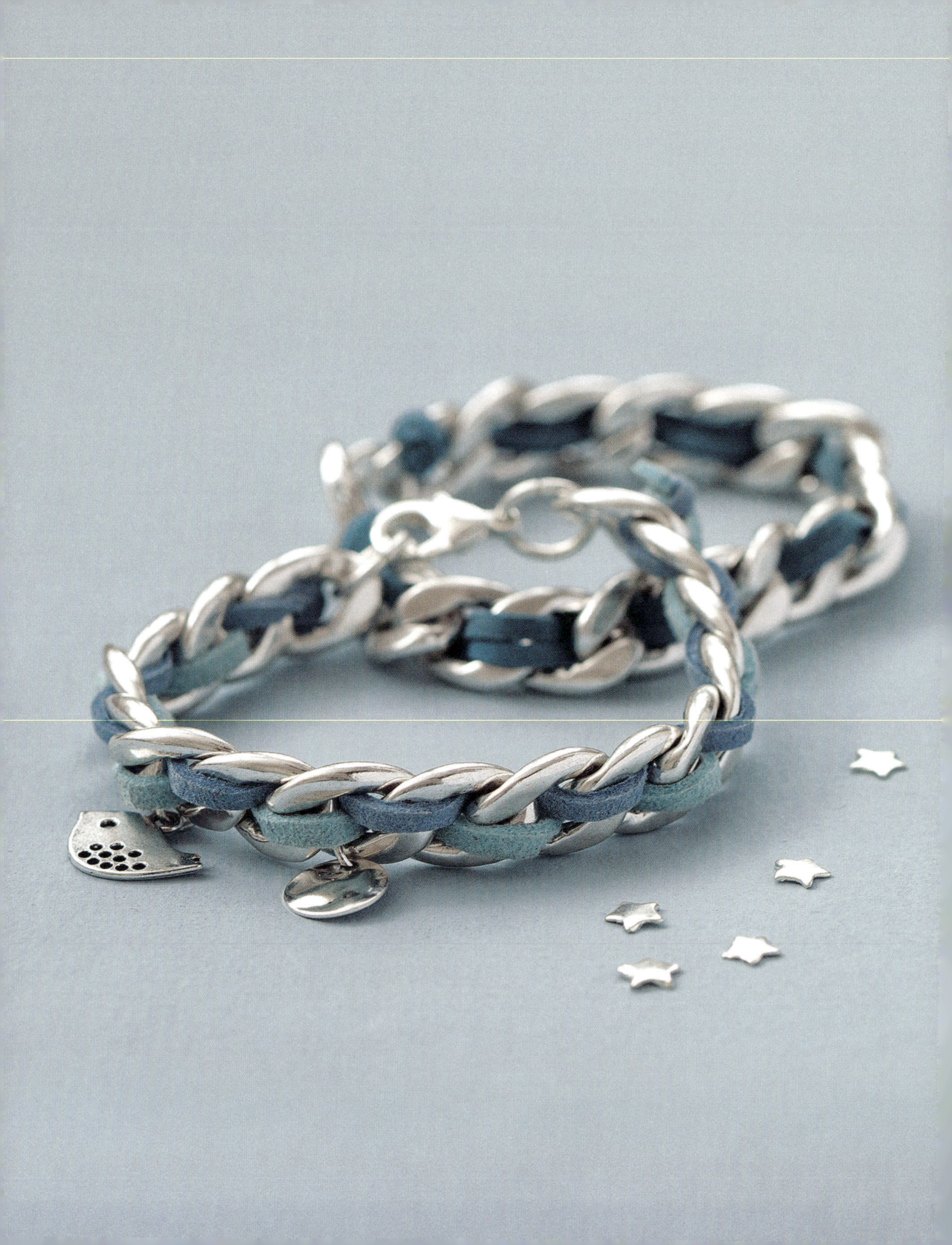

029

DAS KLEINE **BLAUE**

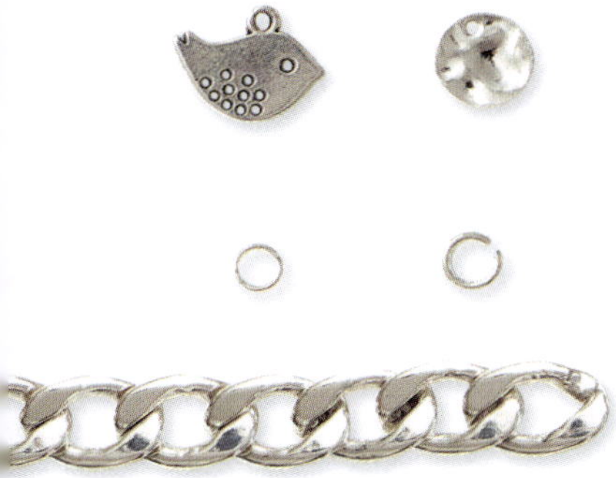

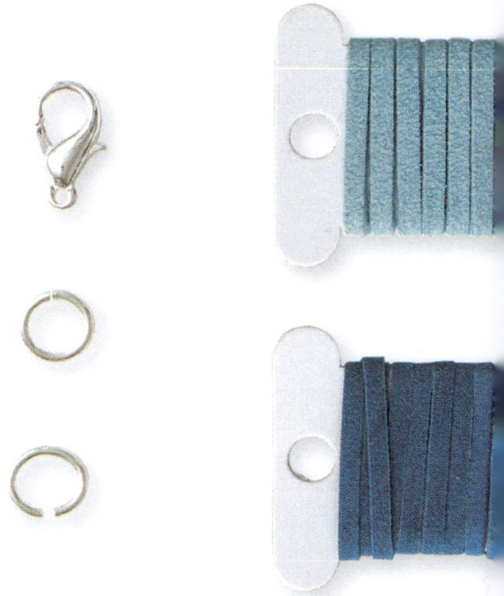

MATERIAL

- Gliederkette in Silber, 16 cm lang
- Wildlederband in Blau, 30 cm lang
- Wildlederband in Hellblau, 30 cm lang
- 2 Anhänger
- 2 Ringe, Ø 6 mm
- 2 Ringe, Ø 1 cm
- 1 Karabinerverschluss

BENÖTIGTE TECHNIKEN

Einen Verschluss anbringen (S. 20)
Einen Anhänger anbringen (S. 25)

ANLEITUNG

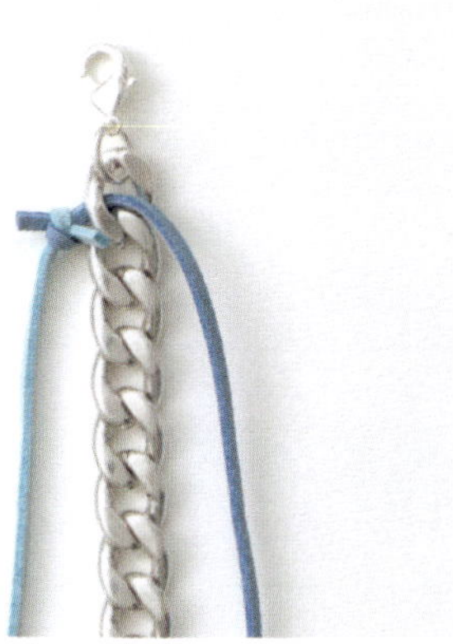

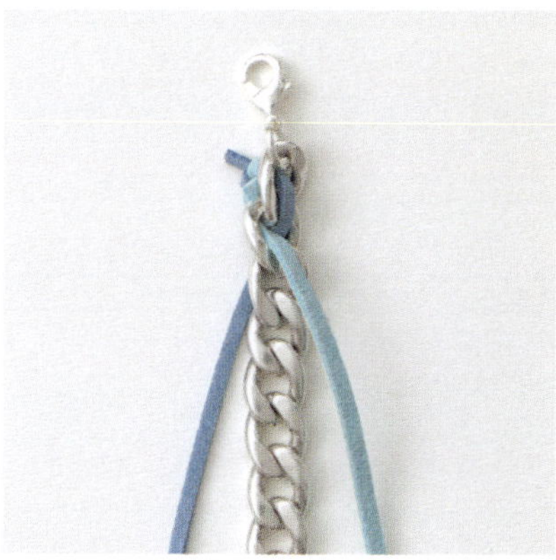

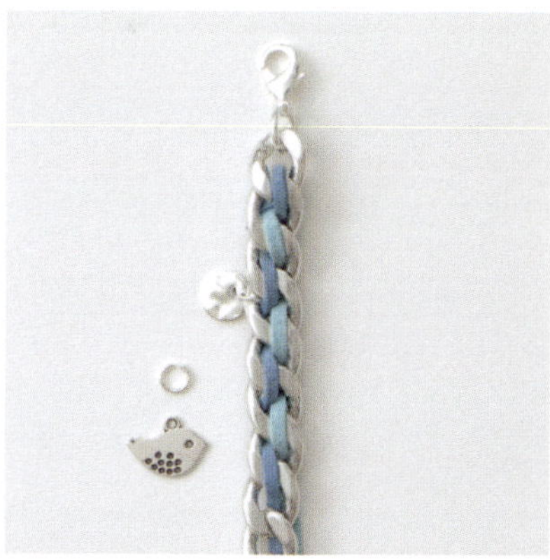

1. Bringe den Karabinerverschluss an einem Ende der Kette an. Knote das hellblaue und das blaue Wildlederband zusammen. Ziehe den Knoten sehr fest und schneide die Enden so nah wie möglich am Knoten ab. Ziehe das blaue Wildlederband von links nach rechts durch das erste Glied der Kette.

2. Ziehe das blaue Wildlederband von rechts nach links durch das nächste Kettenglied. Führe das hellblaue Wildlederband von links nach rechts durch das gleiche Glied. Fahre so fort, bis du das Ende der Kette erreicht hast. Beende die Arbeit mit einem festen Knoten.

3. Öffne die kleinen Ringe und schiebe die Anhänger hinein. Bringe sie am Armband an und schließe die Ringe vorsichtig.

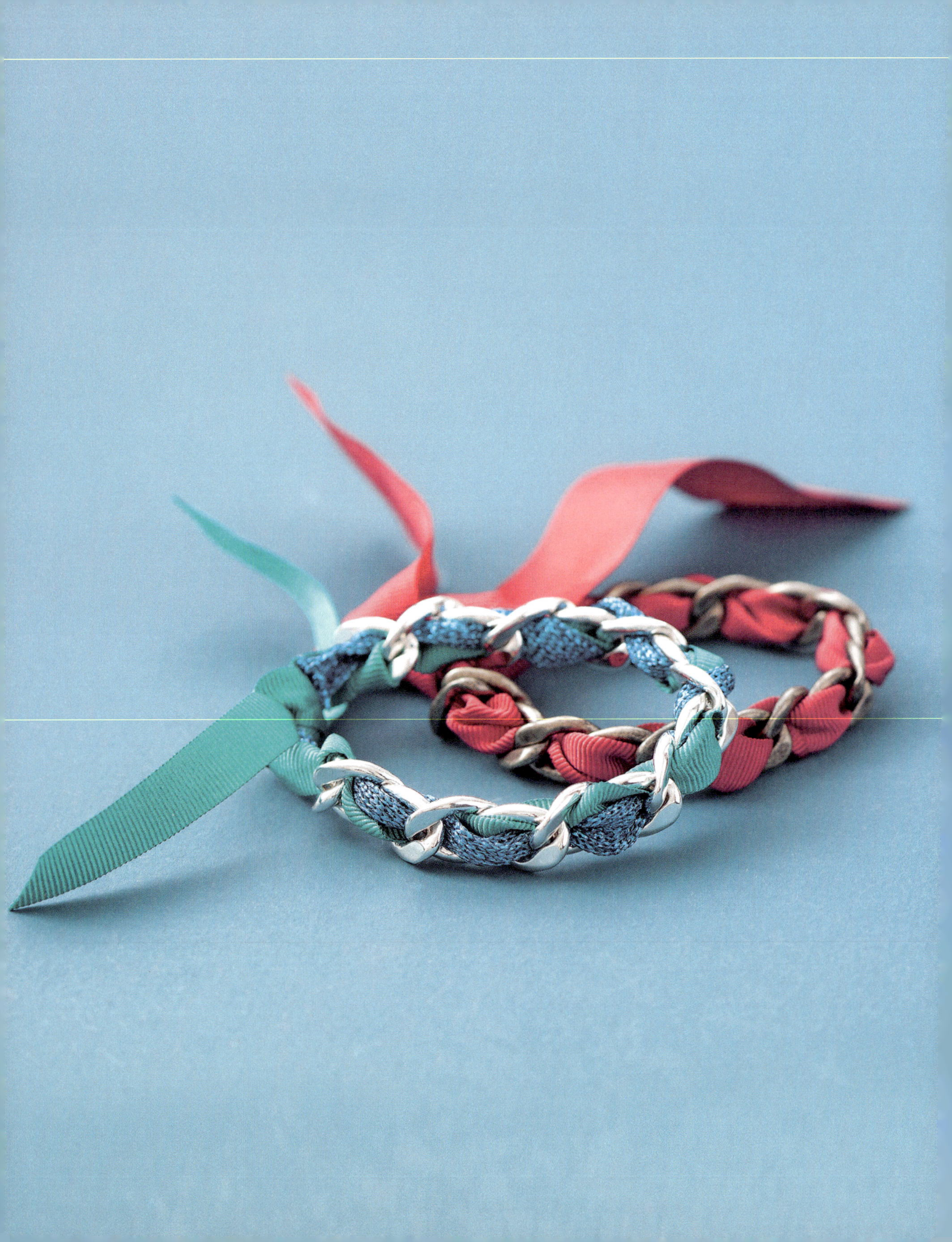

030

PANZERARMBAND MIT **SCHLEIFE**

MATERIAL

- Gliederkette in Silber, 16 cm lang
- Schleifenband mit grober Struktur in Pink, 60 cm lang, 2,5 cm breit

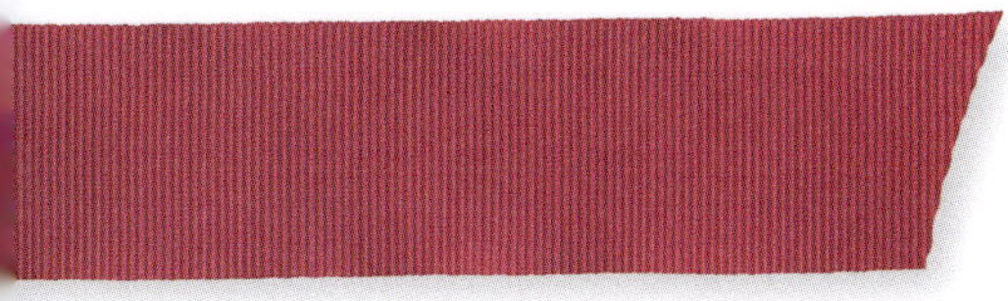

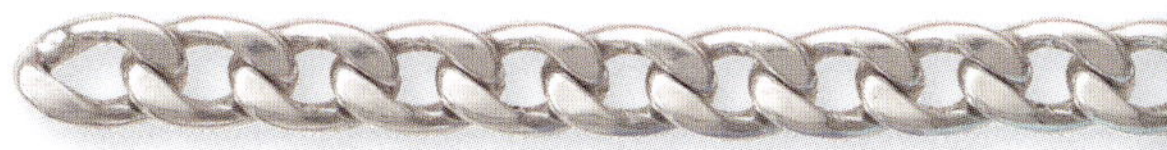

ANLEITUNG

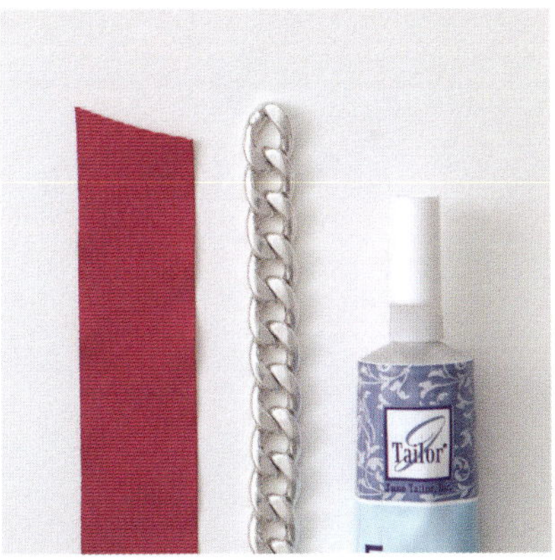

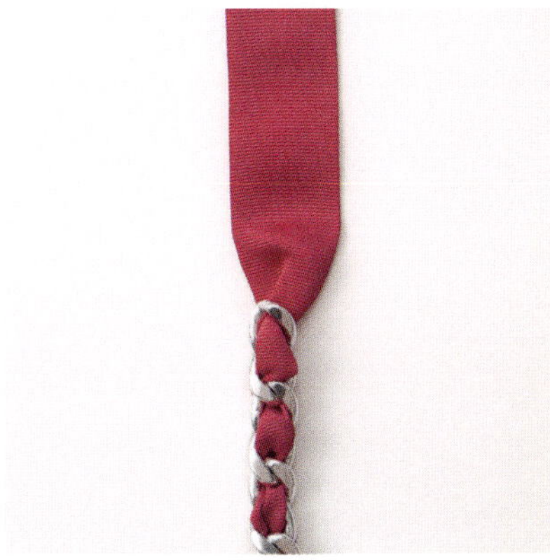

1. Um zu verhindern, dass das Band ausfranst, streiche mit einem mit Härter getränkten Wattestäbchen über beide Enden. Lasse sie trocknen.

2. Führe das Schleifenband durch die Glieder der Kette, sodass an beiden Enden der Kette gleich viel Band herausragt.

3. Binde das Panzerarmband mit den Enden des Schleifenbands um dein Handgelenk.

TIPP

Ersetze das grobstrukturierte Schleifenband durch ein 1 cm breites Band dekoriert mit einer Paillettenschnur und schon hast du eine ganz andere Version dieses einfachen Armbands.

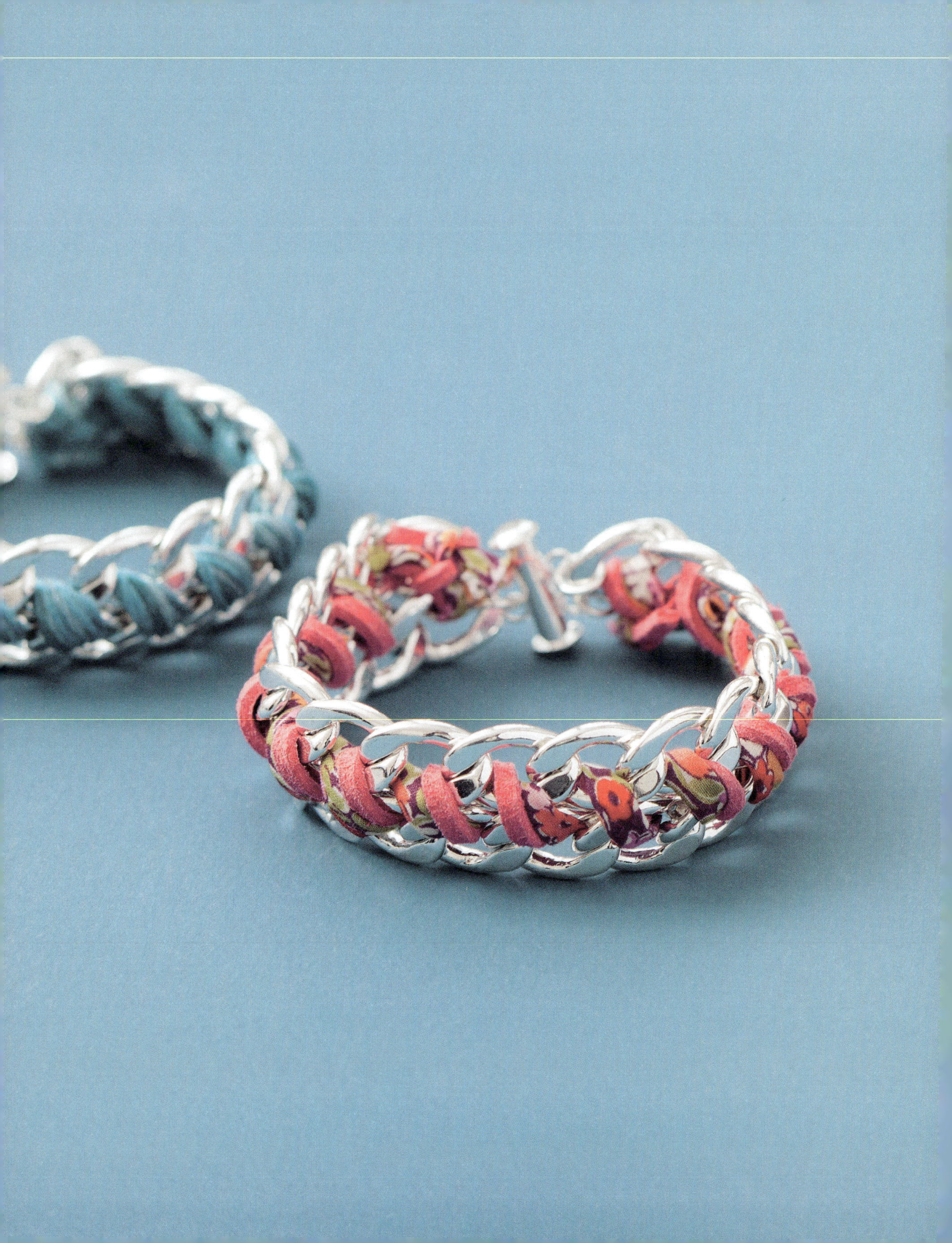

031

DOPPELTES **PANZERARMBAND**

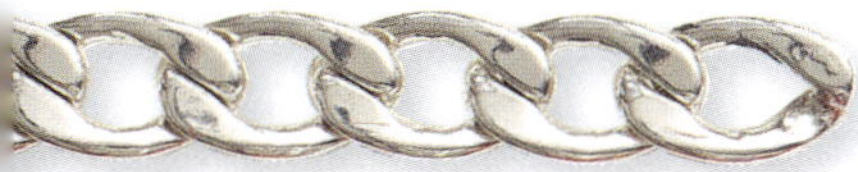

MATERIAL

- Gliederkette in Silber, 2 x 16 cm lang
- Liberty-Band, 40 cm lang
- Wildlederband in Rosa, 40 cm lang
- 1 zweireihiger Verschluss
- 4 Ringe, Ø 6 mm

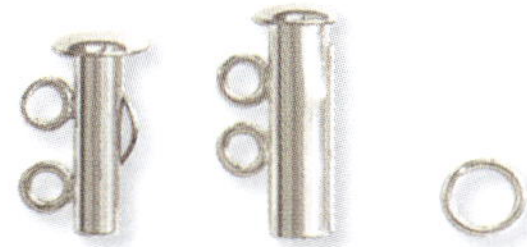

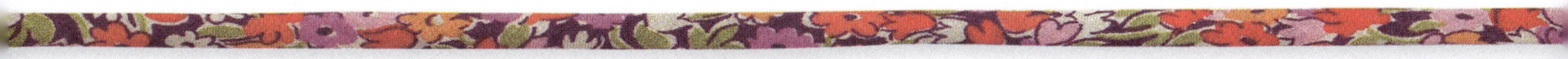

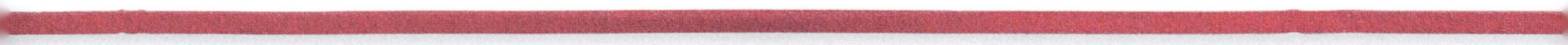

BENÖTIGTE TECHNIKEN

Einen Verschluss anbringen (S. 20)

ANLEITUNG

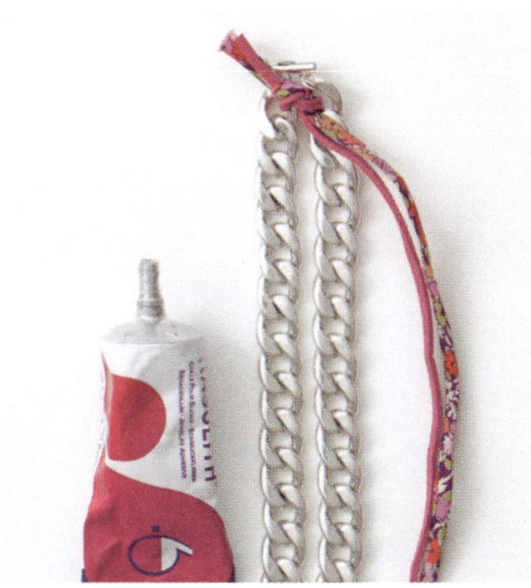

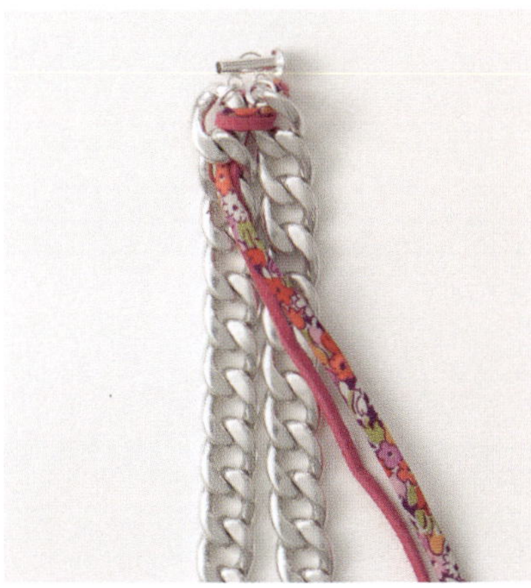

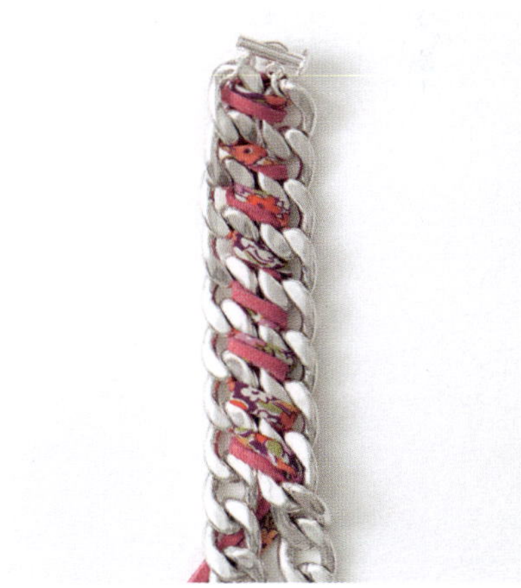

1. Bringe den Verschluss an, indem du die beiden Ketten miteinander verbindest. Führe die Bänder durch das erste Glied der beiden Ketten, mache auf der Rückseite einen festen Knoten und sichere ihn mit einem Tropfen Kleber. Schneide die Bänder dicht am Knoten ab.

2. Drehe die beiden Ketten wieder um, ziehe die beiden Bänder von hinten nach vorne durch das zweite Glied der linken Kette und dann von vorne nach hinten durch das zweite Glied der rechten Kette.

3. Fahre so über die gesamte Länge der Ketten fort. Mache zum Schluss einen Knoten, sichere ihn mit einem Tropfen Kleber und schneide die überstehenden Bänder ab.

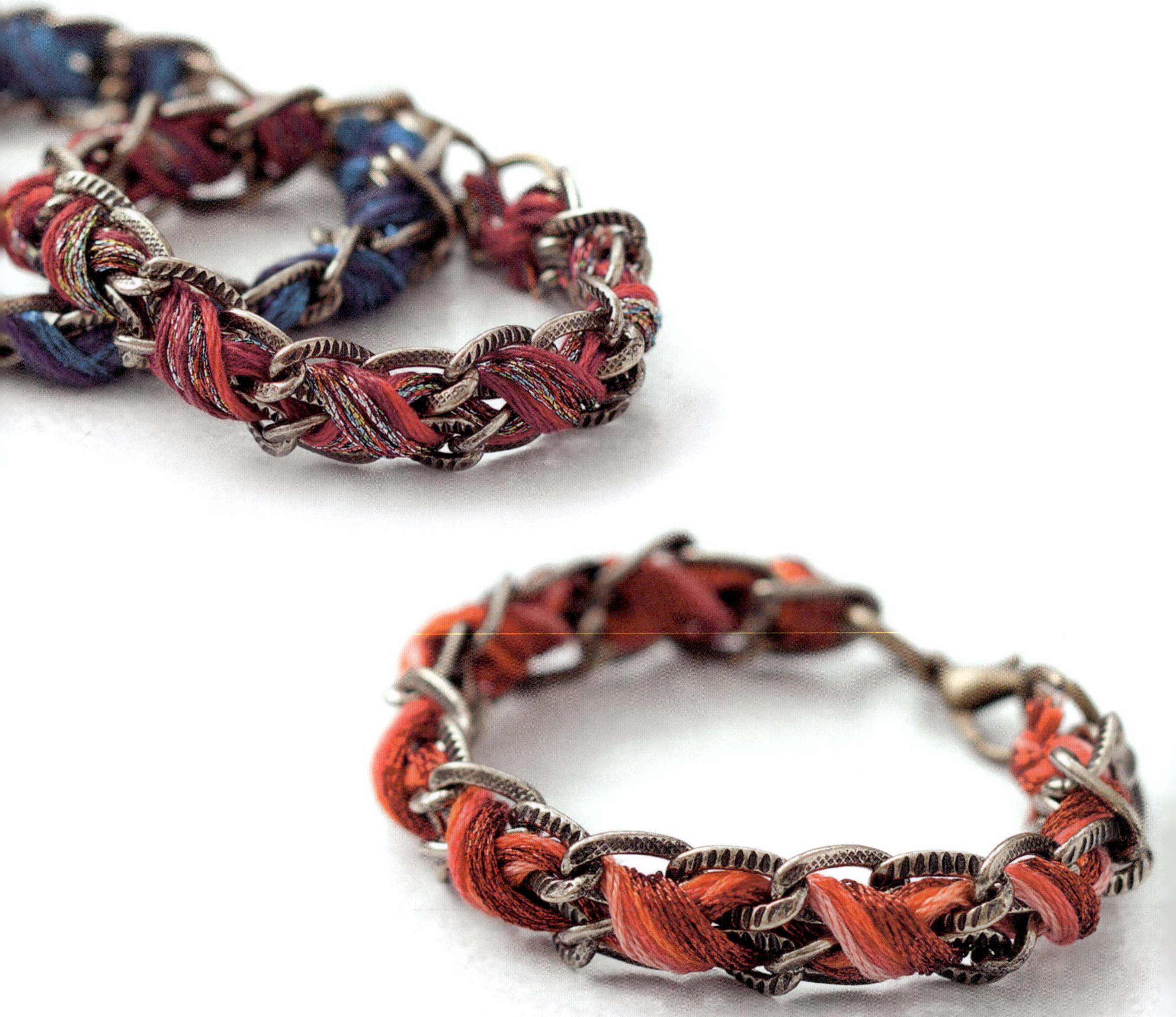

032

KREUZ-PANZER**ARMBAND**

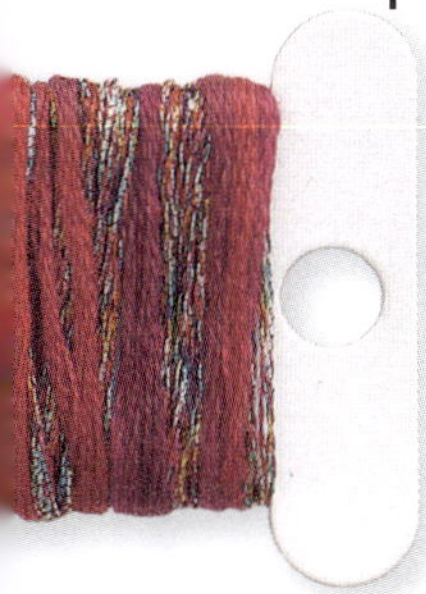

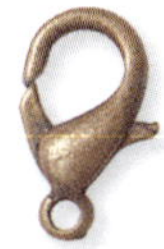

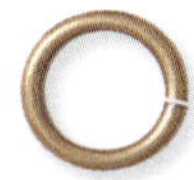

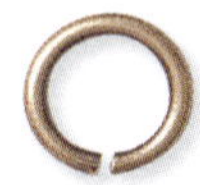

MATERIAL

- Gliederkette in Bronze, 2 x 16 cm lang
- DMC Mouliné-Garn Variation (4210), 3 x 80 cm lang
- DMC Mouliné-Garn Lichteffekt (E130), 3 x 80 cm lang
- 2 Ringe, Ø 1 cm
- 1 Karabinerverschluss

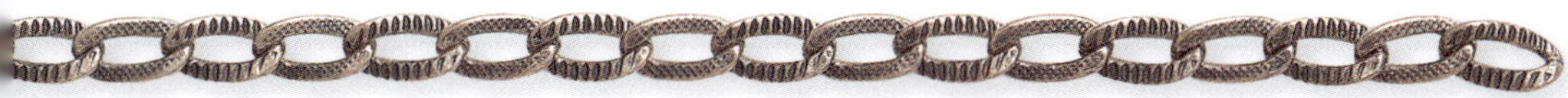

BENÖTIGTE TECHNIKEN

Einen Verschluss anbringen (S. 20)

ANLEITUNG

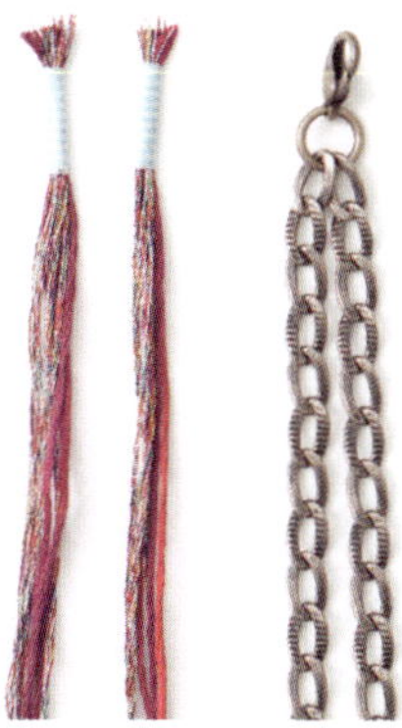

1. Bringe den Verschluss an, indem du die beiden Ketten miteinander verbindest. Fasse die drei Fäden „Variation“ und die drei Fäden „Lichteffekt“ zusammen und fixiere die Enden jeweils mit Malerkrepp, damit sie sich leichter flechten lassen.

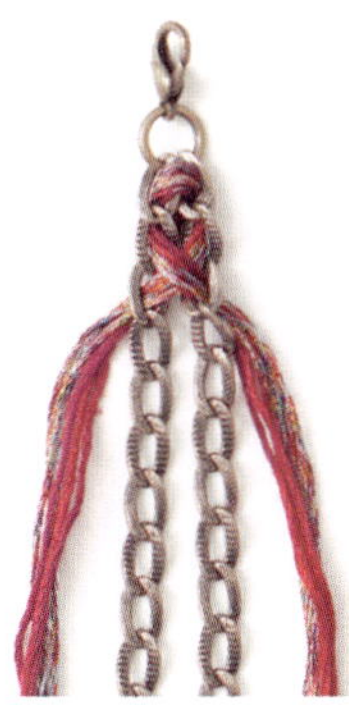

2. Führe die Fäden durch das erste Glied der beiden Ketten, von vorne nach hinten. Führe dann die linken Fäden von hinten nach vorne durch das zweite Glied der rechten Kette und dann von vorne nach hinten durch das dritte Glied der linken Kette.

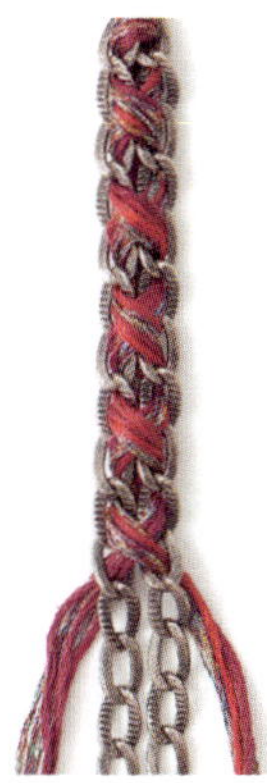

3. Führe die rechten Fäden von hinten nach vorne durch das zweite Glied der linken Kette und dann von vorne nach hinten durch das dritte Glied der rechten Kette, sodass ein Kreuz entsteht. Fahre so über die gesamte Länge der beiden Ketten fort, mache dann einen Knoten und schneide die Fäden ab.

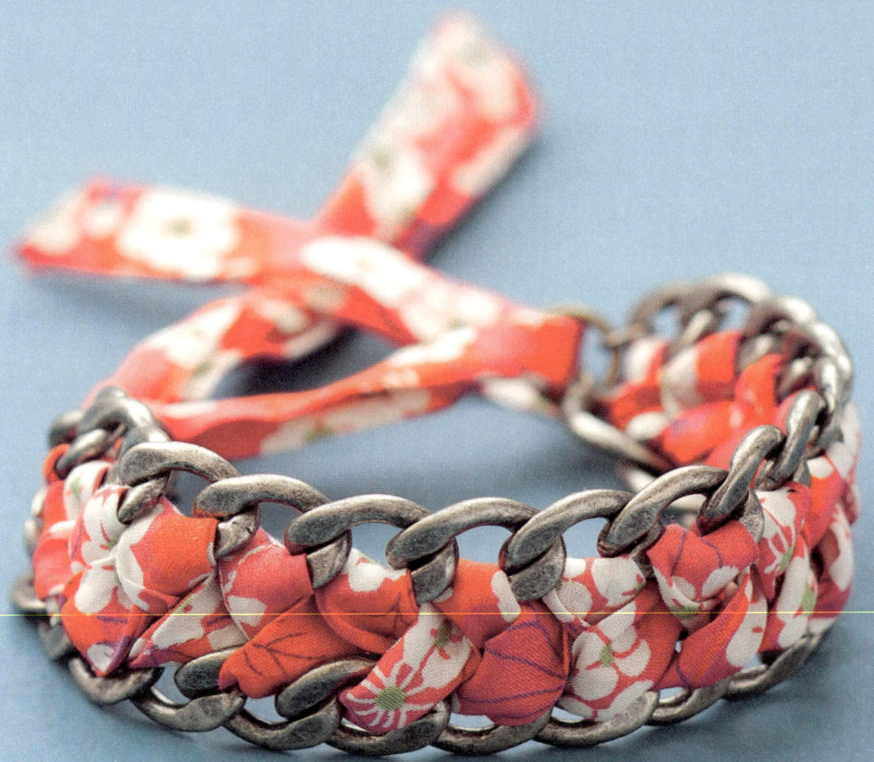

TIPP

Um dieses Armband zu schließen, ziehst du die Enden des Bands einfach durch den Anfangsring und machst einen hübschen Doppelknoten.

033

LIBERTY-PANZER**ARMBAND**

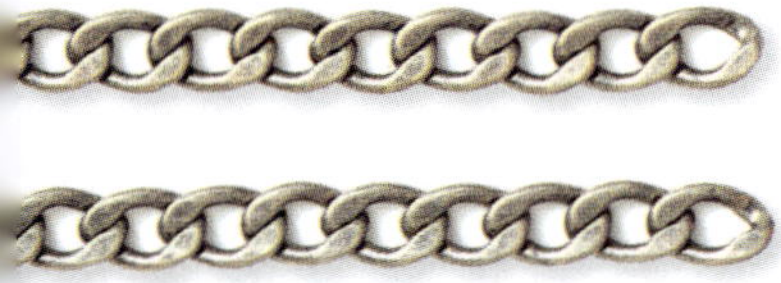

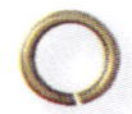

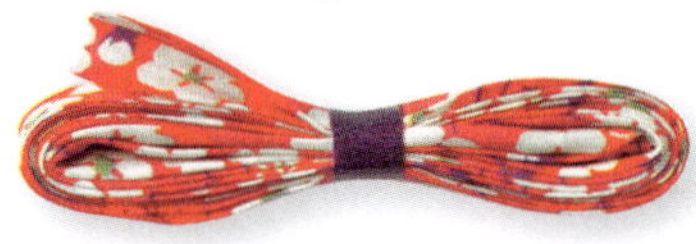

MATERIAL

- Gliederkette in Bronze, 2 x 16 cm lang
- Liberty-Schrägband, 1 m lang
- 2 Ringe, Ø 1 cm

BENÖTIGTE TECHNIKEN

Einen Verschluss anbringen (S. 20)

ANLEITUNG

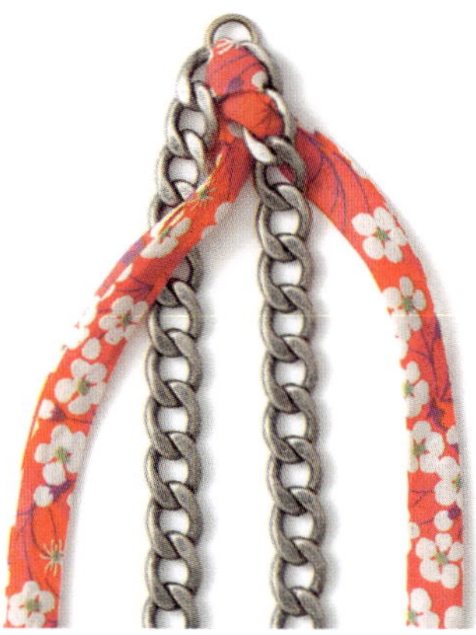

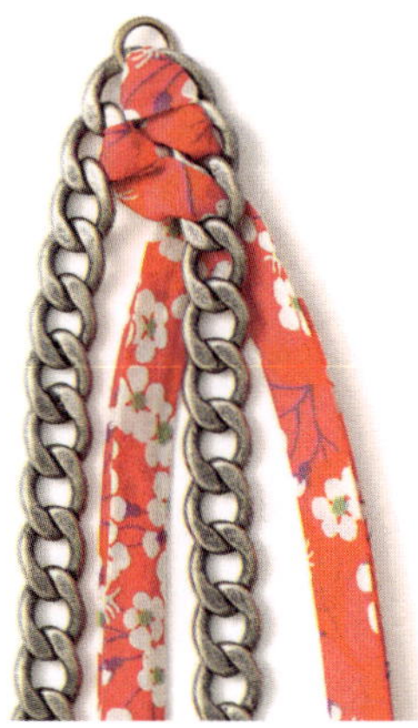

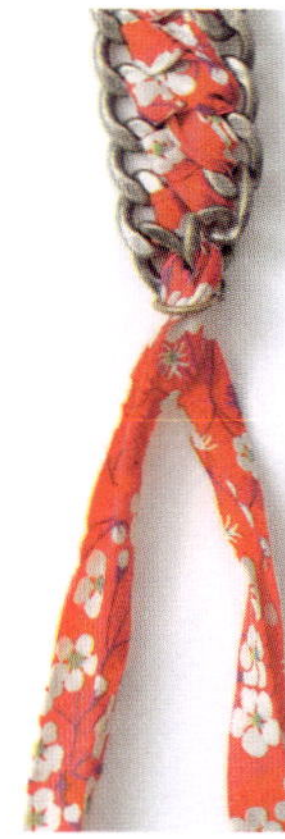

1. Verbinde die Enden der beiden Ketten mit einem der Ringe. Ziehe das Liberty-Schrägband von vorne nach hinten durch das erste Glied der beiden Ketten, sodass du hinten auf beiden Seiten gleich lange Bänder hast. Streiche das Schrägband glatt. Führe das linke Schrägband von vorne nach hinten durch das zweite Glied der rechten Kette und streiche es wieder glatt.

2. Stecke dann das rechte Schrägband von vorne nach hinten durch das zweite Glied der linken Kette. Die Schrägbänder müssen sich immer in dieser Reihenfolge in der Mitte des Armbands kreuzen.

3. Das Schrägband kreuzt sich in Form eines Zopfes und schließt die Kettenglieder gleichzeitig mit ein. Fahre so über die gesamte Länge der Ketten fort und achte darauf, dass sich die Schrägbänder immer in der Mitte kreuzen.
Bringe den zweiten Ring am Ende der Ketten an. Führe beide Enden des Schrägbands hindurch und mache einen Knoten. Tauche die Enden des Schrägbands in Fadenhärter, damit sie nicht ausfransen. Trocknen lassen.

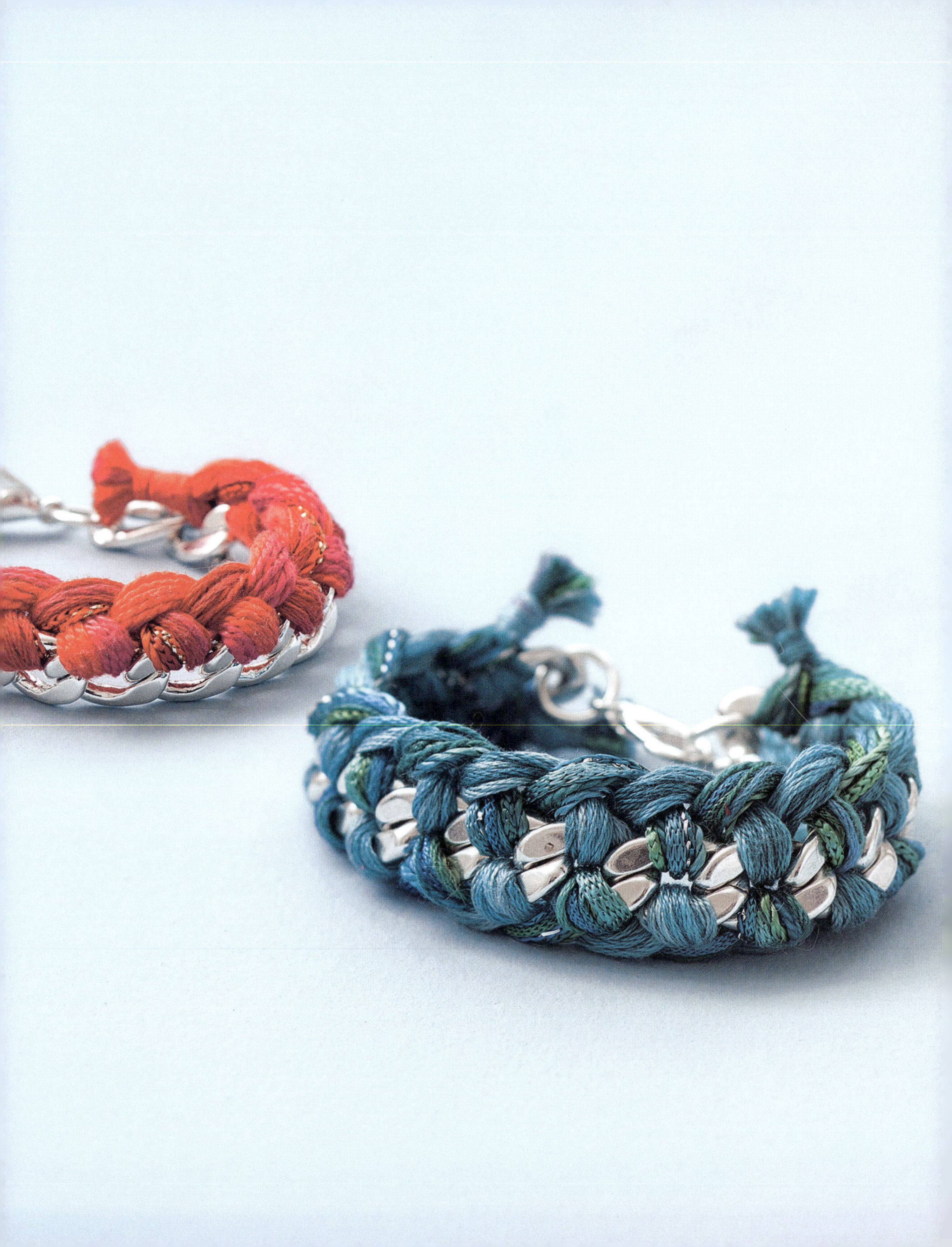

034

GEFLOCHTENES PANZER**ARMBAND**

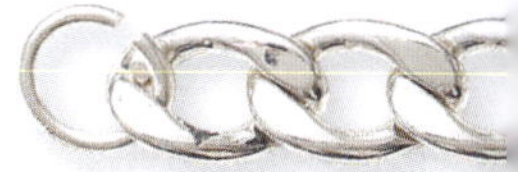

MATERIAL

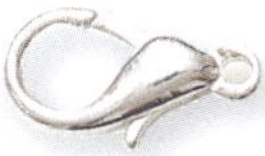

- Gliederkette in Silber, 16 cm lang
- DMC Mouliné-Garn Variation (4025), 20 x 60 cm und 4 x 30 cm lang (um die Fäden zu sichern)
- DMC Mouliné-Garn Pfauenblau (3765), 4 x 60 cm lang
- DMC Mouliné-Garn Variation (4045), 12 x 60 cm lang
- DMC Mouliné-Garn Lichteffekt (E168), 8 x 60 cm lang
- 2 Ringe, Ø 1 cm
- 1 Karabinerverschluss

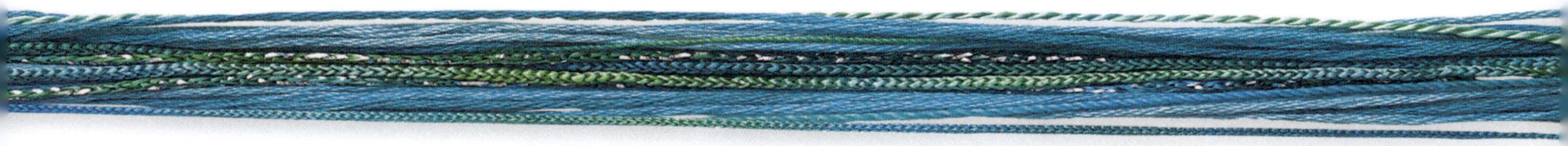

BENÖTIGTE TECHNIKEN

Einen Verschluss anbringen (S. 20)

ANLEITUNG

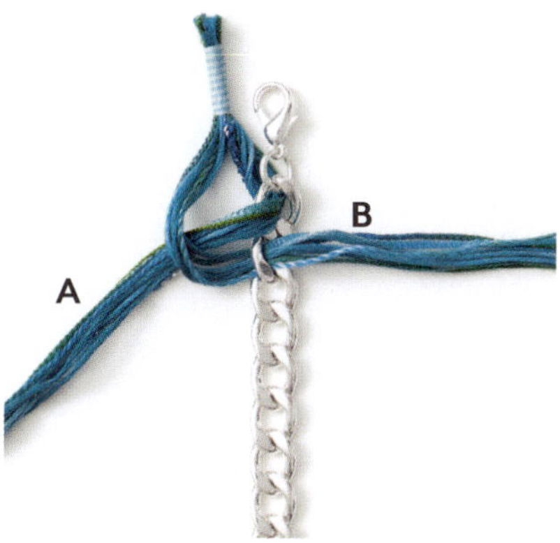

1. Mache zwei Stränge und fasse die Fäden oben mit Malerkrepp zusammen. Teile sie in zwei Hälften und befestige sie unten mit Malerkrepp. Führe die Hälfte eines Stranges durch das erste Kettenglied. Führe Teil B über Teil A und ziehe ihn von hinten nach vorne durch das zweite Kettenglied.

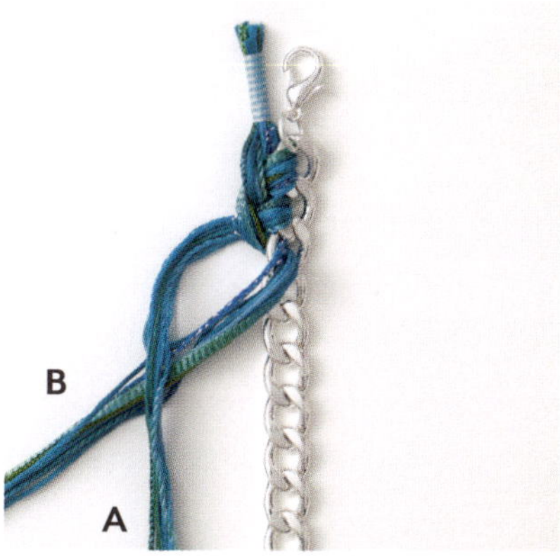

2. Ziehe die Teile A und B zu einem ersten Knoten zusammen und lege dann Teil B nach links. Ziehe Teil A über Teil B und dann durch das nächste Kettenglied. Fahre so über die gesamte Länge der Kette fort.

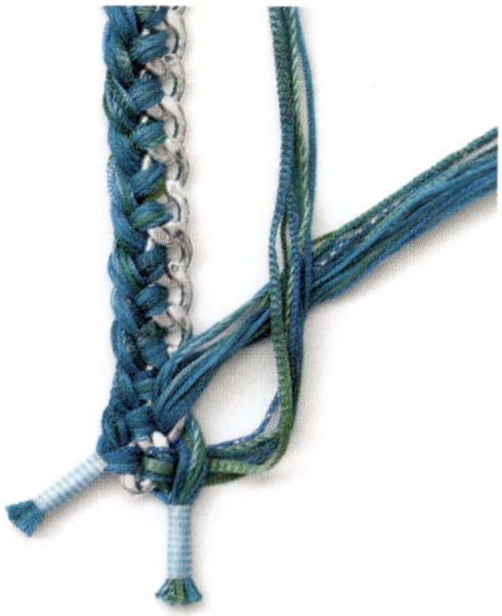

3. Nimm den zweiten Strang und flechte die andere Seite der Kette auf die gleiche Weise. Entferne das Malerkrepp und mache einen Knoten. Sichere zum Schluss die Fäden mit einem Tropfen Kleber und schneide sie ab.

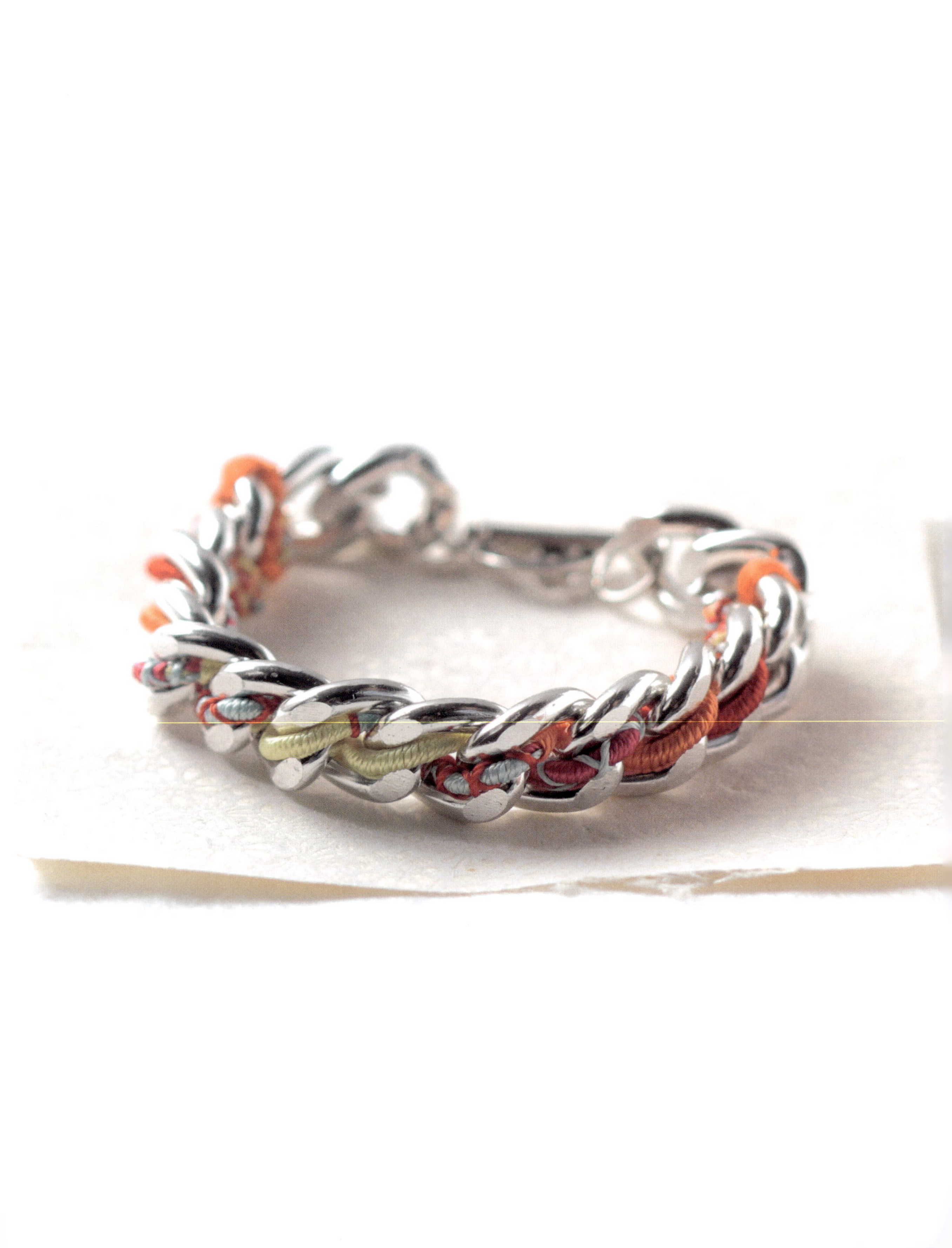

035

FREUNDSCHAFTS-PANZER**ARMBAND**

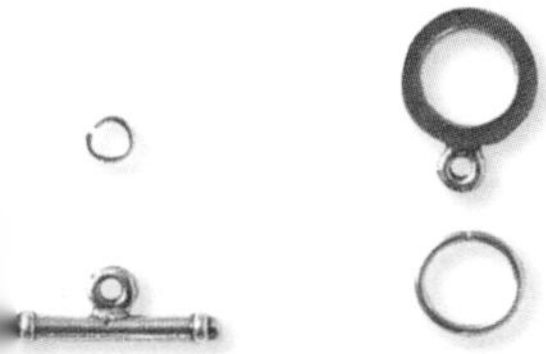

MATERIAL

- 1 gekreuztes Freundschaftsband, 16 cm lang
- 1 filigranes Freundschaftsband, 16 cm lang
- DMC Mouliné-Garn Orange (947), 4 x 85 cm lang
- 1 Kapitelverschluss
- Verbindungsring, 1 x Ø 1 cm und 1 x Ø 6 mm
- Gliederkette, 17 cm lang

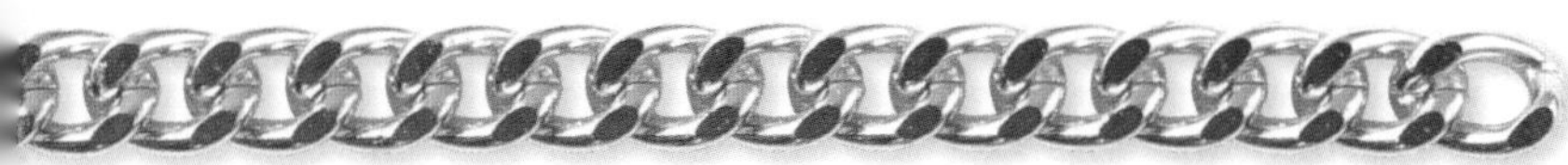

BENÖTIGTE TECHNIKEN

Ein Verschluss anbringen (S. 20)
Filigranes Freundschaftsband (S. 89)
Gekreuztes Freundschaftsband (S. 93)

ANLEITUNG

1. Fertige ein gekreuztes Freundschaftsband und ein filigranes Freundschaftsband an. Gib auf die Knoten der Armbänder einen Tropfen Kleber und schneide die Fäden bündig mit den Knoten ab.

2. Bringe den Verschluss an der Kette an. Lasse an beiden Enden der Kette zwei Glieder frei und fädle ein Freundschaftsband von Anfang bis Ende durch die anderen Glieder.

3. Fädle anschließend das zweite Armband auf die gleiche Weise durch die Gliederkette. Befestige die Knoten an den Enden der beiden Armbänder mit dem orangefarbenen Mouliné-Garn und einer Sticknadel fest an den Kettengliedern. Bring den Verschluss und den Ring an.

WICKEL**ARMBÄNDER**

Ein Armband, das mittels einer sehr einfachen Technik des Perlenwebens gefertigt wird. Es besteht aus runden oder röhrenförmigen, einfarbigen oder bunten Perlen, Wachsgarn oder Lederschnüren, Nylonbändern und einem Knopf zum Verschließen. Es wird einmal oder mehrmals ums Handgelenk gewickelt.

5 TIPPS FÜR EIN PERFEKTES WICKELARMBAND

- Die Wickel-Technik ist der erste Schritt beim Perlenweben. Bevor du deine Perlen auswählst, überprüfe, ob die Größe des Lochs es erlaubt, die Fäden zweimal durch jede Perle zu ziehen.
- Um ein gleichmäßiges Webergebnis zu erhalten, verwende eine Zange, um die Fäden zu spannen.
- Die Größe der Perlen bestimmt die benötigte Anzahl, um ein Armband anfertigen zu können. Wenn du z. B. für das Armband Nr. 36 Perlen mit einem Durchmesser von 5 mm verwendest, benötigst du 26 Perlen, wenn du Perlen mit einem Durchmesser von 6 mm wählst, brauchst du 20 Perlen.
- Wenn du ein Wickelarmband mit mehreren Perlen in einer Reihe machst, wie die Armbänder Nr. 43 und 44, beginne dein Armband, indem du in der ersten Reihe eine einzelne Perle auffädelst, dann in der zweiten Reihe zwei und so weiter.
- Damit deine Armbänder schön stabil sind, verwende am besten sehr starkes polyfiliertes Nylon mit farbigen Fäden. Hierbei ist nur ein wenig Geduld gefragt.

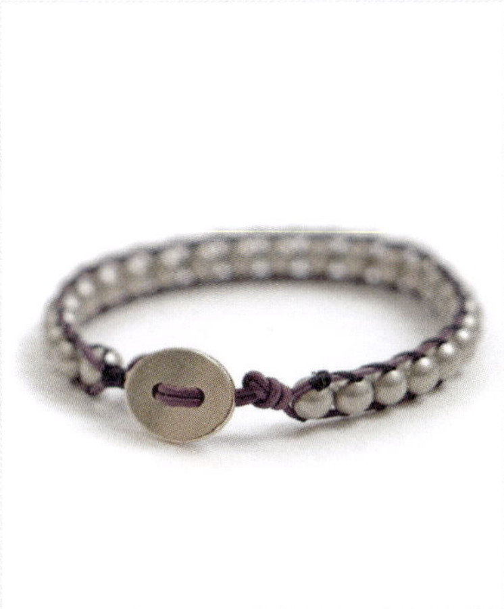
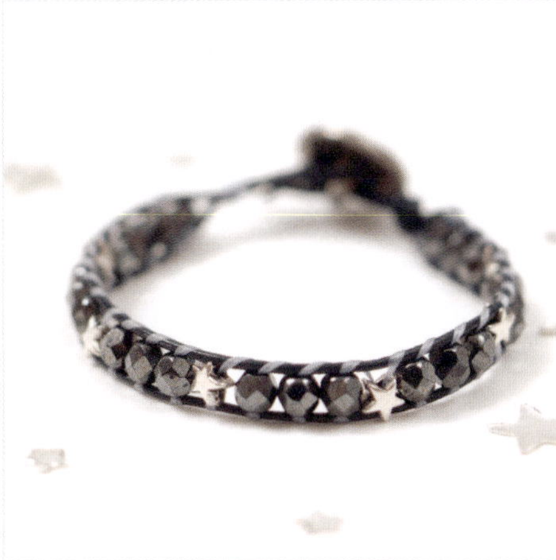
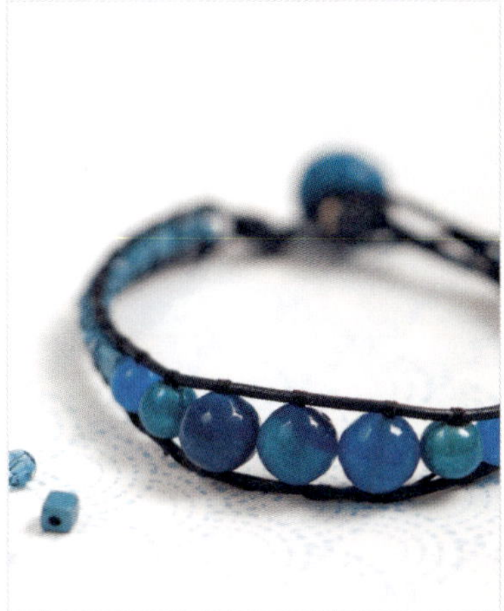
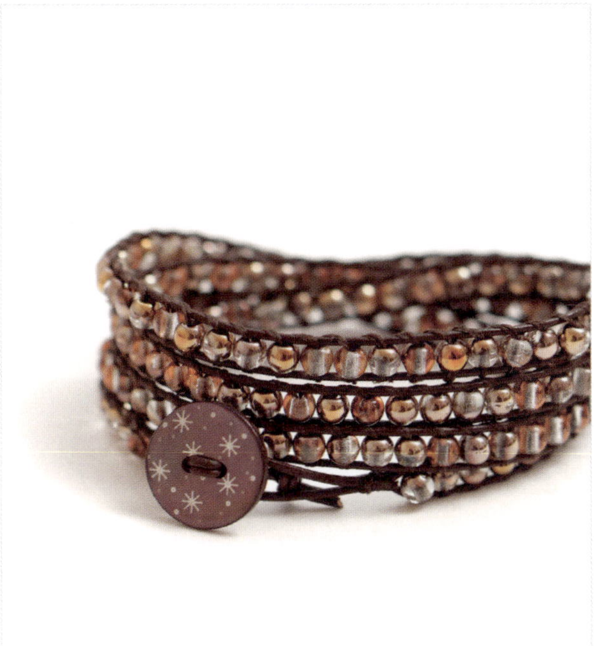
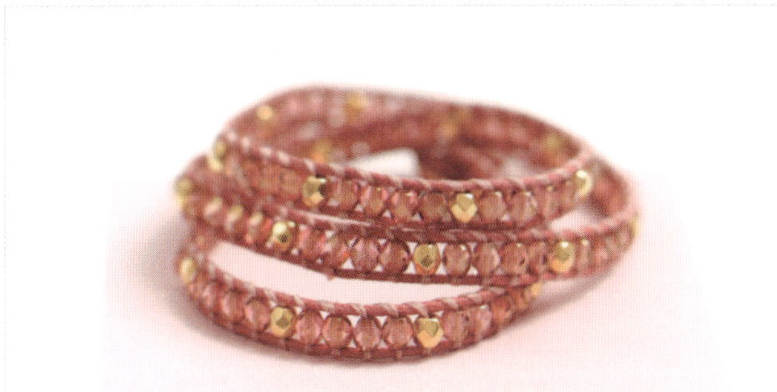
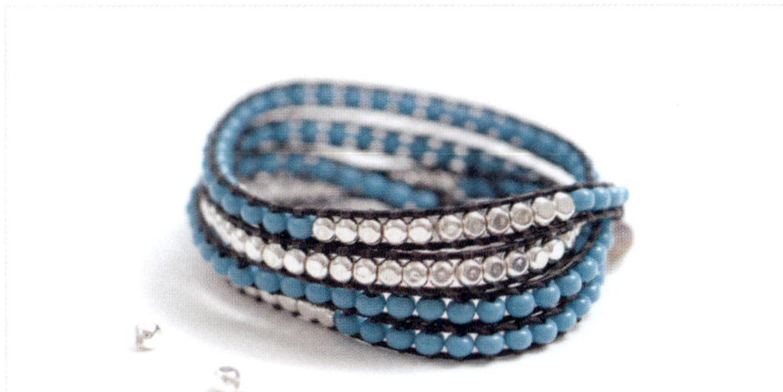
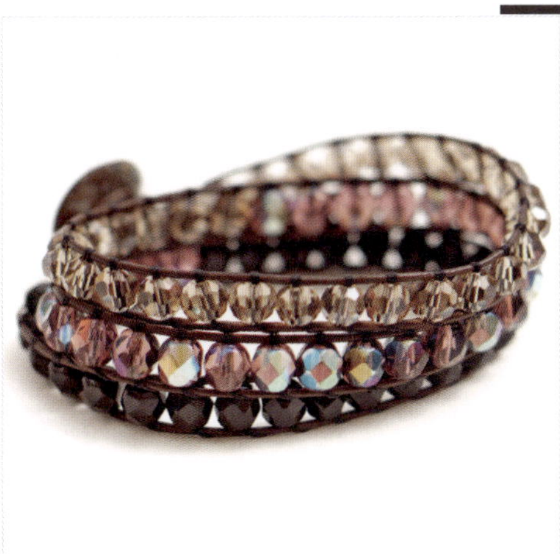
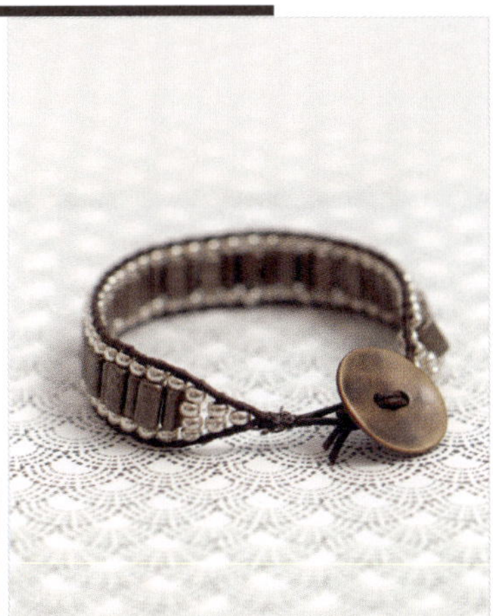
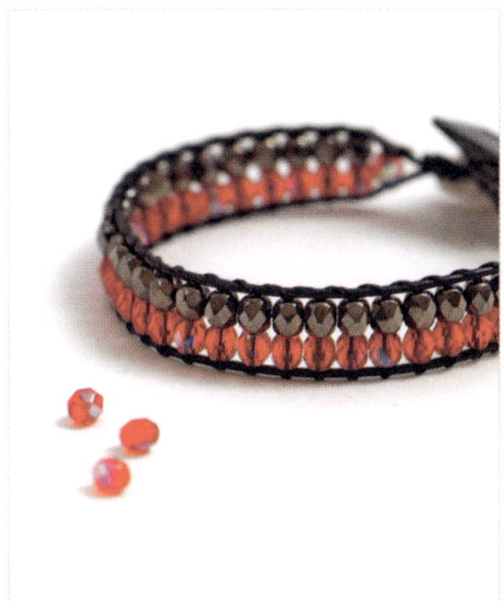

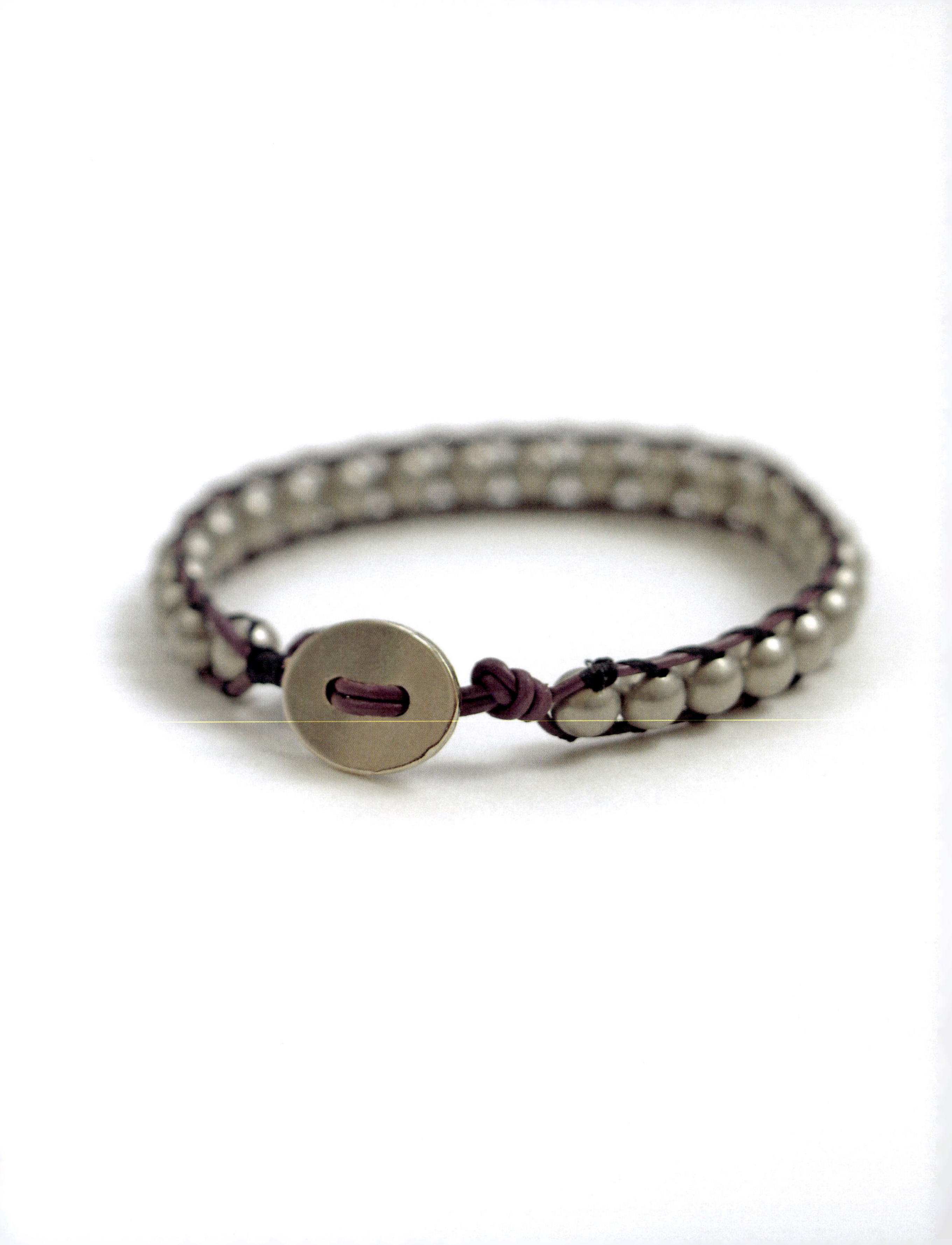

036

TRADITIONELLES WICKEL**ARMBAND**

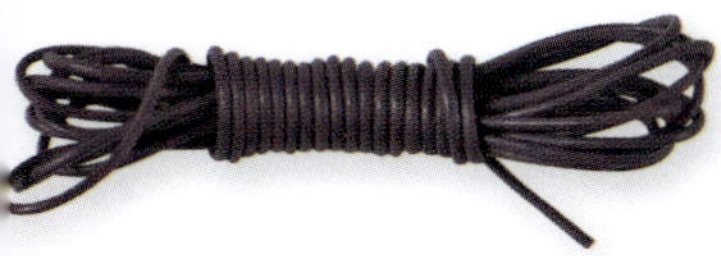

MATERIAL

- 26 runde Perlen in Metallicsilber, Ø 5 mm
- 1 ovaler Knopf in Silber, Ø 1,5 cm
- Lederband in Lila, Ø 1 mm, 60 cm lang
- widerstandsfähige Nylonschnur in Schwarz, 2 m lang

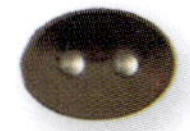

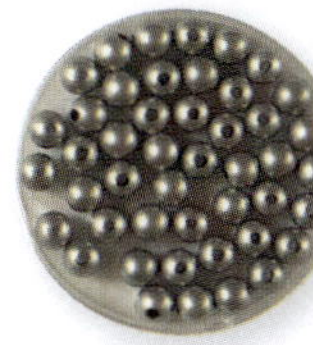

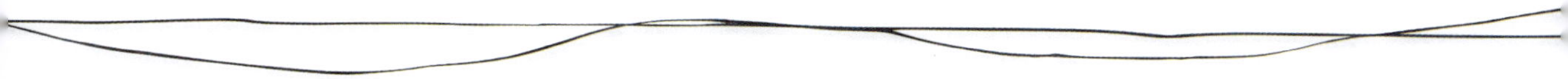

BENÖTIGTE TECHNIKEN

Knopfverschluss anfertigen (S. 22)
Ein Wickelarmband beginnen (S. 38)
Eine Perle einfügen (S. 40)
Ein Wickelarmband beenden (S. 42)

ANLEITUNG

1. Falte das Lederband in der Mitte und befestige es mit Malerkrepp. Nimm die Nylonschnur doppelt, wickle sie unterhalb des Malerkrepps mehrfach um die beiden Lederstränge und mache einen Knoten.

2. Beginne damit, die 26 Perlen nacheinander einzufügen. Mache einen festen Knoten um die Lederbänder und schneide die Überreste so nah wie möglich an den Knoten ab.

3. Fädle den Knopf in die Lederbänder ein und mache erneut einen Knoten, um ihn zu sichern. Schneide die Enden so ab, dass 3 bis 4 cm Länge übrig bleibt.

TIPP

Wähle eher lange und feine Nadeln, die zu den Löchern der Perlen und der Dicke der Fäden passen. Für diese Art von Armband verwendest du am besten lange Nadeln, Größe Nr. 12, mit einem Öhr von 1 mm Durchmesser.

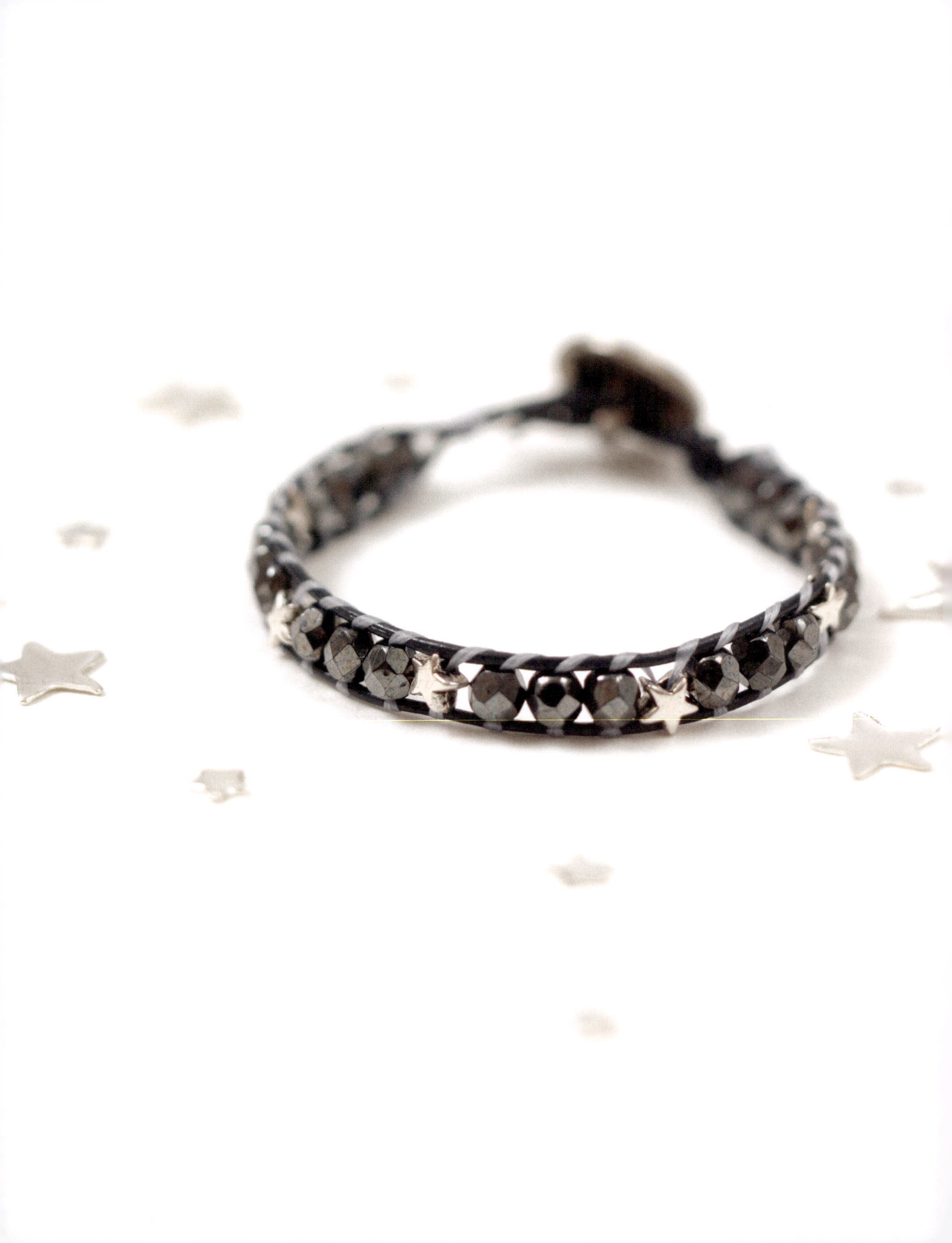

037

STERN-WICKEL**ARMBAND**

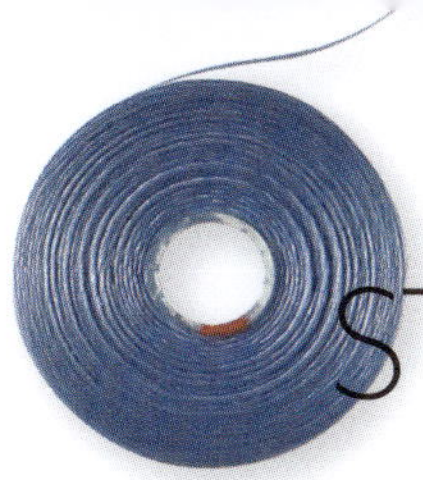

MATERIAL

- 21 facettierte Hämatit-Perlen, Ø 5 mm
- 6 sternförmige Perlen in Altsilber, Ø 6 mm
- 1 runder Sternknopf in Altsilber, Ø 1,5 cm
- Lederband in Nachtblau, Ø 1 mm , 60 cm lang
- widerstandsfähige Nylonschnur in Blau, 2 m lang

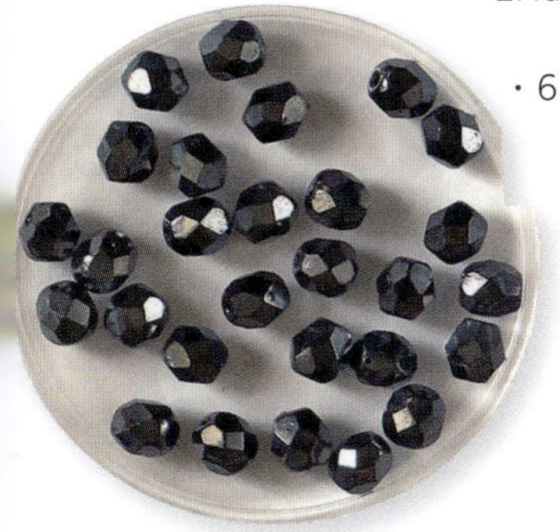

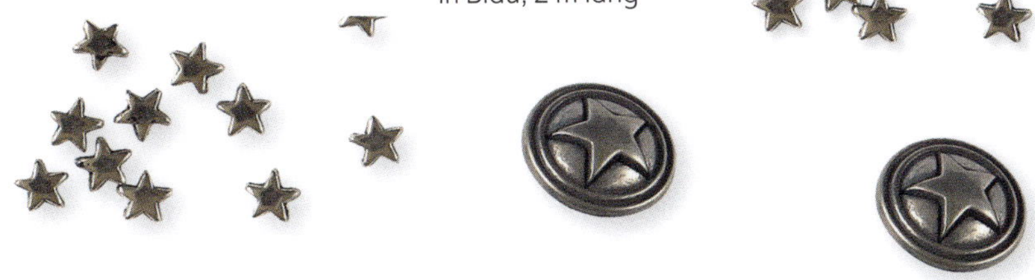

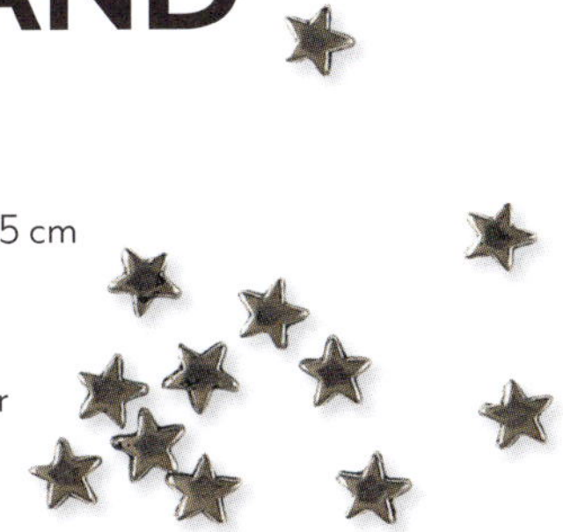

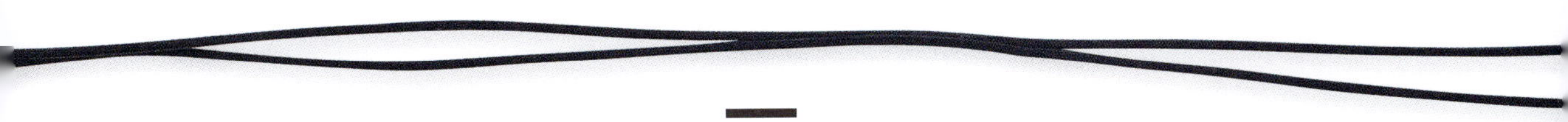

BENÖTIGTE TECHNIKEN

Knopfverschluss anfertigen (S. 22)
Ein Wickelarmband beginnen (S. 38)
Eine Perle einfügen (S. 40)
Ein Wickelarmband beenden (S. 42)

ANLEITUNG

1. Falte das Lederband in der Mitte und befestige es mit Malerkrepp. Nimm die Nylonschnur doppelt, wickle sie unterhalb des Malerkrepps mehrfach um die beiden Lederstränge und mache einen Knoten.

2. Beginne damit, eine sternförmige Perle und drei Hämatit-Perlen aufzufädeln. Wiederhole diese Reihenfolge der Perlen. Mache mit den beiden Lederbändern so nah wie möglich an den Perlen einen Knoten.

3. Fädle den Knopf in die Lederbänder ein und mache erneut einen Knoten, um ihn zu sichern. Schneide die Enden so ab, dass 3 bis 4 cm Länge übrig bleiben.

TIPP

Die Wahl des Knopfes spielt eine wichtige Rolle, denn oft ist es der Knopf, der dem Armband den eleganten Touch verleiht oder auch Strasssteine, die hübsch im Licht glitzern.

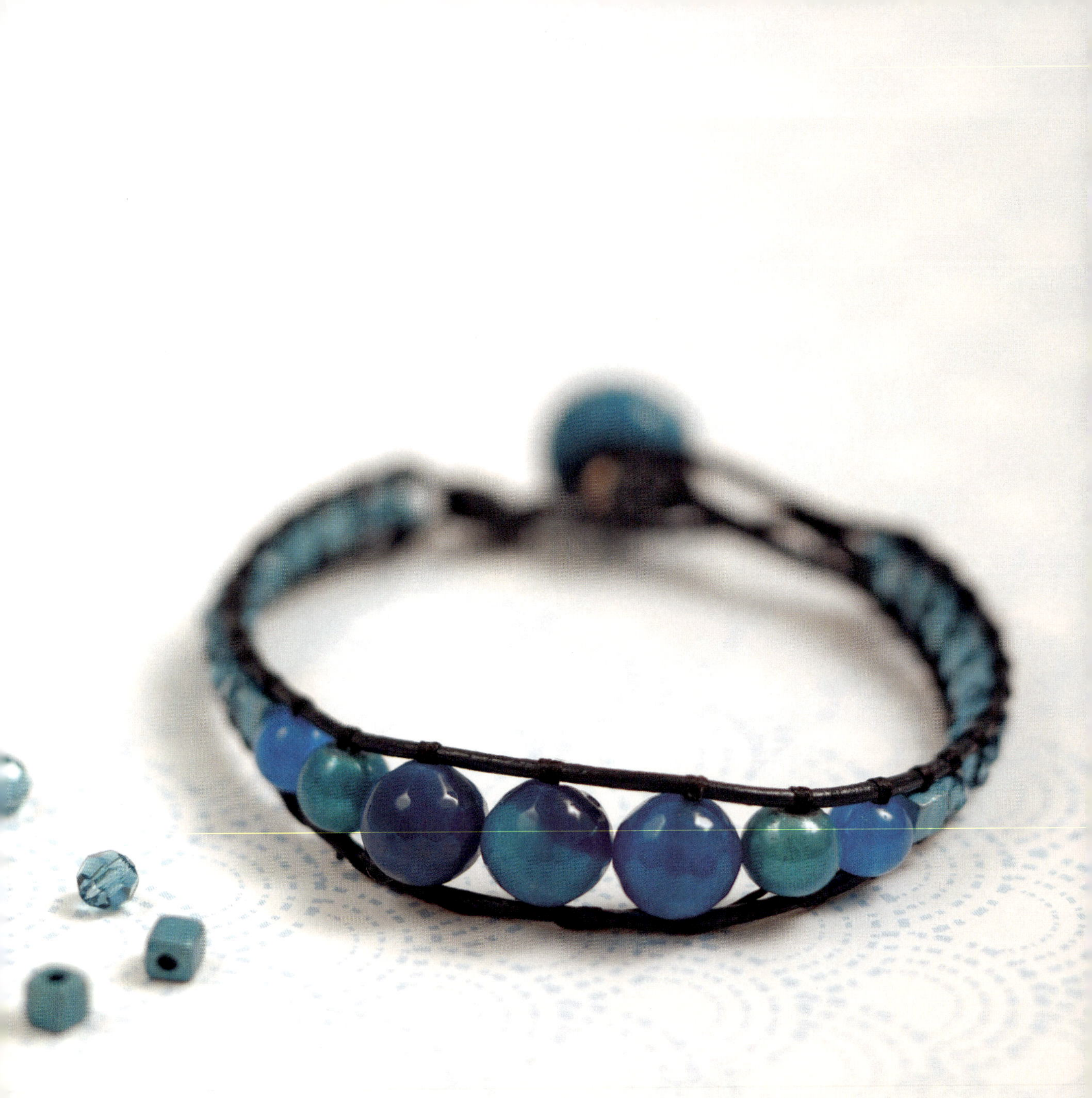

TIPP

Lederschnüre eignen sich am besten für die Herstellung von Wickelarmbändern, da sie nicht ausfransen und sehr robust sind. Du kannst aber auch hochwertige Baumwollbänder verwenden.
Diese gibt es in den unterschiedlichsten Farbtönen.

038

BLAUES WICKEL**ARMBAND**

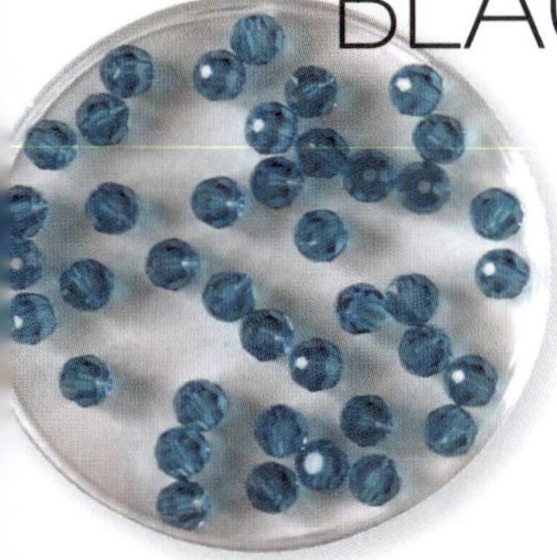

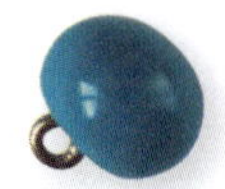

MATERIAL

- 20 facettierte Perlen, Ø 4 mm
- 3 facettierte Perlen, Ø 8 mm
- 2 quadratische Perlen, 3,5 mm x 3,5 mm
- 2 Perlen, Ø 5 mm
- 2 Perlen, Ø 6 mm
- 1 Ösenknopf in Blau, Ø 1 cm
- Wachsgarn in Blau, Ø 1 mm, 60 cm lang
- widerstandsfähige Nylonschnur in Schwarz, 2 m lang

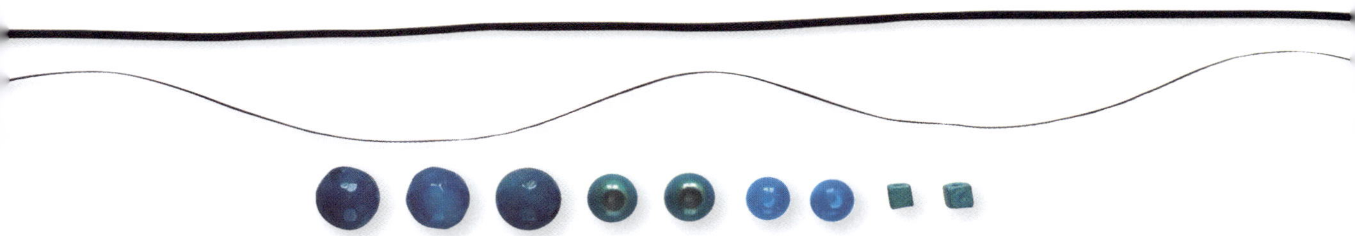

BENÖTIGTE TECHNIKEN

Knopfverschluss anfertigen (S. 22)
Ein Wickelarmband beginnen (S. 38)
Eine Perle einfügen (S. 40)
Ein Wickelarmband beenden (S. 42)

ANLEITUNG

1. Falte das Lederband in der Mitte und befestige es mit Malerkrepp. Nimm die Nylonschnur doppelt, wickle sie unterhalb des Malerkrepps mehrfach um die beiden Lederstränge und mache einen Knoten.

2. Beginne damit, zehn Perlen mit 4 mm Durchmesser aufzufädeln. Fädle als nächstes die anderen Perlen der Größe nach auf, beginnend mit der kleinsten. Wiederhole dies, aber in umgekehrter Reihenfolge. Mache mit beiden Bändern so nah wie möglich an den Perlen einen festen Knoten.

3. Fädle den Knopf auf und mache einen Knoten, um ihn zu sichern. Schneide die Enden so ab, dass 3 bis 4 cm Länge übrig bleiben.

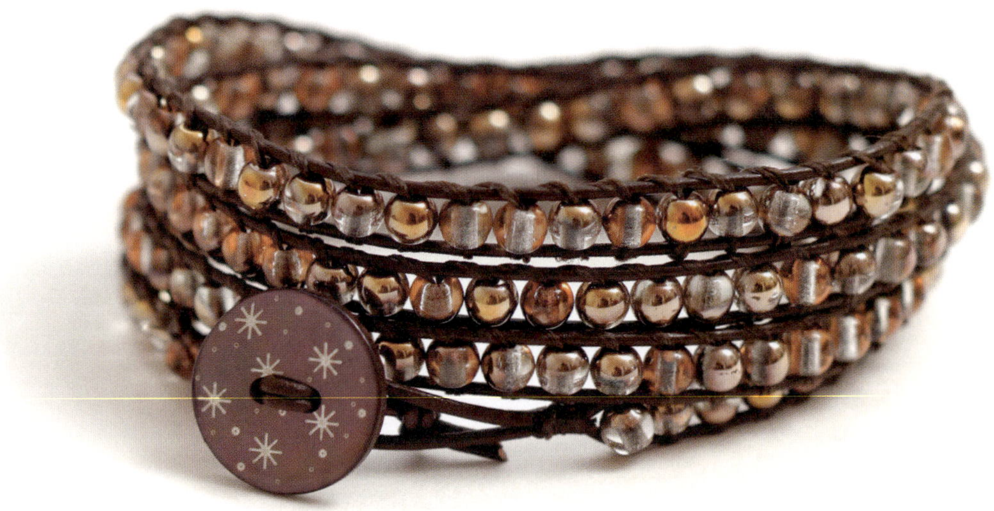

TIPP

Wenn das Armband mehr als dreimal um das Handgelenk gewickelt wird, spielt die Länge des Fadens eine wichtige Rolle. Am besten teilst du die Gesamtlänge des Webfadens auf mehrere Fäden auf, die du nacheinander verwebst. Verknote die Enden der Webfäden immer miteinander und verstecke sie in den Perlen. So verhinderst du, dass sich dein langer Webfaden verknotet.

039

BRONZENES WICKEL**ARMBAND**

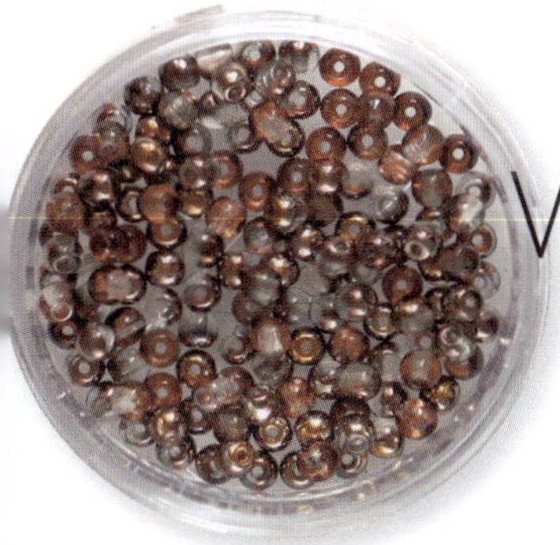

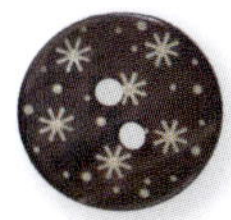

MATERIAL

- 160 Perlen in Bronze oder Gold, Ø 4 mm
- 1 runder Perlmuttknopf in Lila, Ø 1,5 cm
- Lederband in Braun, 1,8 m lang
- widerstandsfähige Nylonschnur in Braun, 6 m lang

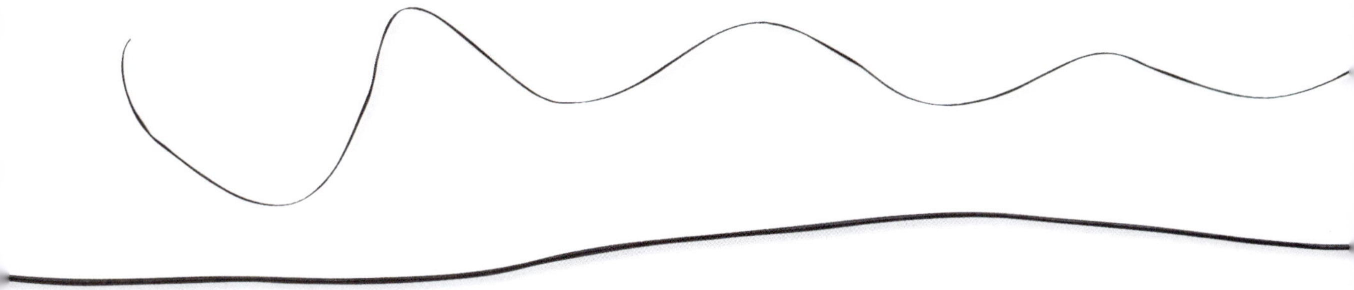

BENÖTIGTE TECHNIKEN

Knopfverschluss anfertigen (S. 22)
Ein Wickelarmband beginnen (S. 38)
Eine Perle einfügen (S. 40)
Ein Wickelarmband beenden (S. 42)

ANLEITUNG

1. Falte das Lederband in der Mitte und befestige es mit Malerkrepp. Nimm die Nylonschnur doppelt, wickle sie unterhalb des Malerkrepps mehrfach um die beiden Lederstränge und mache einen Knoten.

2. Fädle die 160 Perlen nacheinander auf, sodass das Band viermal um das Handgelenk gewickelt werden kann. Mache mit beiden Bändern so nah wie möglich an den Perlen einen festen Knoten.

3. Fädle den Knopf auf und mache einen Knoten, um ihn zu sichern. Schneide die Enden so ab, dass 3 bis 4 cm Länge übrig bleiben.

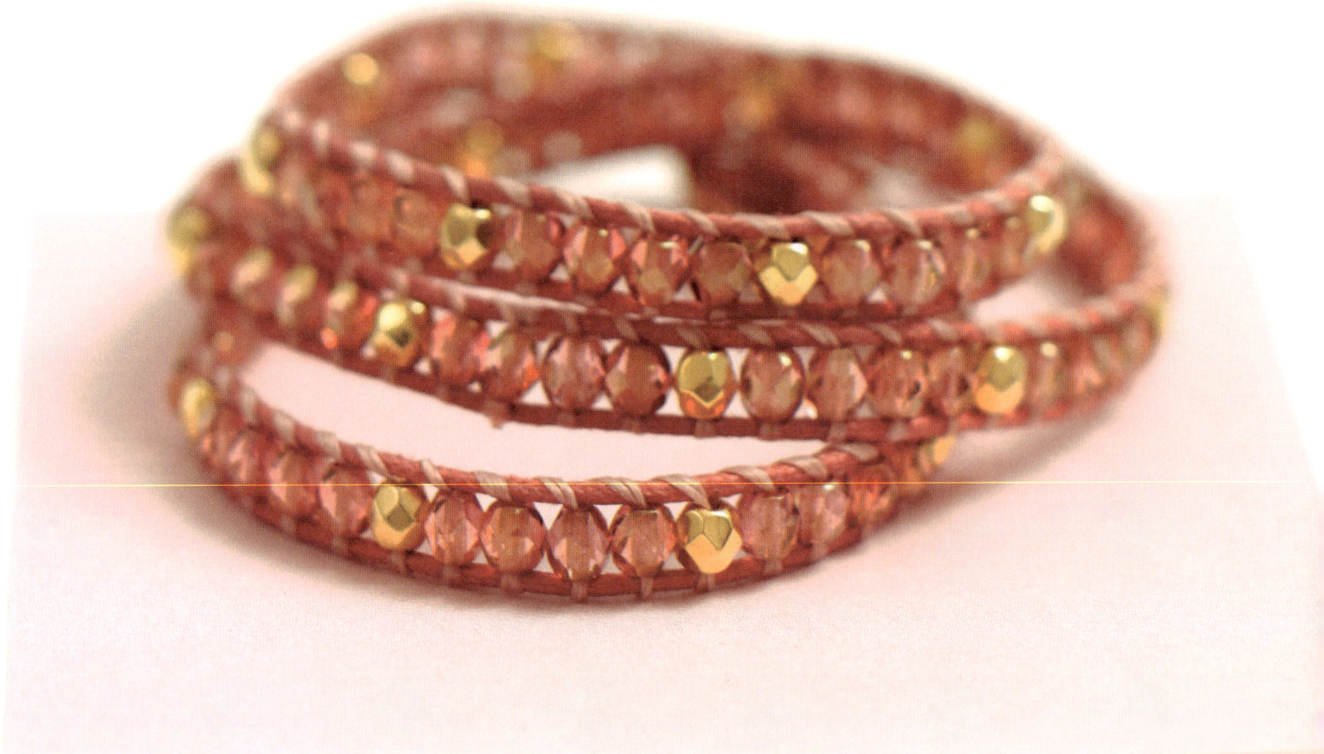

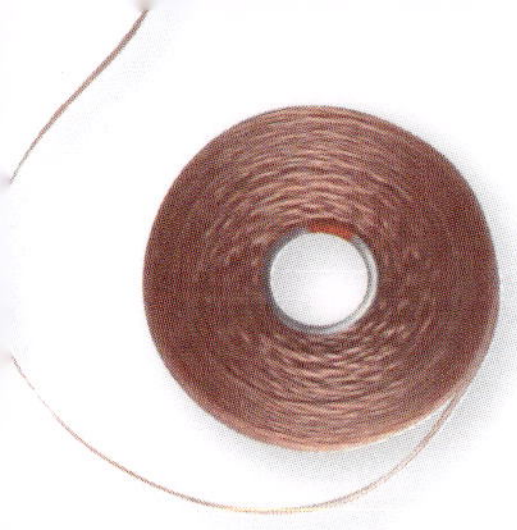

040

ROSÉFARBENES WICKEL**ARMBAND**

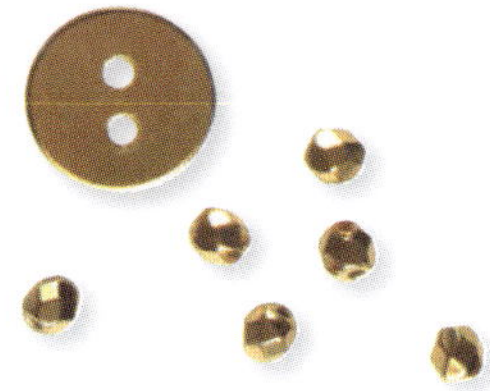

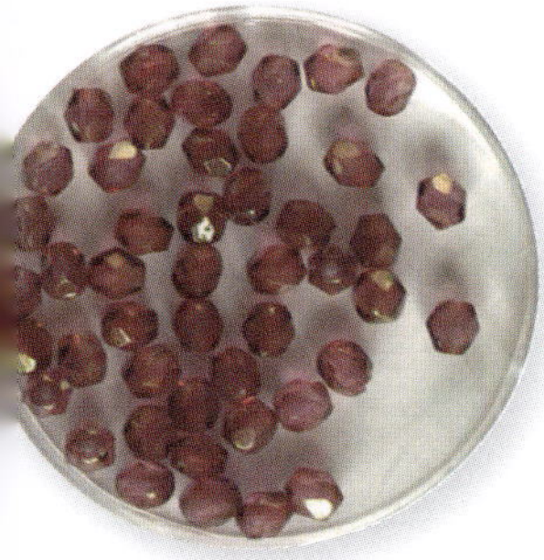

MATERIAL

- 100 facettierte Perlen in Rosé, Ø 4 mm
- 24 facettierte Perlen in Gold, Ø 4 mm
- 1 runder Knopf in Gold, 1,5 cm
- Wachsgarn in Rosé, Ø 1 mm, 1,3 m lang
- widerstandsfähige Nylonschnur, 5 m lang

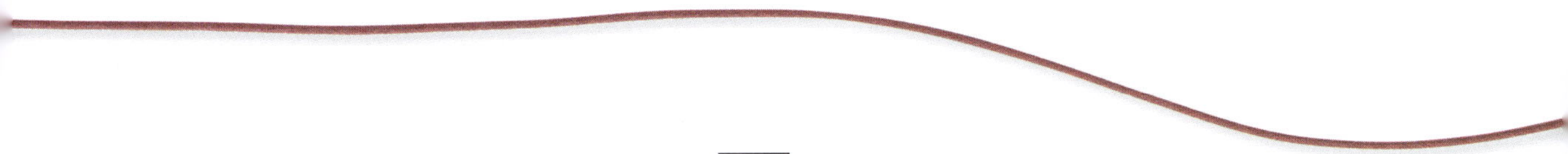

BENÖTIGTE TECHNIKEN

Knopfverschluss anfertigen (S. 22)
Ein Wickelarmband beginnen (S. 38)
Eine Perle einfügen (S. 40)
Ein Wickelarmband beenden (S. 42)

ANLEITUNG

1. Falte das Lederband in der Mitte und befestige es mit Malerkrepp. Nimm die Nylonschnur doppelt, wickle sie unterhalb des Malerkrepps mehrfach um die beiden Lederstränge und mache einen Knoten.

2. Fädle vier facettierte und eine goldene Perle auf. Wiederhole diese Reihenfolge so lange, bis du das Armband dreimal ums Handgelenk wickeln kannst. Mache mit beiden Bändern so nah wie möglich an den Perlen einen festen Knoten.

3. Fädle den Knopf auf und mache einen Knoten, um ihn zu sichern. Schneide die Enden so ab, dass 3 bis 4 cm Länge übrig bleiben.

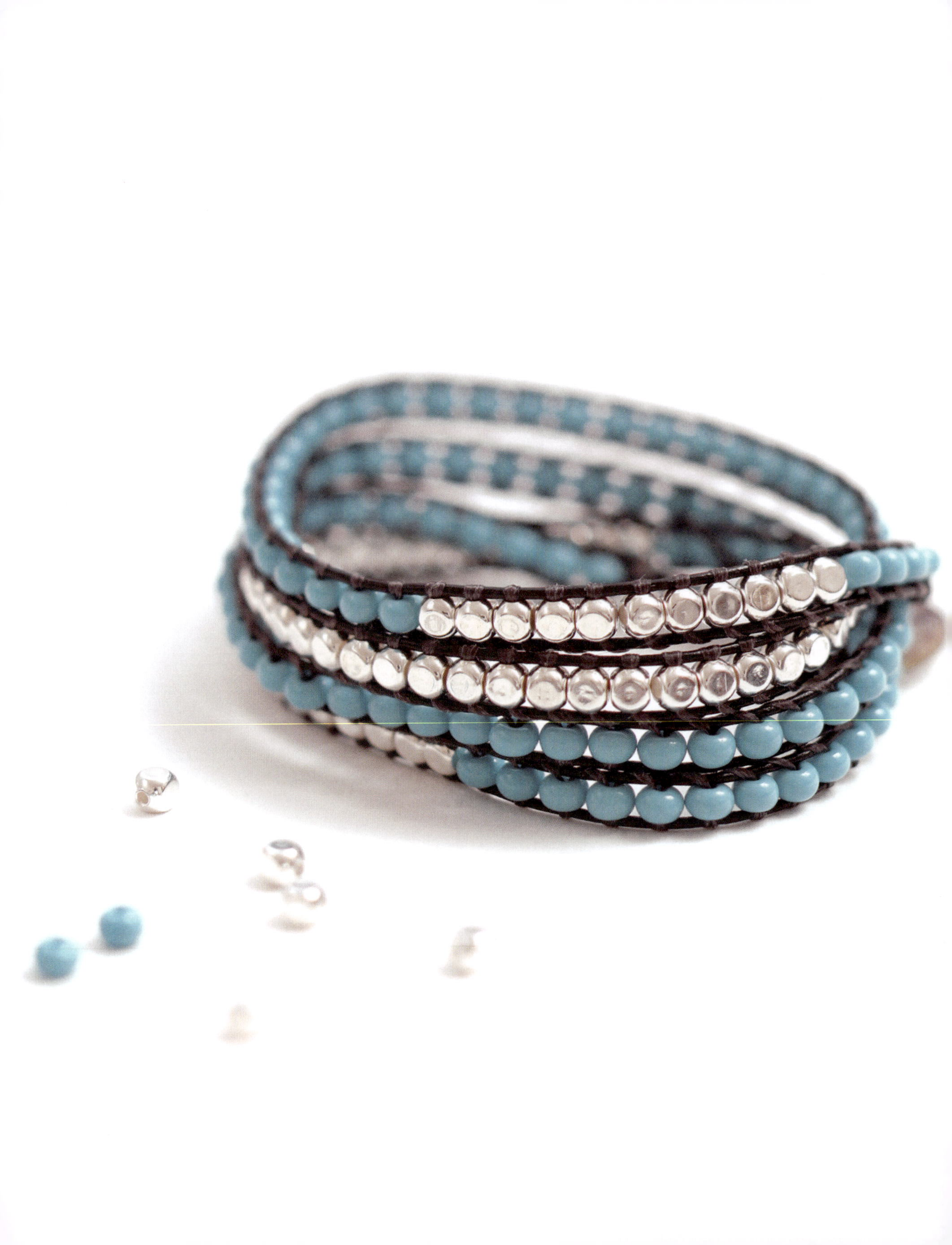

041

TÜRKISFARBENES WICKEL**ARMBAND**

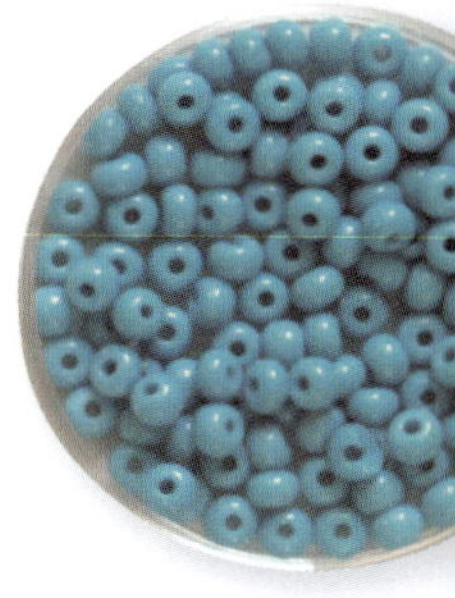

MATERIAL

- 108 Perlen in Türkis, Ø 4 mm
- 58 Perlen in Silber, Ø 4 mm
- 1 Knopf in Silber, Ø 1,5 cm
- Lederband in Schwarz , Ø 1 mm, 1,5 m lang
- widerstandsfähige Nylonschnur in Dunkelgrau, 6,5 m lang

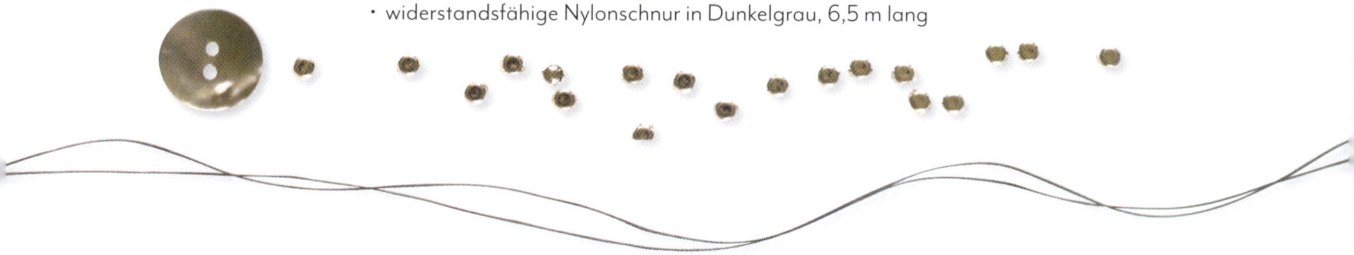

BENÖTIGTE TECHNIKEN

Knopfverschluss anfertigen (S. 22)
Ein Wickelarmband beginnen (S. 38)
Eine Perle einfügen (S. 40)
Ein Wickelarmband beenden (S. 42)

ANLEITUNG

1. Falte das Lederband in der Mitte und befestige es mit Malerkrepp. Nimm die Nylonschnur doppelt, wickle sie unterhalb des Malerkrepps mehrfach um die beiden Lederstränge und mache einen Knoten.

2. Fädle 40 türkisfarbene, 24 silberfarbene, 35 türkisfarbene, 24 silberfarbene, 28 türkisfarbene, 10 silberfarbene und 5 türkisfarbene Perlen auf. Mache mit beiden Bändern so nah wie möglich an den Perlen einen festen Knoten.

3. Fädle den Knopf auf und mache einen Knoten, um ihn zu sichern. Schneide die Enden so ab, dass 3 bis 4 cm Länge übrig bleiben.

TIPP
Benutze immer etwas Schmuckkleber, um die Knoten deiner Armbänder zu sichern.

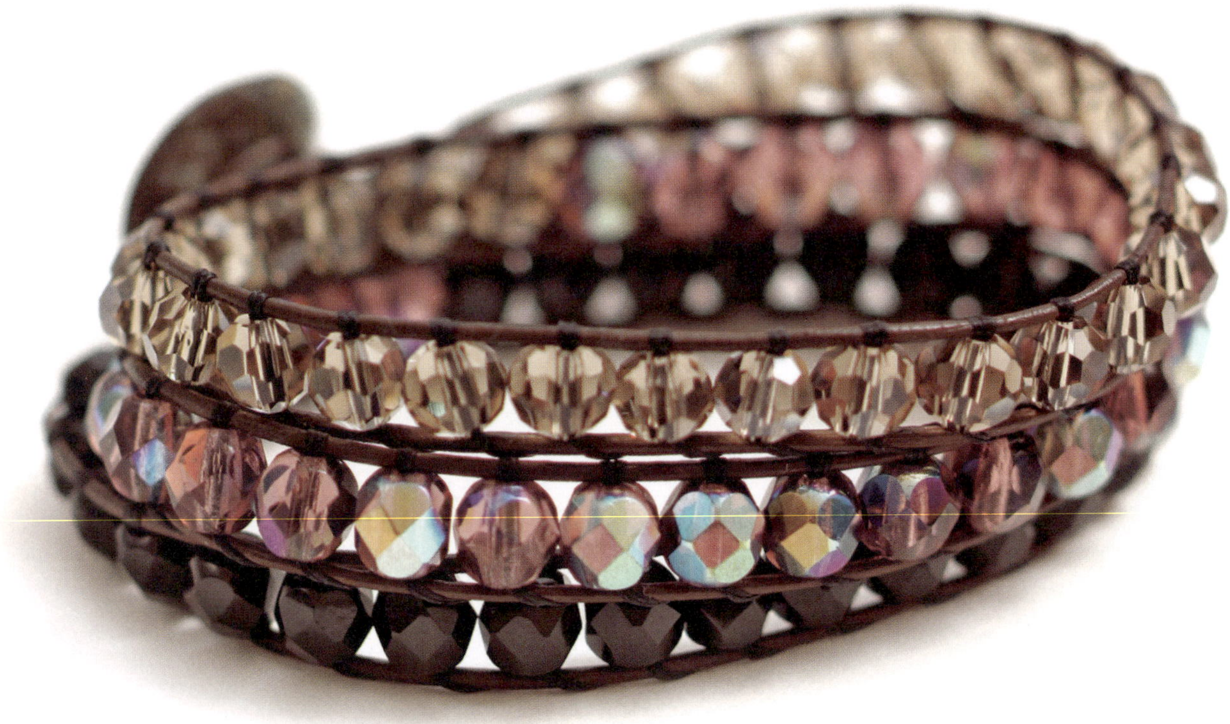

DREIFARBIGES WICKEL**ARMBAND**

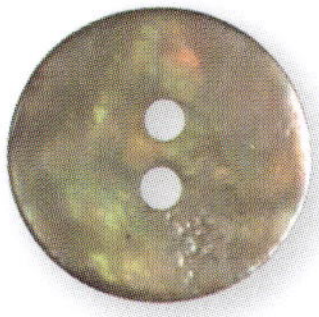

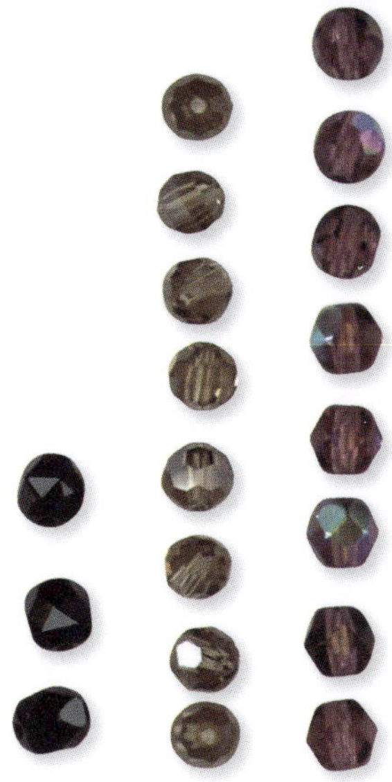

MATERIAL

- 25 facettierte Perlen in Schwarz, Ø 5 mm
- 30 facettierte Perlen in Taupe, Ø 5 mm
- 27 facettierte Perlen in Pflaume, Ø 5 mm
- 1 Perlmuttknopf, Ø 1 mm
- Lederband in Braun , Ø 1 mm, 1,2 m lang
- widerstandsfähige Nylonschnur in Schwarz, 4,5 m lang

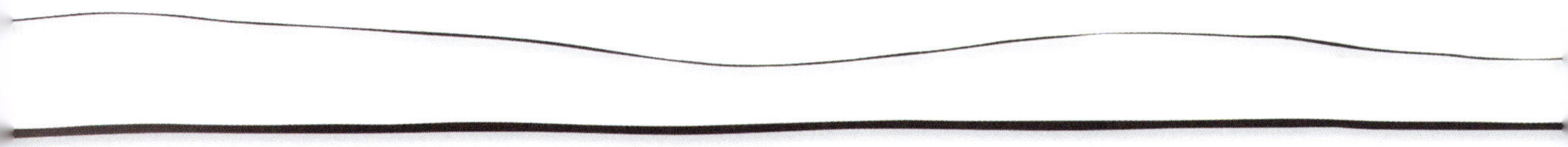

BENÖTIGTE TECHNIKEN

Knopfverschluss anfertigen (S. 22)
Ein Wickelarmband beginnen (S. 38)
Eine Perle einfügen (S. 40)
Ein Wickelarmband beenden (S. 42)

ANLEITUNG

1. Falte das Lederband in der Mitte und befestige es mit Malerkrepp. Nimm die Nylonschnur doppelt, wickle sie unterhalb des Malerkrepps mehrfach um die beiden Lederstränge und mache einen Knoten.

2. Fädle zunächst die schwarzen Perlen auf. Fahre fort mit allen pflaumefarbenen Perlen und beende das Armband mit den taupefarbenen Perlen. Mache mit beiden Bändern so nah wie möglich an den Perlen einen festen Knoten.

3. Fädle den Knopf auf und mache einen Knoten, um ihn zu sichern. Schneide die Enden so ab, dass 3 bis 4 cm Länge übrig bleiben.

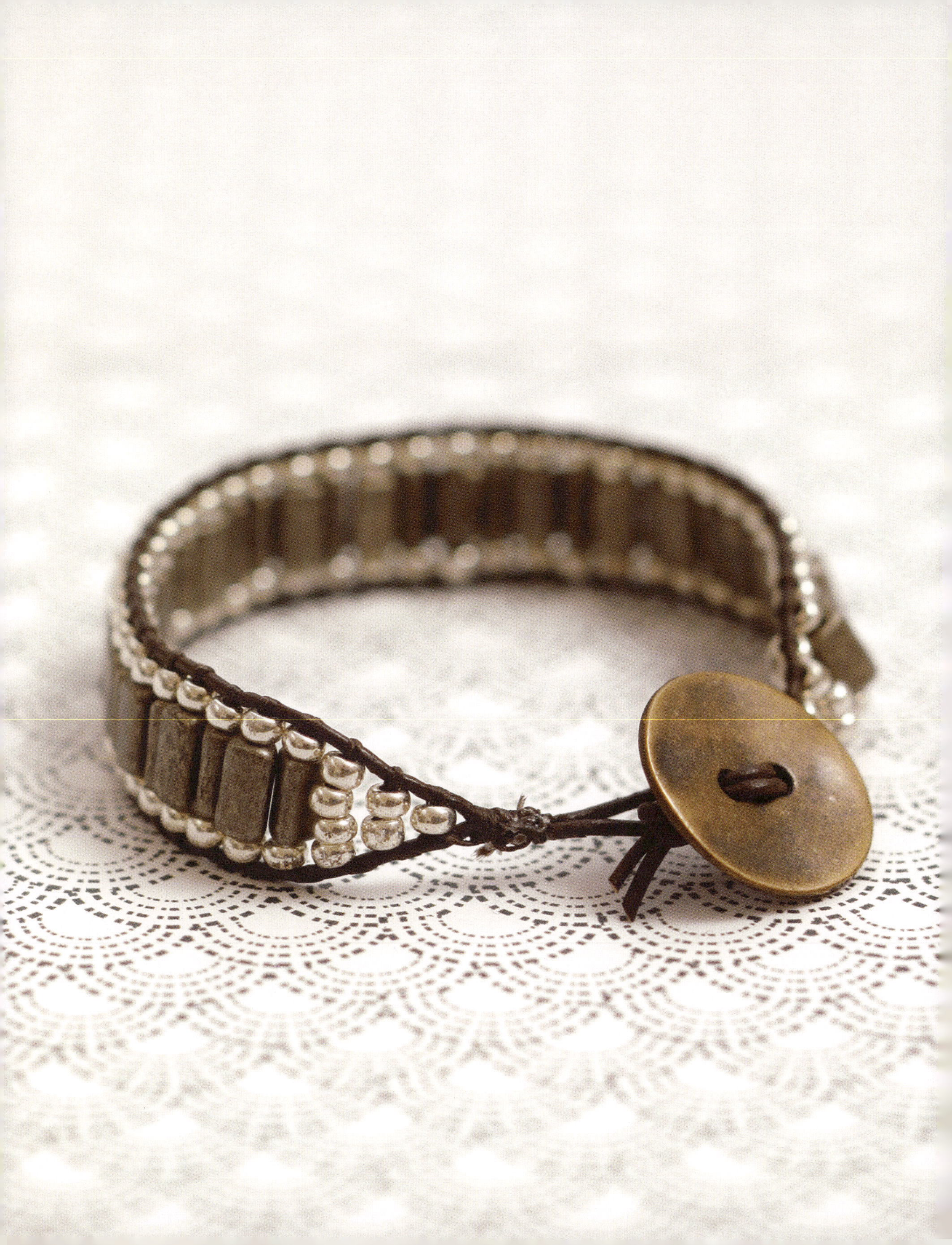

043

RÖHRCHEN-WICKEL**ARMBAND**

MATERIAL

- 90 kleine Rocailles-Perlen in Silber
- 43 Röhrchenperlen in Metall, je 7 mm lang
- 1 Bronzeknopf, Ø 1,7 cm
- Lederband in Braun, Ø 1 mm, 60 cm lang
- widerstandsfähige Nylonschnur in Kastanienbraun, 3 m lang

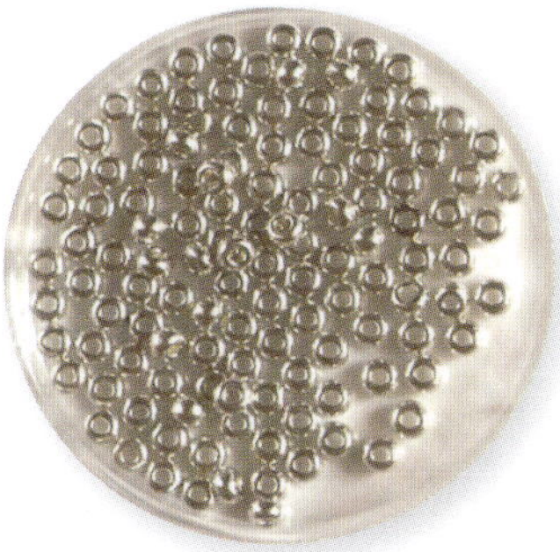

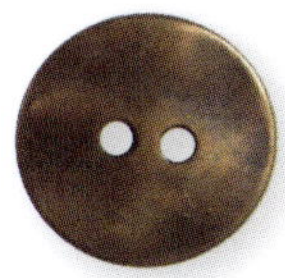

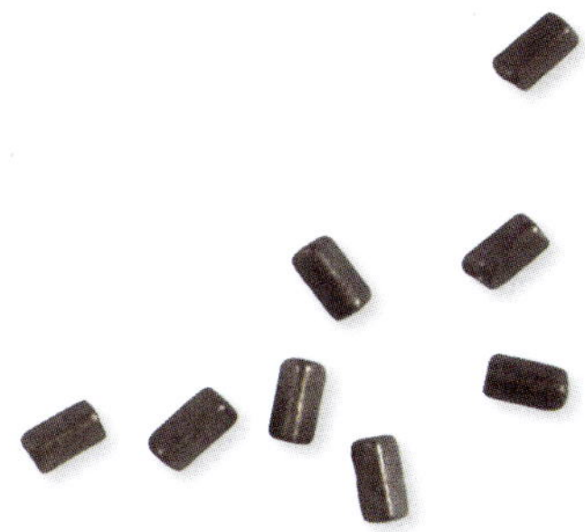

BENÖTIGTE TECHNIKEN

Knopfverschluss anfertigen (S. 22)
Ein Wickelarmband beginnen (S. 38)
Eine Perle einfügen (S. 40)
Ein Wickelarmband beenden (S. 42)

ANLEITUNG

1. Falte das Lederband in der Mitte und befestige es mit Malerkrepp. Nimm die Nylonschnur doppelt, wickle sie unterhalb des Malerkrepps mehrfach um die beiden Lederstränge und mache einen Knoten.

2. Fädle erst eine, dann zwei und schließlich drei Rocailles-Perlen auf. Fahre fort, indem du in jeder Reihe eine Rocailles-Perle, eine Röhrchen-Perle und eine Rocailles-Perle auffädelst. Schließe das Armband mit erst drei, dann zwei und schließlich einer Rocailles-Perle ab.

3. Mache mit beiden Bändern so nah wie möglich an den Perlen einen festen Knoten. Fädle den Knopf auf und mache einen Knoten, um ihn zu sichern. Schneide die Enden so ab, dass 3 bis 4 cm Länge übrig bleiben.

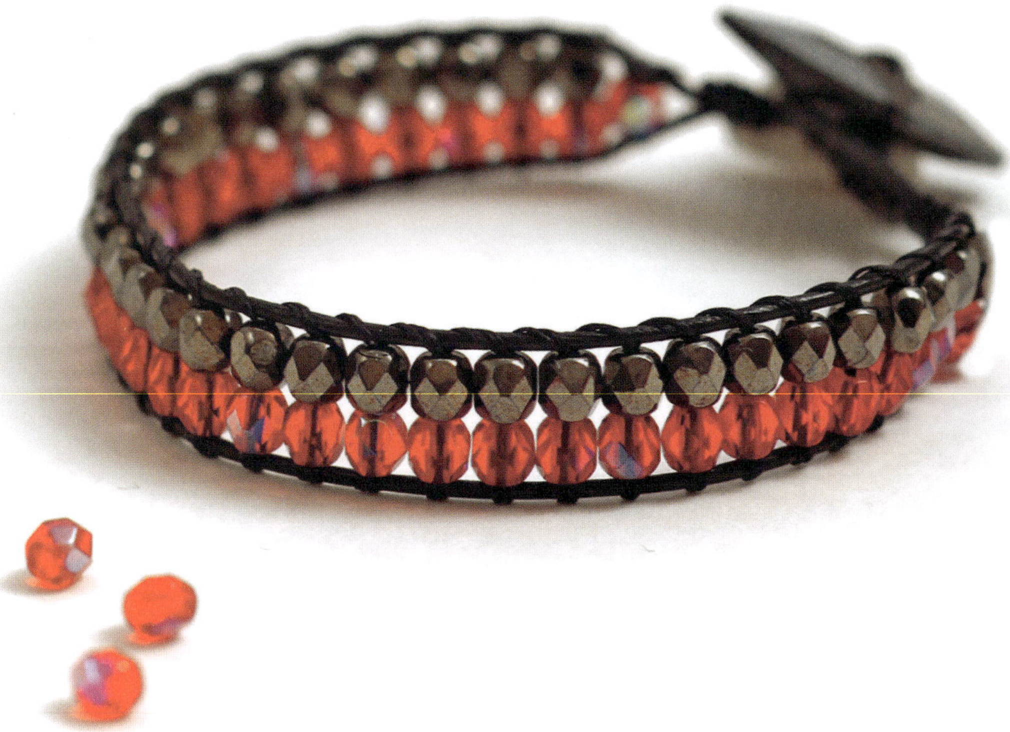

044

ROT-SCHWARZES-WICKEL**ARMBAND**

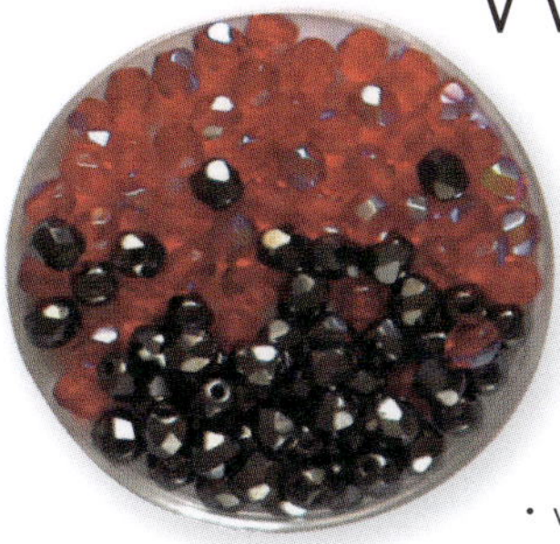

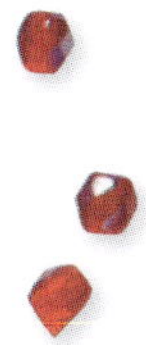

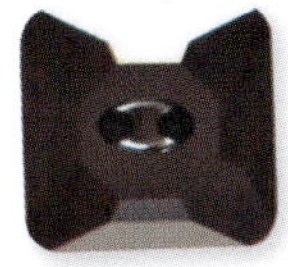

MATERIAL

- 35 facettierte Perlen in Rot, Ø 4 mm
- 33 facettierte Hämatit-Perlen, Ø 4 mm
- 1 quadratischer Knopf in Schwarz, Ø 1,6 cm
- Lederband in Schwarz, Ø 1 mm, 60 cm lang
- widerstandsfähige Nylonschnur in Schwarz, 2,5 m lang

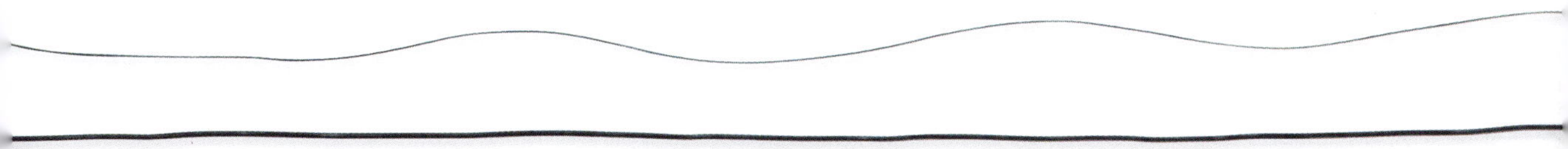

BENÖTIGTE TECHNIKEN

Knopfverschluss anfertigen (S. 22)
Ein Wickelarmband beginnen (S. 38)
Eine Perle einfügen (S. 40)
Ein Wickelarmband beenden (S. 42)

ANLEITUNG

1. Falte das Lederband in der Mitte und befestige es mit Malerkrepp. Nimm die Nylonschnur doppelt, wickle sie unterhalb des Malerkrepps mehrfach um die beiden Lederstränge und mache einen Knoten.

2. Um dieses Muster zu erhalten, fädle in jeder Reihe eine rote und eine schwarze facettierte Perle auf. Beginne und beende das Armband mit einer roten Perle.

3. Mache mit beiden Bändern so nah wie möglich an den Perlen einen festen Knoten. Fädle den Knopf auf und mache einen Knoten, um ihn zu sichern. Schneide die Enden so ab, dass 3 bis 4 cm Länge übrig bleiben.

KUMIHIMO-**ARMBÄNDER**

Ein traditionelles japanisches Armband, das mithilfe einer speziellen Flechtscheibe, die 32 Kerben hat, geflochten wird. Hierfür wird meist buntes Baumwollgarn verwendet.

5 TIPPS FÜR EIN KUMIHIMO

- Die Länge der für ein Armband benötigten Fäden sollte mindestens 2,5-mal den Umfang des Handgelenks betragen. Je nachdem, welches Muster du wählst, benötigst du 7, 8, 12 oder 16 verschiedene Garne. Im Allgemeinen gilt: 16 cm = 40 cm Faden x Anzahl der Fäden. 18 cm = 50 cm Faden x Anzahl der Fäden. 20 cm = 60 cm Faden x Anzahl der Fäden.

- Achtung: Je dicker der Faden, desto länger sollte er sein.

- Befestige zu Beginn des Flechtvorgangs den Anfangsknoten unter der Flechtscheibe mit einer Wäscheklammer.

- Entwirre die Fäden während des Flechtens regelmäßig mit den Fingern, damit sie sich nicht zu sehr verheddern.

- Ziehe regelmäßig vorsichtig am Flechtzopf, um zu prüfen, wie lang er ist. Er kann schon länger sein, als du denkst!

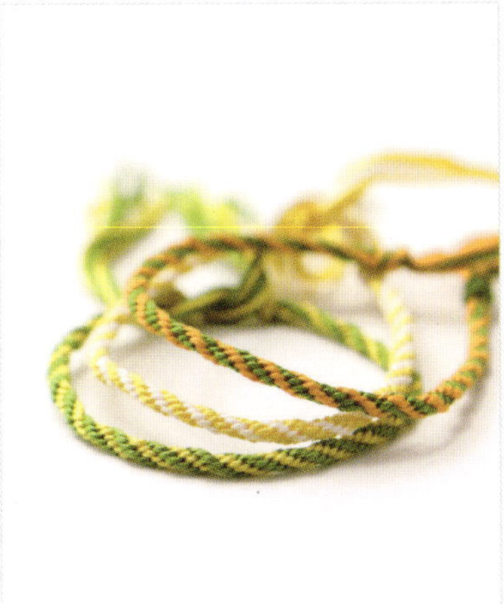
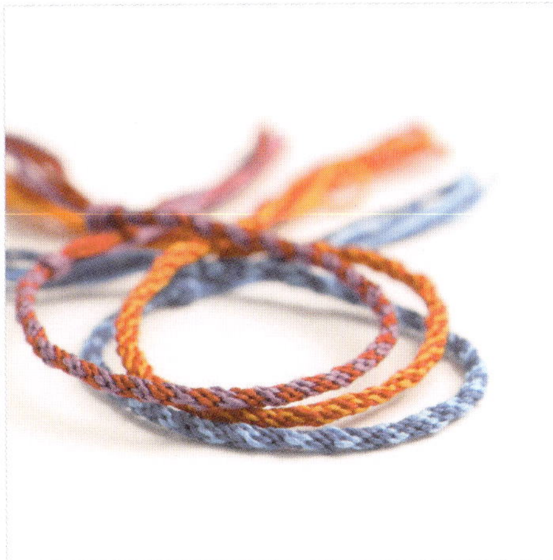
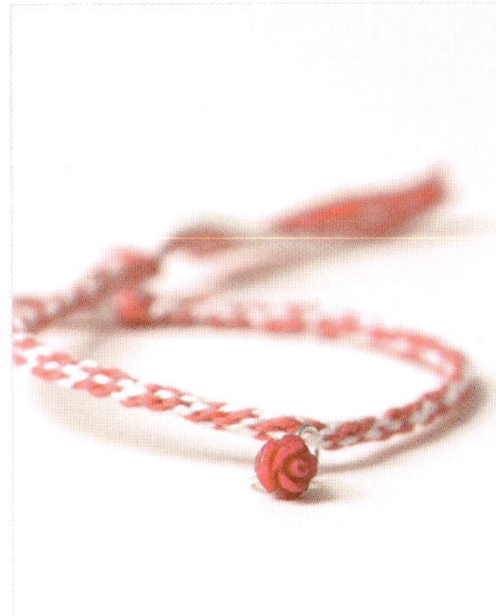
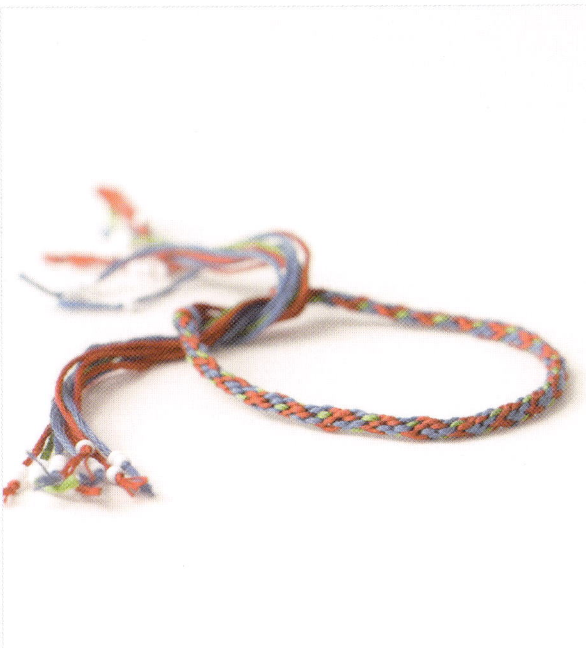
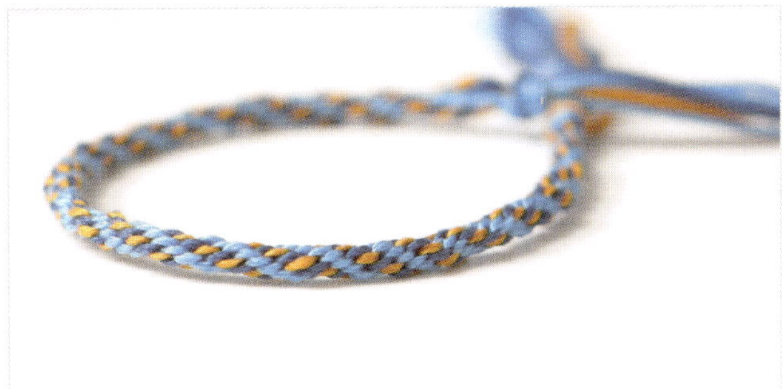
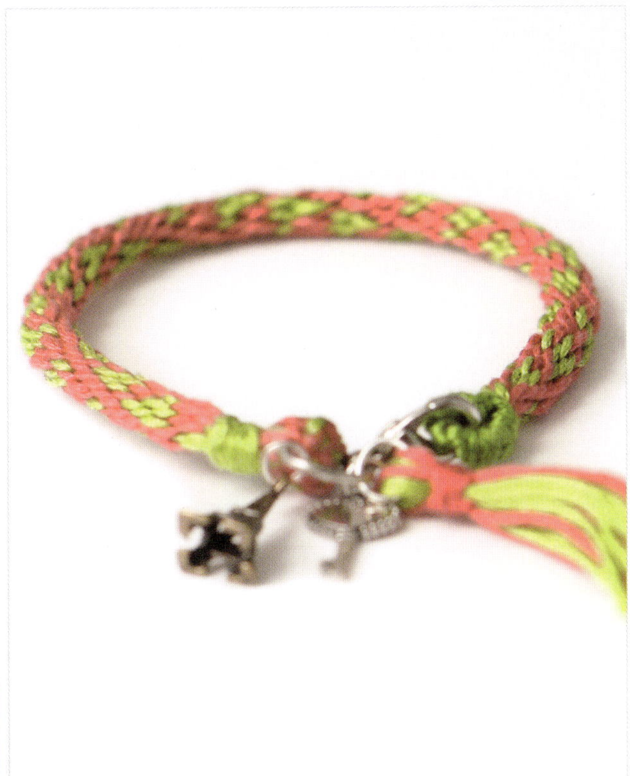
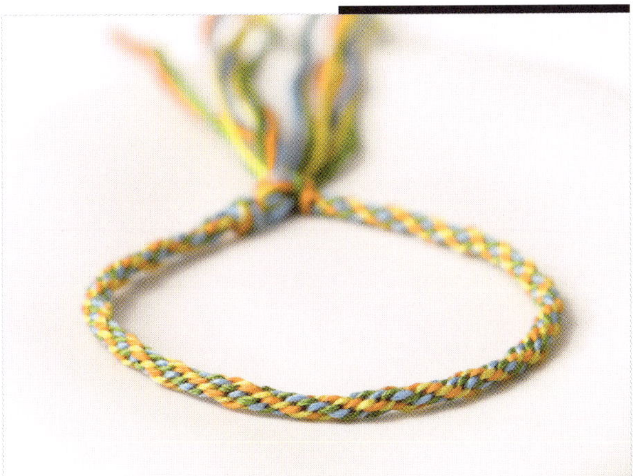

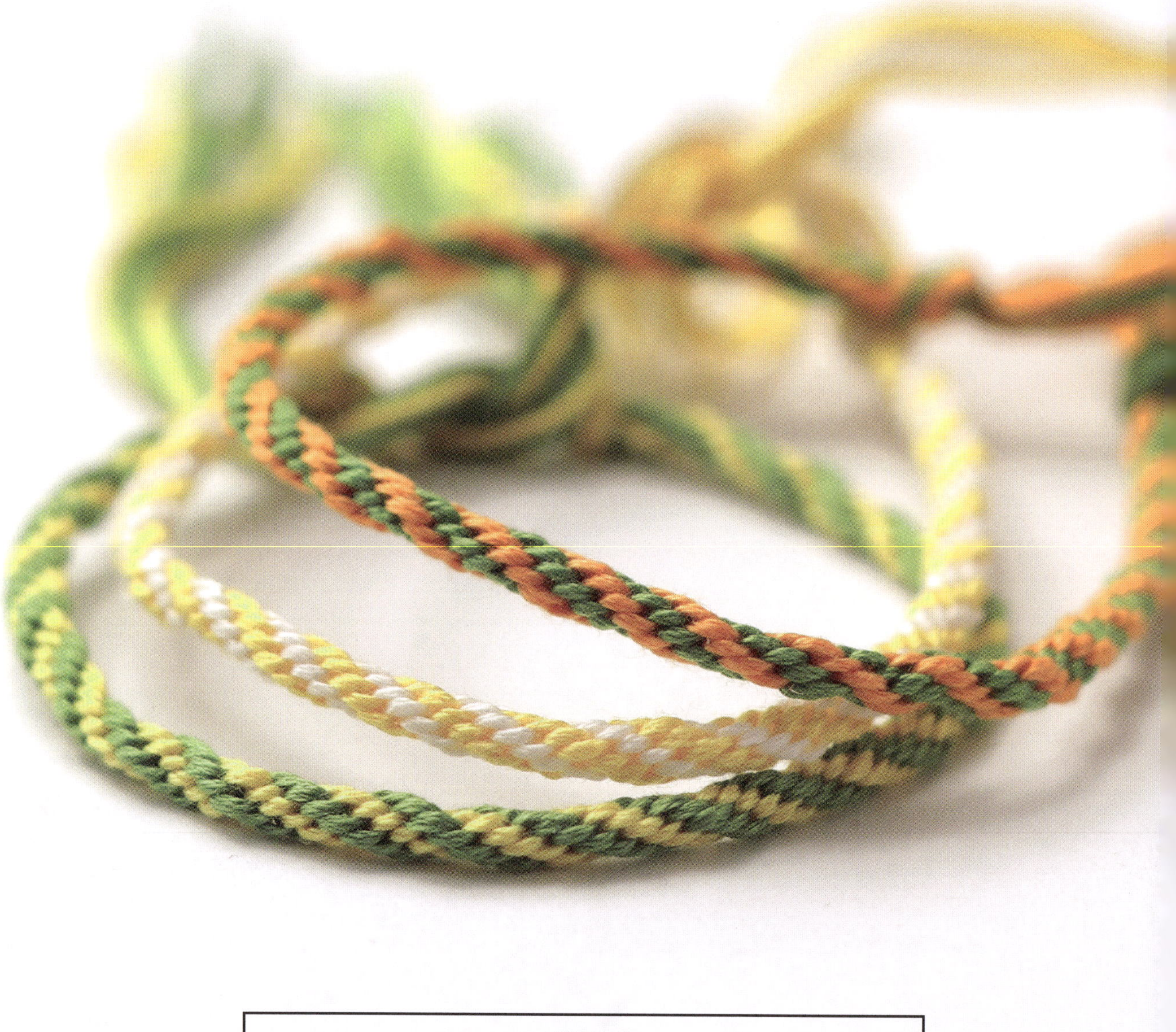

TIPP
Ziehe regelmäßig vorsichtig am Flechtzopf, um zu prüfen, wie lang er ist. Er kann schon länger sein, als du denkst!

045

KUMIHIMO MIT **8 FÄDEN**

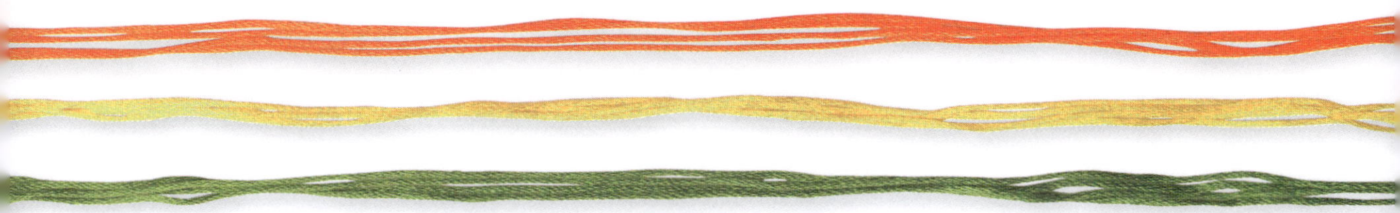

MATERIAL

- DMC Mouliné-Garn in Grün (906), 4 x 50 cm lang
- DMC Mouliné-Garn in Orange (740), 4 x 50 cm lang
- 1 Kumihimo-Flechtscheibe

BENÖTIGTE TECHNIKEN

Kumihimo-Flechtscheibe (S. 44)
Kumihimo mit 8 Strängen (S. 46)

ANLEITUNG

AUSGANGSSCHEIBE

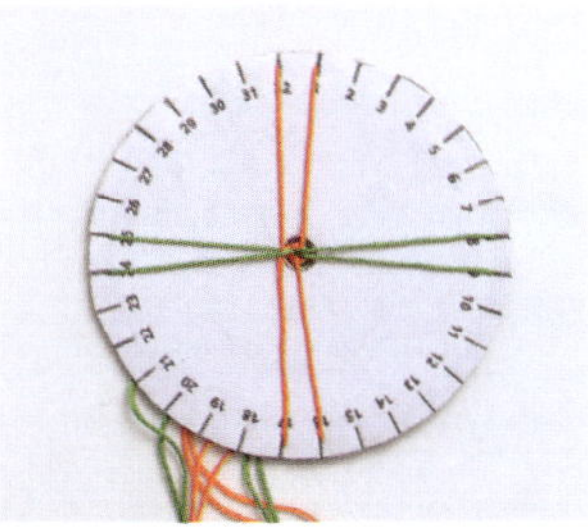

1. Knote die acht Fäden etwa 6 cm von einem Ende entfernt zusammen. Stecke die Fäden durch das Mittelloch der Scheibe, sodass sich der Knoten auf der Rückseite befindet. Beginne mit dem Flechten.

2. Sobald du die gewünschte Länge für dein Handgelenk erreicht hast, nimm die Fäden von der Scheibe und mache einen Knoten.

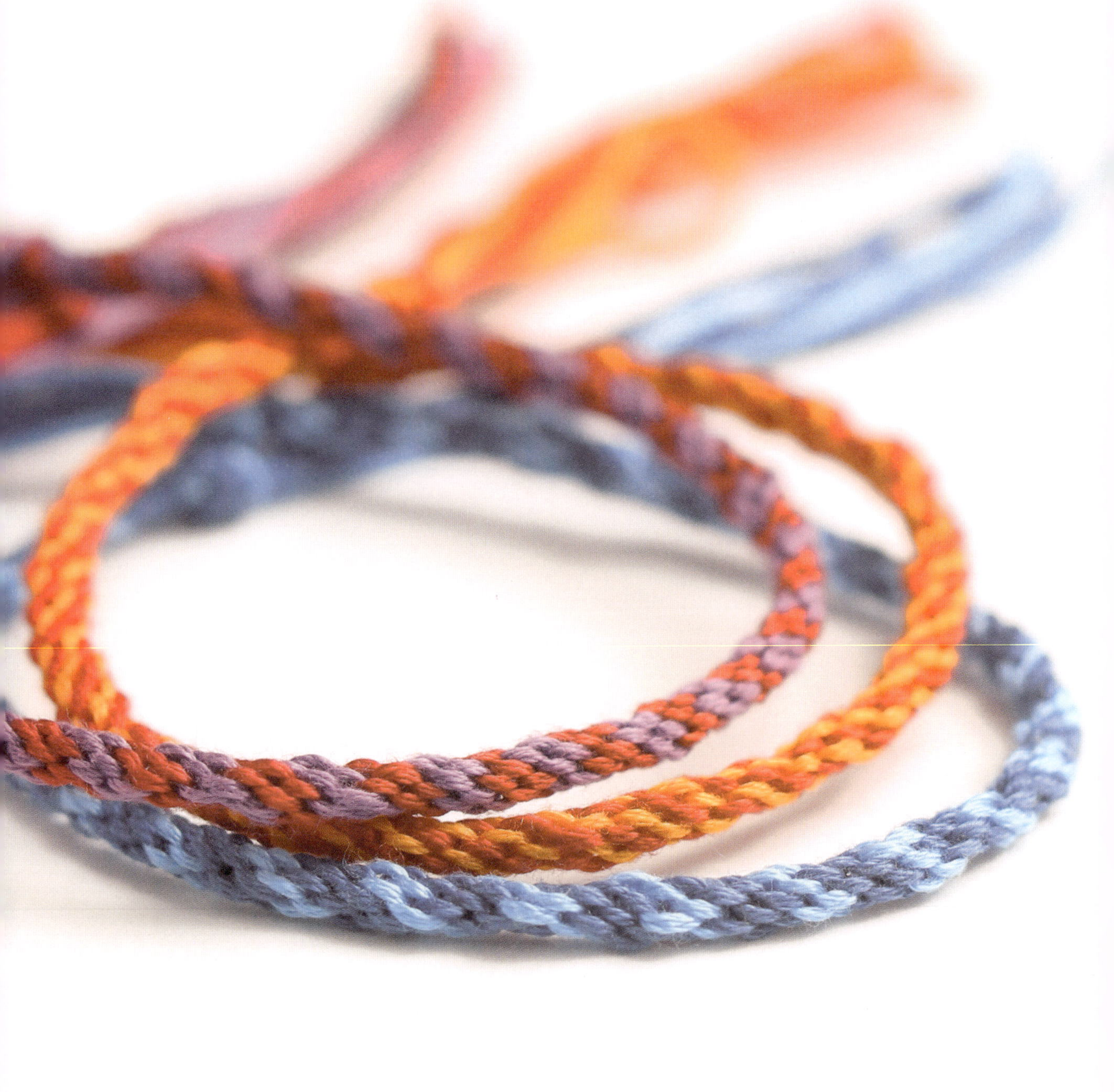

046

SPIRAL-**KUMIHIMO**

MATERIAL

- DMC Mouliné-Garn in Lila (3837), 4 x 50 cm lang
- DMC Mouliné-Garn in Rot (321), 4 x 50 cm lang
- 1 Kumihimo-Flechtscheibe

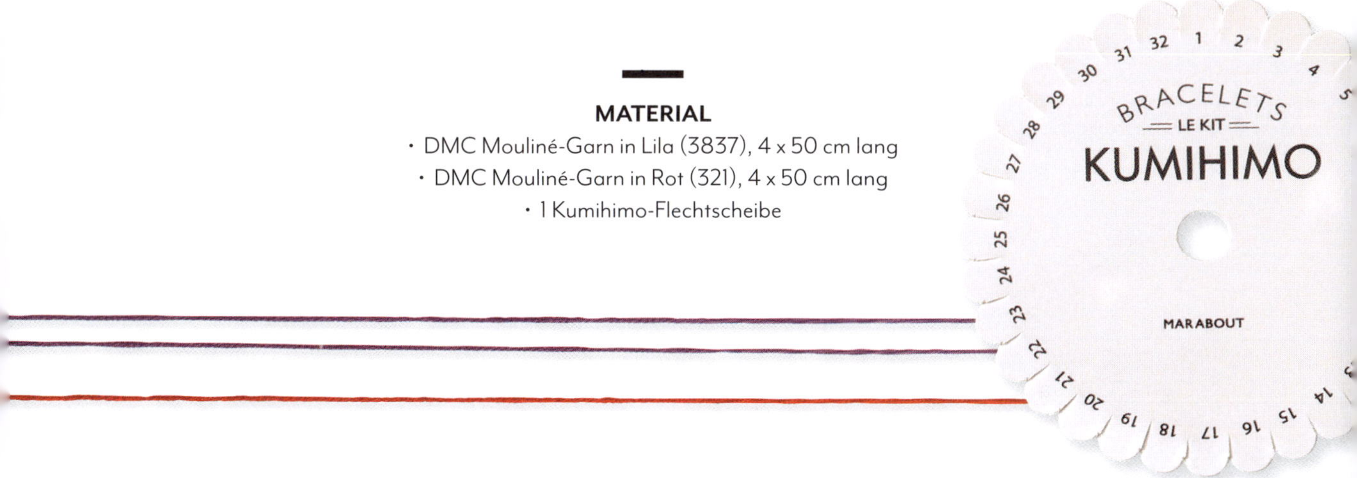

BENÖTIGTE TECHNIKEN

Kumihimo-Flechtscheibe (S. 44)
Kumihimo mit 8 Strängen (S. 46)

ANLEITUNG

AUSGANGSSCHEIBE

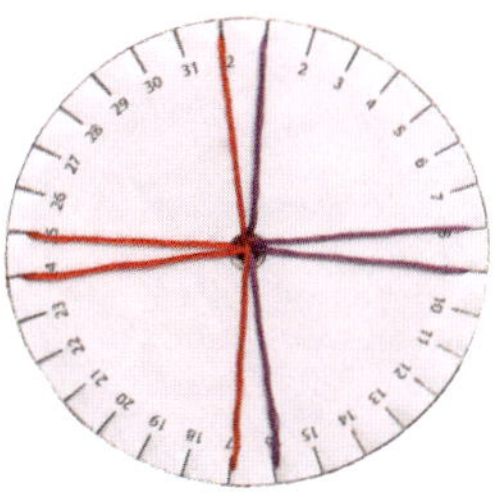

1. Knote die acht Fäden etwa 6 cm von einem Ende entfernt zusammen. Stecke die Fäden durch das Mittelloch der Scheibe, sodass sich der Knoten auf der Rückseite befindet. Beginne mit dem Flechten.

2. Sobald du die gewünschte Länge für dein Handgelenk erreicht hast, nimm die Fäden von der Scheibe und mache einen Knoten.

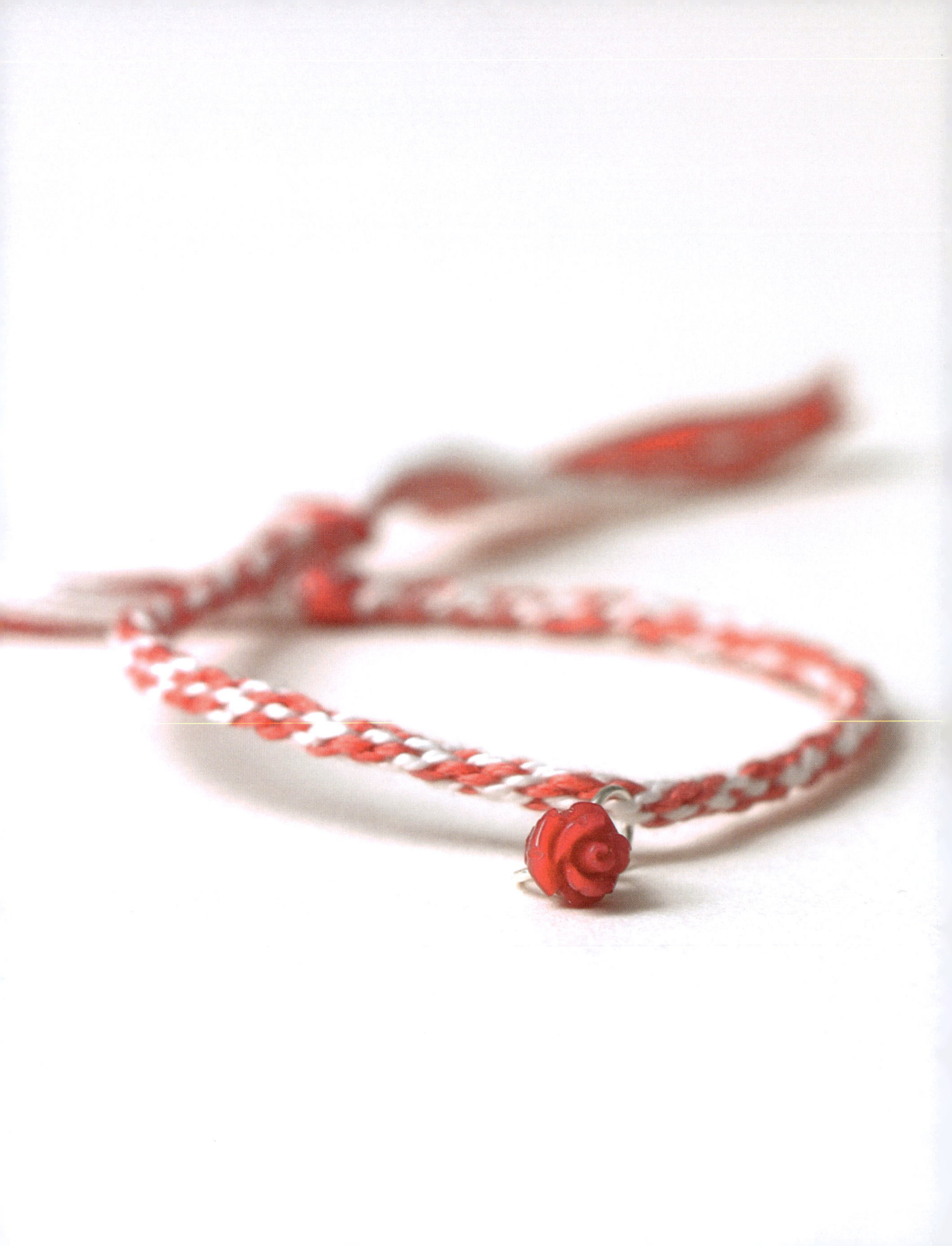

047

KUMIHIMO AUS **ZWEI MATERIALIEN**

MATERIAL

- DMC Mouliné-Garn in Rosa (601), 4 x 50 cm lang
- Perlgarn in Weiß, 4 x 50 cm lang
- 1 Blumenperle
- 1 Ring
- 1 Kumihimo-Flechtscheibe

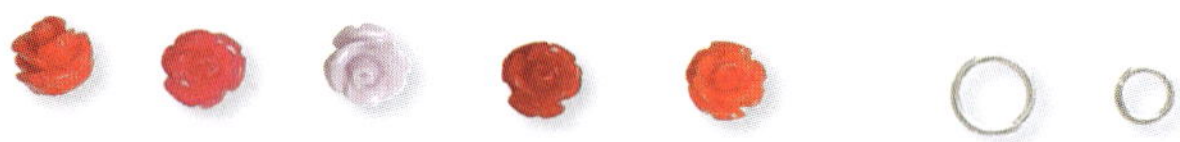

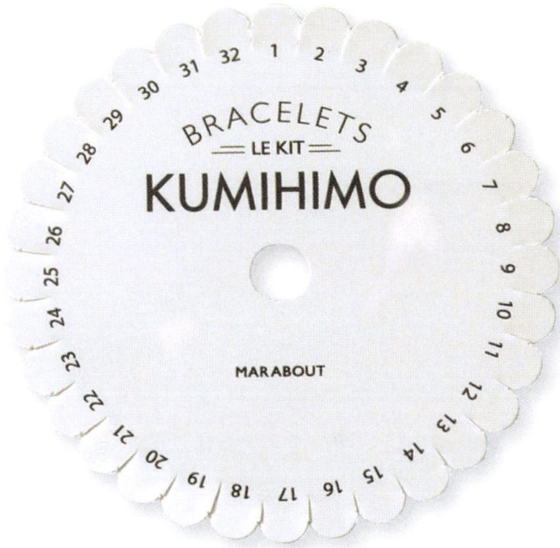

BENÖTIGTE TECHNIKEN

Einen Anhänger anbringen (S. 24)
Kumihimo-Flechtscheibe (S. 44)
Kumihimo mit 8 Strängen (S. 46)

ANLEITUNG

AUSGANGSSCHEIBE

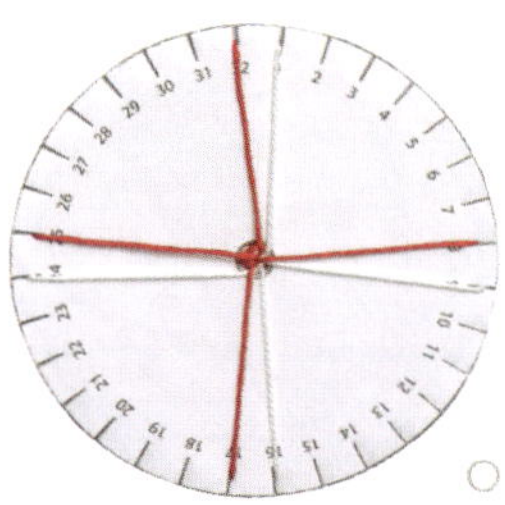

1. Knote die acht Fäden etwa 6 cm von einem Ende entfernt zusammen. Stecke die Fäden durch das Mittelloch der Scheibe, sodass sich der Knoten auf der Rückseite befindet. Beginne mit dem Flechten.

2. Sobald du die gewünschte Länge für dein Handgelenk erreicht hast, nimm die Fäden von der Scheibe und mache einen Knoten. Öffne den Ring, fädle die Blumenperle in den Ring und schließe ihn, indem du ihn an mehreren Fäden in der Mitte des Armbands befestigst.

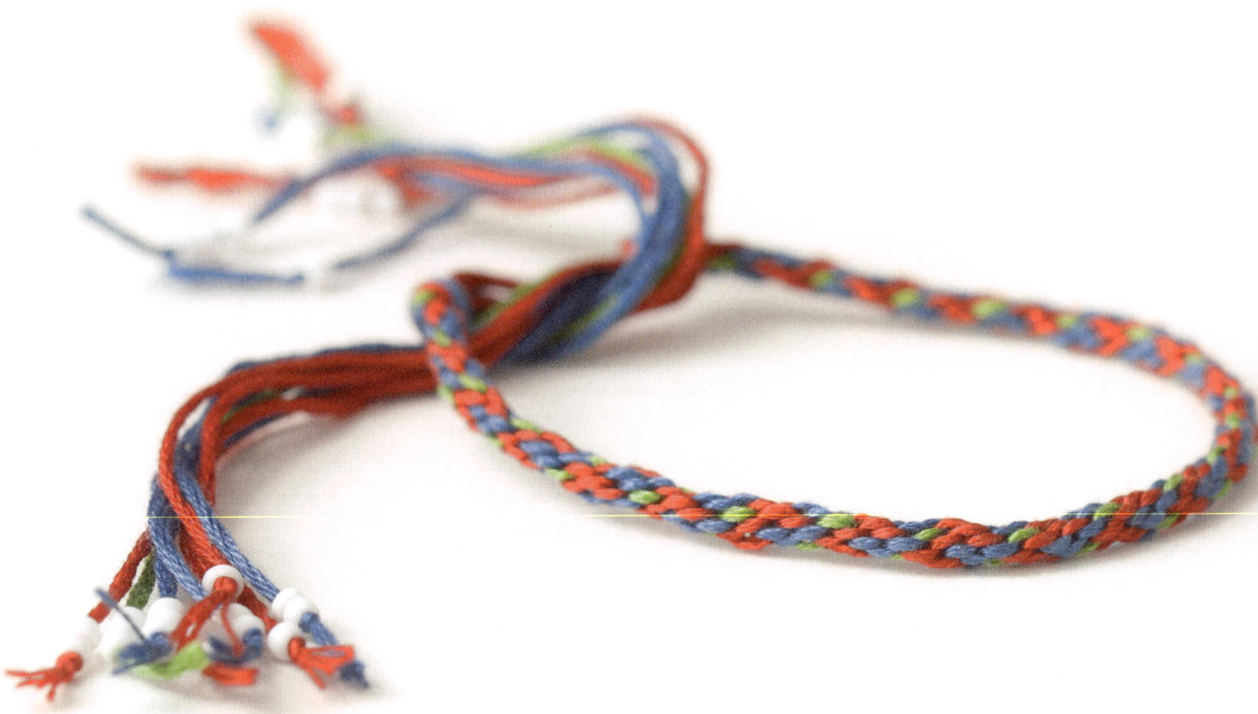

048

PERLEN-**KUMIHIMO**

MATERIAL

- DMC Mouliné-Garn in Rot (321), 4 x 60 cm lang
- DMC Mouliné-Garn in Grün (906), 60 cm lang
- DMC Mouliné-Garn in Blau (3842), 3 x 60 cm lang
- 32 Rocailles-Perlen in Weiß
- 1 Kumihimo-Flechtscheibe

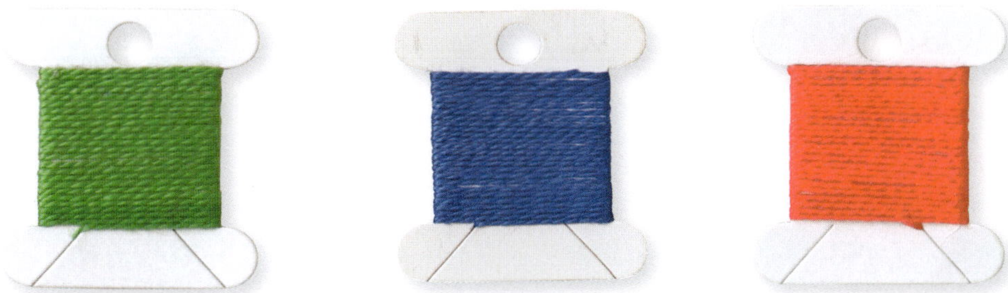

BENÖTIGTE TECHNIKEN

Kumihimo-Flechtscheibe (S. 44)

Kumihimo mit 8 Strängen (S. 46)

ANLEITUNG

AUSGANGSSCHEIBE

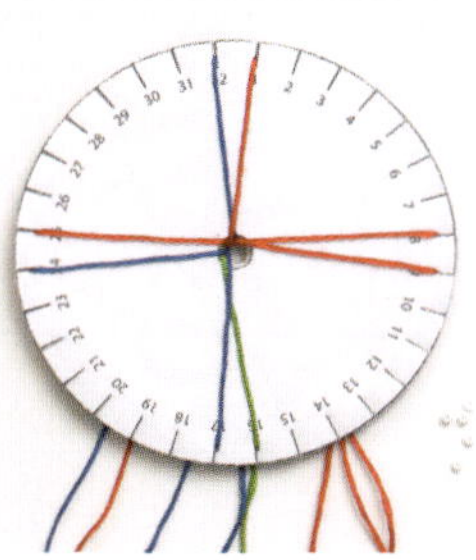

1. Knote die acht Fäden etwa 6 cm von einem Ende entfernt zusammen. Stecke die Fäden durch das Mittelloch der Scheibe, sodass sich der Knoten auf der Rückseite befindet. Beginne mit dem Flechten.

2. Sobald du die gewünschte Länge für dein Handgelenk erreicht hast, nimm die Fäden von der Scheibe und mache einen Knoten. Sobald du das Armband beendet hast, fädle auf jeden Faden zwei Perlen auf und sichere sie mit einem Knoten. Vergiss nicht, anschließend alle Fäden auf eine Länge abzuschneiden.

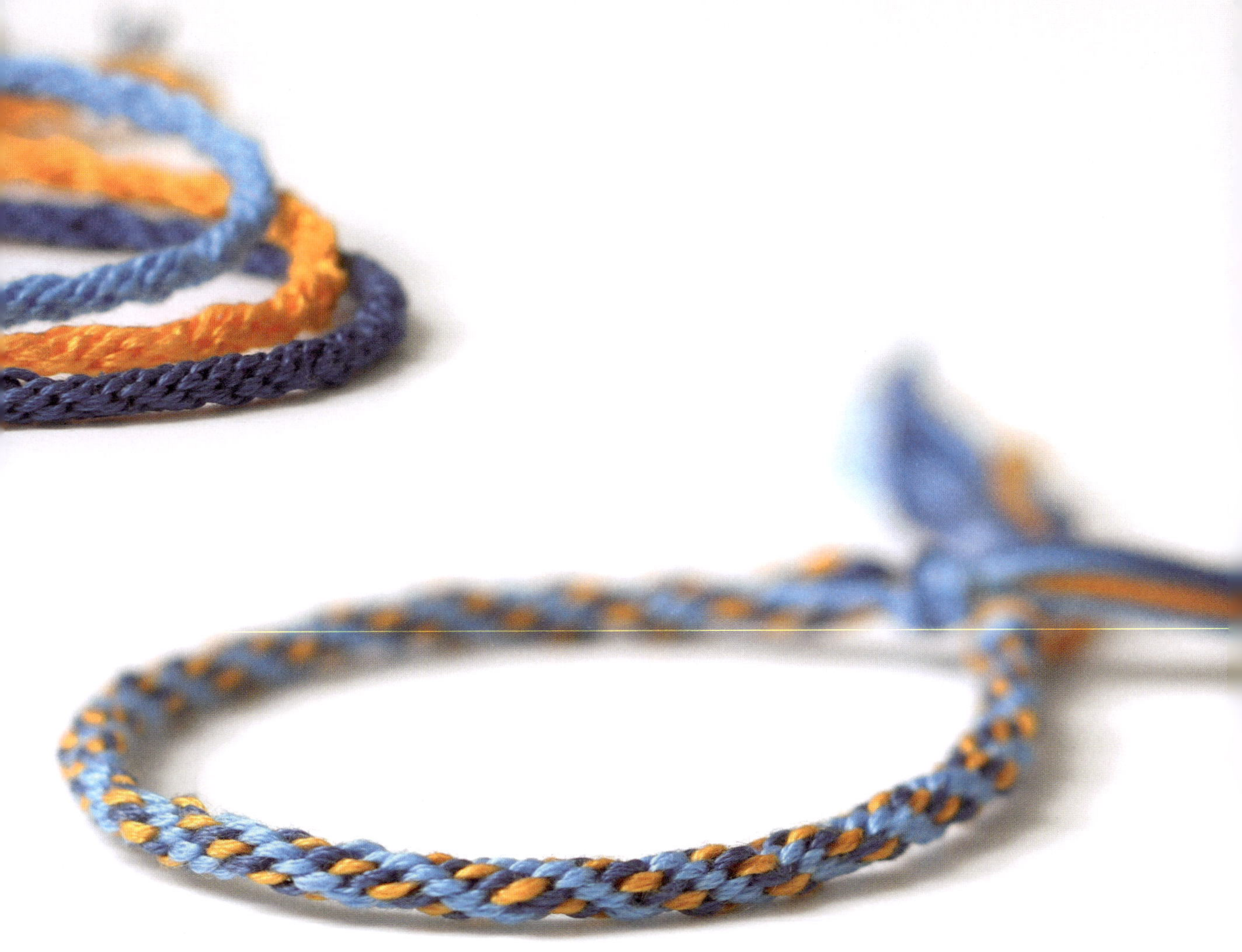

TIPP

Für ein einfarbiges Armband verwendest du nur Garn in derselben Farbe. Um ihm ein schönes Relief zu geben, drehst du die Fäden einfach um sie selbst.

049

GEDREHTES **KUMIHIMO**

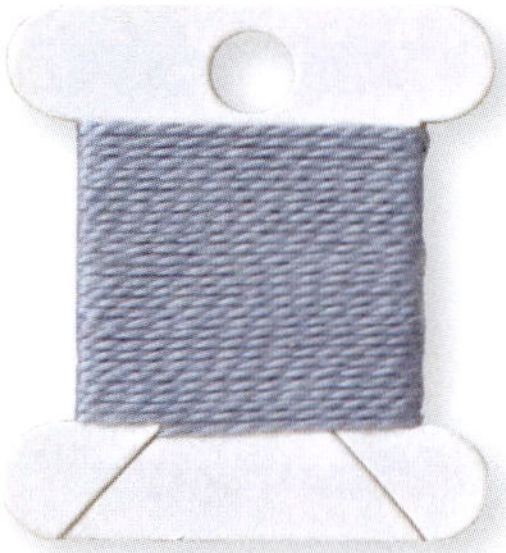

MATERIAL

- DMC Mouliné-Garn in Türkis (996), 4 x 60 cm lang
- DMC Mouliné-Garn in Orange (740), 2 x 60 cm lang
- DMC Mouliné-Garn in Blau (3842), 2 x 60 cm lang
- 1 Kumihimo-Flechtscheibe

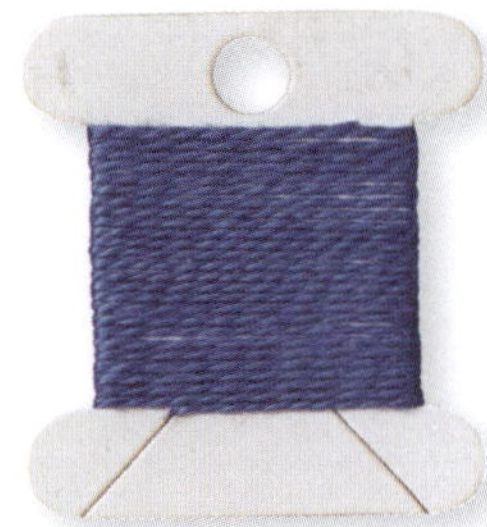

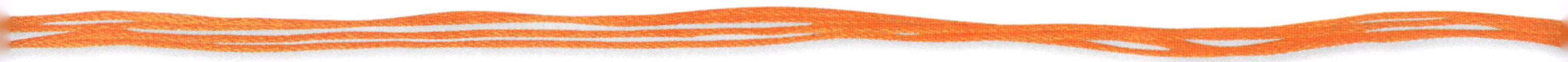

BENÖTIGTE TECHNIKEN

Kumihimo-Flechtscheibe (S. 44)
Kumihimo mit 8 Strängen (S. 46)

ANLEITUNG

AUSGANGSSCHEIBE

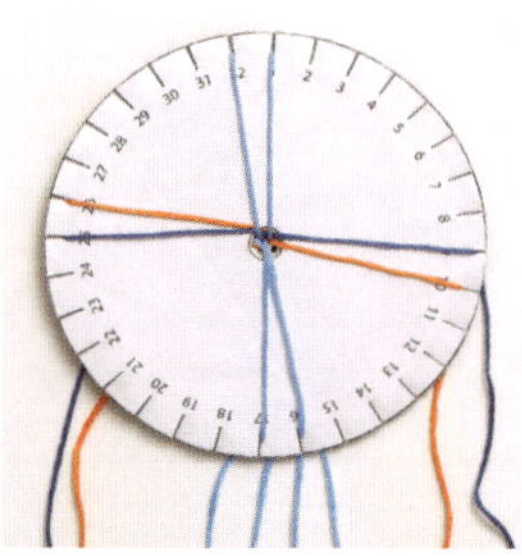

1. Knote die acht Fäden etwa 6 cm von einem Ende entfernt zusammen. Stecke die Fäden durch das Mittelloch der Scheibe, sodass sich der Knoten auf der Rückseite befindet. Beginne mit dem Flechten.

2. Sobald du die gewünschte Länge für dein Handgelenk erreicht hast, nimm die Fäden von der Scheibe und mache einen Knoten.

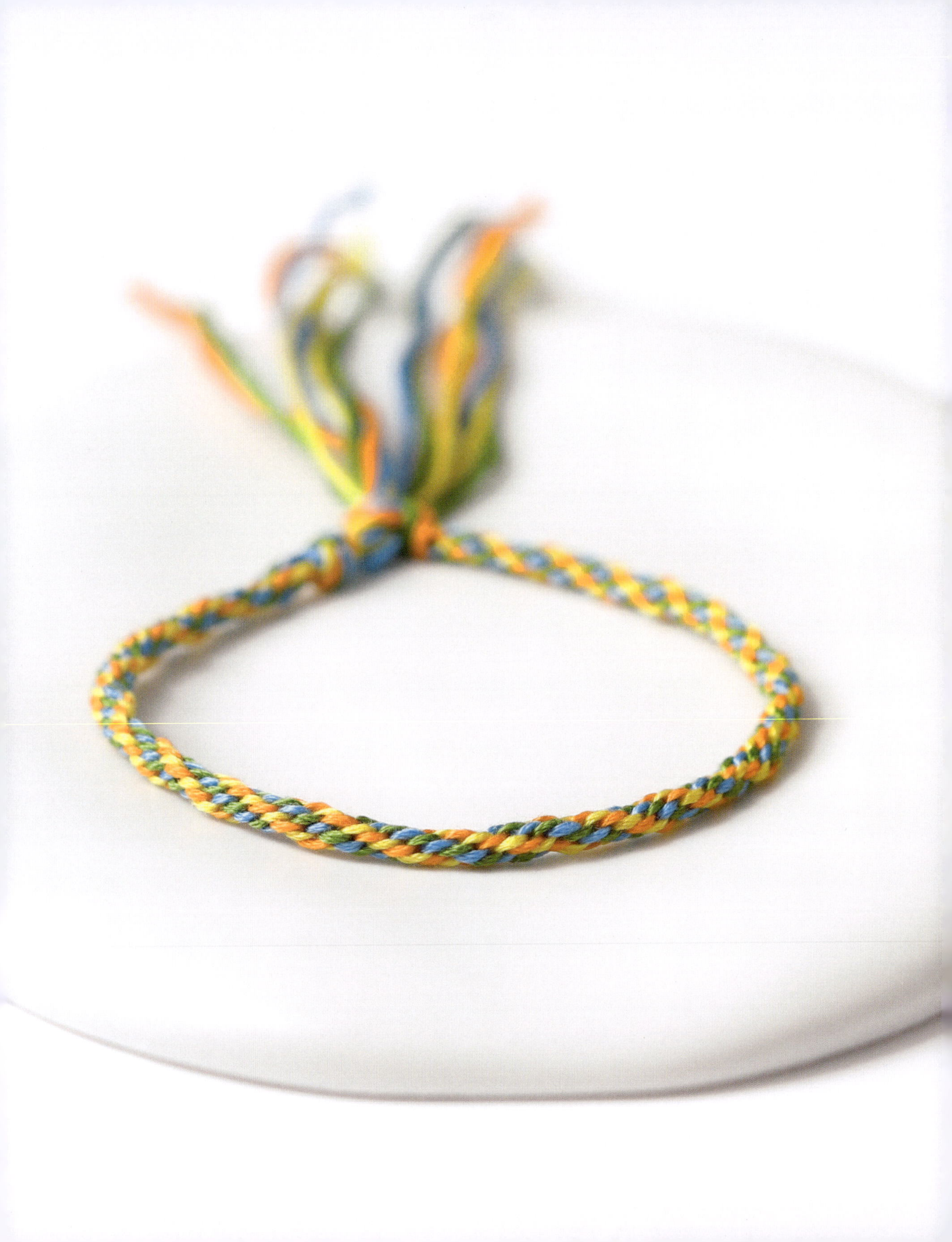

050

VIERFARBIGES **KUMIHIMO**

MATERIAL

- DMC Mouliné-Garn in Papageiengrün (906), 2 x 60 cm lang
- DMC Mouliné-Garn in Türkis (996), 2 x 60 cm lang
- DMC Mouliné-Garn in Gelb (973), 2 x 60 cm lang
- DMC Mouliné-Garn in Mandarine (740), 2 x 60 cm lang
- 1 Kumihimo-Flechtscheibe

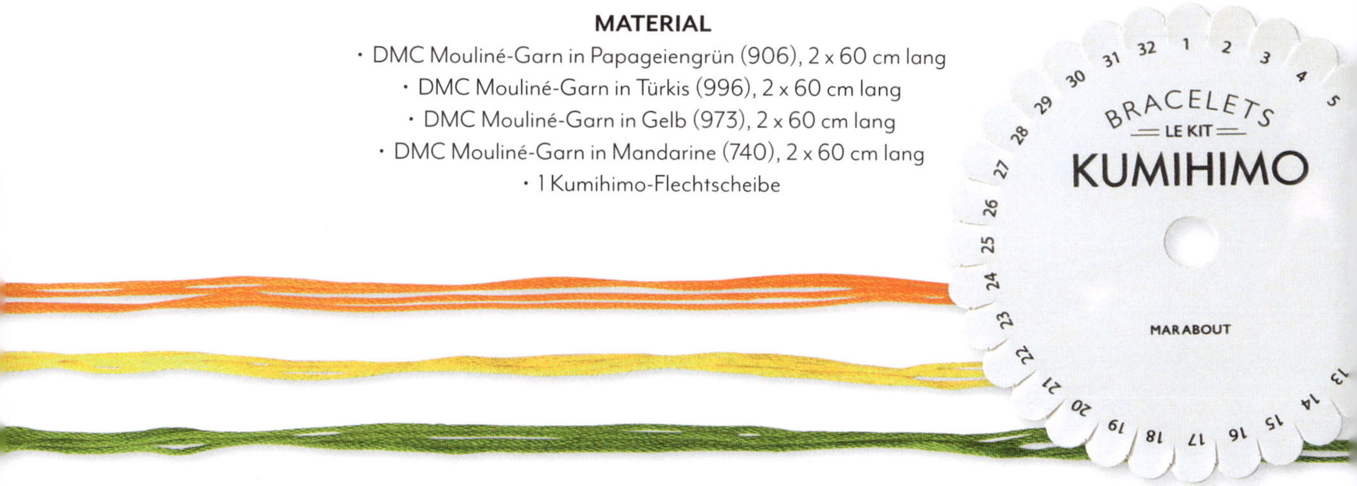

BENÖTIGTE TECHNIKEN

Kumihimo-Flechtscheibe (S. 44)
Kumihimo mit 8 Strängen (S. 46)

ANLEITUNG

AUSGANGSSCHEIBE

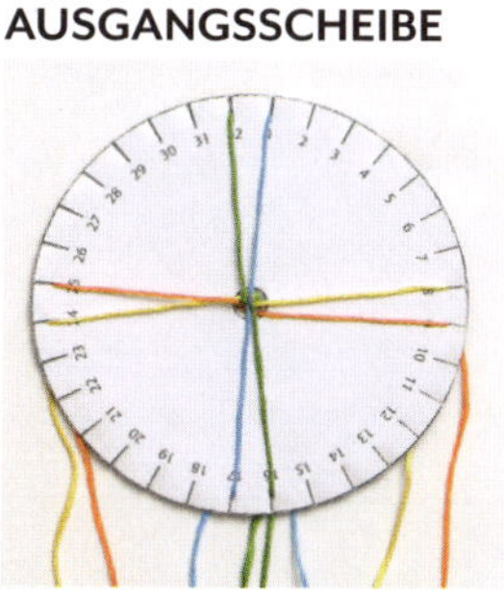

1. Knote die acht Fäden etwa 6 cm von einem Ende entfernt zusammen. Stecke die Fäden durch das Mittelloch der Scheibe, sodass sich der Knoten auf der Rückseite befindet. Beginne mit dem Flechten.

2. Sobald du die gewünschte Länge für dein Handgelenk erreicht hast, nimm die Fäden von der Scheibe und mache einen Knoten.

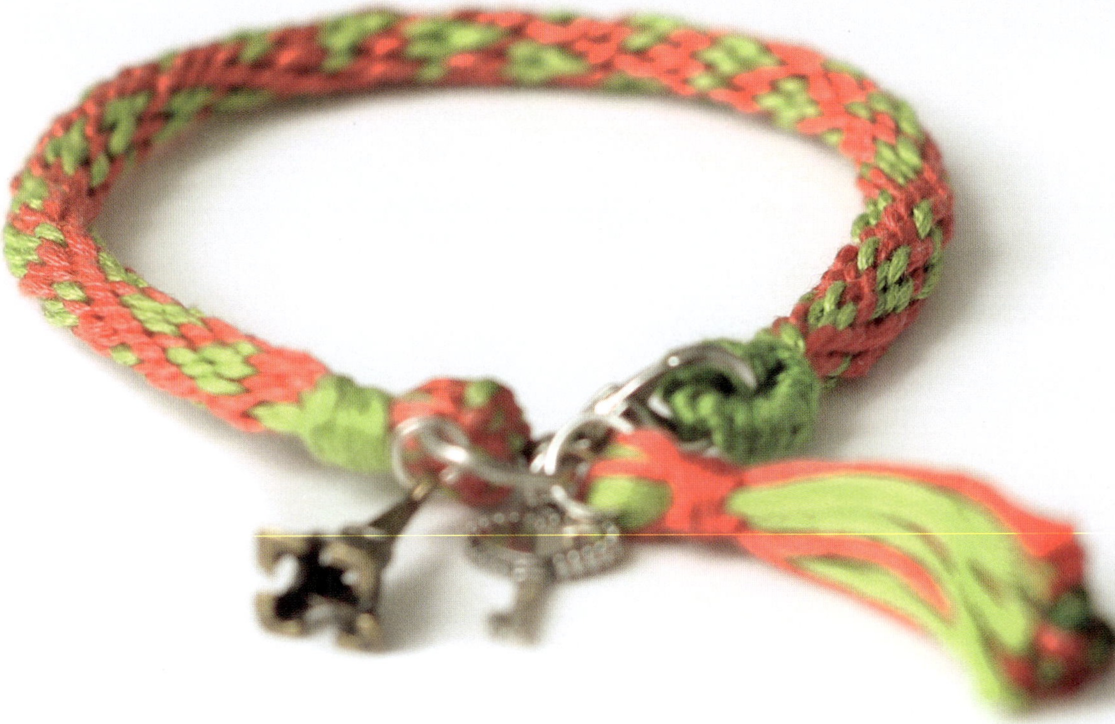

TIPP

Für eine etwas edlere Verarbeitung kannst du einen grünen Faden um die Anfangsschlaufe binden und mehrere Knoten machen, um ihn zu sichern. Oder du befestigst einen Pompon am Verschluss.

051

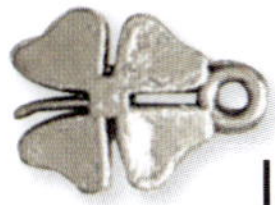

KUMIHIMO **MIT 16 FÄDEN**

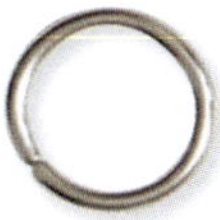
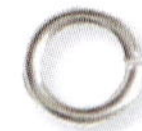
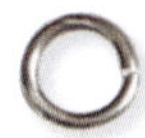
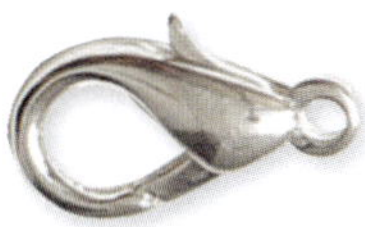
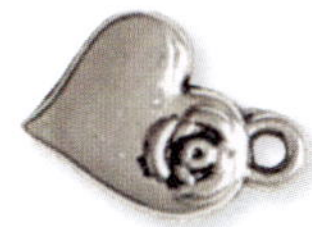

MATERIAL

- DMC Mouliné-Garn in Grün (906), 3 x 1 m lang
- DMC Mouliné-Garn in Rosa (601), 5 x 1 m lang
- 1 Karabinerverschluss
- 1 großer Ring
- 2 Anhänger
- 2 kleine Ringe
- 1 Kumihimo-Flechtscheibe

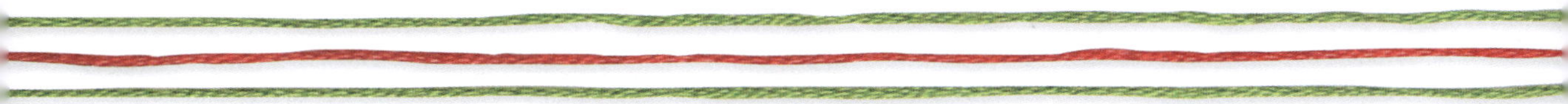

BENÖTIGTE TECHNIKEN

Einen Verschluss anbringen (S. 20)
Einen Anhänger anbringen (S. 25)
Kumihimo-Flechtscheibe (S. 44)
Kumihimo mit 16 Strängen (S. 48)

ANLEITUNG

AUSGANGSSCHEIBE

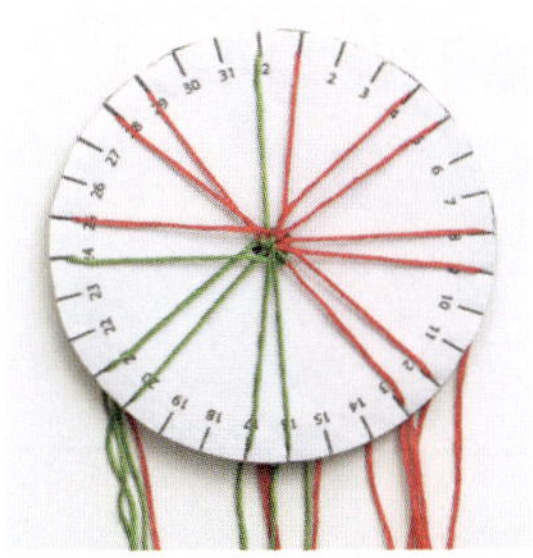

1. Knote die sechzehn Fäden etwa 6 cm von einem Ende entfernt zusammen. Stecke die Fäden durch das Mittelloch der Scheibe, sodass sich der Knoten auf der Rückseite befindet. Beginne mit dem Flechten. Sobald du die gewünschte Länge für dein Handgelenk erreicht hast, nimm die Fäden von der Scheibe und mache einen Knoten.

2. Öffne die Ringe. Schiebe den großen Ring in den Verschluss und verschließe ihn. Teile die sechzehn Fäden des Flechtzopfes in jeweils vier Teile und knote immer vier Fäden fest um den großen Ring. Schneide die Fäden so nah wie möglich an den Knoten ab und sichere sie mit einem Tropfen Kleber. Schiebe die Anhänger in die kleinen Ringe und verschließe sie um den großen Ring.

ROSENKRANZ-**ARMBÄNDER**

Ein traditionelles brasilianisches Armband, das aus bunten Baumwollfäden und einfachen Knoten geknüpft wird. Als Rosenkranz für die einen oder als trendiges Armband für die anderen ist es vielseitig verwendbar.

5 TIPPS FÜR EIN PERFEKTES ROSENKRANZ-ARMBAND

- Für ein traditionelles Rosenkranz-Armband mit zehn Knoten (ohne das Kreuz) benötigst du 1,10 m Faden. Für ein Armband mit Perlen brauchst du 1,30 m und für ein Armband mit drei Knoten in der Mitte nur 70 cm Faden.

- Die vorgegebenen Fadenlängen eignen sich für einen Handgelenksumfang von 15 cm. Wenn das Armband kürzer sein soll, passe die Maße einfach an. Probiere das Armband während des Flechtens an, um die Länge der Fäden anzupassen.

- Am besten, du verwendest geflochtene Nylonbänder mit einem gleichmäßigen Durchmesser, die nicht einschnüren. Dünnere Bootsleinen oder Makrameegarne eignen sich gut, wenn sie einen kleinen Durchmesser haben (zwischen 1 und 2 mm).

- Ein einfacher Strohhalm eignet sich sehr gut als Hilfsmittel zum Knüpfen der Knoten! 2 cm Strohhalmlänge reichen aus, um kurze Abstände zwischen den Knoten zu erhalten.

- Um einen einzigen Knoten richtig zu platzieren, markiere die gewünschte Stelle und positioniere den Strohhalm links von der Stelle, an der der Knoten sitzen soll. Achte darauf, dass der Knoten immer die Tendenz hat, sich etwas nach rechts zu verschieben.

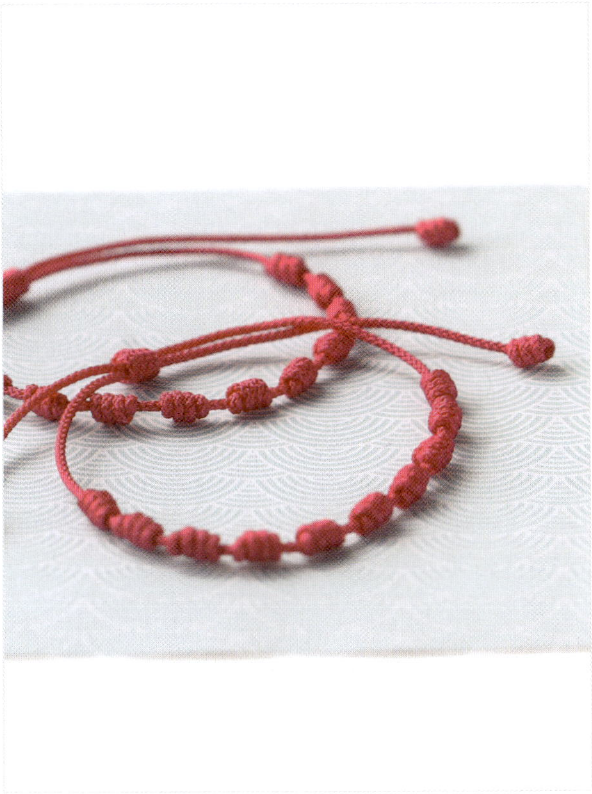

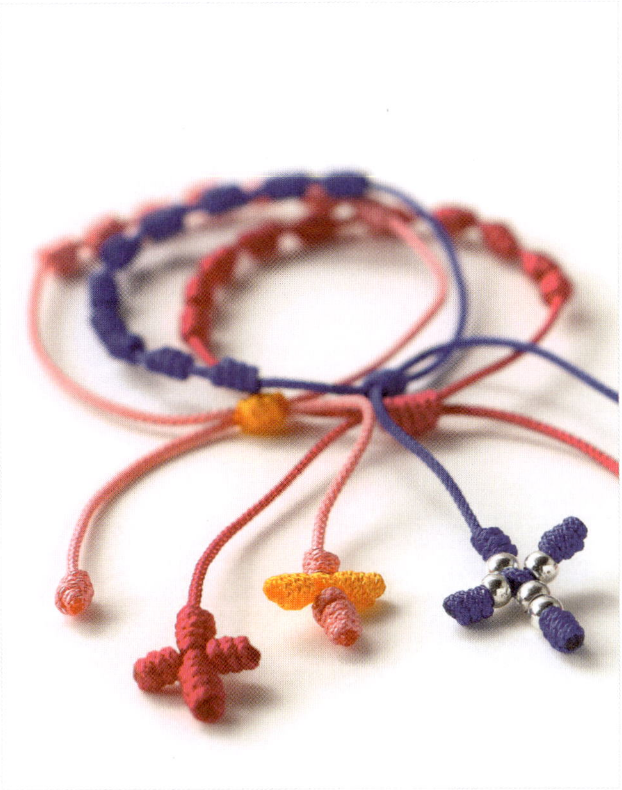

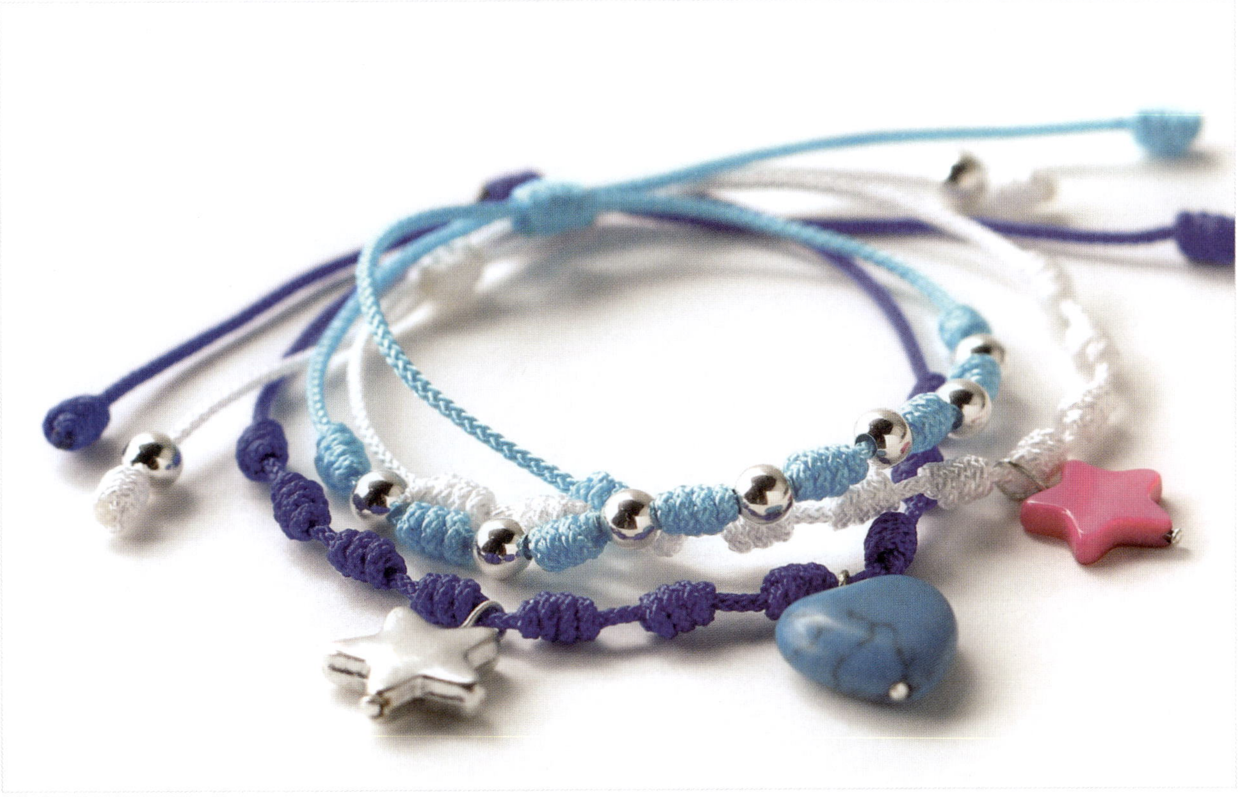

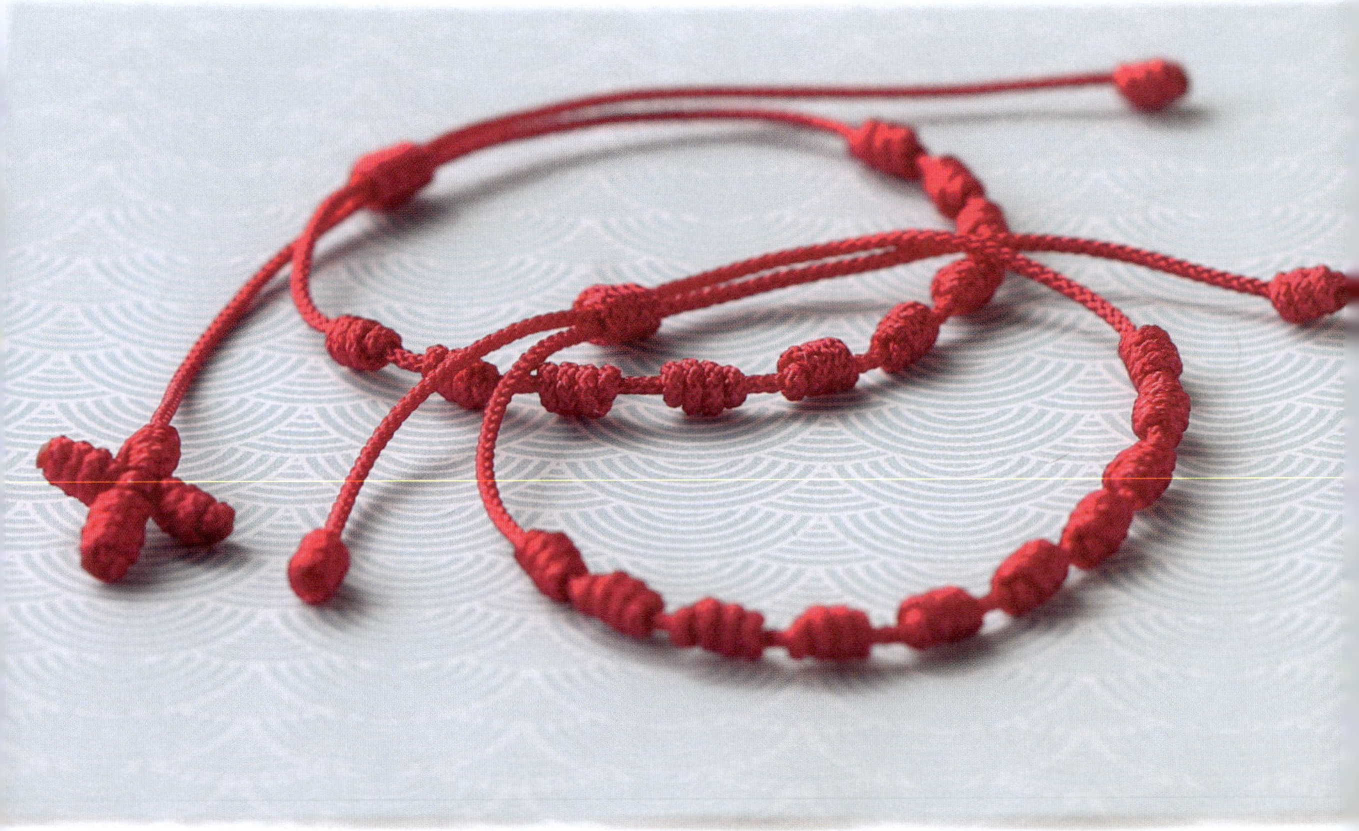

052

EINFACHES ROSENKRANZ-ARMBAND

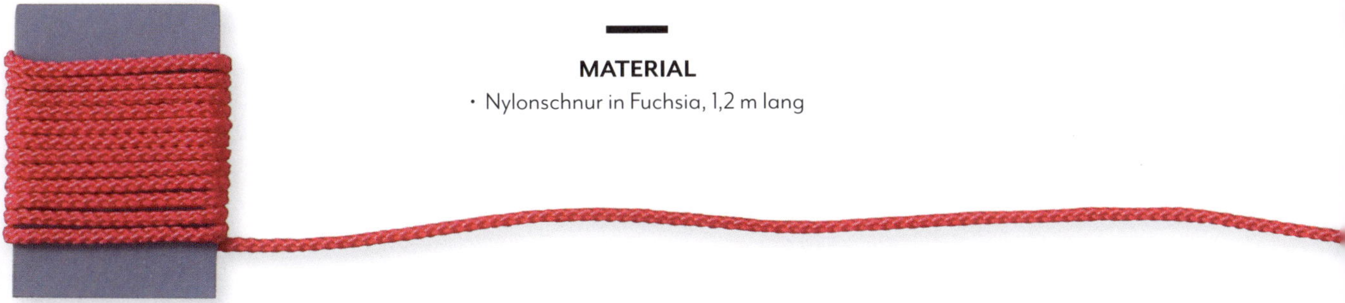

MATERIAL

- Nylonschnur in Fuchsia, 1,2 m lang

BENÖTIGTE TECHNIKEN

Rosenkranz-Knoten (S. 52)
Rosenkranz-Band mit Schiebeknoten (S. 54)

ANLEITUNG

1. Schneide eine 90 cm lange Schnur zurecht. Mache 3 cm vom Schnurende entfernt einen ersten Abschlussknoten. Schneide die Schnur bündig mit dem Knoten auf der linken Seite ab. Brenne das abgeschnittene Ende vorsichtig mit einer Streichholzflamme an.

2. Fahre fort, indem du 9 cm vom ersten Knoten entfernt einen weiteren Knoten knüpfst. Mache anschließend neun Knoten mit jeweils 0,5 cm Abstand zwischen ihnen. Diese Knotenreihe erstreckt sich auf ca. 8–10 cm.

3. Mache 9 cm entfernt vom letzten Knoten des Armbands den zweiten Abschlussknoten. Mit dem Rest der Schnur fertigst du um die beiden Schnüre einen Schiebeknoten an, um das Armband zu schließen.

TIPP

Die Anzahl der Knoten ist nicht so wichtig, Hauptsache ist, es macht Spaß. Achte aber darauf, dass du die Knoten immer mittig platzierst.

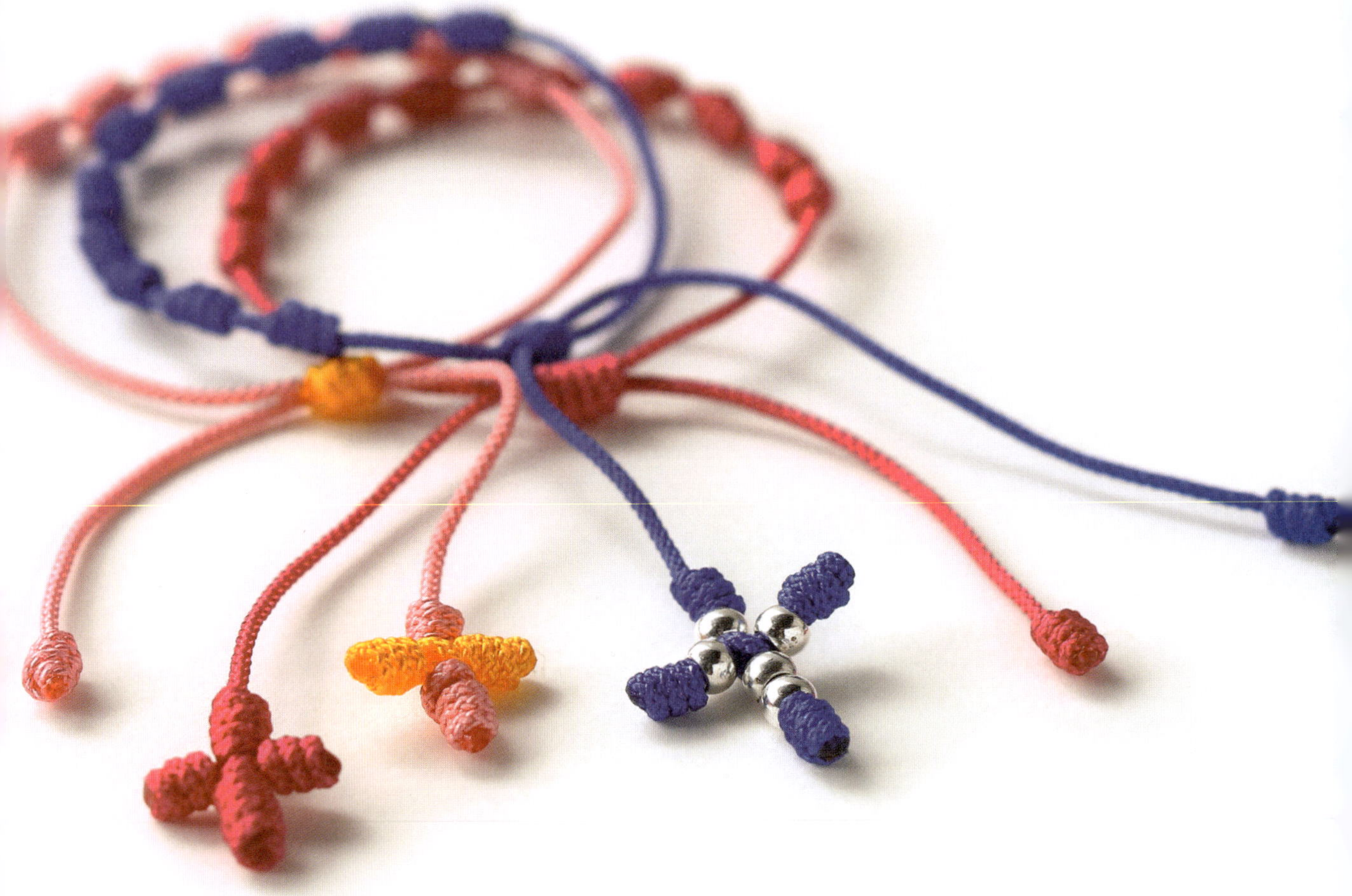

TIPP

Bevor du die Schnüre des Schiebeknotens anbrennst, schiebe die Enden weg vom Armband, damit du es nicht auch anbrennst!

053 | 054 | 055

KREUZ-ROSENKRANZ-**ARMBAND**

MATERIAL

KREUZ-ROSENKRANZ IN FUCHSIA
- Nylonschnur in Fuchsia, 1,6 m lang

ZWEIFARBIGER KREUZ-ROSENKRANZ
- Nylonschnur in Rosa, 1 m lang
- Nylonschnur in Orange, 60 cm lang

KREUZ-ROSENKRANZ MIT PERLEN
- Nylonschnur in Marineblau, 1,6 m lang
- 5 Perlen in Silber, Ø 4 mm

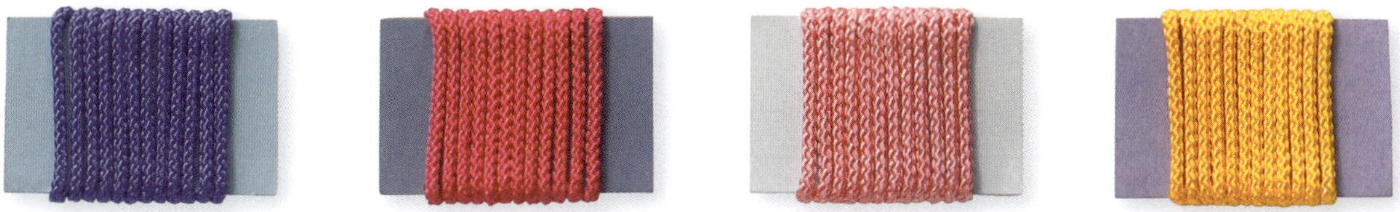

BENÖTIGTE TECHNIKEN

Rosenkranz-Knoten (S. 52)
Rosenkranz-Band mit Schiebeknoten (S. 54)
Rosenkranz-Kreuz (S. 56)

ANLEITUNG

KREUZ-ROSENKRANZ IN FUCHSIA

1. Fertige ein Rosenkranz-Armband mit 1 m Schnur an (S. 189), während du ein 20 cm langes Fadenende behältst.

2. Knüpfe mit einer 30 cm langen Schnur auf diesem Ende ein Kreuz.

3. Fertige um beide Schnüre mit dem Rest der Schnur einen Schiebeknoten an, um das Armband zu schließen.

ZWEIFARBIGER KREUZ-ROSENKRANZ

1. Fertige ein Rosenkranz-Armband mit 1 m Schnur in Rosa an (S. 189), während du ein 20 cm langes Fadenende behältst.

2. Knüpfe mit einer 30 cm langen Schnur in Orange auf diesem Ende ein Kreuz.

3. Fertige um beide Schnüre mit dem Rest der orangefarbenen Schnur einen Schiebeknoten an, um das Armband zu schließen.

KREUZ-ROSENKRANZ MIT PERLEN

1. Fertige ein Rosenkranz-Armband mit 1 m Schnur an (S. 189), während du ein 20 cm langes Fadenende behältst.

2. Knüpfe einen Rosenkranz, indem du nach dem ersten Knoten eine Perle auffädelst, dann zwei Perlen vor dem zweiten Knoten und eine Perle vor dem dritten und vierten Knoten.

3. Fertige um beide Schnüre mit dem Rest der Schnur einen Schiebeknoten an, um das Armband zu schließen.

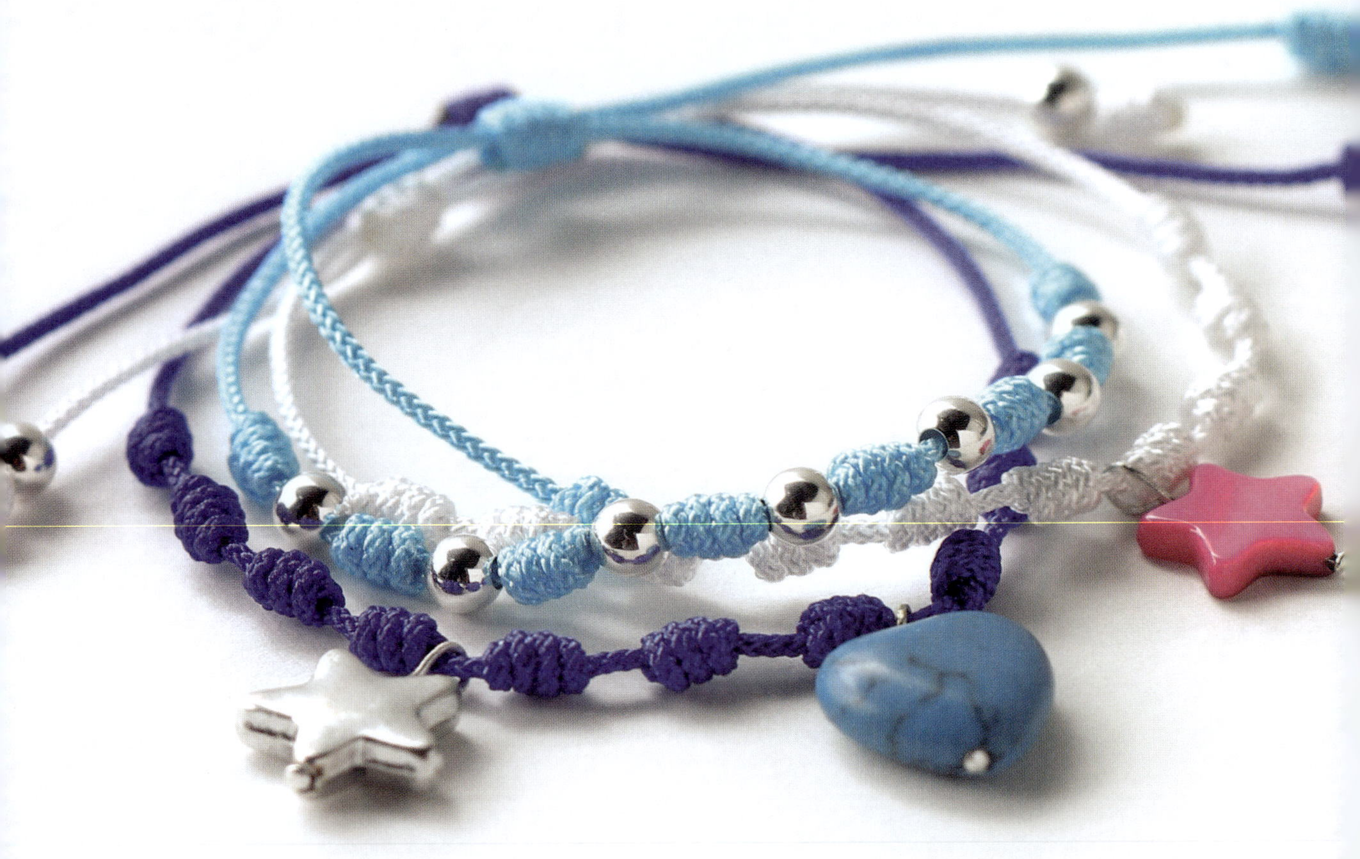

TIPP

Wenn du zwischen den Knoten Perlen einfügst, brauchst du weniger Knoten. Bei dem türkisfarbenen Rosenkranz-Armband reichen beispielsweise acht Knoten aus.

056 | 057 | 058

SCHMUCK-**ROSENKRANZ**

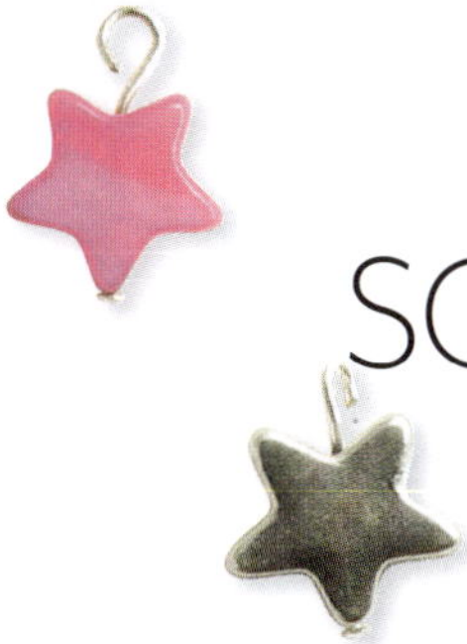

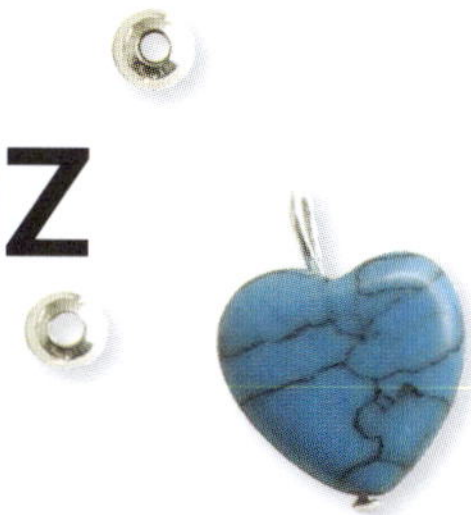

MATERIAL

TÜRKISFARBENER ROSENKRANZ
- Nylonschnur in Türkis, 1,2 m lang
- 7 Perlen in Silber, Ø 5 mm

BLAUER ROSENKRANZ
- Nylonschnur in Rosa, 1,3 m lang
- 1 Stern-Anhänger in Silber
- 1 Herz-Anhänger

WEISSER ROSENKRANZ
- Nylonschnur in Weiß, 1,3 m lang
- 2 Perlen in Silber, Ø 5 mm
- 1 Stern-Anhänger in Rosa

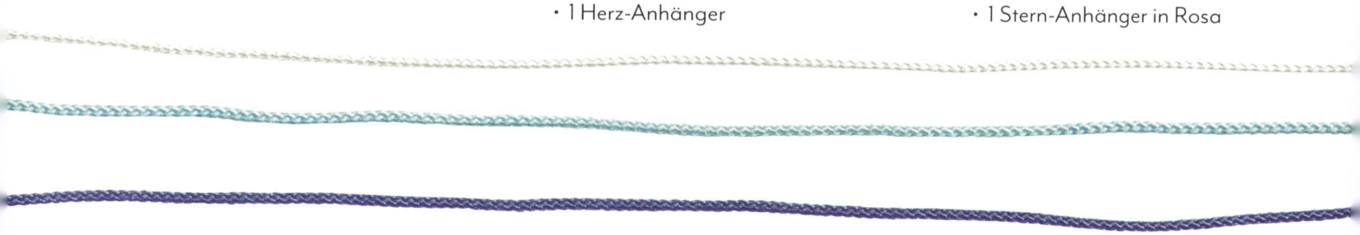

BENÖTIGTE TECHNIKEN

Einen Anhänger anbringen (S. 24)
Rosenkranz-Knoten (S. 52)
Rosenkranz-Band mit Schiebeknoten (S. 54)
Rosenkranz-Kreuz (S. 56)

ANLEITUNG

TÜRKISFARBENER ROSENKRANZ

1. Schneide eine 1,10 m lange Schnur zurecht und mache 3 cm von einem Ende entfernt einen Abschlussknoten.

2. Mache 8 cm weiter den ersten Knoten des Armbands und fädle eine Perle auf. Fahre fort, indem du abwechselnd 7 Knoten und 6 Perlen hintereinander auffädelst.

3. Mache 8 cm nach dem letzten Knoten des Armbands einen zweiten Abschlussknoten. Fertige mit der restlichen Schnur einen Schiebeknoten um die beiden Schnüre an, um das Armband zu schließen.

BLAUER UND WEISSER ROSENKRANZ

1. Schneide eine 1,10 m lange Schnur zurecht und mache 3 cm von einem Ende entfernt einen Abschlussknoten. Bei dem weißen Rosenkranz fädelst du nach dem Knoten eine Perle auf.

2. Mache 9 cm weiter den ersten Knoten des Armbands. Knüpfe anschließend neun weitere Knoten mit einem Abstand von jeweils 0,5 cm.

3. Mache 9 cm nach dem letzten Knoten des Armbands einen zweiten Abschlussknoten (fädle bei dem weißen Armband vorher noch eine Perle auf). Fertige mit der restlichen Schnur einen Schiebeknoten um die beiden Schnüre an, um das Armband zu schließen. Bringe den Anhänger mithilfe eines Rings an.

PARACORD-**ARMBÄNDER**

Armbänder aus Paracord, einem widerstandsfähigen Fallschirmseil, verbinden das Praktische mit dem Ästhetischen und lassen sich im Handumdrehen herstellen – und im Notfall ebenso leicht wieder lösen.

5 TIPPS FÜR EIN PERFEKTES PARACORD-ARMBAND

- Die vorgegebenen Fadenlängen eignen sich für einen Handgelenksumfang von 15 cm.

- Die Gesamtlänge eines Paracord-Armbands einschließlich des Verschlusses ist je nach Durchmesser des verwendeten Seils unterschiedlich: Dies sind die Maße für einen Handgelenksumfang von 15 cm. Passe sie an die Größe deines Handgelenks an, indem du für jeden weiteren Zentimeter Handgelenksumfang 1 cm hinzufügst: Seile mit 1,3 und 2 mm Durchmesser (Paracord 100) = 17,5 cm. Seile mit 3 mm Durchmesser (Paracord 275) = 18,5 cm. Seile mit 4 mm Durchmesser (Paracord 550) = 20 cm.

- Um dein Paracord-Armband selbst um dein Handgelenk zu schließen, fädle den Schäkel durch die Schlaufen und drehe ihn dann so, dass er senkrecht zum Armband steht. Setze die Schraube ein und schließe den Schäkel. Drehe den Schäkel wieder so, dass er in dieselbe Richtung wie das Armand zeigt.

- Paracord 550 ist ein weiches und zugleich starkes Nylonseil. Du kannst ein oder zwei Stränge, die sich im Inneren des Seils befinden, entfernen, damit das Seil flexibler ist.

- Vorsicht! Paracord brennt leicht und wird auch sehr heiß. Bevor du die Enden der Seile anbrennst, solltest du sie 2 mm von der letzten Schlaufe entfernt abschneiden, damit du wenig Brennmaterial hast. Um die Seile sauber und unauffällig anzubrennen, halte die Flamme eines Feuerzeugs über die abgeschnittenen Seilenden, bis sie verschmelzen. Drücke zum Schluss das Metall des Feuerzeugs vorsichtig auf die geschmolzenen Enden.

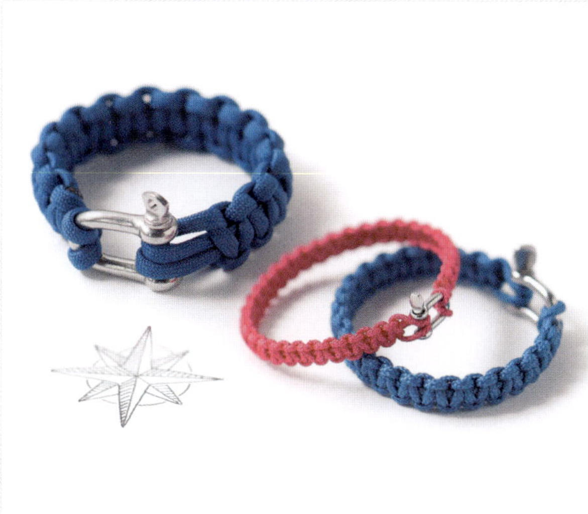
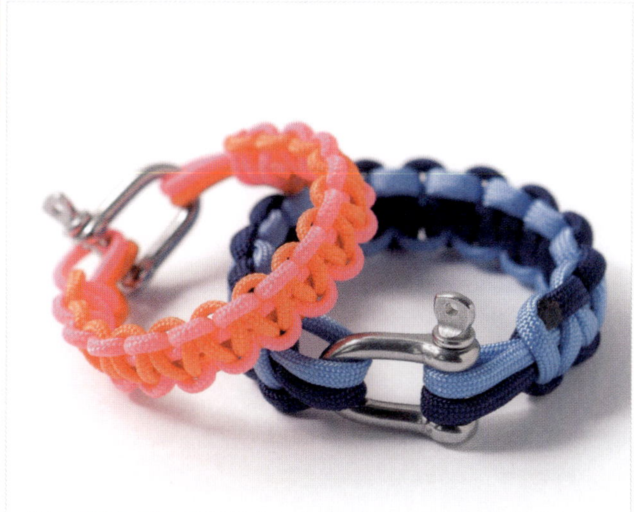
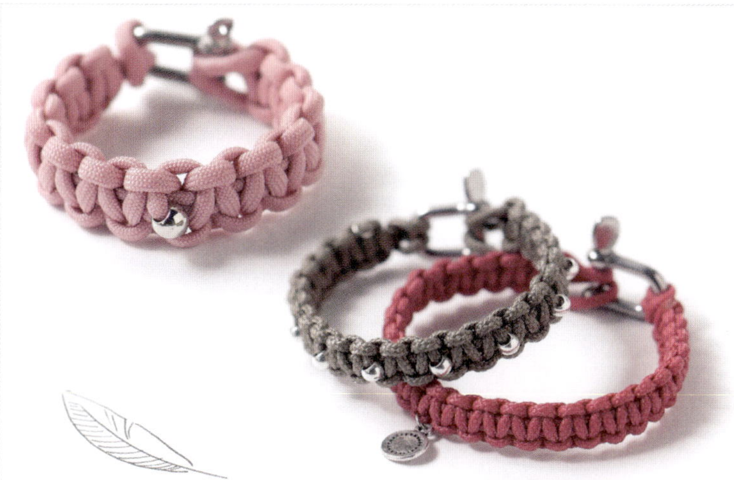
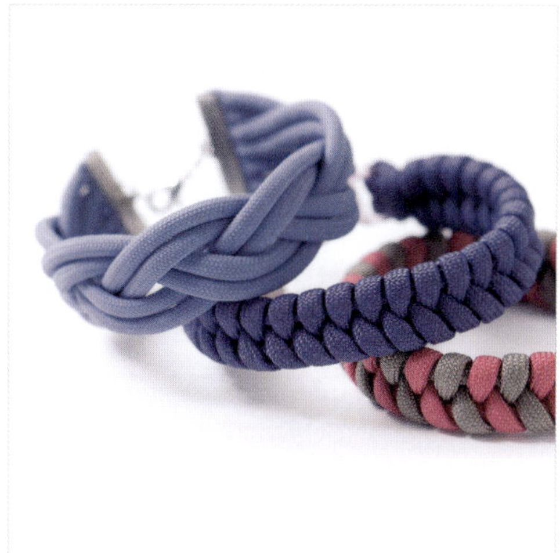
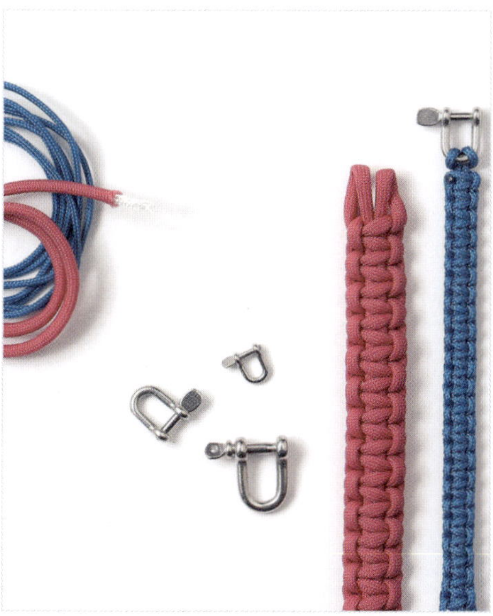
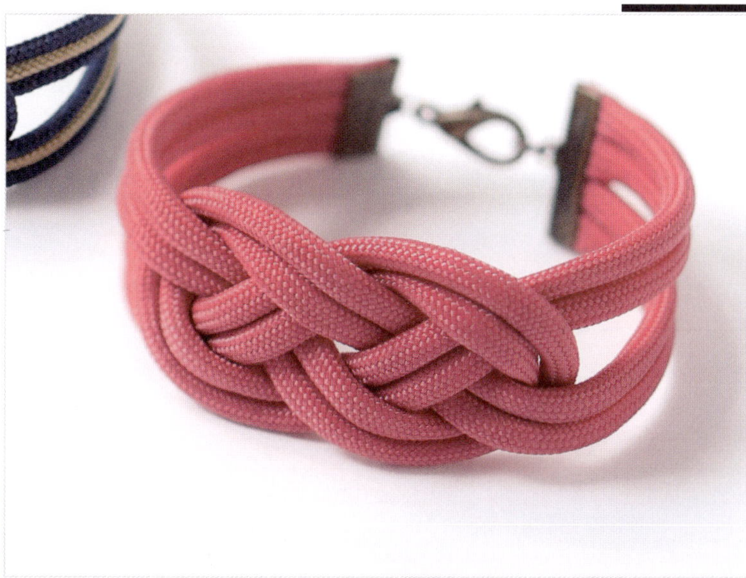

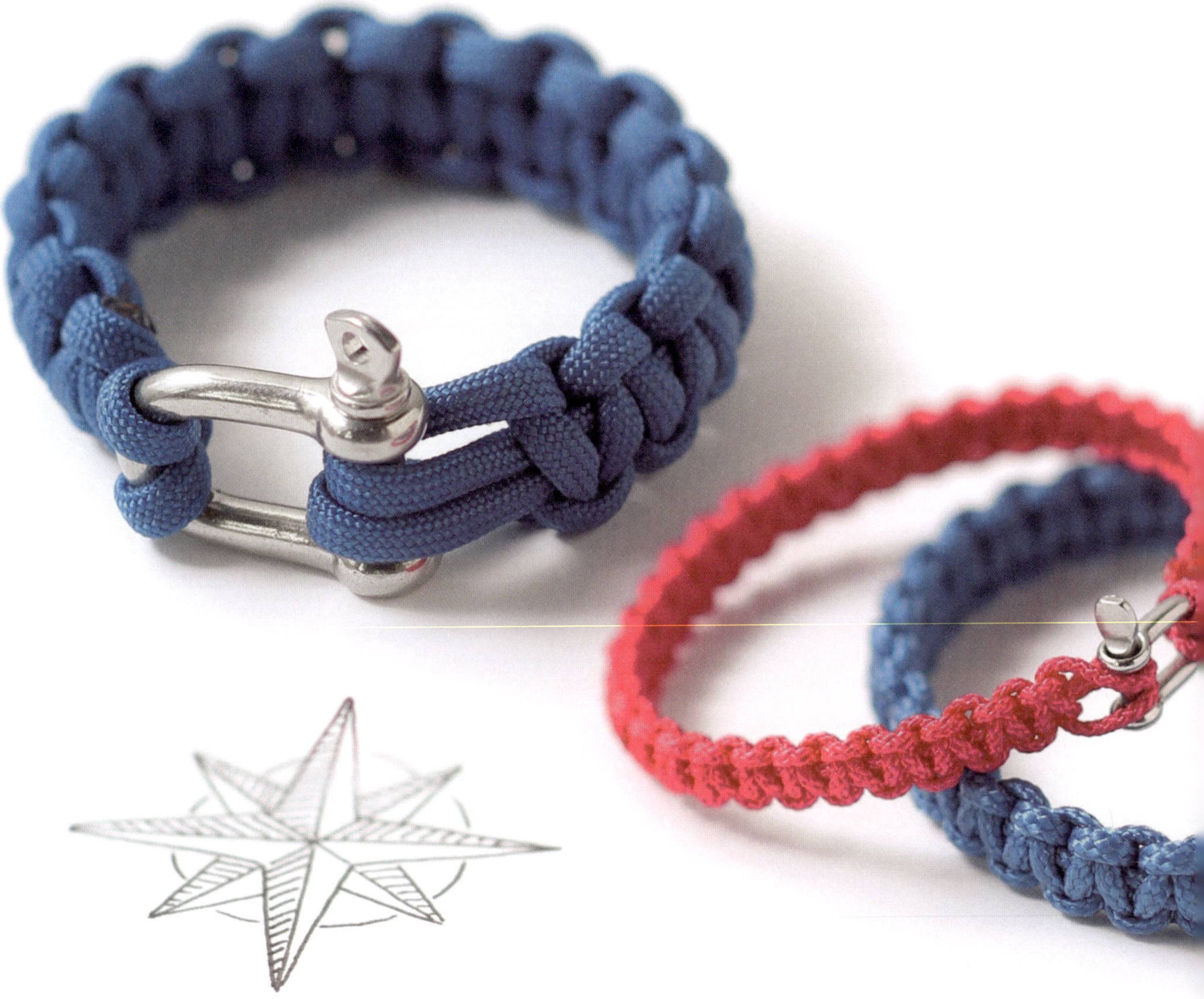

059 | 060 | 061

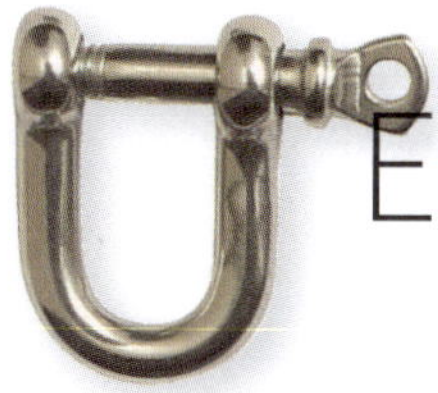

EINFACHE **ARMBÄNDER**

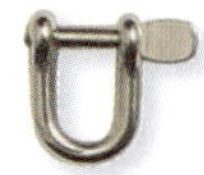

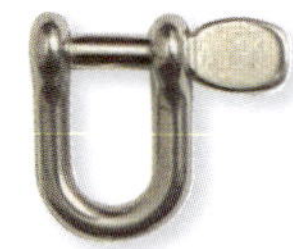

MATERIAL

PARACORD 100, Ø 2 MM
- Paracord in Blau, 2 m lang
- 1 Mini-Schäkel, 3 mm

PARACORD 550, Ø 4 MM
- Paracord in Blau, 2 m lang
- 1 Mini-Schäkel, 4 mm

GEFLOCHTENES PARACORD, Ø 1,3 MM
- Paracord in Fuchsia, 2 m lang
- 1 Mini-Schäkel, 2 mm

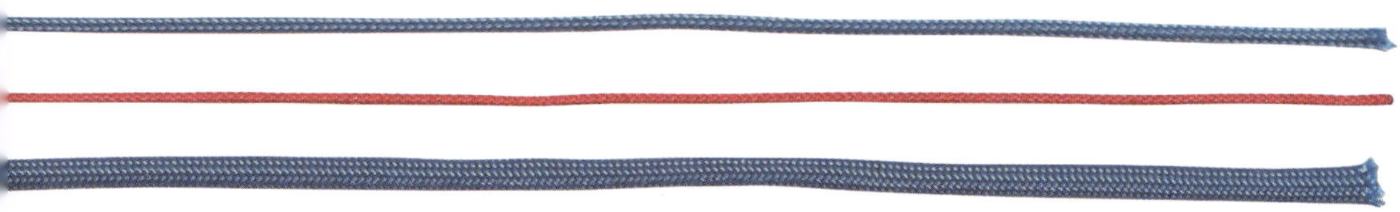

BENÖTIGTE TECHNIKEN

Ein Paracord-Armband beginnen (S. 58)
Kreuzknoten aus Paracord (S. 62)
Ein Paracord-Armband beenden (S. 63)

ANLEITUNG

1. Falte das Seil in der Mitte und brenne die Enden an. Führe sie durch den geschlossenen Schäkel, dann durch die Schlaufe des Seils und ziehe fest, um das Seil am Schäkel zu befestigen.

2. Falte das Seil erneut 18 cm vom Schäkel entfernt in der Mitte, entferne die Schraube vom Schäkel und lege sie in die entstandene Falte. Klemme die Schraube und das obere Ende des Seils in eine Halterung.

3. Fertige das Armband an, indem du abwechselnd rechte und linke Kreuzknoten bis hin zum Schäkel machst.

TIPP

Bevor du mit dem Armband beginnst, miss dein Handgelenk aus und teste, ob du die richtige Seillänge für die Anfertigung deines Armbands hast.

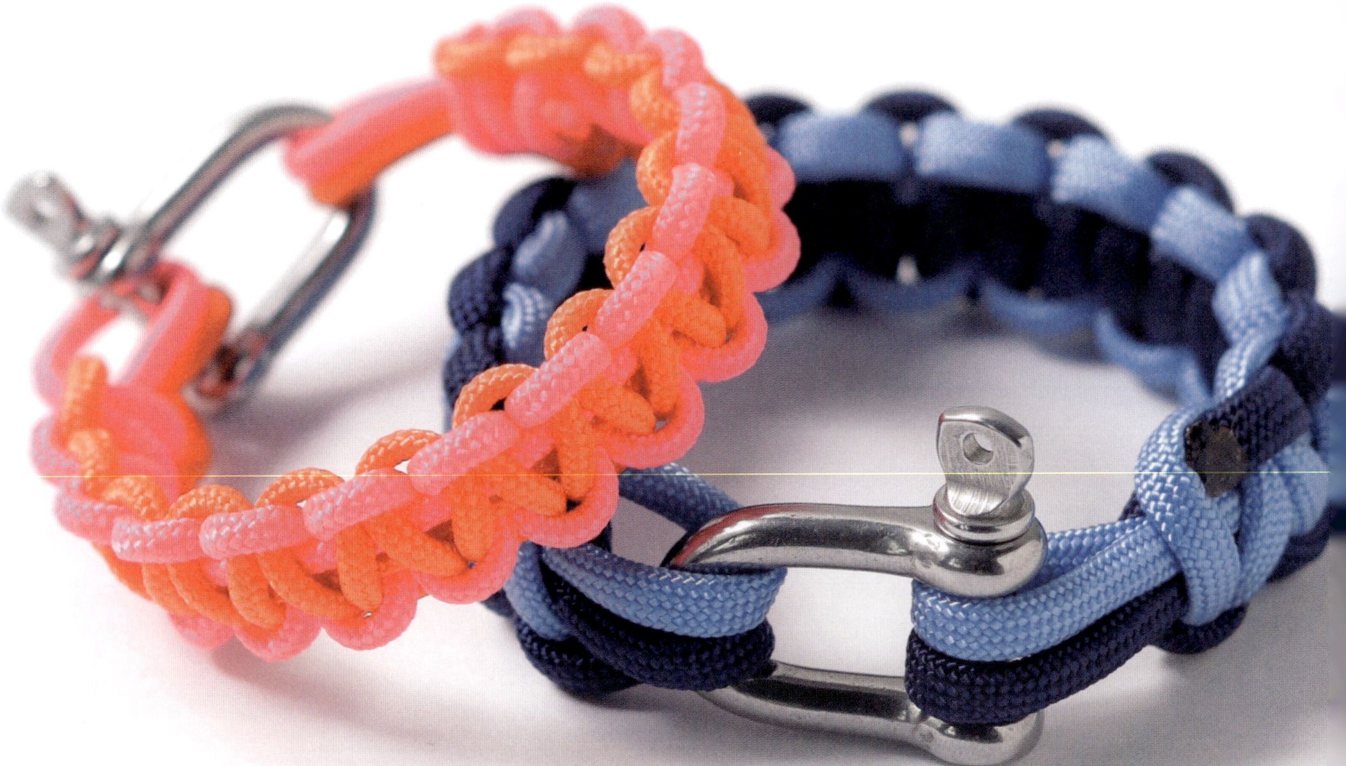

TIPP

Ziehe alle Knoten gleichmäßig fest, sodass dein Armband über die gesamte Länge dieselbe Breite und Spannkraft hat.

062 | 063

FÜR SIE **UND IHN**

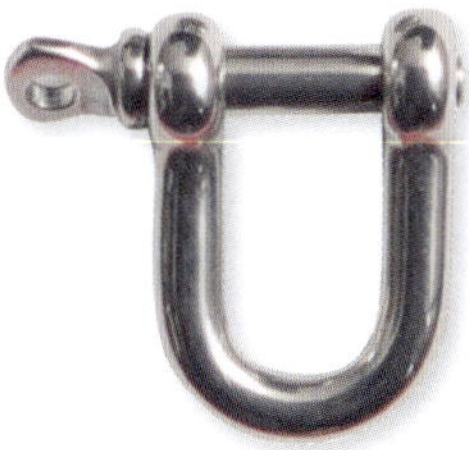

MATERIAL

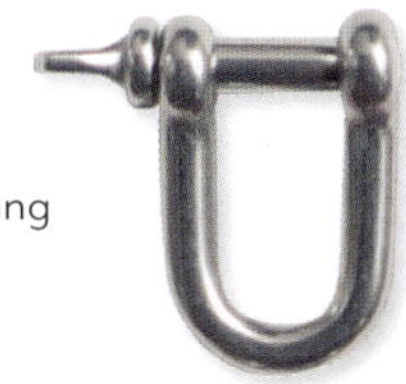

PARACORD 275, Ø 2,5 MM
- Paracord in Neon-Rosa, 1 m lang
- Paracord in Neon-Orange, 1 m lang
- 1 Minischäkel, 3 mm

PARACORD 550, Ø 4 MM
- Paracord in Nachtblau, 1,2 m lang
- Paracord in Blau, 1,2 m lang
- 1 Minischäkel, 4 mm

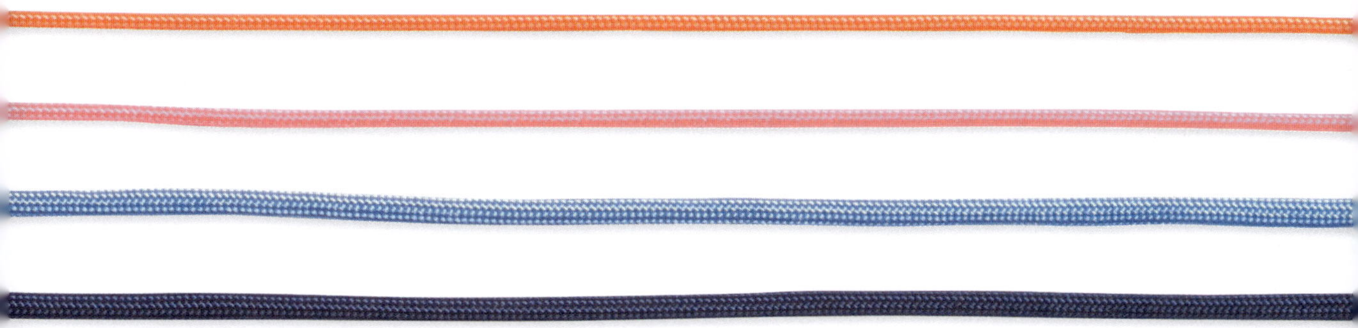

BENÖTIGTE TECHNIKEN

Ein Paracord-Armband beginnen (S. 58)
Kreuzknoten aus Paracord (S. 62)
Ein Paracord-Armband beenden (S. 63)

ANLEITUNG

1. Falte die Seile 27 cm von einem Ende entfernt zur Hälfte und platziere die Schraube des Schäkels in der Falte.

2. Klemme die Schraube und die oberen Enden der Seile in eine Halterung, wobei du die 27 cm langen Seile in die Mitte legst. Mache abwechselnd rechte und linke Kreuzknoten bis 2 cm vom Ende des Armbands entfernt.

3. Entferne die Schraube und schließe den Schäkel. Führe die mittleren Seile durch den Schäkel und lege sie auf das Armband. Mache mit den äußeren Seilen zwei Kreuzknoten, um die mittleren Seile zu sichern. Schneide und brenne die Seile zum Schluss ab.

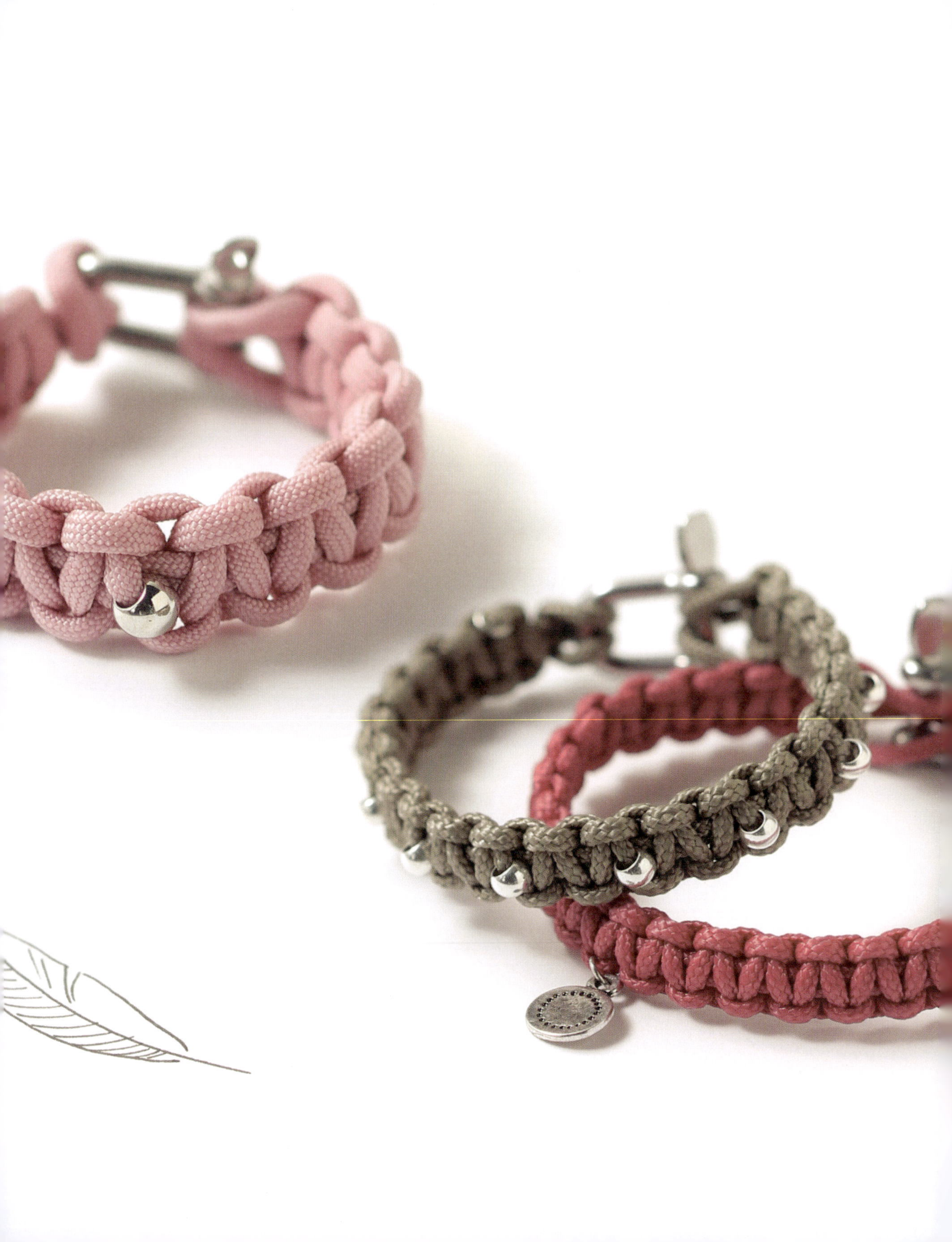

064

PARACORD **MIT PERLEN**

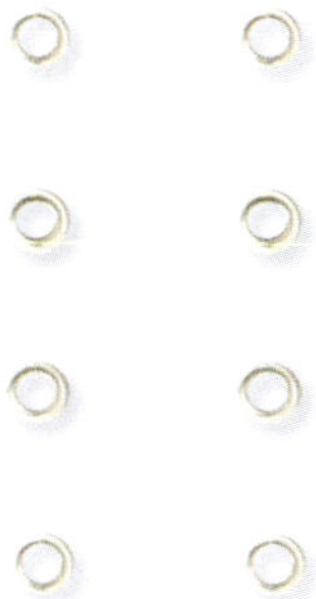

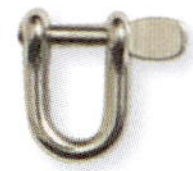

MATERIAL

- Paracord 100 in Beige, Ø 2 mm, 2 m lang
- 8 Perlen in Silber, Ø 3 mm
- 1 Minischäkel, 3 mm

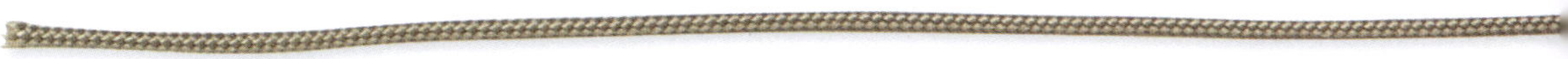

BENÖTIGTE TECHNIKEN

Eine aufgesetzte Perle anbringen (S. 37)
Ein Paracord-Armband beginnen (S. 58)
Kreuzknoten aus Paracord (S. 62)
Ein Paracord-Armband beenden (S. 63)

ANLEITUNG

1. Beginne das Armband gemäß den Anleitungen zu Beginn des Buchs und mache abwechselnd linke und rechte Kreuzknoten über 5 cm Länge. Fädle eine Perle auf das linke Seil auf.

2. Mache einen Kreuzknoten und achte darauf, dass die Perle in der Mitte bleibt. Ziehe den Knoten fest, um die Perle zu sichern.

3. Fahre fort, indem du über 2 cm Länge weitere Kreuzknoten ohne Perlen machst. Fädle eine weitere Perle auf. Wiederhole diesen Schritt über die gesamte Länge des Armbands.

065

GIRLY **PARACORD**

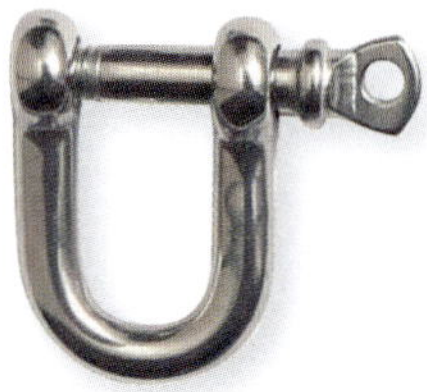

MATERIAL

- Paracord in Rosa, Ø 4 mm, 2,2 m lang
- 1 Perle in Silber, Ø 6 mm
- 1 Schäkel, 4 mm

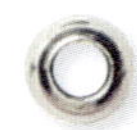

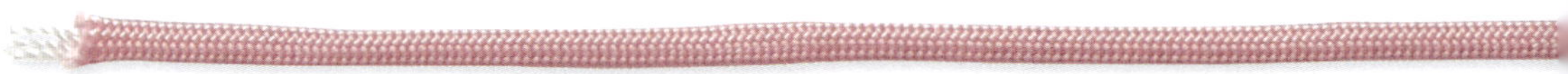

BENÖTIGTE TECHNIKEN

Eine aufgesetzte Perle anbringen (S. 37)
Ein Paracord-Armband beginnen (S. 58)
Kreuzknoten aus Paracord (S. 62)
Ein Paracord-Armband beenden (S. 63)

ANLEITUNG

1. Beginne das Armband gemäß den Anleitungen zu Beginn des Buchs und mache abwechselnd linke und rechte Kreuzknoten bis zur Mitte des Armbands.

2. Fädle eine Perle auf das linke Seil auf und mache einen Kreuzknoten. Achte darauf, dass die Perle in der Mitte bleibt.

3. Fahre fort, indem du abwechselnd Kreuzkoten machst, bis du den Schäkel erreicht hast. Beende das Armband.

TIPP
Damit die Seilenden nicht ausfransen, gehst du mit der Flamme eines Feuerzeugs über das Ende und drückst es dann mit zwei Fingern rasch zusammen.

066

CHARM-**PARACORD**

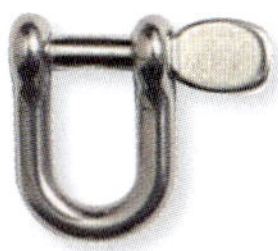

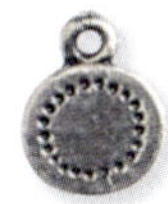

MATERIAL

- Paracord 100 in Fuchsia, Ø 2 mm, 2 m lang
- 1 Anhänger, Ø 8 mm
- 1 Schäkel, 3 mm
- 1 kleinen Ring

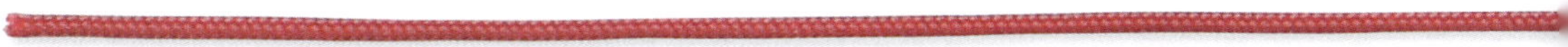

BENÖTIGTE TECHNIKEN

Einen Anhänger anbringen (S. 25)
Ein Paracord-Armband beginnen (S. 58)
Kreuzknoten aus Paracord (S. 62)
Ein Paracord-Armband beenden (S. 63)

ANLEITUNG

1. Beginne das Armband gemäß den Anleitungen zu Beginn des Buchs und mache abwechselnd linke und rechte Kreuzknoten bis zur Mitte des Armbands.

2. Schiebe den Anhänger durch den Ring. Fädle den Ring auf das linke Seil auf und mache einen Kreuzknoten. Achte darauf, dass der Anhänger der Seite des Armbands sitzt.

3. Fahre fort, indem du abwechselnd Kreuzkoten machst, bis du den Schäkel erreicht hast. Beende das Armband.

TIPP
Bevor du startest, überprüfe, ob das Paracord durch die Löcher der Perlen passt.

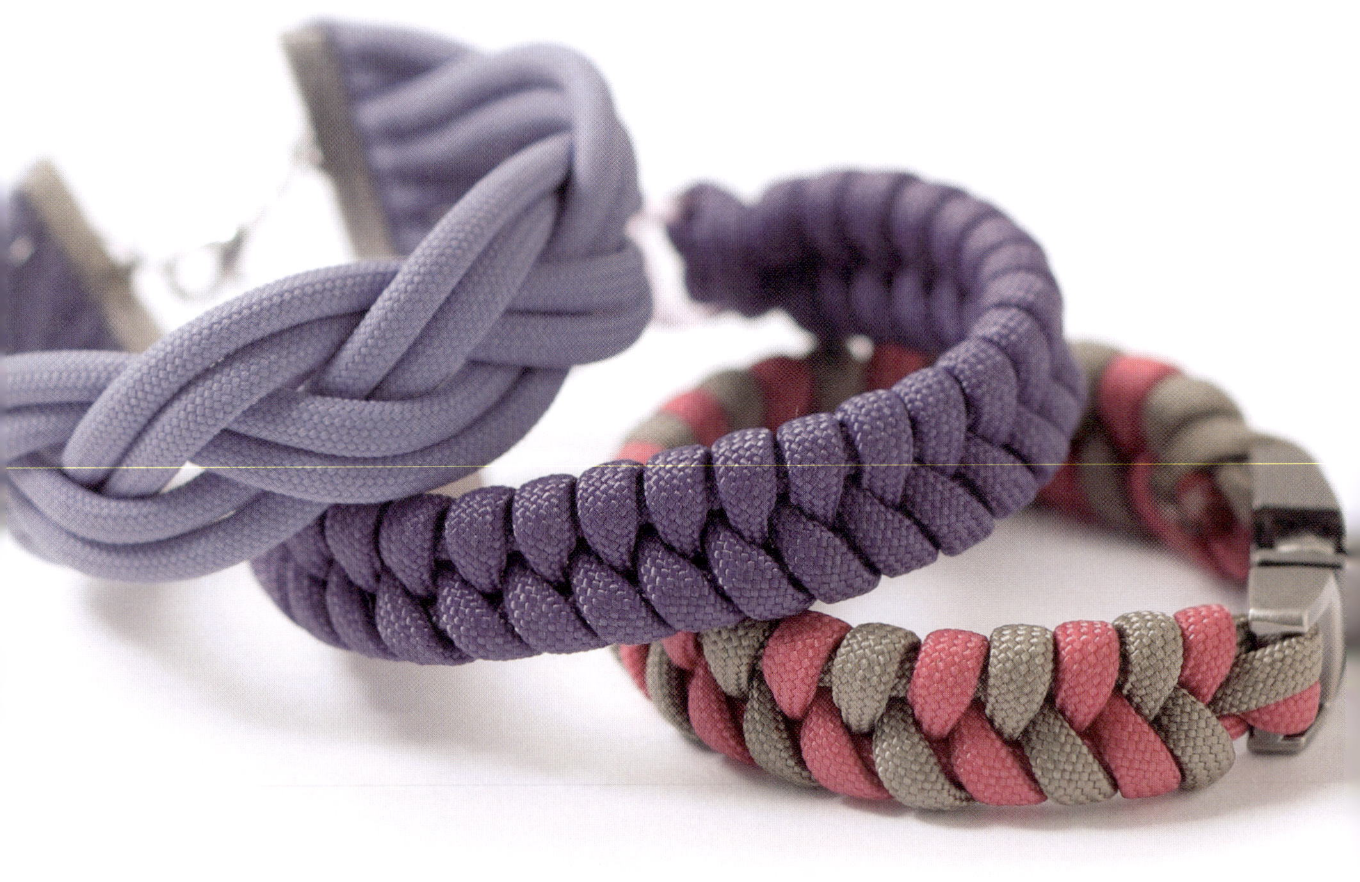

067

FISCH**GRÄTE**

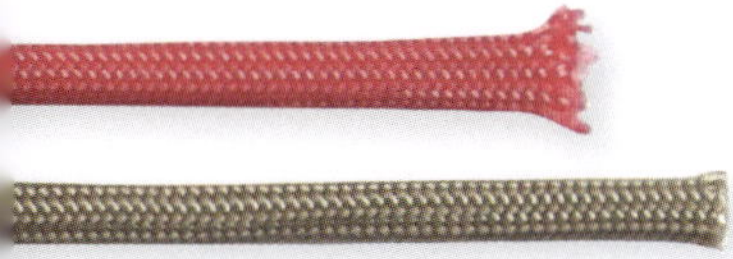

MATERIAL

- Paracord 550 in Beige, Ø 4 mm, 80 cm lang
- Paracord 550 in Fuchsia, Ø 4 mm, 80 cm lang
- 1 Schnalle in Metall Matt, 1,5 cm lang

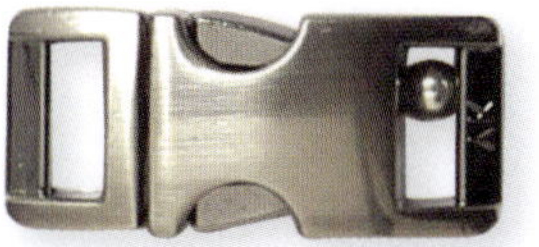

BENÖTIGTE TECHNIKEN

Ein Paracord-Armband beginnen (S. 58)
Zwei Paracord-Stränge miteinander verbinden (S. 60)
Mit 4 Strängen flechten (S. 61)
Ein Paracord-Armband beenden (S. 63)

ANLEITUNG

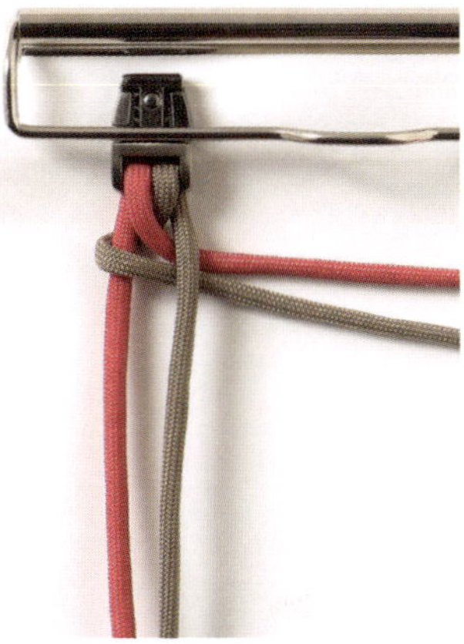

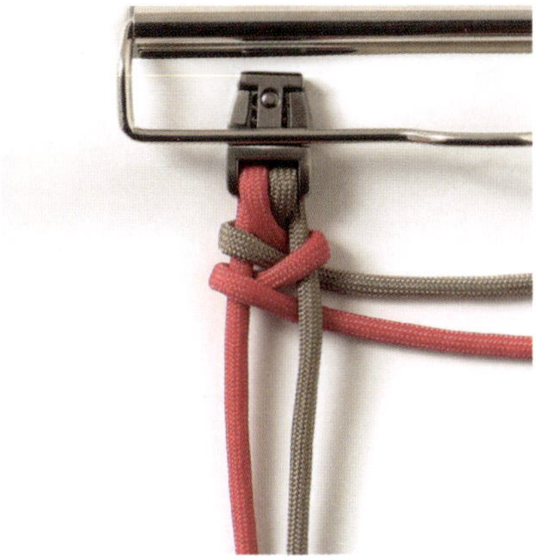

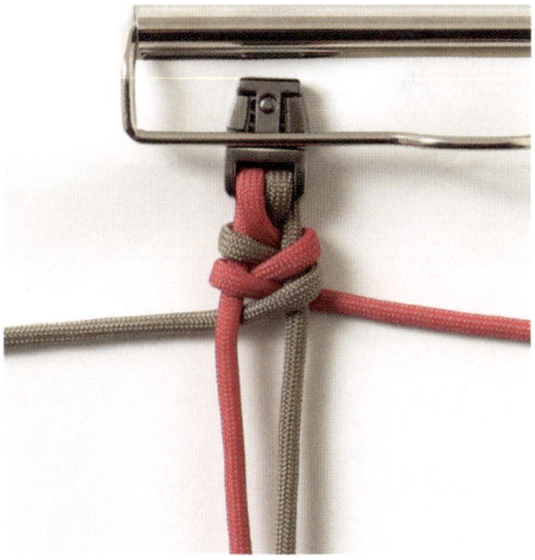

1. Öffne die Schnalle, führe die Seilenden durch einen der Verschlüsse, dann durch die Seilschlaufe und ziehe sie fest. Führe die Seilenden durch den anderen Teil der Schnalle, sodass zwischen den beiden Schnallenteilen 18 cm Seil liegen.

2. Flechte gemäß den Anleitungen zu Beginn des Buchs mit vier Strängen einen Zopf.

3. Am Ende des Armbands führst du die Seile durch die letzten Schlaufen, schneidest sie ab und schmilzt die Enden an.

FISCHGRÄTE **FÜR IHN**

MATERIAL

- Paracord 550 in Lila, Ø 4 mm, 2 x 80 cm lang
- 1 Schnalle in Kristalllila, 1,5 cm lang

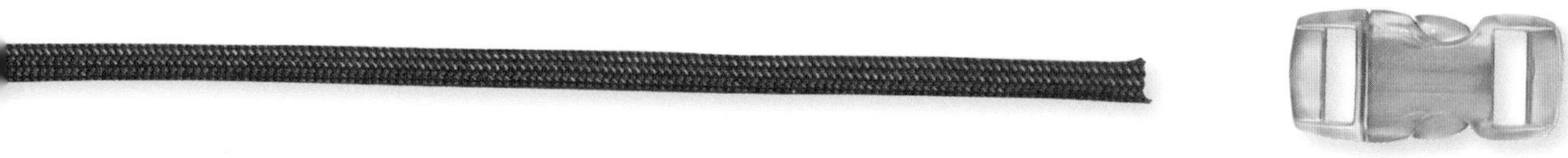

BENÖTIGTE TECHNIKEN

Ein Paracord-Armband beginnen (S. 58)
Mit 4 Strängen flechten (S. 61)
Ein Paracord-Armband beenden (S. 63)

ANLEITUNG

1. Öffne die Schnalle, führe die Seilenden durch einen der Verschlüsse, dann durch die Seilschlaufe und ziehe sie fest. Führe die Seilenden durch den anderen Teil der Schnalle, sodass zwischen den beiden Schnallenteilen 18 cm Seil liegen.

2. Flechte gemäß den Anleitungen zu Beginn des Buchs mit vier Strängen einen Zopf.

3. Am Ende des Armbands führst du die Seile durch die letzten Schlaufen, schneidest sie ab und schmilzt die Enden an.

TIPP

Das Paracord 550 ist ein weiches und zugleich festes Nylonseil. Du kannst einen oder zwei Stränge aus dem Inneren entfernen, damit es flexibler wird.

069

GEFLOCHTENES **PARACORD**

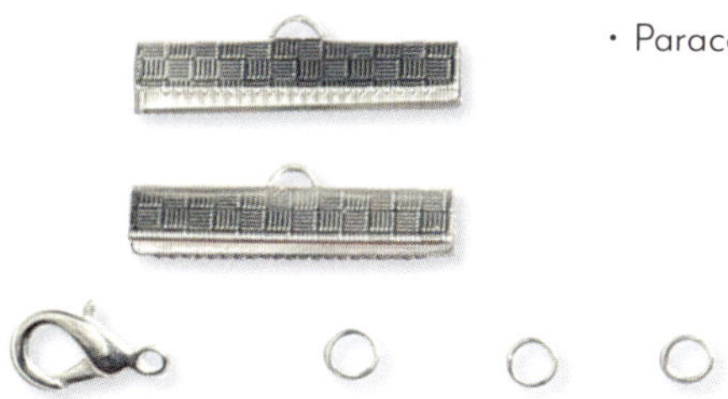

MATERIAL

- Paracord 550 in Blasslila, Ø 4 mm, 6 x 30 cm lang
- 2 Lintklemmen in Silber, 3 cm lang
- 1 Karabinerverschluss
- 3 Ringe, Ø 4 mm

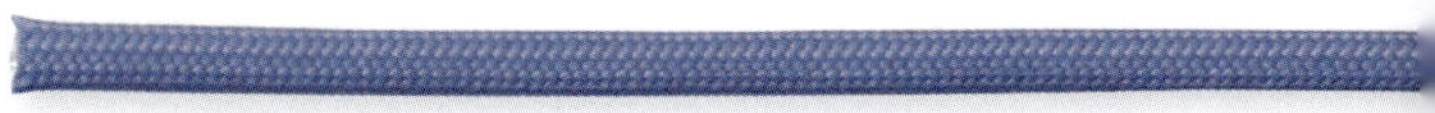

BENÖTIGTE TECHNIKEN

Einen Verschluss anbringen (S. 20)
Eine Lintklemme anbringen (S. 24)
Bänder flechten (S. 27)

ANLEITUNG

1. Lege die sechs Seile nebeneinander und schmilz die oberen Enden vorsichtig an, sodass sie versiegelt sind. Schiebe die sechs Seile in eine Lintklemme und ziehe sie mit einer Flachzange fest.

2. Teile die Seile in drei Gruppen. Flechte einen klassischen Zopf: Die beiden linken Seile wandern über die mittleren Seile und dann unter die beiden rechten Seile. Die beiden mittleren Seile wandern über die beiden rechten Seile.

3. Fahre so über die gesamte Länge des Armbands fort. Schiebe die Seile zum Schluss in die zweite Lintklemme. Bringe die Ringe und den Karabinerverschluss an, um das Armband zu schließen.

TIPP
Dies ist eine der einfachsten Techniken, für die Paracord verwendet wird. Trotzdem hält man in nur wenigen Minuten ein wunderhübsches Armband in den Händen.

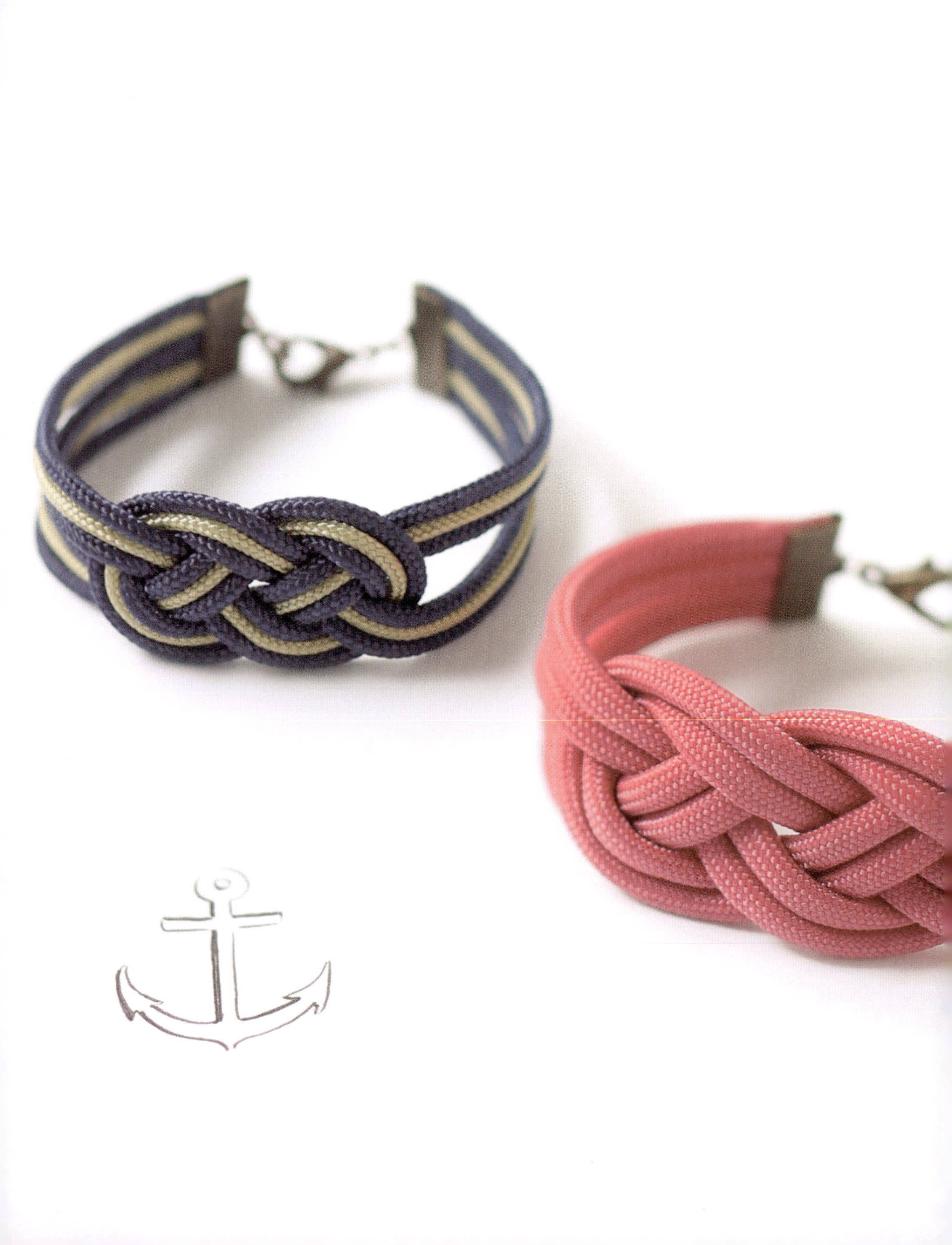

SEEMANNSKNOTEN-**ARMBAND**

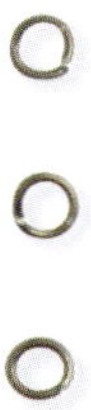

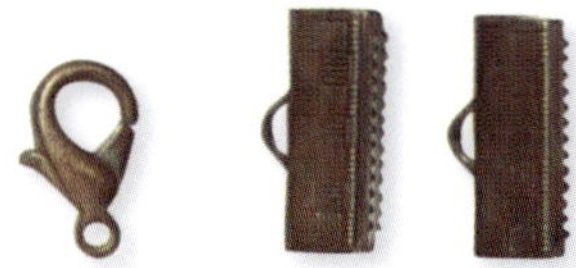

MATERIAL

- Paracord 100 in Marineblau, Ø 2 mm, 4 x 30 cm lang
- Paracord 100 in Gold, Ø 2 mm, 2 x 30 cm lang
- 2 Lintklemmen in Bronze, 1,5 cm lang
- 2 Ringe in Bronze, Ø 4 mm
- 1 Ring in Bronze, Ø 5 mm
- 1 Karabinerverschluss

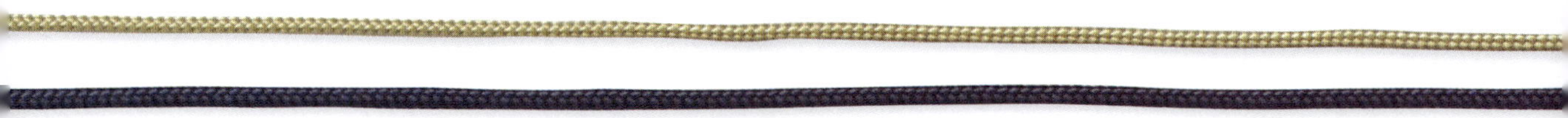

BENÖTIGTE TECHNIKEN

Einen Verschluss anbringen (S. 20)
Eine Lintklemme anbringen (S. 24)

ANLEITUNG

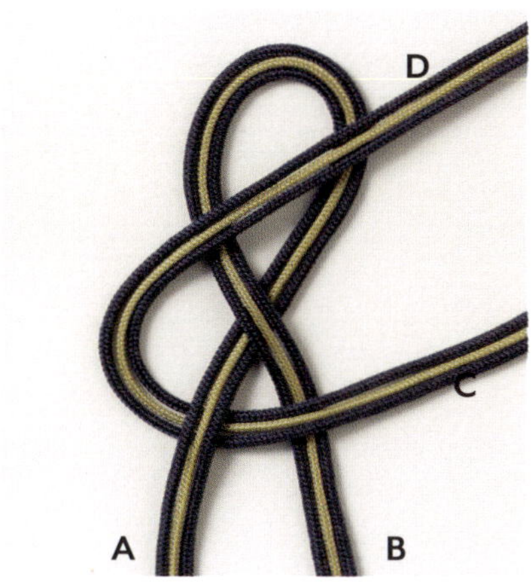

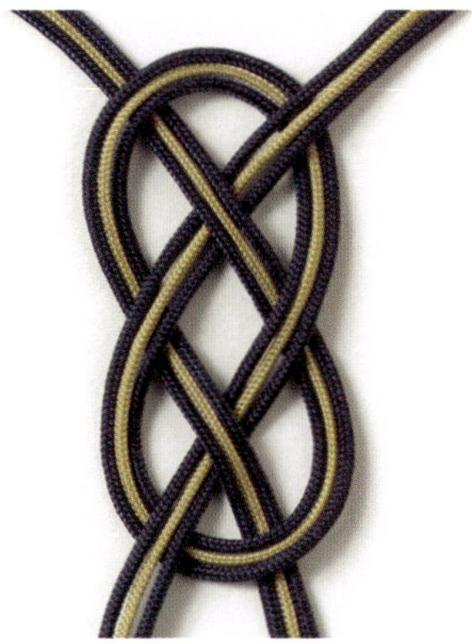

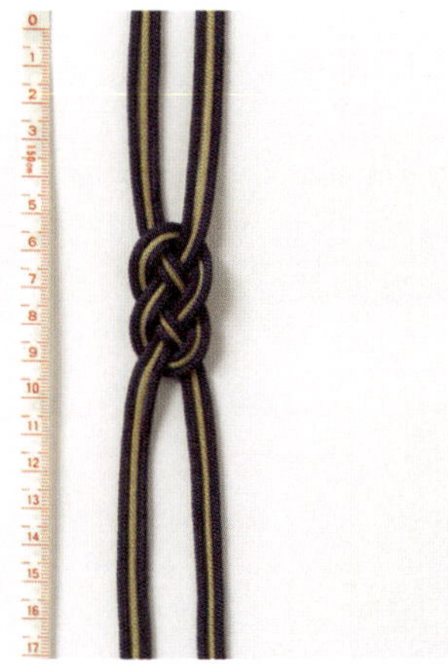

1. Nimm drei Seile und bilde aus ihnen zwei Bänder. Ordne die Seile wie folgt an: Blau, Gold, Blau. Nun bildest du mit dem ersten Band aus drei Seilen (A und B) eine Schlaufe in der Mitte. Das zweite Band (C und D) legst du wie folgt aus: C wandert über B, unter A. D wandert über die Schlaufe.

2. C wandert unter der Schleife durch und über D. C befindet sich links oben, D rechts oben. C wandert unter der Schlaufe nach links. D liegt oben. Ziehe etwas an den Enden, ohne den Knoten zu fest zu ziehen. Achte darauf, dass die sechs Bänder alle die gleiche Länge haben.

3. Miss eine Länge von 14,5 cm ab, wobei sich der Knoten in der Mitte befindet. Schneide die Bänder ab. Lege auf beiden Seiten die Bänder nebeneinander und schmilz die Enden ab, sodass sie versiegelt sind. Bringe die Lintklemmen, dann die Ringe und den Karabinerverschluss an.

PEYOTE-**ARMBÄNDER**

Peyote- oder Peyotl-Armbänder sind nach einem Kaktus aus dem südlichen Nordamerika benannt. Typisch für diese Armbänder sind symbolträchtige, farbenfrohe Muster, die oft mit kleinen gewebten Perlen verziert werden.

5 TIPPS FÜR EIN PERFEKTES PEYOTE-ARMBAND

- Die Musteranleitung wird immer von links nach rechts gelesen und die Perlen in dieser Richtung aufgefädelt. In der nächsten Reihe dann wird der Webfaden von rechts nach links durch die Perlen geführt. Und immer so weiter.

- Die Linien der Peyote-Webarbeiten greifen ineinander. Wenn du die Anzahl der gewebten Reihen bestimmen möchtest, zählst du daher die Perlen diagonal im Zickzack.

- Um die Gesamtbreite der Webarbeit zu bestimmen, zählst du die Perlenspalten und nicht alle Perlen, die in einer Reihe gewebt wurden. Um die richtige Länge des Webfadens zu bestimmen, nimm etwa das Eineinhalbfache deiner Armlänge. Vermeide es, einen zu langen Webfaden zu nehmen, da er leichter verknotet. Es ist besser, den Webfaden öfter zu wechseln.

- Bevor du beginnst, wähle Perlen mit demselben Durchmesser und ohne Fehler aus, um ein gleichmäßiges Ergebnis zu bekommen.

- Perlen werden oft in gemischten Beuteln verkauft. Sortiere den Inhalt in verschiedenen kleinen Schachteln. Das erleichtert die Wahl der Farben und damit das Weben. Wenn du sehr feine und gleichmäßige Armbänder haben möchtest, verwende japanische Miyuki-Perlen 11/0, die etwas teurer sind als die herkömmlichen Perlen.

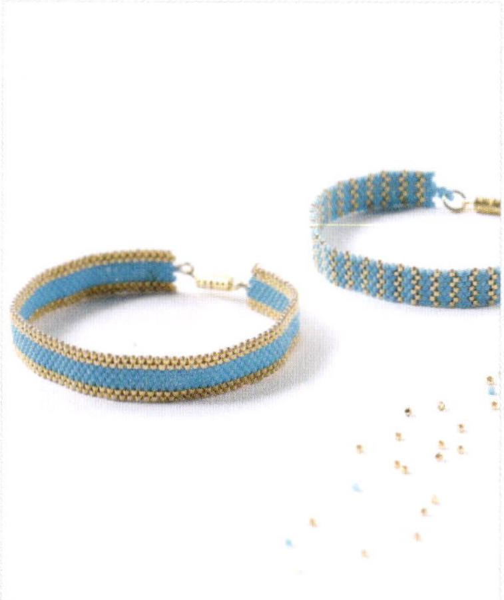
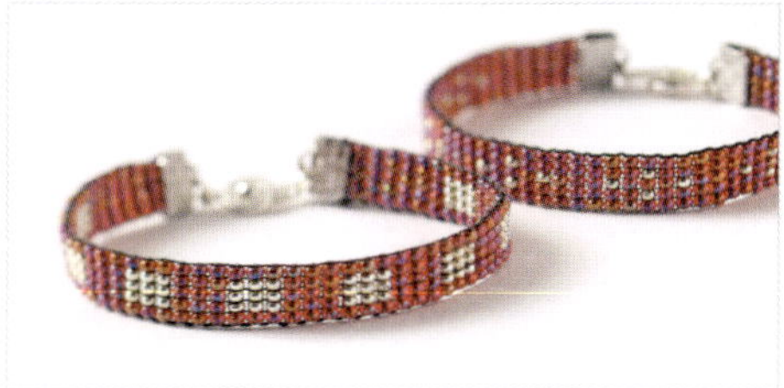
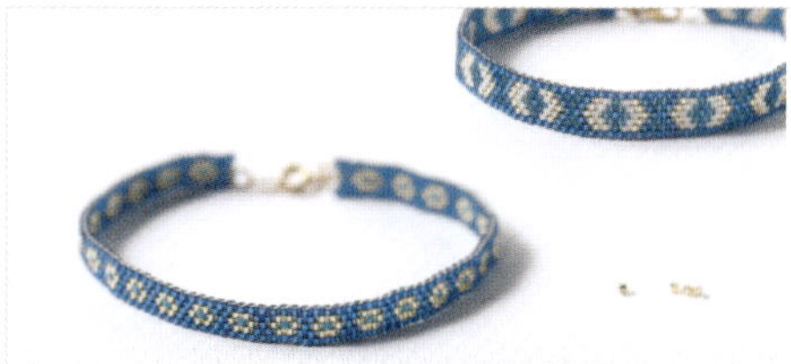
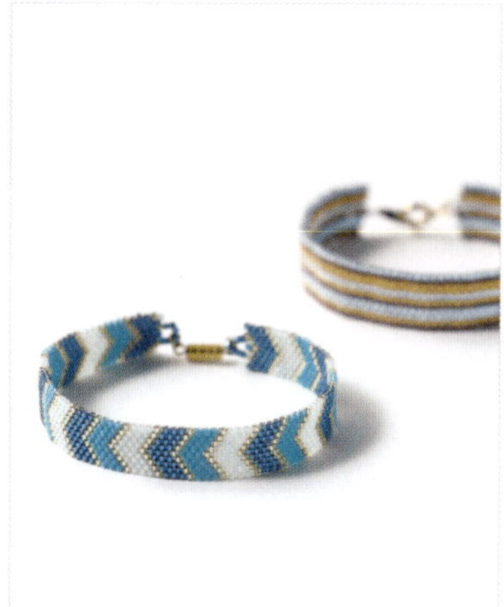
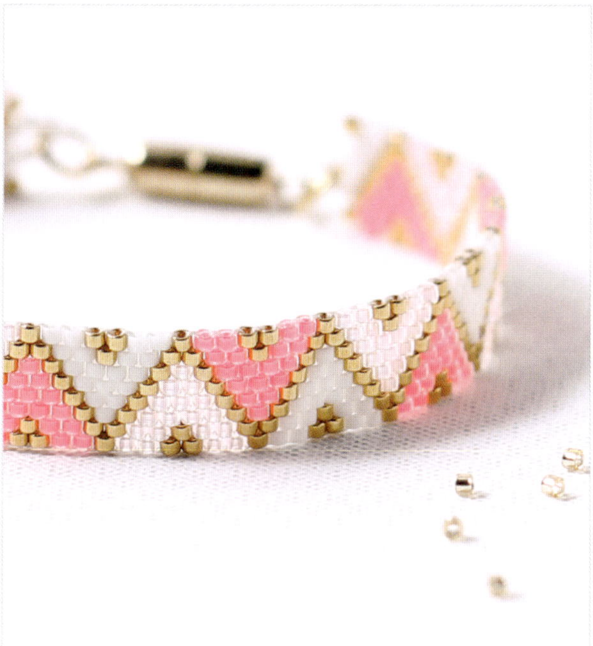
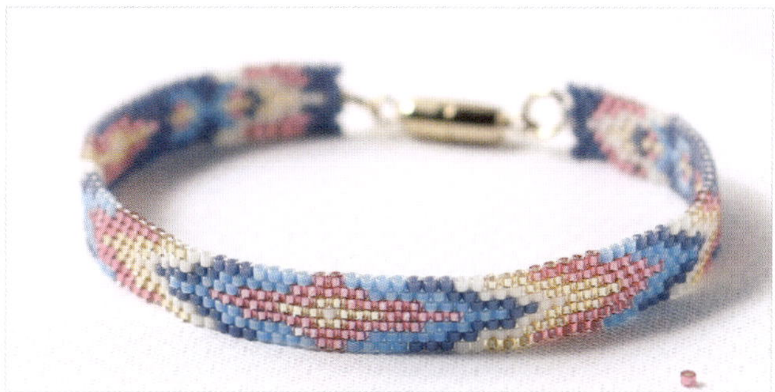
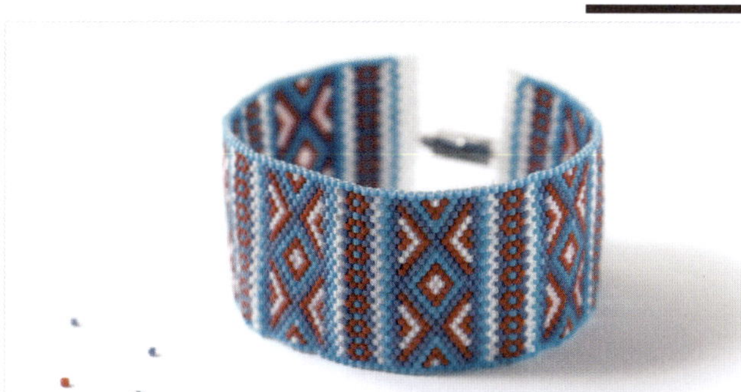
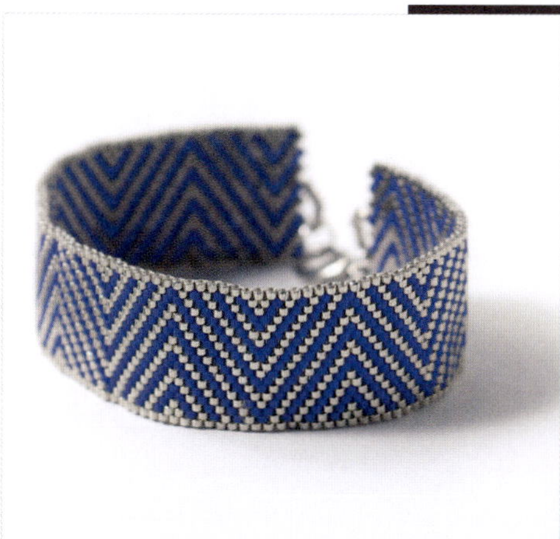
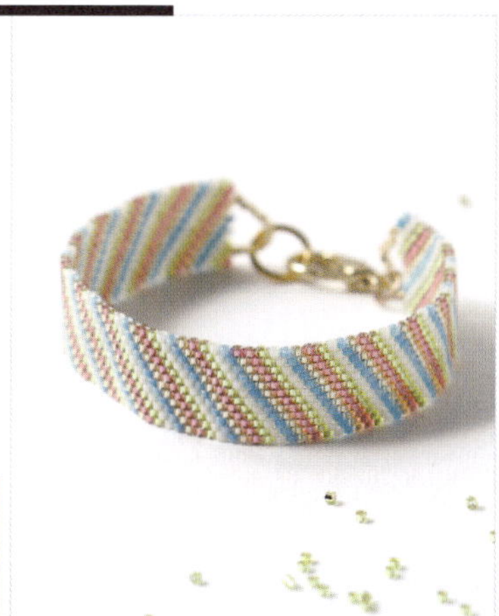
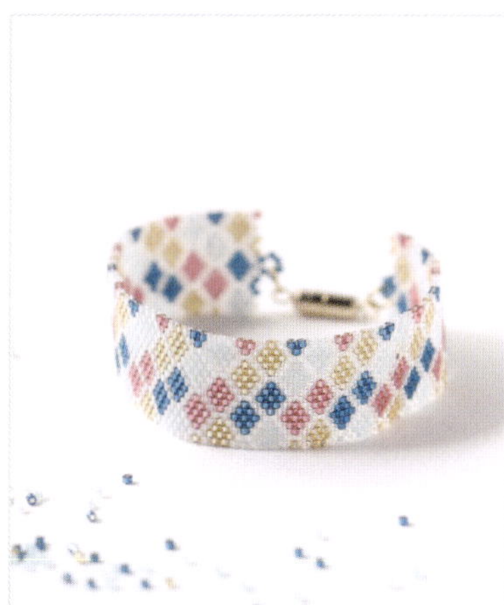

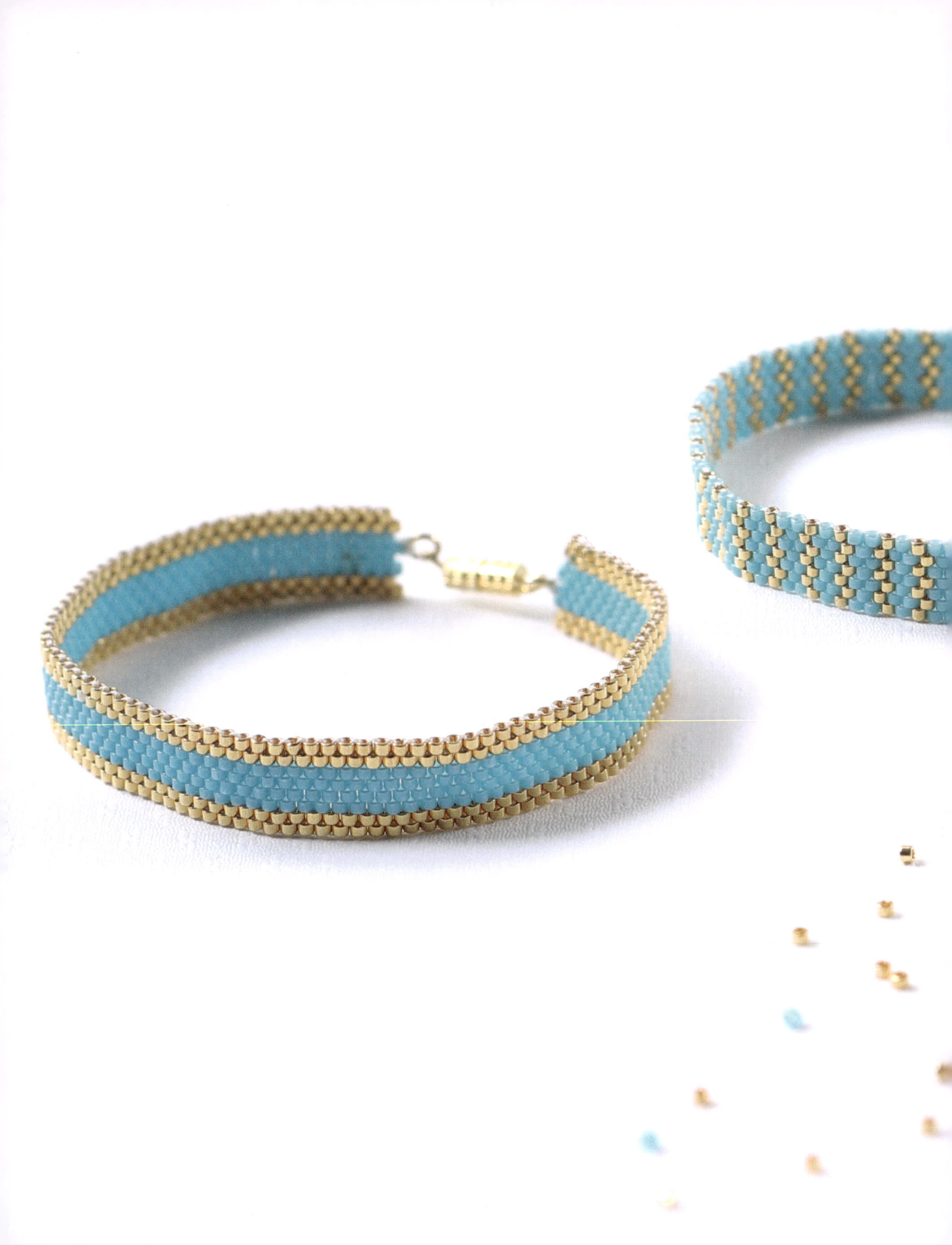

RAFFINIERTES **PEYOTE-ARMBAND**

MATERIAL (PRO ARMBAND)
- Rocailles-Perlen in Türkis und Gold
- 1 Nylonspule in Weiß, Ø 0,25 mm
- 1 Schraubverschluss in Gold, 1,5 cm x 4 mm
- 2 Ringe in Gold, Ø 4 mm
- 1 Perlnadel

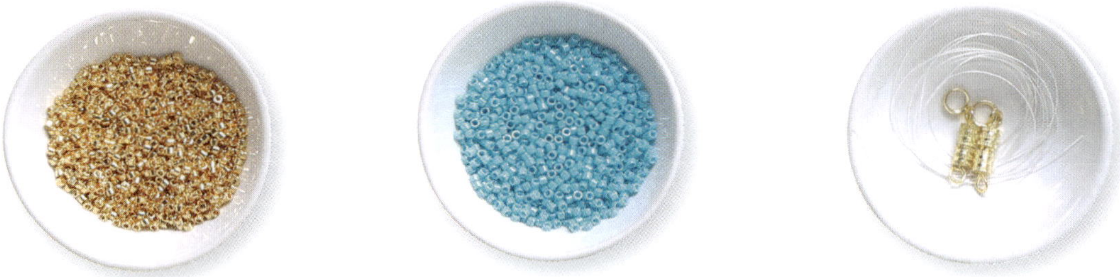

BENÖTIGTE TECHNIKEN

Verschluss an einem Webarmband anbringen (S. 23)
Ein Peyote-Armband weben (S. 68)

ANLEITUNG

MUSTER

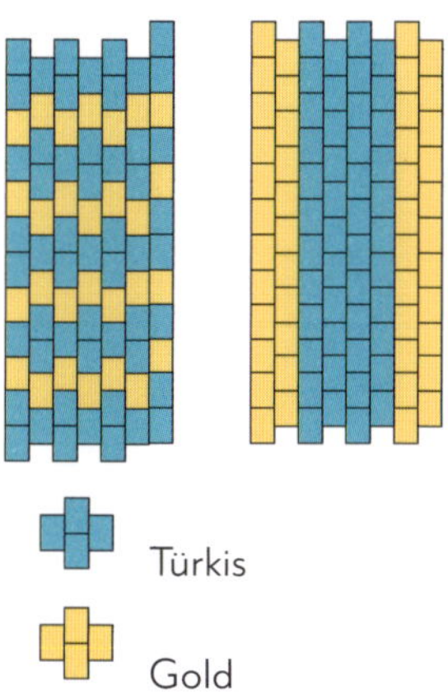

GESTREIFTES ARMBAND

Das Armband wird mit einer ungeraden Anzahl von Perlen hergestellt. Fädle eine erste Perle auf, um das Armband zu sichern. Beginne mit dem Weben, indem du sieben türkisfarbene Perlen auffädelst. Fädle eine neue Perle auf und stich mit der Nadel durch die vorletzte Perle der ersten Reihe. Fahre fort, indem du dem Muster folgst. Wenn dein Armband die richtige Länge erreicht hat, schließe es mit einer Schlaufe ab. Bringe den Verschluss an.

ARMBAND MIT BORDÜREN

Das Armband wird mit einer geraden Anzahl von Perlen hergestellt. Fädle eine erste Perle auf, um das Armband zu sichern. Beginne mit dem Weben, indem du zwei goldene Perlen, vier türkisfarbene Perlen und zwei goldene Perlen auffädelst. Fädle eine neue Perle auf und stich mit der Nadel durch die vorletzte Perle der ersten Reihe. Fahre fort, indem du dem Muster folgst. Wenn dein Armband die richtige Länge erreicht hat, schließe es mit einer Schlaufe ab. Bringe den Verschluss an.

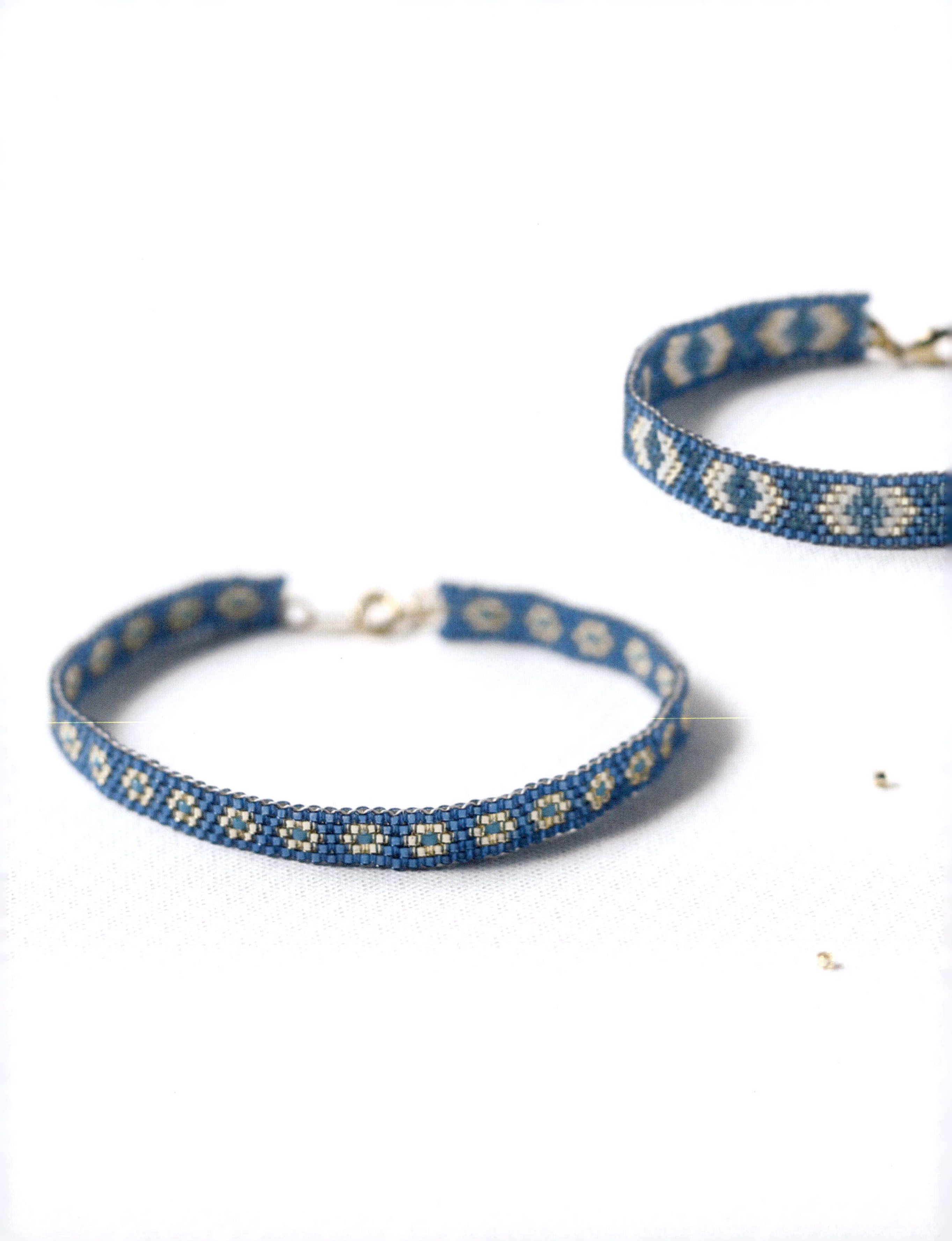

BLAU-GOLDENES **ARMBAND**

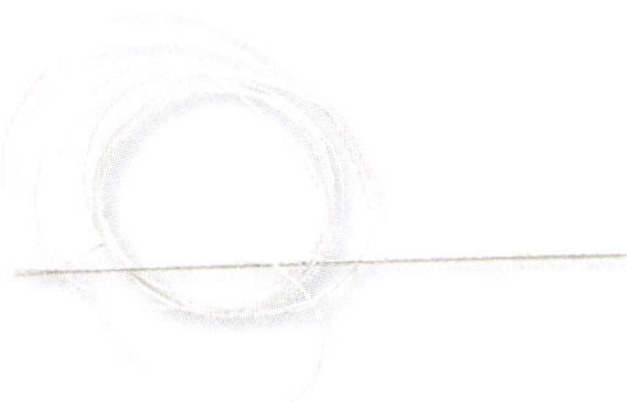

MATERIAL (PRO ARMBAND)

- Rocailles-Perlen in Zirkoniablau, Türkis, Elfenbein und Gold
- 2 Ringe in Gold, Ø 4 mm
- 1 Federringverschluss in Gold, 6 mm lang
- 1 Perlnadel
- 1 Nylonspule in Weiß, Ø 0,25 mm

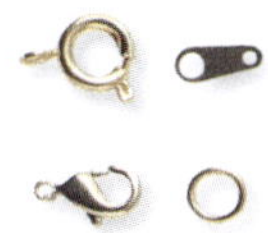

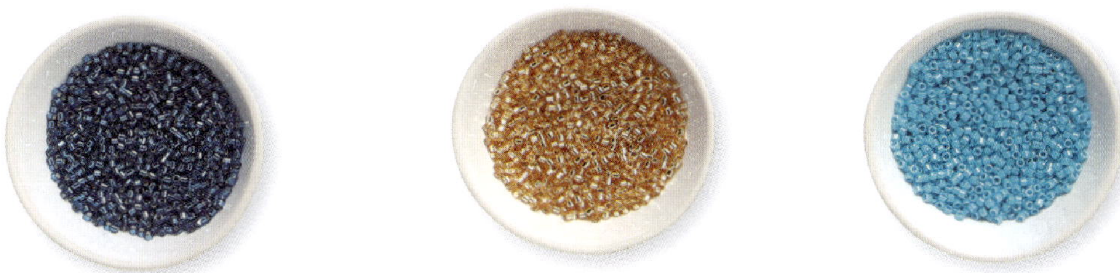

BENÖTIGTE TECHNIKEN

Verschluss an einem Webarmband anbringen (S. 23)
Ein Peyote-Armband weben (S. 68)

ANLEITUNG

MUSTER

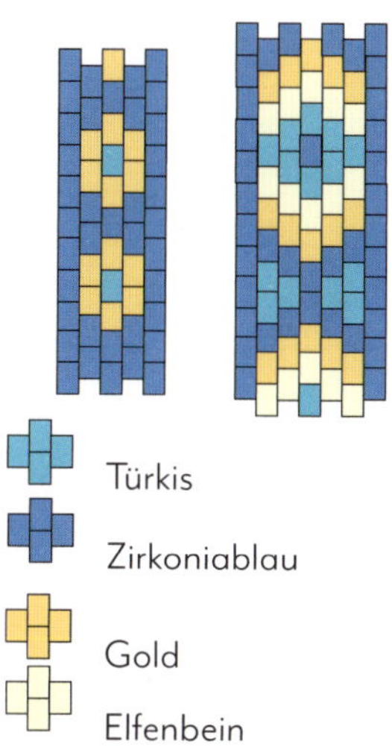

BLUMEN-ARMBAND

Das Armband wird mit einer ungeraden Anzahl von Perlen hergestellt. Fädle eine erste Perle auf, um das Armband zu sichern. Beginne mit dem Weben, indem du fünf zirkoniablaue Perlen, eine goldene Perle und zwei zirkoniablaue Perlen auffädelst. Fädle eine neue Perle auf und stich mit der Nadel durch die vorletzte Perle der ersten Reihe. Fahre fort, indem du dem Muster folgst. Wenn dein Armband die richtige Länge erreicht hat, schließe es mit einer Schlaufe ab. Bringe den Verschluss an.

GEOMETRISCHES ARMBAND

Das Armband wird mit einer ungeraden Anzahl von Perlen hergestellt. Fädle eine erste Perle auf, um das Armband zu sichern. Beginne mit dem Weben, indem du eine zirkoniablaue Perle, zwei Elfenbein-Perlen, eine türkisfarbene Perle, zwei goldene Perlen und eine zirkoniablaue Perle auffädelst. Fädle eine neue Perle auf und stich mit der Nadel durch die vorletzte Perle der ersten Reihe. Fahre fort, indem du dem Muster folgst. Wenn dein Armband die richtige Länge erreicht hat, schließt du es mit einer Schlaufe ab. Bringe den Verschluss an.

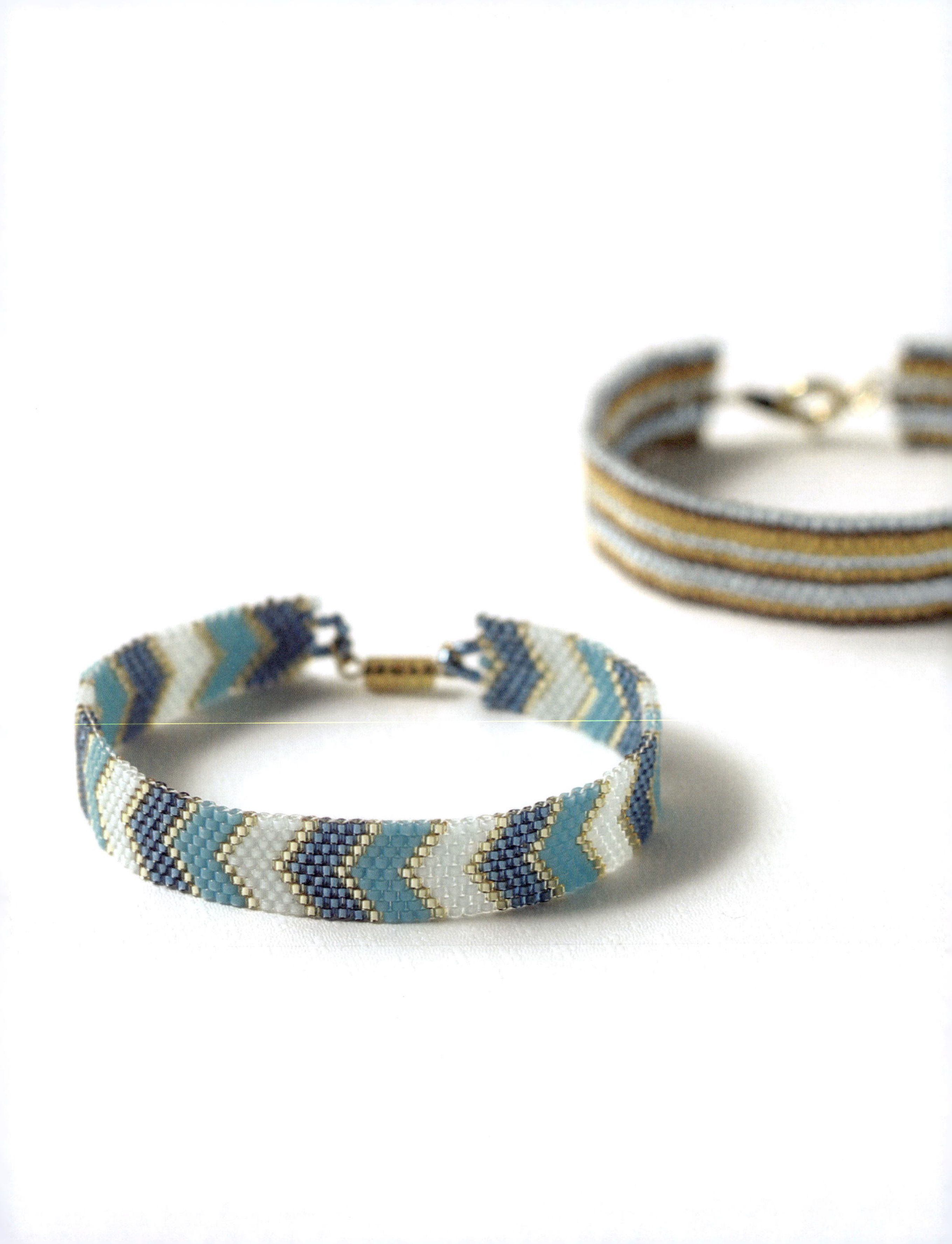

075

GRAFISCHES **ARMBAND**

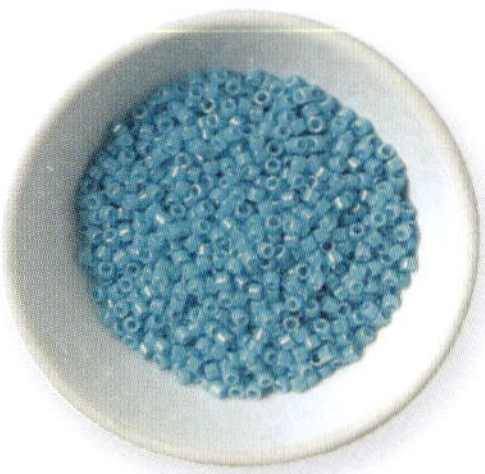

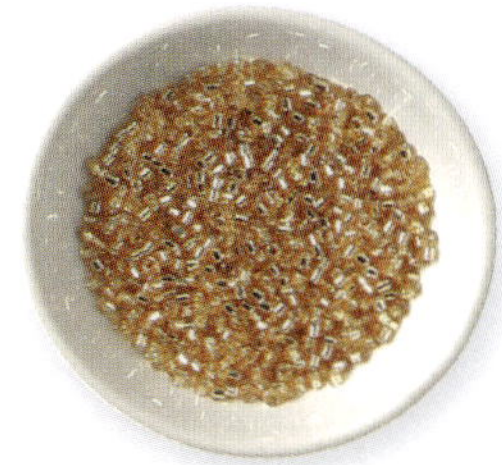

MATERIAL

- Rocailles-Perlen in Zirkoniablau, Türkis, Aquablau und Gold
- 1 Nylonspule in Weiß, Ø 0,25 mm
- 2 Ringe in Gold, Ø 4 mm
- 1 Federringverschluss in Gold, 6 mm lang
- 1 Perlnadel

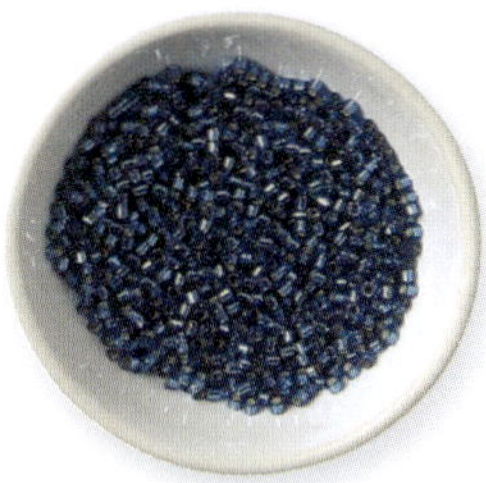

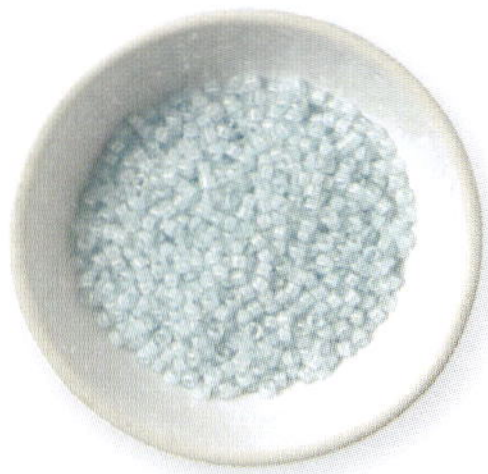

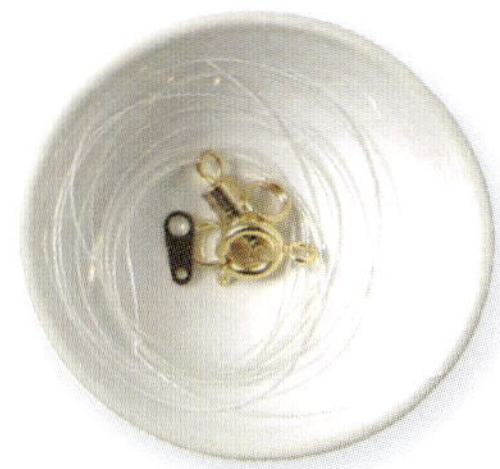

BENÖTIGTE TECHNIKEN

Verschluss an einem Webarmband anbringen (S. 23)
Ein Peyote-Armband weben (S. 68)

ANLEITUNG

MUSTER

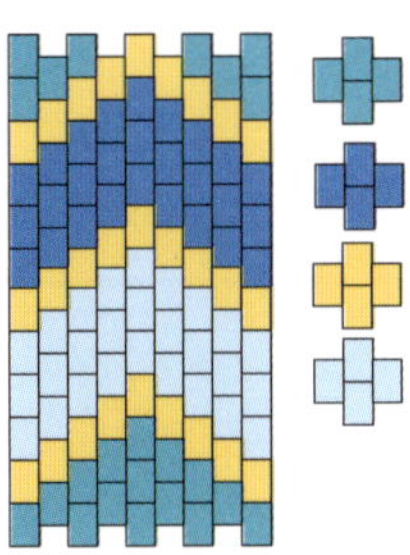

Türkis
Zirkoniablau
Gold
Aquablau

1. Dieses goldene Zickzackarmband wird mit einer ungeraden Anzahl an Perlen hergestellt. Fädle eine erste Perle auf und führe den Webfaden zweimal hindurch, um das Armband zu sichern. Beginne mit dem Weben, indem du neun Perlen auffädelst. Fädle eine neue Perle auf und führe die Nadel durch die vorletzte Perle der ersten Reihe.

2. Fahre fort, indem du dem Muster folgst. Wenn dein Armband die richtige Länge erreicht hat, schließe es mit einer Schlaufe aus drei Perlen an beiden Enden des Armbands ab. Öffne die Ringe und bringe sie an. Bringe den Verschluss an.

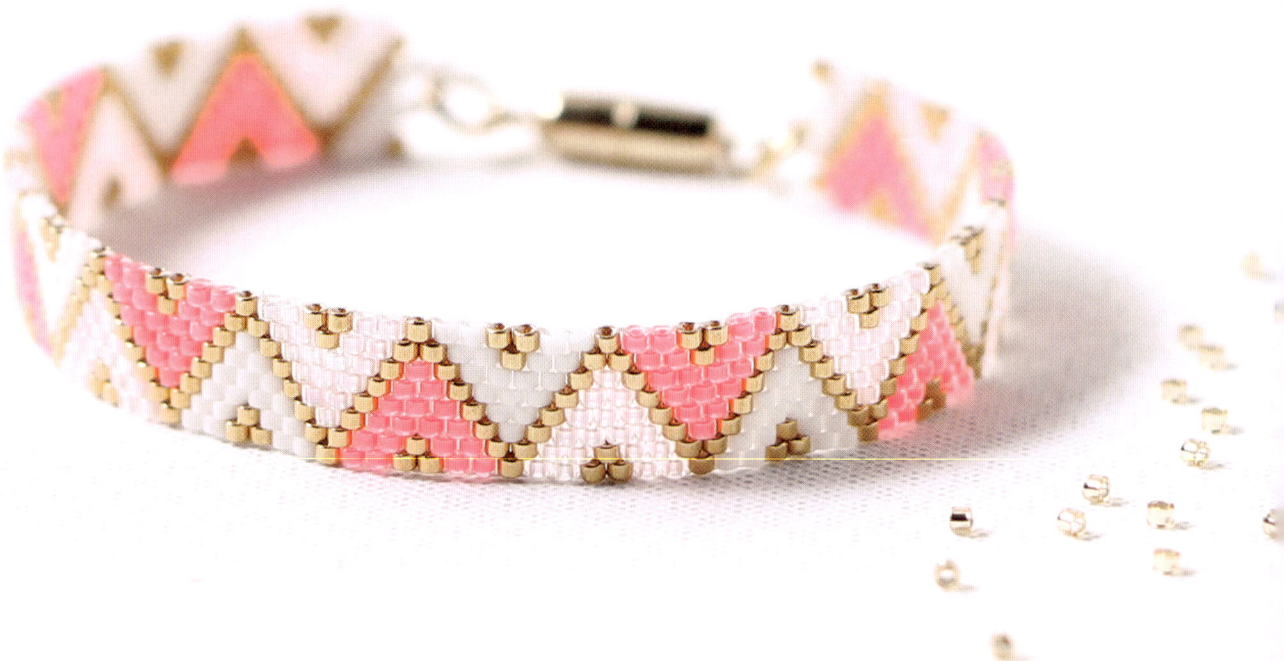

TIPP

Es ist immer besser, ein Armband etwas kürzer als zu lang zu fertigen. Dann ist es möglich, die Größe am Verschluss mit einer Verlängerungskette oder mehreren Ringen zu verstellen, während es nicht einfach ist, die Perlenwebung wieder aufzulösen, wenn das Armband zu lang geraten ist.

076

ZICKZACK-**ARMBAND**

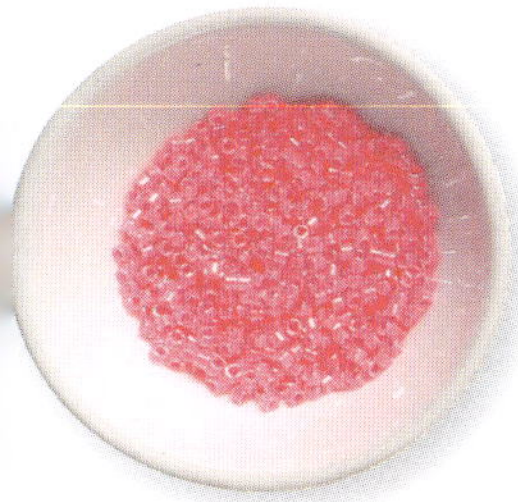

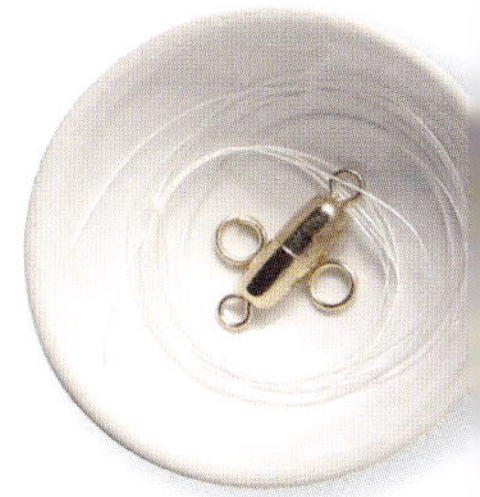

MATERIAL

- Rocailles-Perlen in Mattgold, Weiß, Pink und Blassrosa
- 1 Nylonspule in Weiß, Ø 0,25 mm
- 2 Ringe in Gold, Ø 5 mm
- 1 Schraubverschluss in Gold, Ø 5 mm, 2 cm lang
- 1 Perlnadel

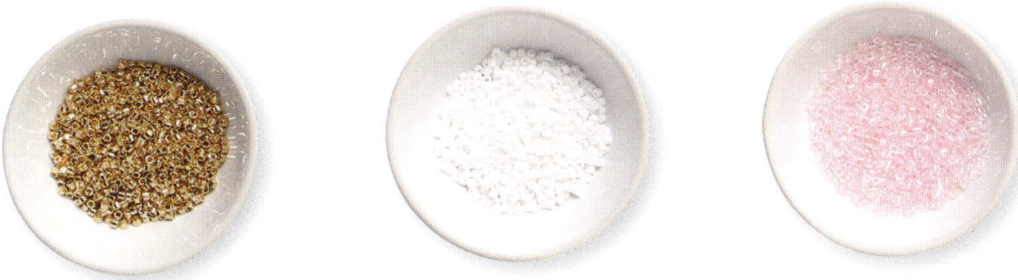

BENÖTIGTE TECHNIKEN

Verschluss an einem Webarmband anbringen (S. 23)
Ein Peyote-Armband weben (S. 68)

ANLEITUNG

MUSTER

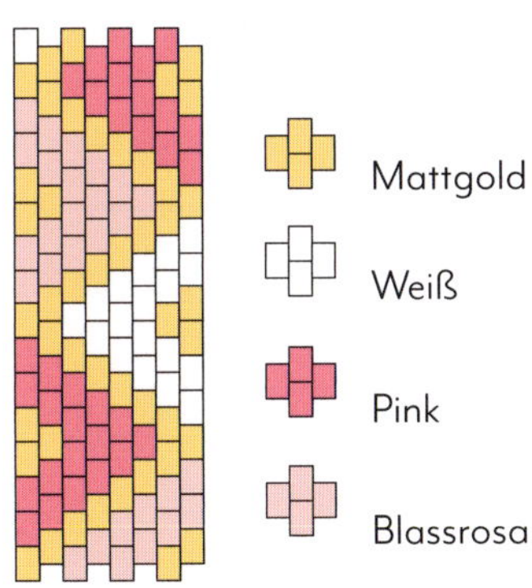

1. Dieses Armband wird mit einer geraden Anzahl an Perlen hergestellt. Fädle eine erste Perle auf und führe den Webfaden zweimal hindurch, um das Armband zu sichern. Beginne mit dem Weben, indem du zwei goldene Perlen, vier blassrosafarbene und zwei goldene Perlen auffädelst. Fädle eine neue Perle auf und führe die Nadel durch die vorletzte Perle der ersten Reihe.

2. Fahre fort, indem du dem Muster folgst. Wenn dein Armband die richtige Länge erreicht hat, schließt du es mit einer Schlaufe aus drei Perlen an beiden Enden des Armbands ab. Öffne die Ringe und bringe sie an. Bringe den Verschluss an.

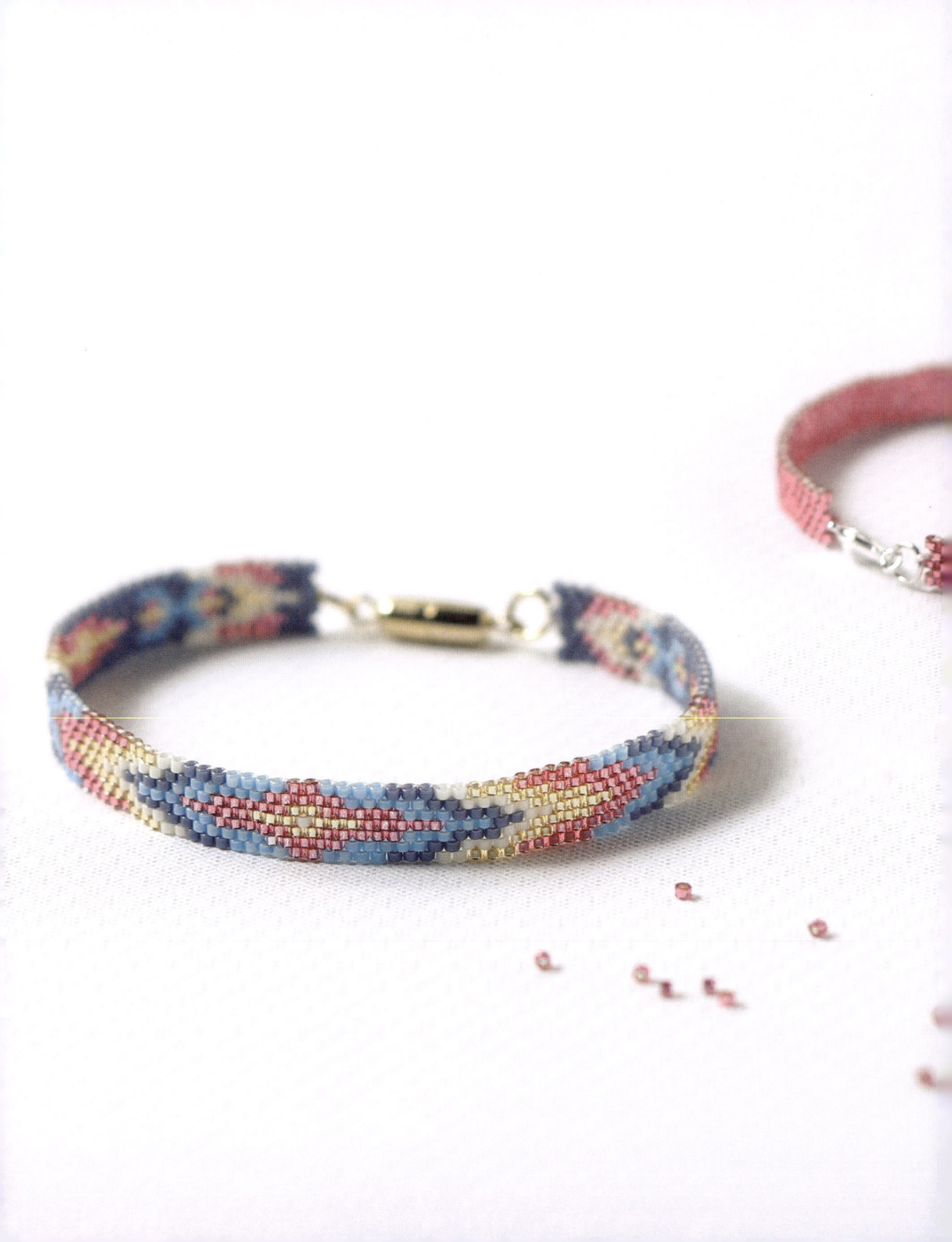

077

CHEYENNE-**ARMBAND**

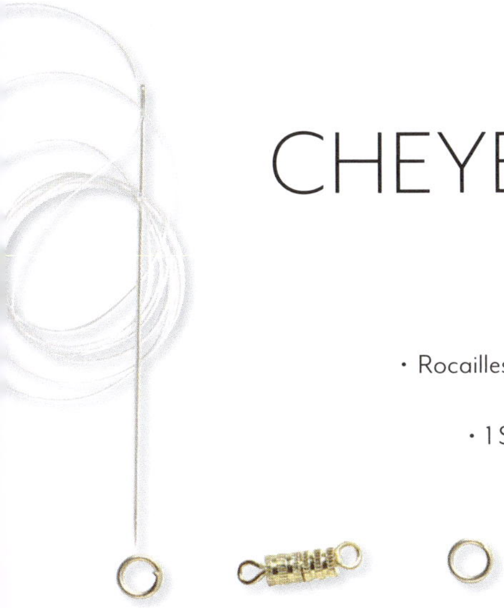

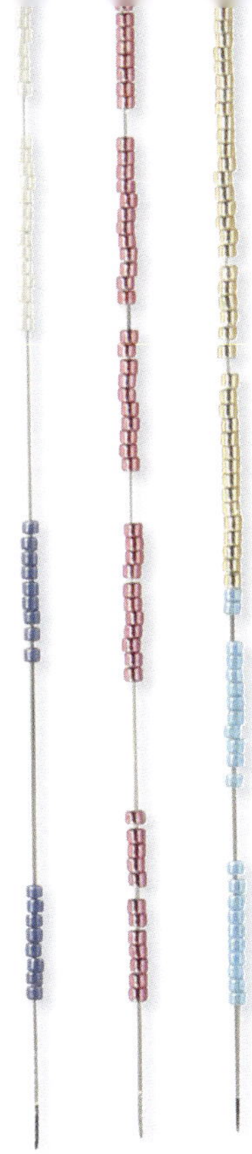

MATERIAL

- Rocailles-Perlen in Beige, Graublau, Gold, Dunkelrosa, Türkis
- 2 Ringe in Silber, Ø 6 mm
- 1 Schraubverschluss in Gold, Ø 5 mm, 2 cm lang
- 1 Nylonspule in Weiß, Ø 0,25 mm
- 1 Perlnadel

BENÖTIGTE TECHNIKEN

Verschluss an einem Webarmband anbringen (S. 23)
Ein Peyote-Armband weben (S. 68)

ANLEITUNG

MUSTER

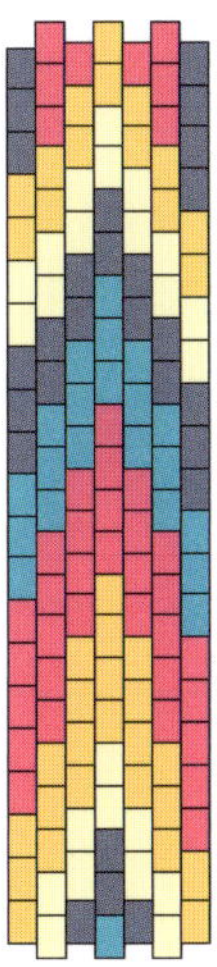

- Gold
- Dunkelrosa
- Graublau
- Türkis
- Beige

1. Dieses Armband wird mit einer ungeraden Anzahl an Perlen hergestellt. Fädle eine erste Perle auf und führe den Webfaden zweimal hindurch, um das Armband zu sichern. Beginne mit dem Weben, indem du zwei dunkelrosafarbene Perlen, eine goldene Perle, eine beige Perle, eine goldene Perle und zwei dunkelrosafarbene Perlen auffädelst. Fädle eine weitere dunkelrosafarbene Perle auf und führe die Nadel durch die vorletzte Perle der ersten Reihe.

2. Fahre fort, indem du dem Muster folgst. Wenn dein Armband die richtige Länge erreicht hat, schließe es mit einer Schlaufe aus drei Perlen an beiden Enden des Armbands ab. Öffne die Ringe und bringe sie an. Bringe den Verschluss an.

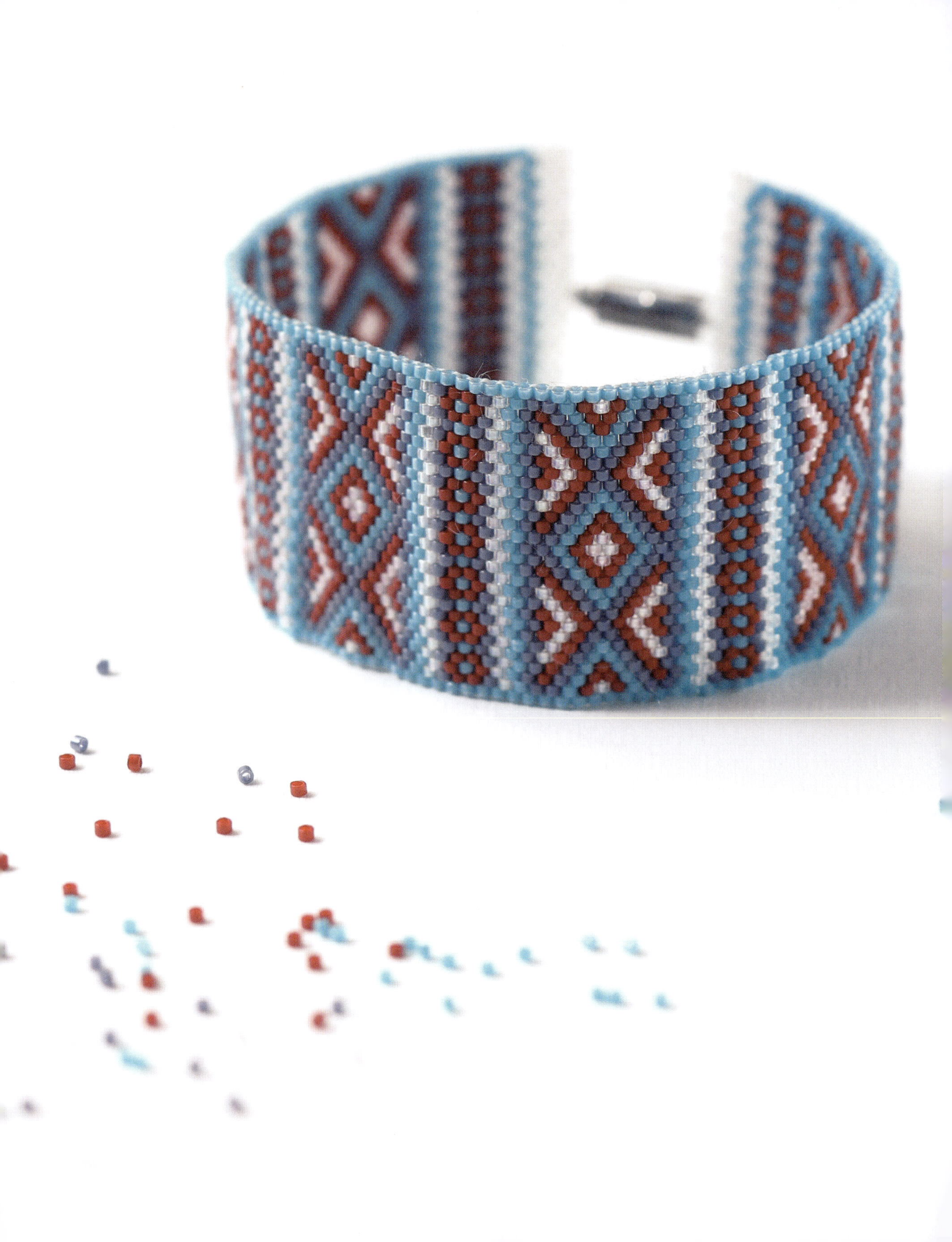

078

AZTEKEN-**MANSCHETTE**

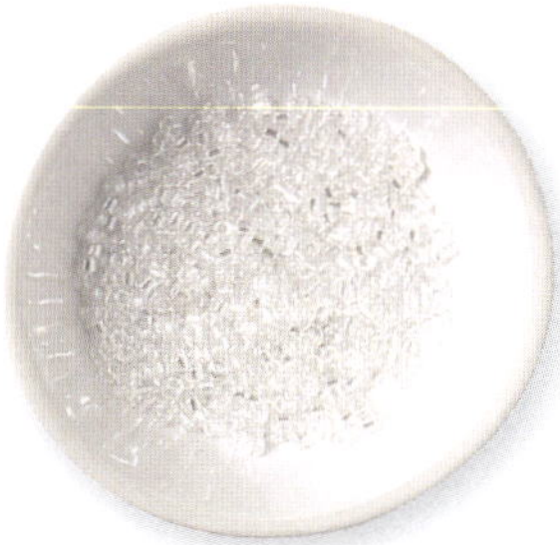

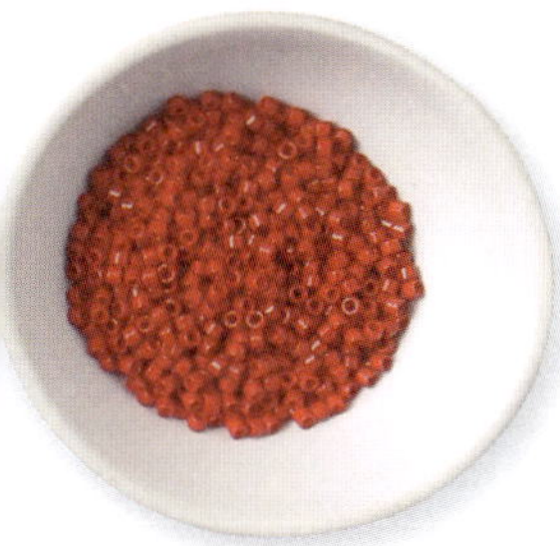

MATERIAL

- Rocailles-Perlen in Kristallweiß, Türkis, Dunkelrot und Graublau
- 1 Nylonspule in Weiß, Ø 0,25 mm
- 2 Ringe in Silber, Ø 6 mm
- 1 Magnetverschluss in Silber, 2 cm lang
- 1 Perlnadel

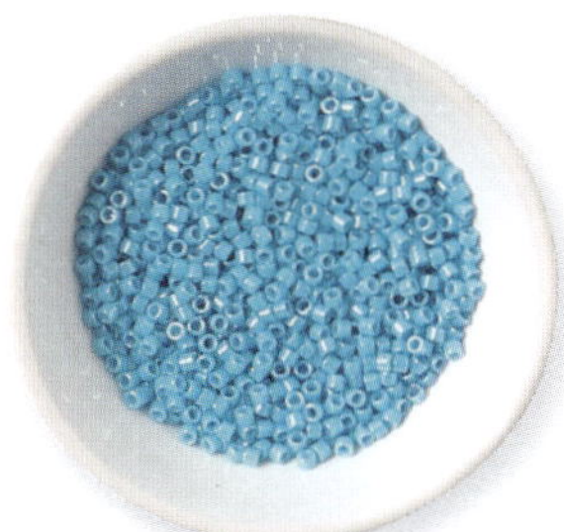

BENÖTIGTE TECHNIKEN

Verschluss an einem Webarmband anbringen (S. 23)
Ein Peyote-Armband weben (S. 68)

ANLEITUNG

MUSTER

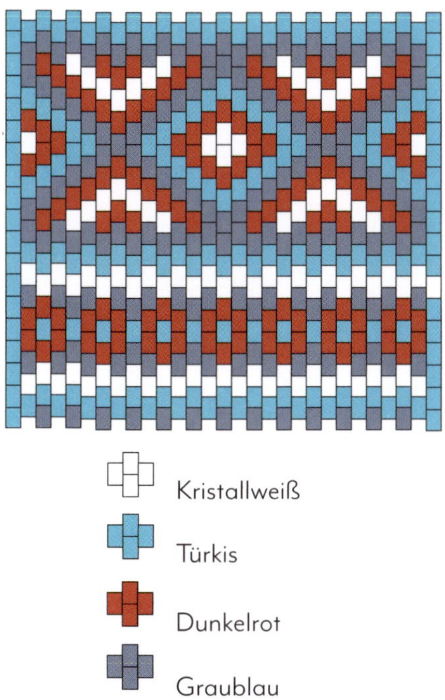

1. Dieses Armband wird mit einer ungeraden Anzahl an Perlen hergestellt. Fädle eine erste Perle auf und führe den Webfaden zweimal hindurch, um das Armband zu sichern. Beginne mit dem Weben, indem du eine türkisfarbene Perle, siebenundzwanzig weiße Perlen und eine türkisfarbene Perle auffädelst. Fädle eine weitere türkisfarbene Perle auf und führe die Nadel durch die vorletzte Perle der ersten Reihe.

2. Fahre fort, indem du das Muster sechsmal wiederholst. Es sollte dann eine Länge von 19,5 cm haben. Wenn dein Armband die richtige Länge erreicht hat, schließe es mit einer Schlaufe aus drei Perlen an beiden Enden des Armbands ab. Öffne die Ringe und bringe sie an. Bringe den Verschluss an.

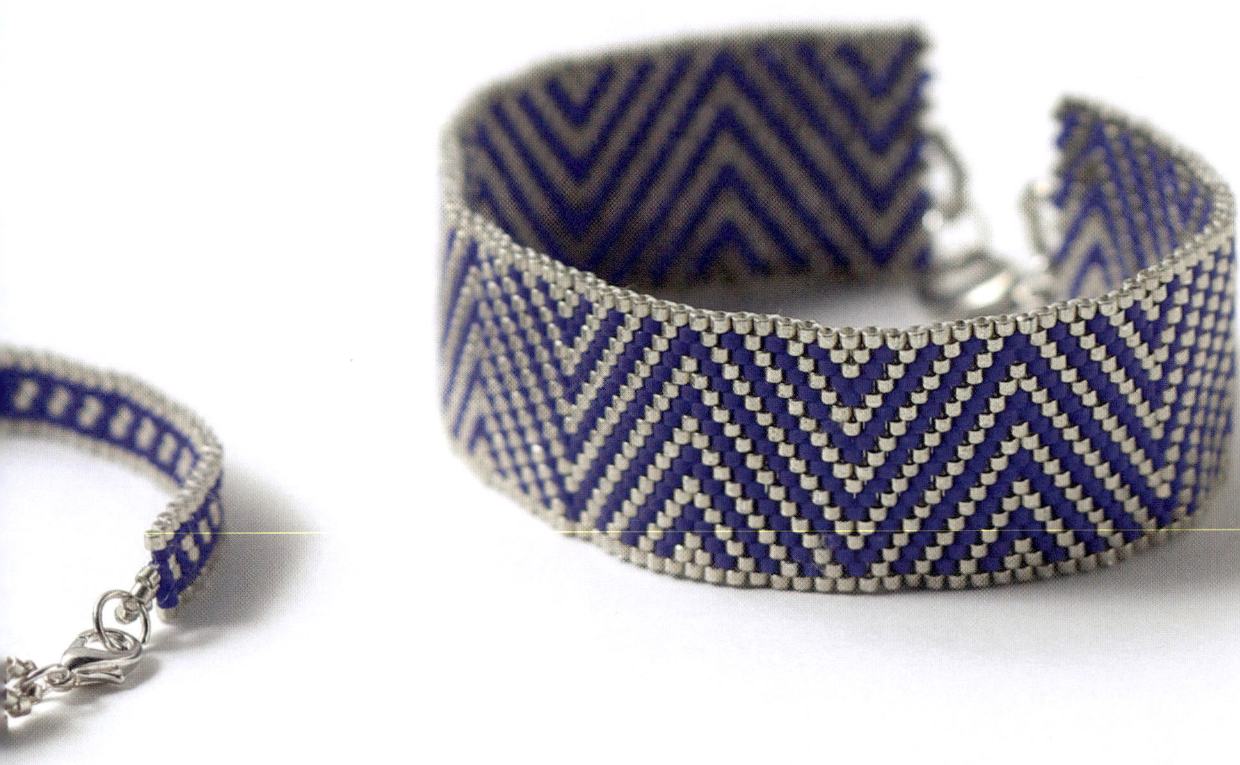

TIPP

Lasse 15 cm Faden stehen, bevor du mit dem Weben des Armbands beginnst. Der Restfaden kann dann zum Einfügen der Verschlüsse oder für eine Perlenschlaufe verwendet werden. Du kannst ihn auch verwenden, um die Anfangsperlen enger zu ziehen indem zu ihn erneut durch die ersten Reihen ziehst.

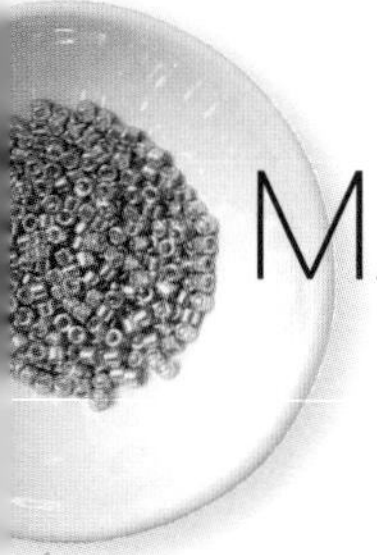

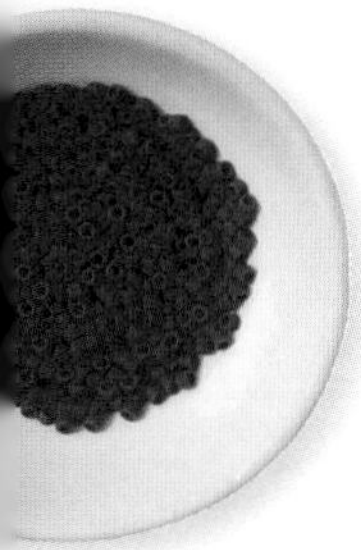

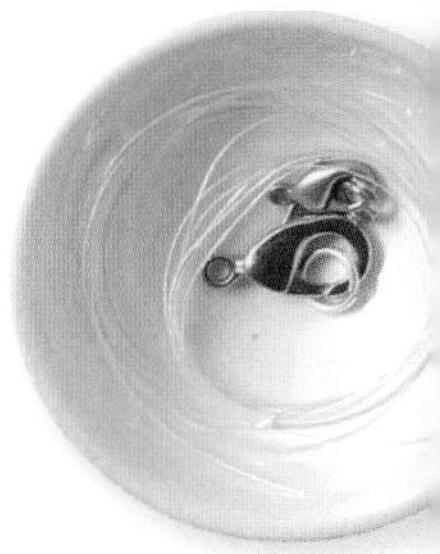

079

MANSCHETTE **IN NACHTBLAU**

MATERIAL

- Rocailles-Perlen in Kobaltblau und Silber
- 1 Nylonspule in Weiß, Ø 0, 25 mm
- 1 Ring in Silber, Ø 6 mm
- 1 Ring in Silber, Ø 4 mm
- 1 Karabinerverschluss in Silber, 1,5 cm x 8 mm
- 1 Perlnadel

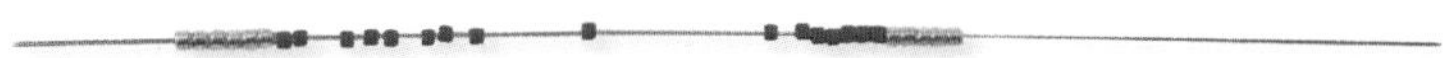

BENÖTIGTE TECHNIKEN

Verschluss an einem Webarmband anbringen (S. 23)

Ein Peyote-Armband weben (S. 68)

ANLEITUNG

MUSTER

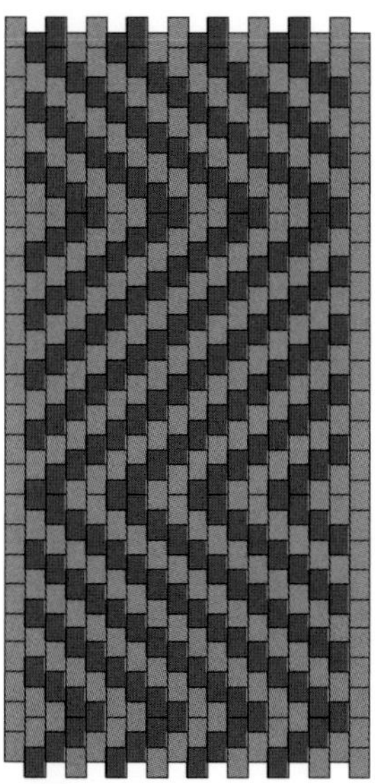

Silber

Kobaltblau

1. Dieses Armband wird mit einer geraden Anzahl an Perlen hergestellt. Fädle eine erste Perle auf und führe den Webfaden zweimal hindurch, um das Armband zu sichern. Beginne mit dem Weben, indem du, wie im Muster abgebildet, abwechselnd eine silberne und eine blaue Perle auffädelst. Fahre so fort, bis du eine Länge von 19,5 cm erreicht hast.

2. Beende das Armband mit einer Schlaufe aus drei Perlen an beiden Enden des Armbands. Öffne die Ringe und bringe sie an. Bringe den Verschluss am kleineren Ring an.

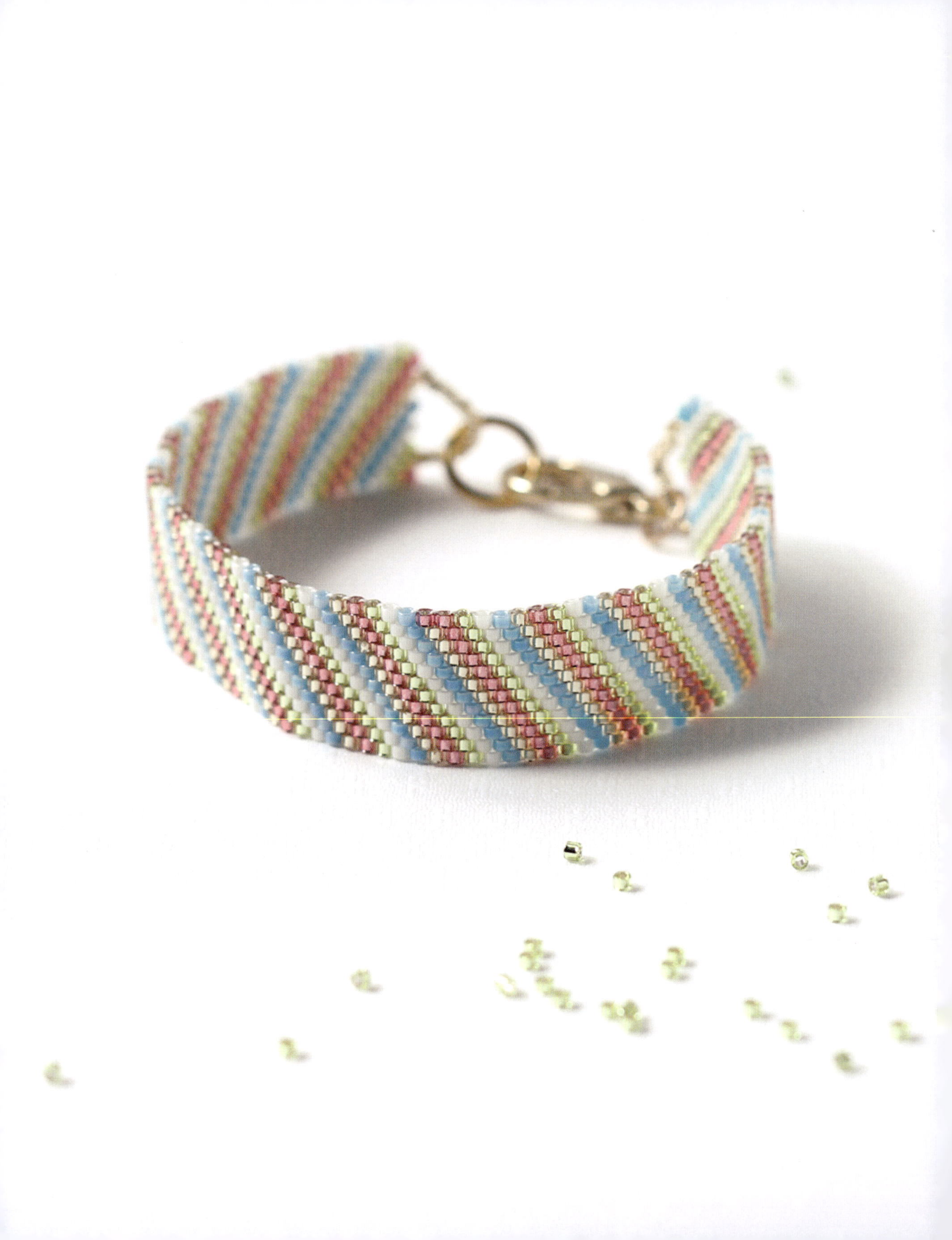

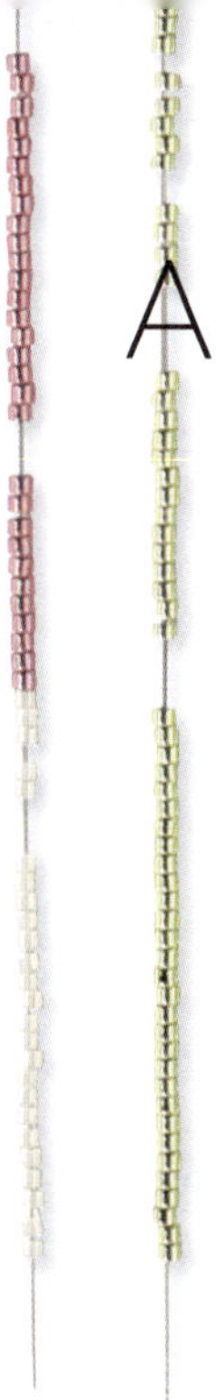

080

ARMBAND **AUS DIAGONALEN**

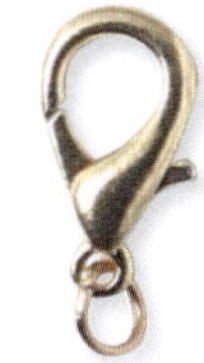

MATERIAL

- Rocailles-Perlen in Beige, Moosgrün, Dunkelrosa, Gold und Türkis
- 1 Nylonspule in Weiß, Ø 0,25 mm
- 1 Karabinerverschluss in Gold, 1,9 cm x 1 cm
- 1 Ring in Gold, Ø 6 mm
- 1 Ring in Gold, Ø 1 cm
- 1 Perlnadel

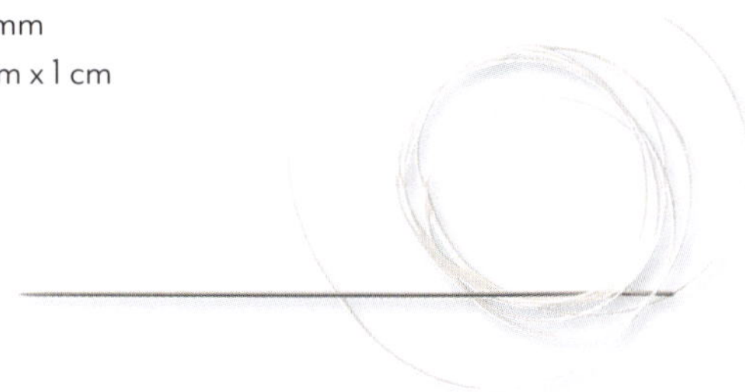

BENÖTIGTE TECHNIKEN

Verschluss an einem Webarmband anbringen (S. 23)
Ein Peyote-Armband weben (S. 68)

ANLEITUNG

MUSTER

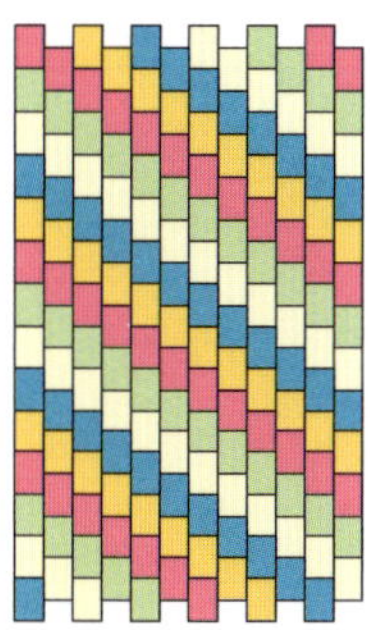

Beige

Moosgrün

Gold

Dunkelrosa

Türkis

1. Dieses Armband wird mit einer geraden Anzahl an Perlen hergestellt. Fädle eine erste Perle auf und führe den Webfaden zweimal hindurch, um das Armband zu sichern. Beginne mit dem Weben, indem du, wie im Muster abgebildet, abwechselnd eine Perle auffädelst. Fahre so fort, bis du eine Länge von 19,5 cm erreicht hast.

2. Beende das Armband mit einer Schlaufe aus drei Perlen an beiden Enden des Armbands. Öffne die Ringe und bringe sie an. Bringe den Verschluss am kleineren Ring an.

TIPP

Dieses Armband, das aus der Wiederholung von fünf gleichen Diagonalen besteht, hat eine Zwischengröße aus Manschette und schmalem Armband, damit sein Muster schön zur Geltung kommt. Der goldene Karabinerverschluss trägt ebenfalls zu seiner Eleganz bei.

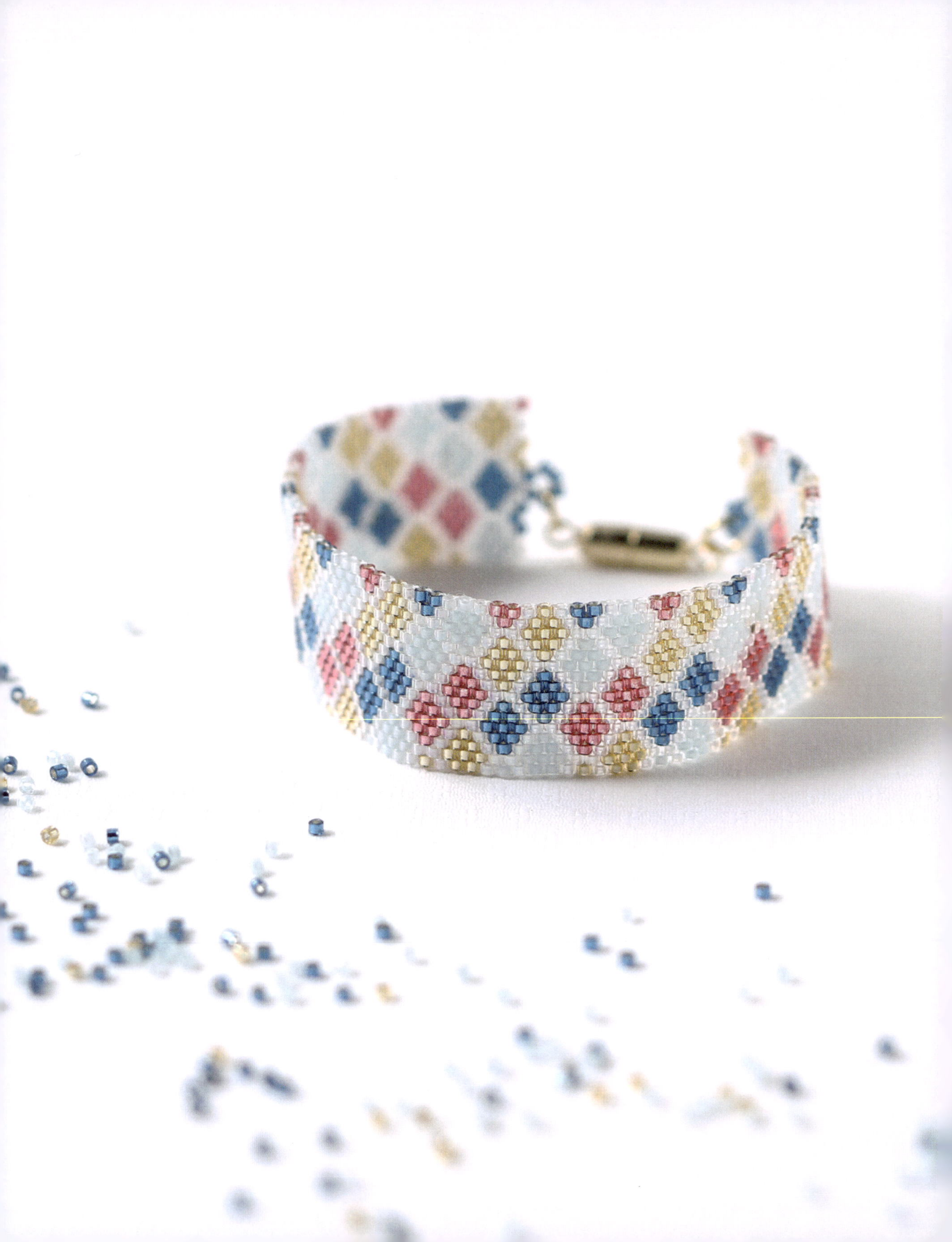

081

TUTTI-FRUTTI-**ARMBAND**

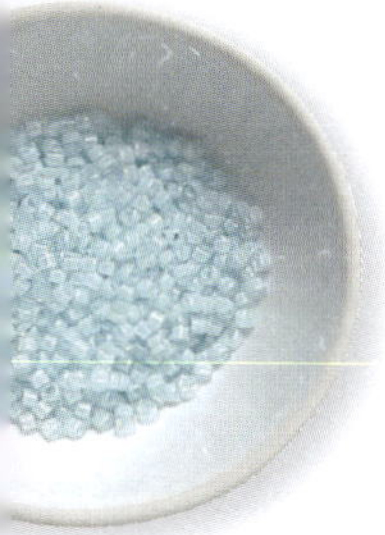

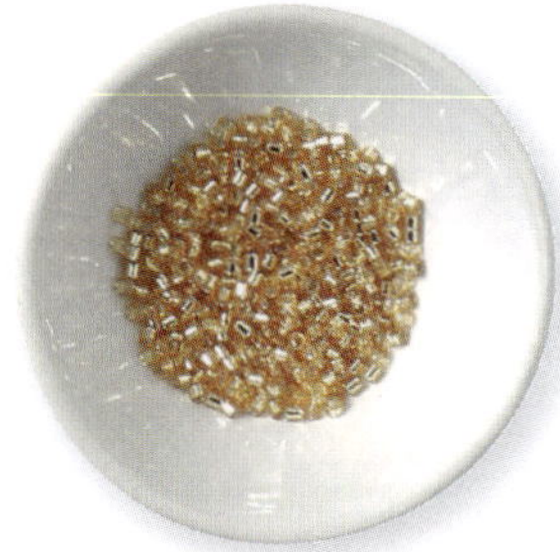

MATERIAL

- Rocailles-Perlen in Dunkelrosa, Gold, Zirkoniablau, Aquablau, Kristallweiß
- 1 Nylonspule in Weiß, Ø 0,25 mm
- 2 Ringe in Gold, Ø 5 mm
- 1 Schraubverschluss in Gold, Ø 5 mm, 2 cm
- 1 Perlnadel

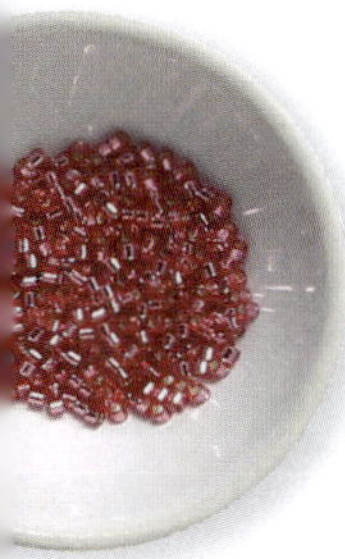

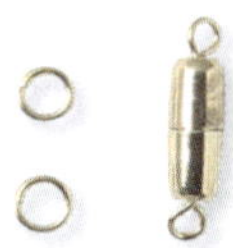

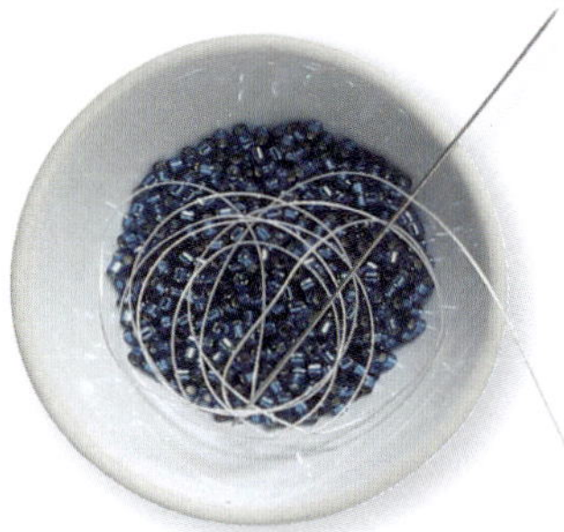

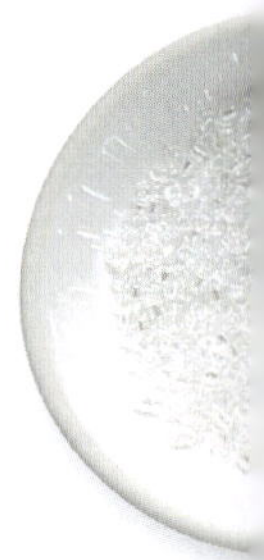

BENÖTIGTE TECHNIKEN

Verschluss an einem Webarmband anbringen (S. 23)
Ein Peyote-Armband weben (S. 68)

ANLEITUNG

MUSTER

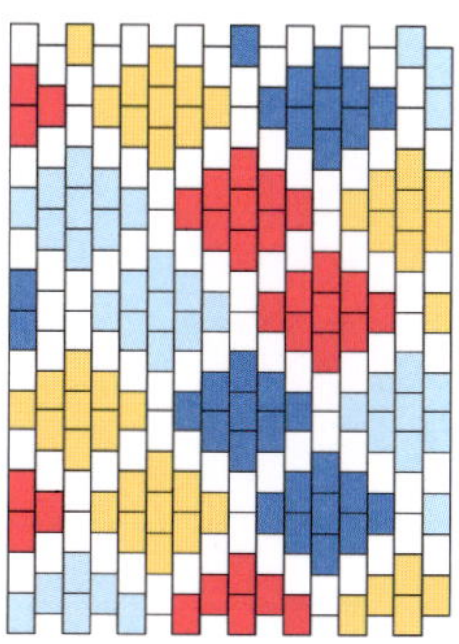

Dunkelrosa

Gold

Zirkoniablau

Aquablau

Kristallweiß

1. Dieses Armband wird mit einer geraden Anzahl an Perlen hergestellt. Fädle eine erste Perle auf und führe den Webfaden zweimal hindurch, um das Armband zu sichern. Beginne mit dem Weben, indem du wie im Muster abgebildet abwechselnd eine Perle auffädelst. Fahre so fort, bis du eine Länge von 19,5 cm erreicht hast.

2. Beende das Armband mit einer Schlaufe aus drei Perlen an beiden Enden des Armbands. Öffne die Ringe und bringe sie an. Bringe den Verschluss an.

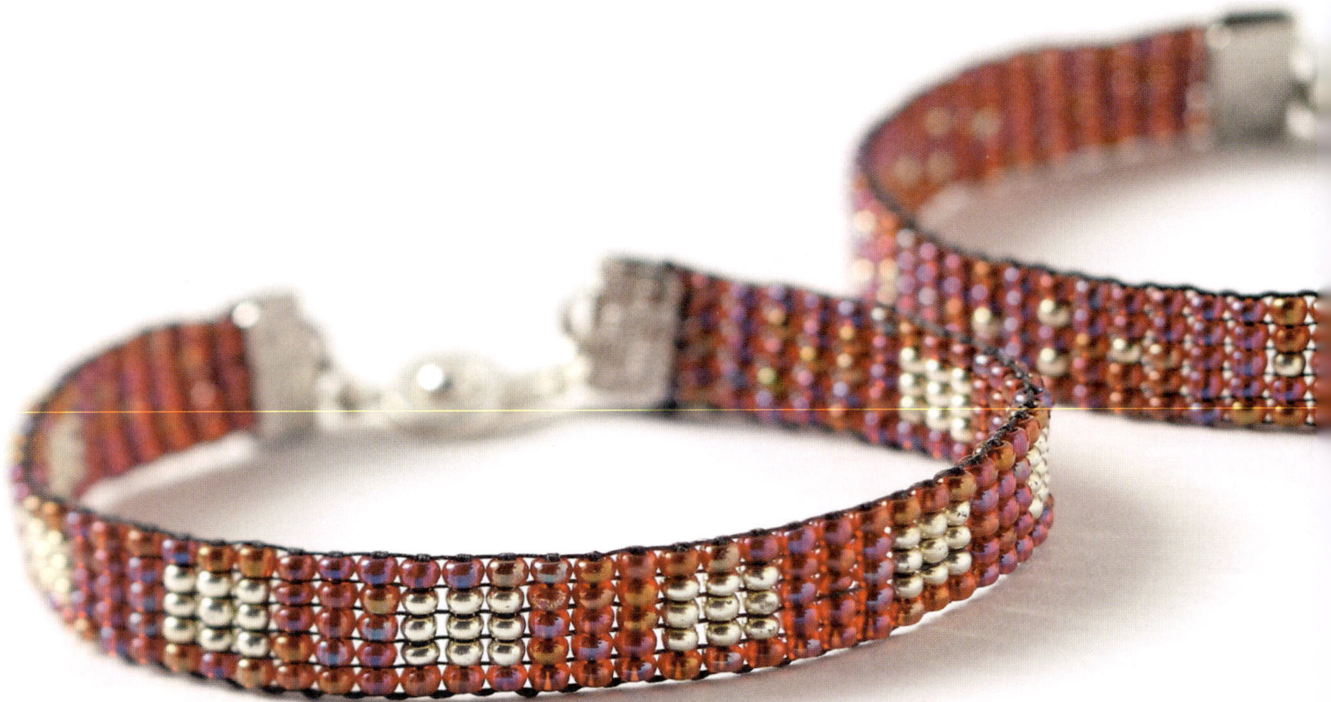

TIPP

Denke dir ein eigenes Muster aus und erstelle eine Anleitung. Denke daran, dass jedes Feld eine Perle darstellt. Wähle die Farben passend zur Jahreszeit aus oder kombiniere sie mit einem Outfit für einen besonderen Anlass.

082

WEB**ARMBAND**

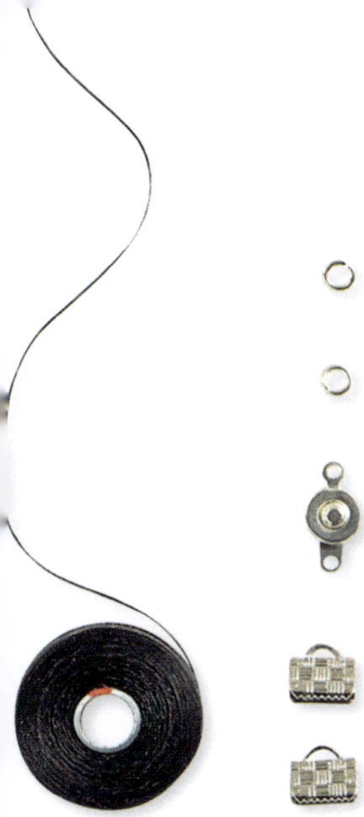

MATERIAL

- 2 Perlen in Silber, Ø 6 mm
- Rocailles-Perlen in Bordeauxrot und Gold, Ø 2 mm
- 2 Lintklemmen in Silber, 8 mm x 7 mm
- 1 Druckverschluss in Silber
- 2 Ringe, Ø 4 mm
- geflochtene Nylonschnur in Schwarz, 1 x 1,5 m und 6 x 60 cm lang

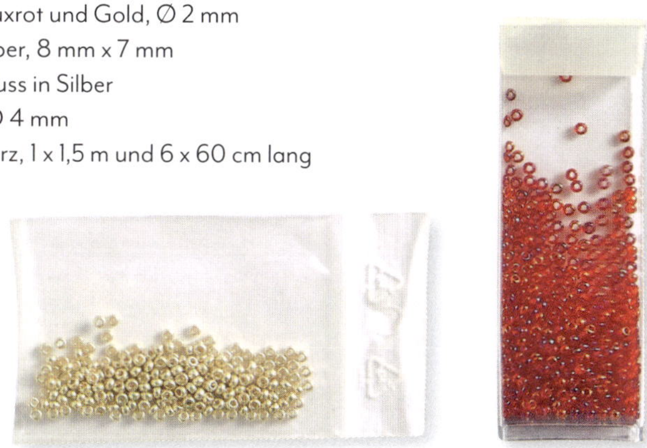

BENÖTIGTE TECHNIKEN

Einen Verschluss anbringen (S. 20)
Eine Lintklemme anbringen (S. 24)
Einen Webrahmen benutzen (S. 64)

ANLEITUNG

MUSTER

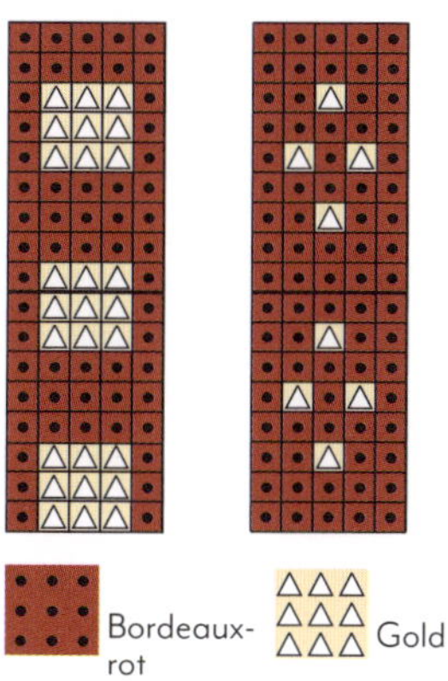

1. Bespanne den Webrahmen mit sechs Fäden. Fädle einen 1,50 m langen Faden auf eine Perlnadel auf. Beginne mit dem Weben der Perlen: Befestige das Ende des Webfadens mit einem Doppelknoten am rechten Kettfaden. Fädle die ersten 5 Perlen auf und sichere sie in den Kettfäden. Bei jeder Perlenreihe wandert der Webfaden in den Perlen von unten und von oben durch die Kettfäden hin und her.

2. Webe entsprechend dem Muster weiter. Wenn du die richtige Länge erreicht hast, schneide die Fäden ab und verknote sie. Bringe an beiden Enden des Armbands eine Lintklemme an und verschließe sie mit einer Flachzange. Beende das Armband, indem du den Druckverschluss anbringst.

PERLEN**ARMBÄNDER**

Perlen bieten eine riesige Auswahl an Farben, Größen und Materialien, dank der du zauberhafte Webarmbänder, Reif-Armbänder, einreihige oder mehrreihige Armbänder und noch mehr herstellen kannst.

5 TIPPS FÜR EIN PERFEKTES PERLENARMBAND

• Lichtundurchlässige Rocailles-Perlen, Würfel oder Röhren, kleine oder große, runde oder olivenförmige Perlen, facettierte Kreisel, Perlmutt oder Kristall ... Kombiniere alle Arten von Perlen in deinen Kreationen, um originelle Armbänder herzustellen, die den schönsten Schmuckstücken im Juweliergeschäft in nichts nachstehen.

• Setze bei der Wiederholung der Perlenplatzierung auf Symmetrie. Das Ergebnis wird umso beeindruckender sein.

• Knoten aus Nylonschnur neigen dazu, sich zu lösen. Damit du deine Kreationen nicht verlierst, gib auf jeden Knoten einen Tropfen Kleber.

• Wirf niemals Perlen weg! Bei jedem fliegen einsame Perlen, alte, kaputte Halsketten oder Armbänder herum. Mit einem Gummiband kannst du aus den Perlen ohne Aufwand hübsche Armbänder kreieren, die du einzeln tragen oder kombinieren kannst!

• Prüfe die Länge des Armbands, während du daran arbeitest. Denke immer daran, 1,5 cm für den Verschlusses hinzuzufügen.

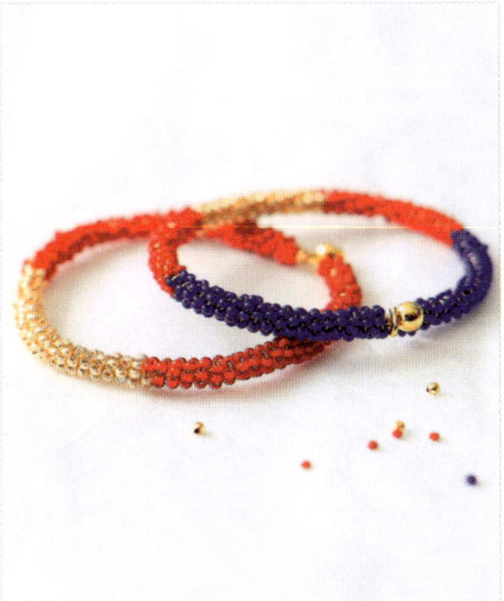
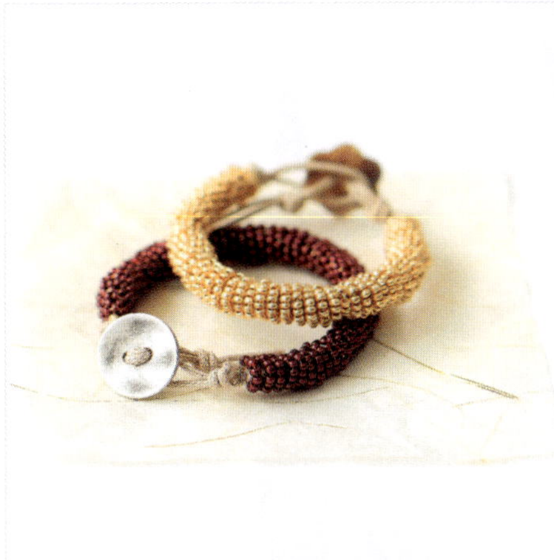
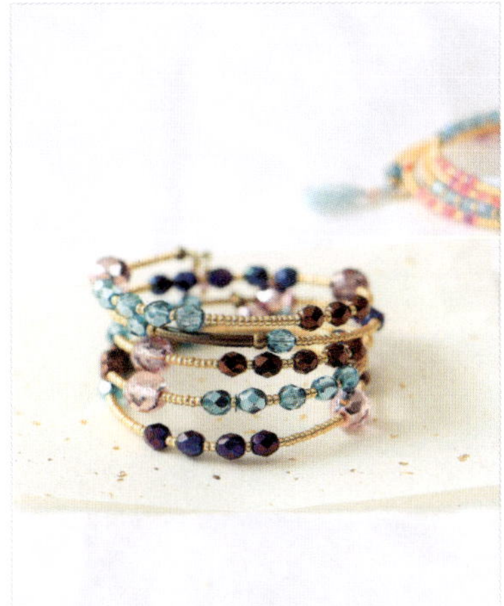
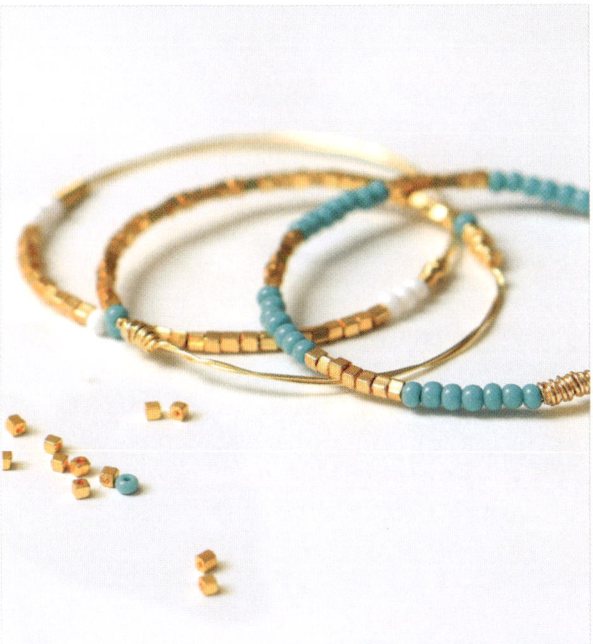
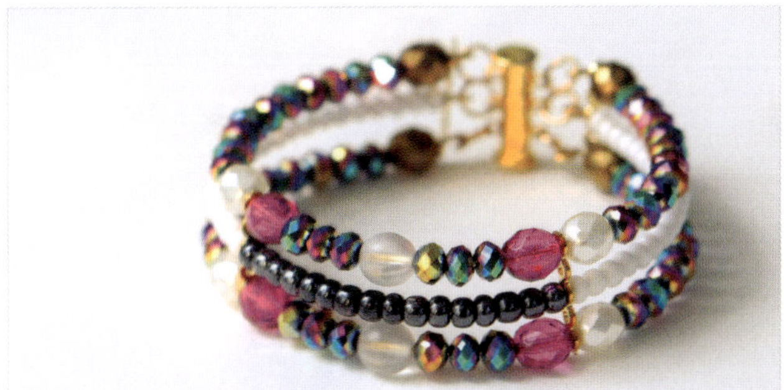
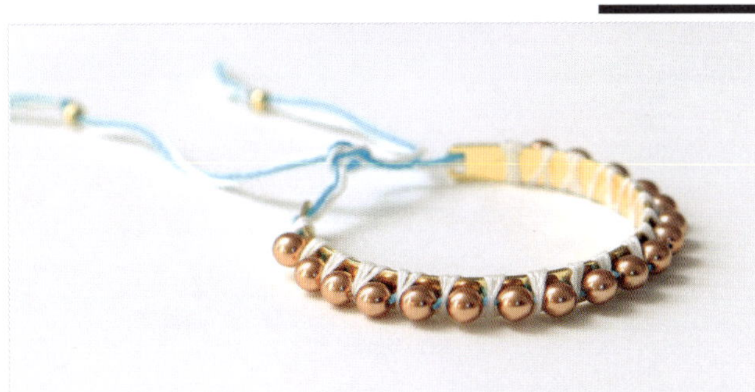
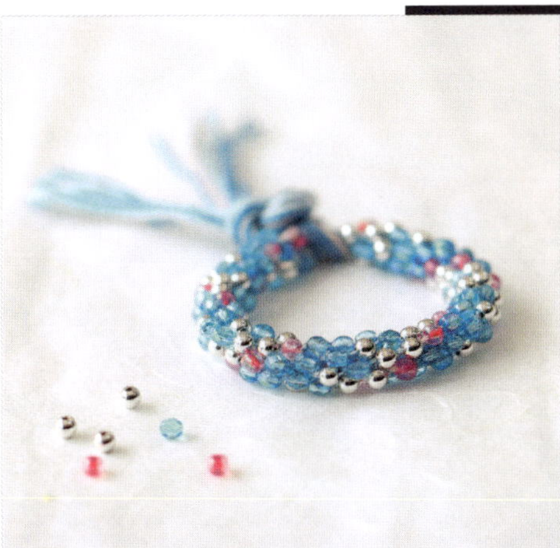
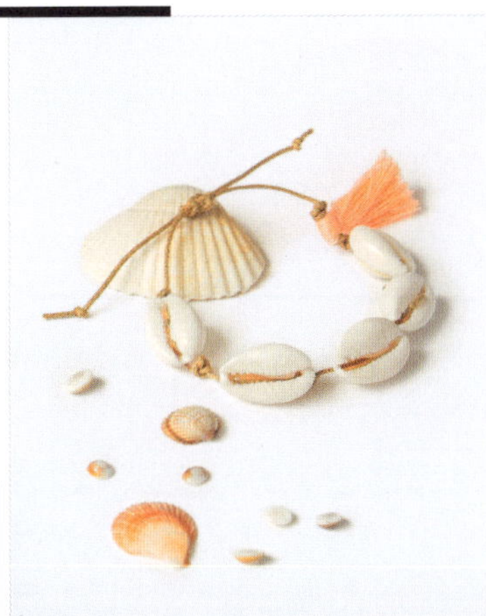
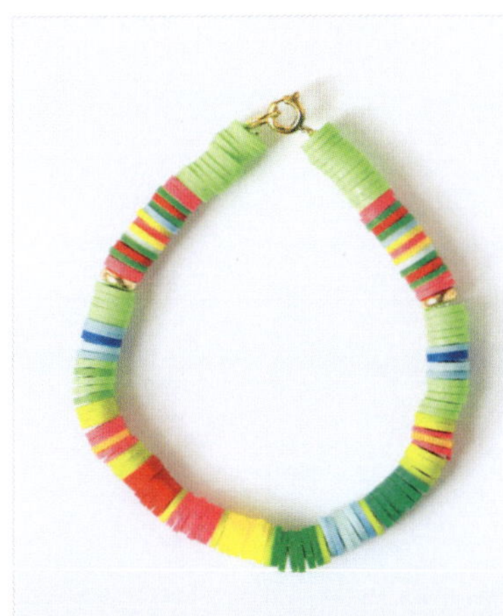

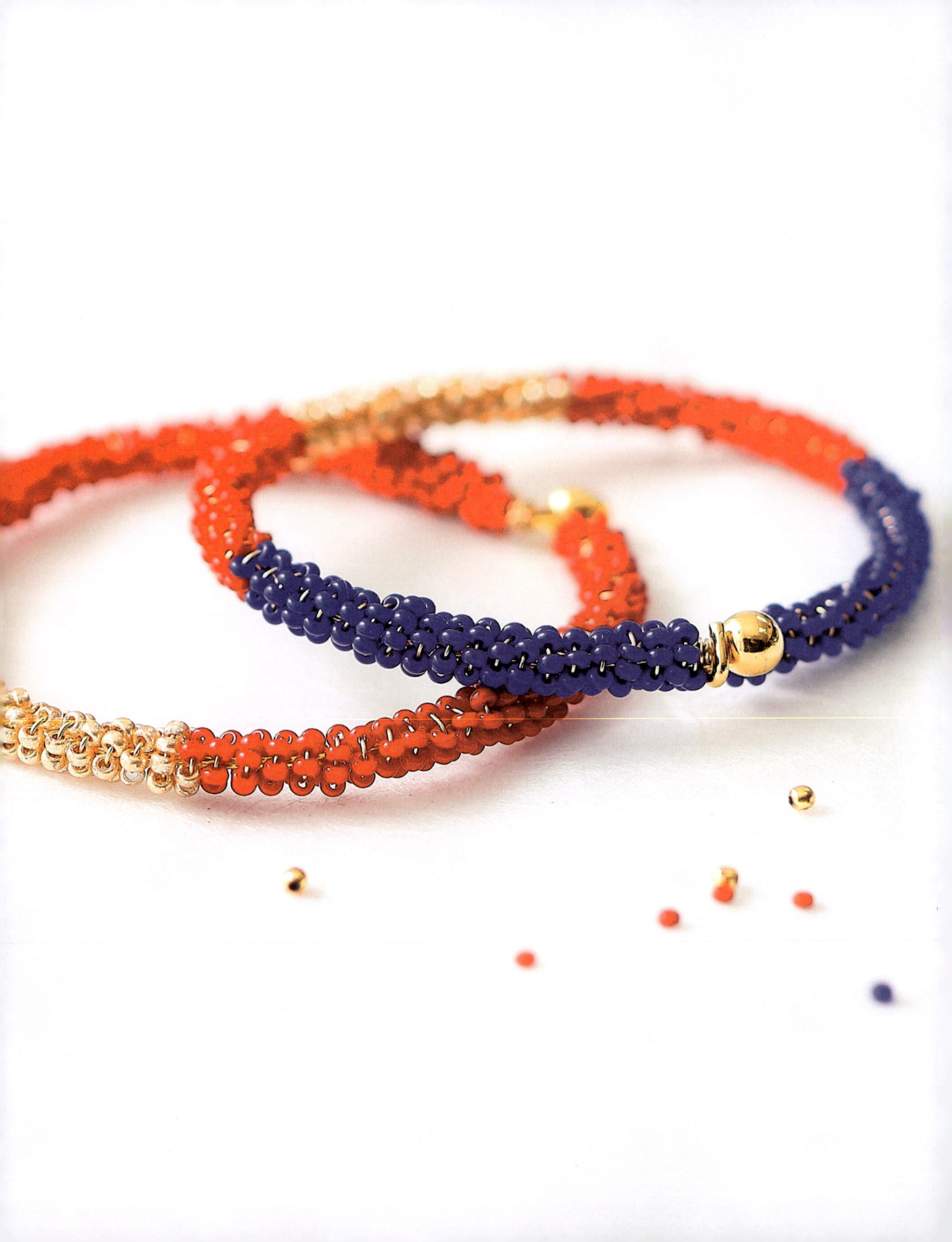

083

PERLEN-**REIF**

MATERIAL

- 1 Reif mit Kugelverschluss in Gold
- 20 g Rocailles-Perlen in Gold, Ø 2 mm
- 20 g Rocailles-Perlen in Dunkelrot, Ø 2 mm
- Kupferdraht in Gold, Ø 4 mm, 1,2 m lang

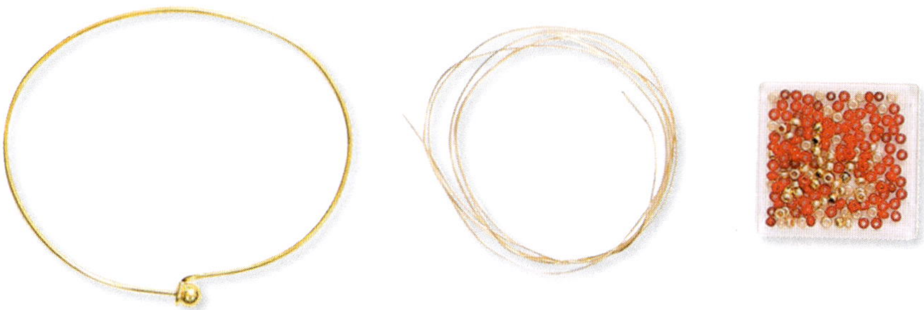

ANLEITUNG

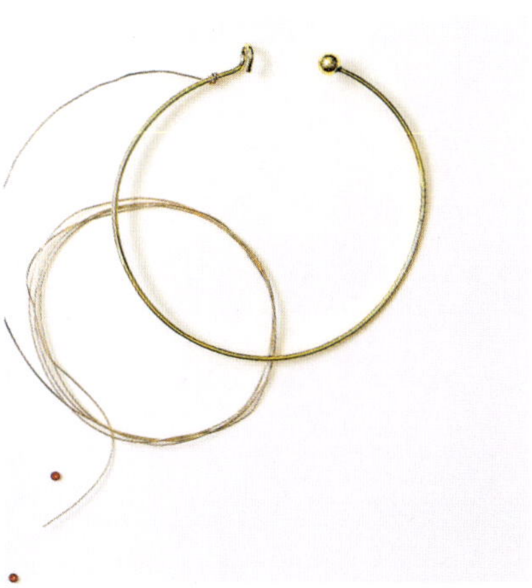

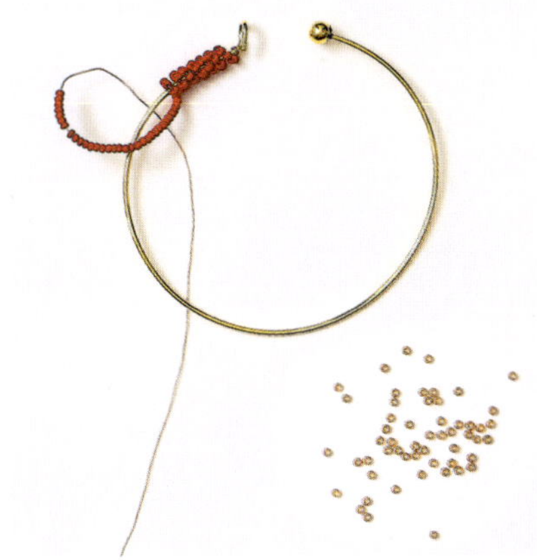

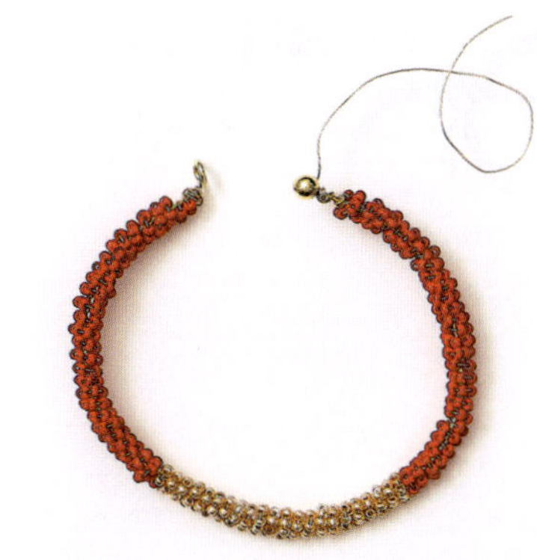

1. Wickle ein Ende des Kupferdrahtes mehrmals so nah wie möglich am Verschluss um den Anfang des Armbands. Ziehe ihn fest, um ihn am Armreif zu fixieren.

2. Fädle vorsichtig ca. 50 rote Rocailles-Perlen auf den Kupferdraht. Wickle den Draht mit den Perlen gleichmäßig um das Armband und ziehe ihn fest. Fahre so fort, bis der gesamte Armreif mit Perlen bedeckt ist. Fädle zwei rote Abschnitte mit einem goldenen Abschnitt in der Mitte auf.

3. Beende das Perlenauffädeln 0,5 cm vor dem Ende des Armbands. Wickle das Ende des Kupferdrahts ohne Perlen mehrmals nahe der Kugel des Verschlusses um den Reif herum. Schneide den überschüssigen Draht mit einer Flachzange ab und ziehe beide Enden des Kupferdrahtes mit der Zange fest.

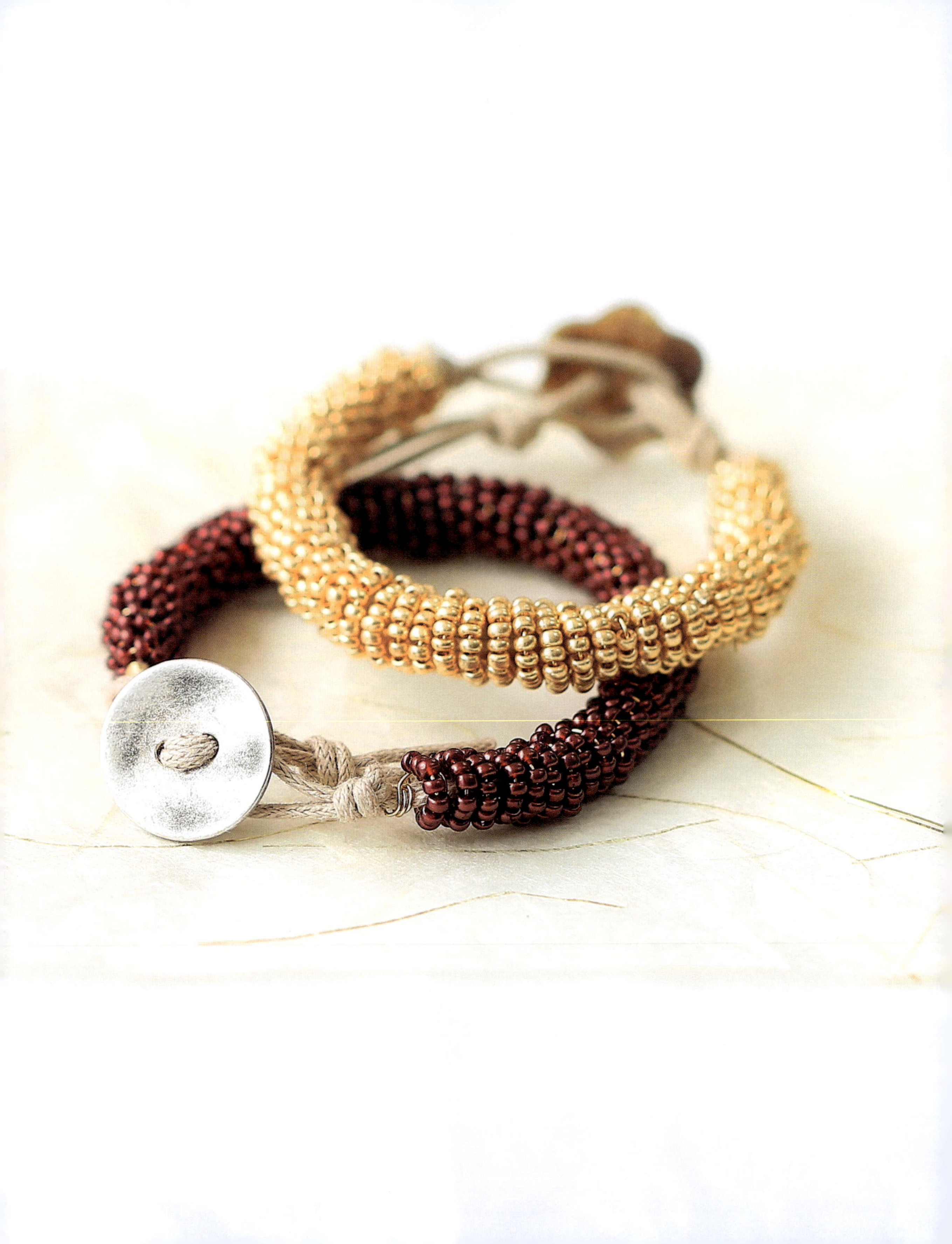

084

KORDEL**ARMBAND**

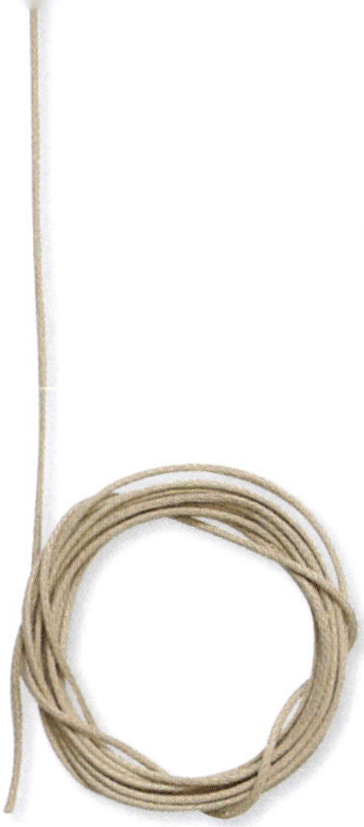

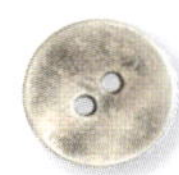

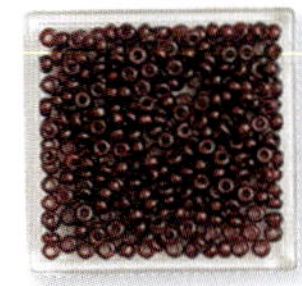

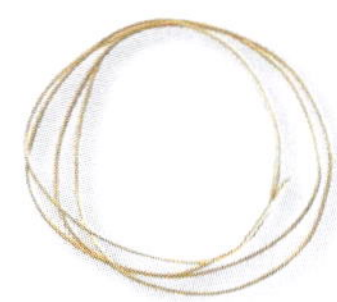

MATERIAL

- Kupferdraht, Ø 4 mm, 1,3 m lang
- 20 g Rocailles-Perlen, Ø 2 mm
- Lederband, Ø 1,3 mm, 60 cm lang
- 1 Knopf, Ø 1,8 cm
- 1 Holzspieß

BENÖTIGTE TECHNIK

Knopfverschluss anfertigen (S. 22)

ANLEITUNG

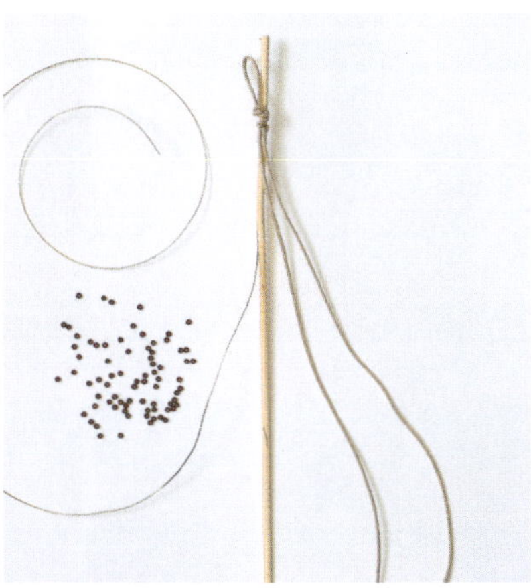

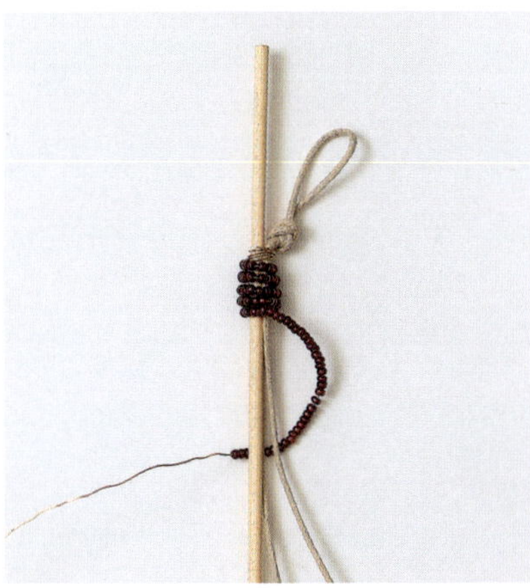

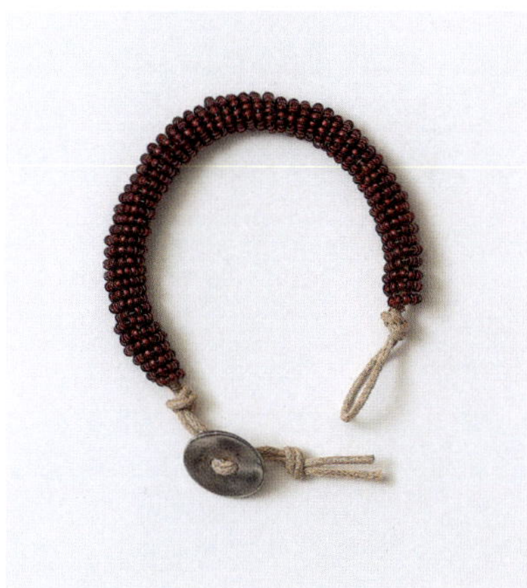

1. Falte das Lederband in der Mitte und mache einen Knoten, sodass eine Schlaufe entsteht, die groß genug ist, dass der Knopf hindurchpasst. Lege das Band auf den Holzspieß und fixiere es mit dem Kupferdraht unter dem Knoten.

2. Fädle die Rocailles-Perlen auf den Kupferdraht und wickle den perlenbesetzten Draht gleichmäßig um den Holzspieß. Wenn du die gewünschte Länge für das Armband erreicht hast, wickle den Kupferdraht ohne Perlen drei- bis viermal um das Lederband und den Spieß. Entferne anschließend vorsichtig den Spieß.

3. Mache mit dem Lederband so nah an den Perlen wie möglich einen sehr festen Knoten. Fädle den Knopf auf das Band und mache einen weiteren Knoten, indem du das Armband an die Größe deines Handgelenks anpasst. Schneide das Lederband so zurück, dass eine Länge von 2 bis 3 cm übrig bleibt.

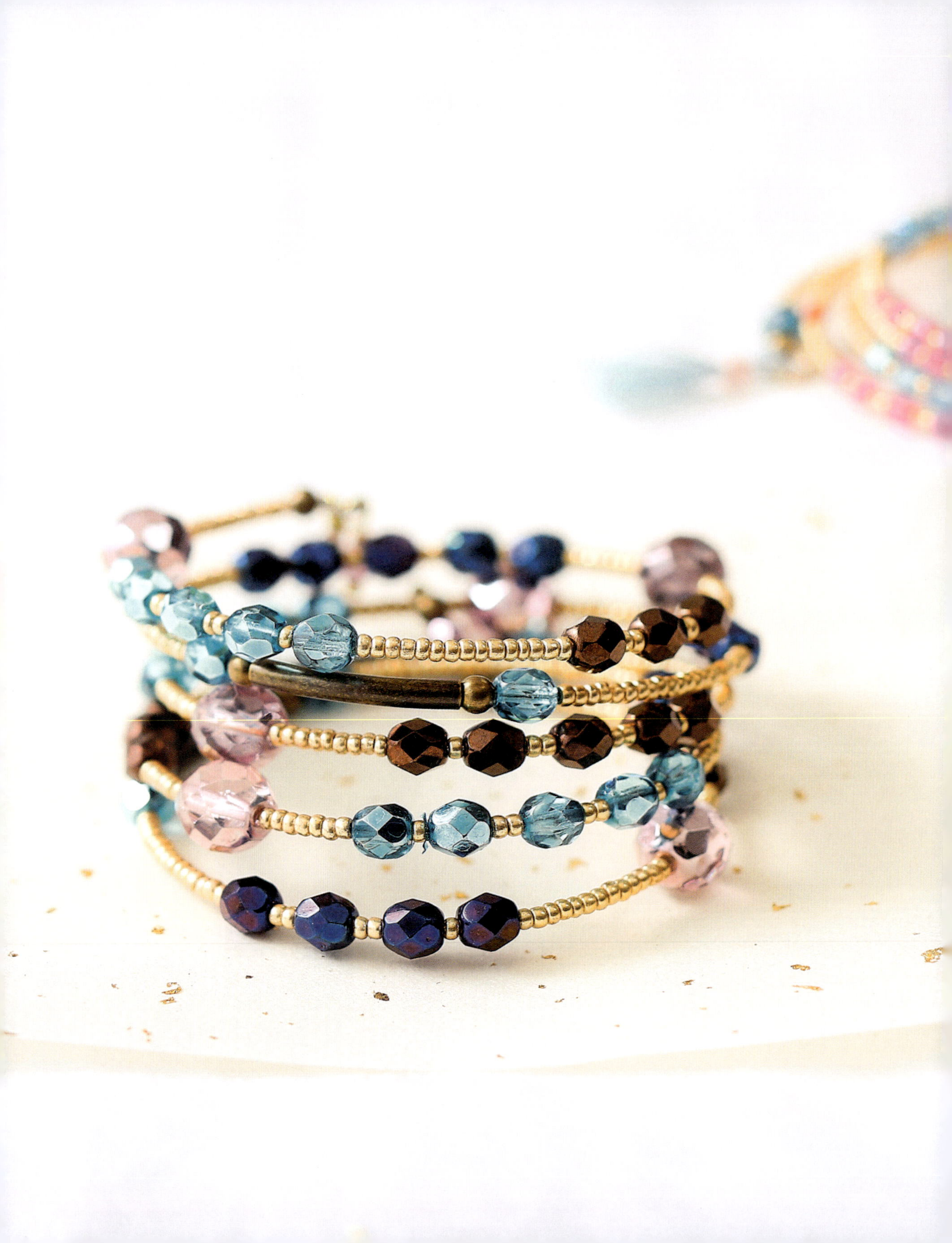

MEHRREIHIGES **ARMBAND**

MATERIAL

- Memory Wire (für 5 Reihen), Ø 5 mm, 90 cm lang
- 20 g Rocailles-Perlen in Gold, Ø 2 mm
- 20 g Rocailles-Perlen in Dunkelrot, Ø 2 mm
- 20 g Rocailles-Perlen in Nachtblau, Ø 2 mm
- 2 facettierte Perlen in Türkis, Ø 8 mm
- 15 facettierte Perlen in Flieder, Ø 4 mm
- 20 facettierte Perlen in Türkis, Ø 4 mm
- 2 runde Perlen in Bronze Matt, Ø 4 mm
- 12 runde Perlen in Fuchsia, Ø 4 mm
- DMC Mouliné-Garn in Blau (747), 85 cm lang
- DMC Mouliné-Garn in Rosa (963), 40 cm lang
- 2 kleine Pompons

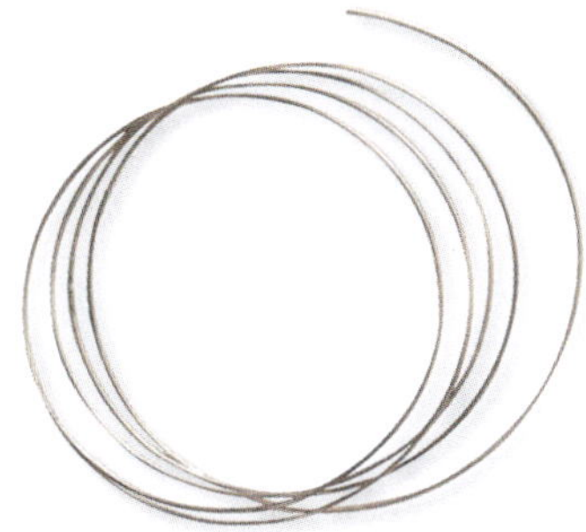

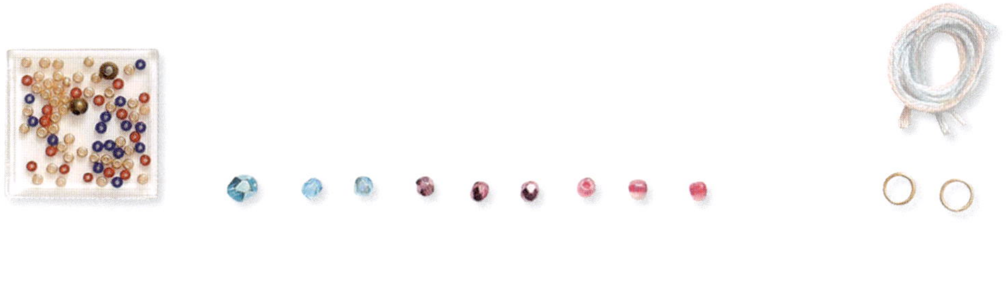

ANLEITUNG

1. Forme mit einer Zange an einem Ende des Memory Wire eine Schlaufe. Fädle eine runde bronzefarbene Perle, eine türkisfarbene facettierte Perle mit 8 mm Durchmesser, fünfundzwanzig goldene Rocailles-Perlen, dann drei fliederfarbene Perlen dazwischen und wieder fünfzehn goldene Rocailles-Perlen und fünfundzwanzig runde fuchsiafarbene Perlen auf.

2. Fahre fort, indem du die anderen facettierten Perlen, die runden Perlen und die fuchsiafarbenen Perlen abwechselnd mit den anderen Farben auffädelst. Setze ab und zu ca. zehn nachtblaue oder dunkelrote Rocailles-Perlen ein.

3. Sobald der Draht mit den Perlen bestückt ist, forme mit dem anderen Ende ebenfalls eine Schlaufe. Beende das Armband, indem du an beiden Enden einen Pompon befestigst.

TIPP

Du kannst so viele Reihen machen, wie du möchtest. Damit dein Armband noch persönlicher wird, kannst du es auch mit Anhängern verzieren.

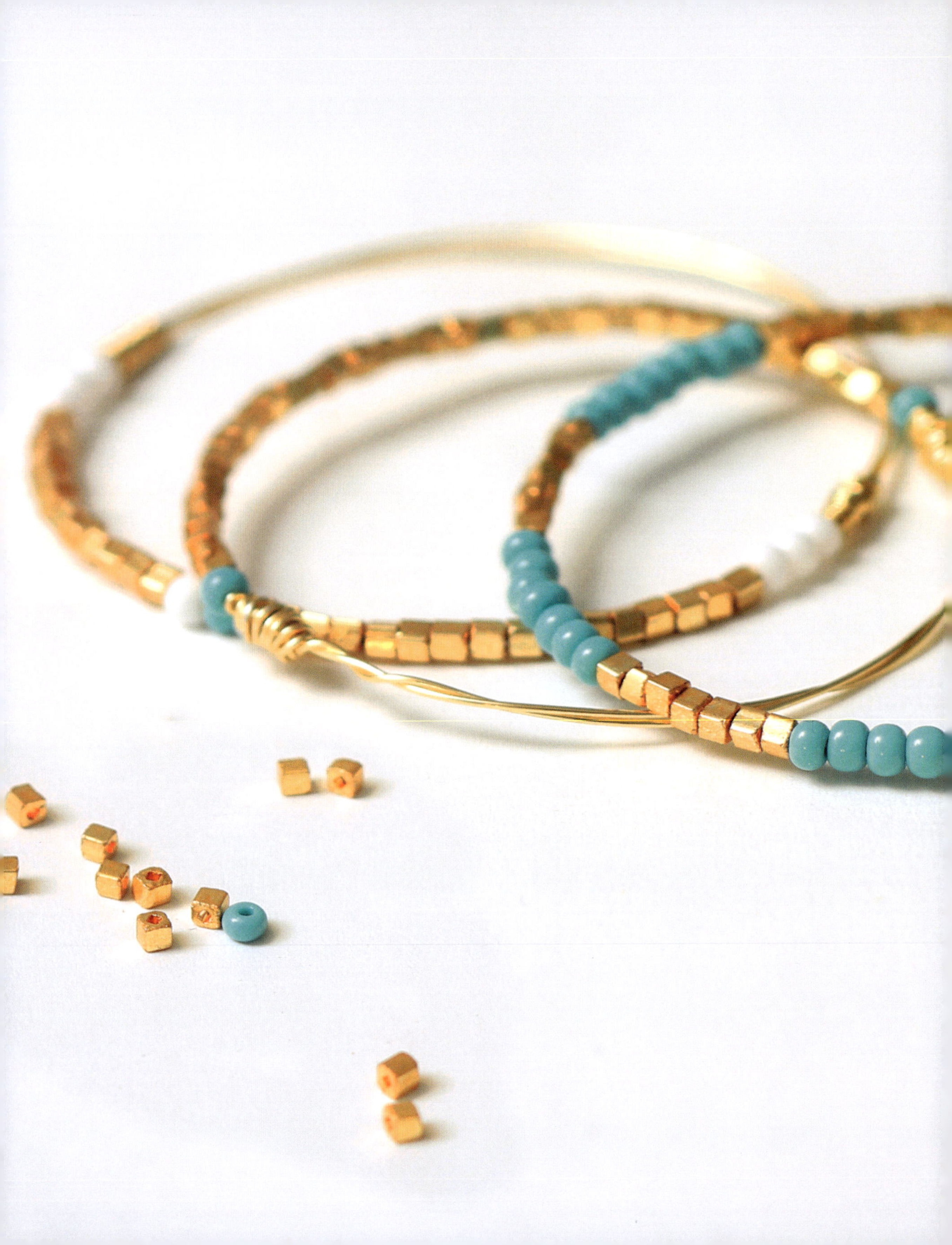

RAFFINIERTES **ARMBAND**

MATERIAL

- 21 Rocailles-Perlen in Würfelform in Gold, Ø 2,6 mm
- 28 Rocailles-Perlen in Türkis (lichtundurchlässig), Ø 4 mm
- Messingdraht in Gold, Ø 0,64 mm, 55 cm lang

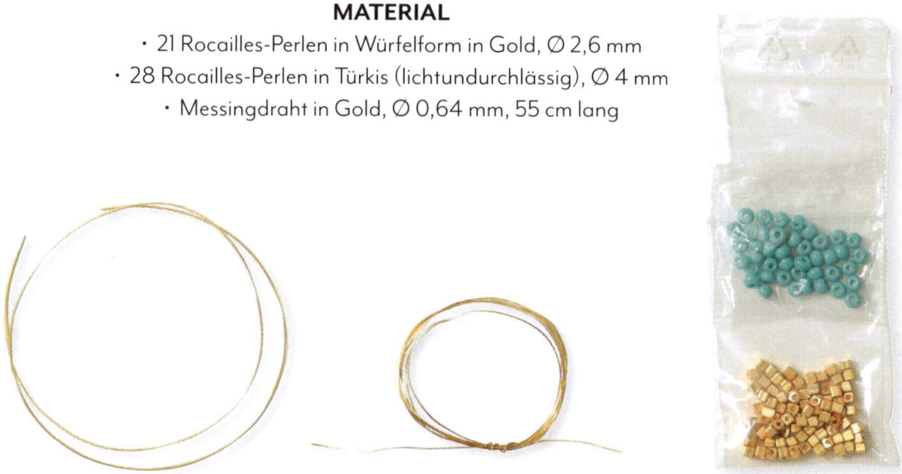

ANLEITUNG

1. Fädle immer sieben Perlen der gleichen Farbe auf den Messingdraht auf, beginnend und endend mit den türkisblauen Perlen. Schiebe die Perlenreihe so auf den Messingdraht, dass sie mittig platziert ist.

2. Forme einen Kreis, indem du das Armband vorsichtig einmal eindrehst und ein Stück Kreppband auf die Stelle klebst, an der sich der Draht überschneidet. Wickle ein Ende des Drahtes mehrmals um die beiden übereinander liegenden Drähte und ziehe es dabei dicht an einer türkisfarbenen Perle fest.

3. Wickle das andere Ende auf dieselbe Weise um die Drähte. Schneide die Drahtenden bündig mit dem Armband ab.

TIPP

Weiße Perlen geben dem Armband einen wärmeren Touch. Du kannst die goldenen Perlen auch ruhig mit anderen Farben kombinieren.

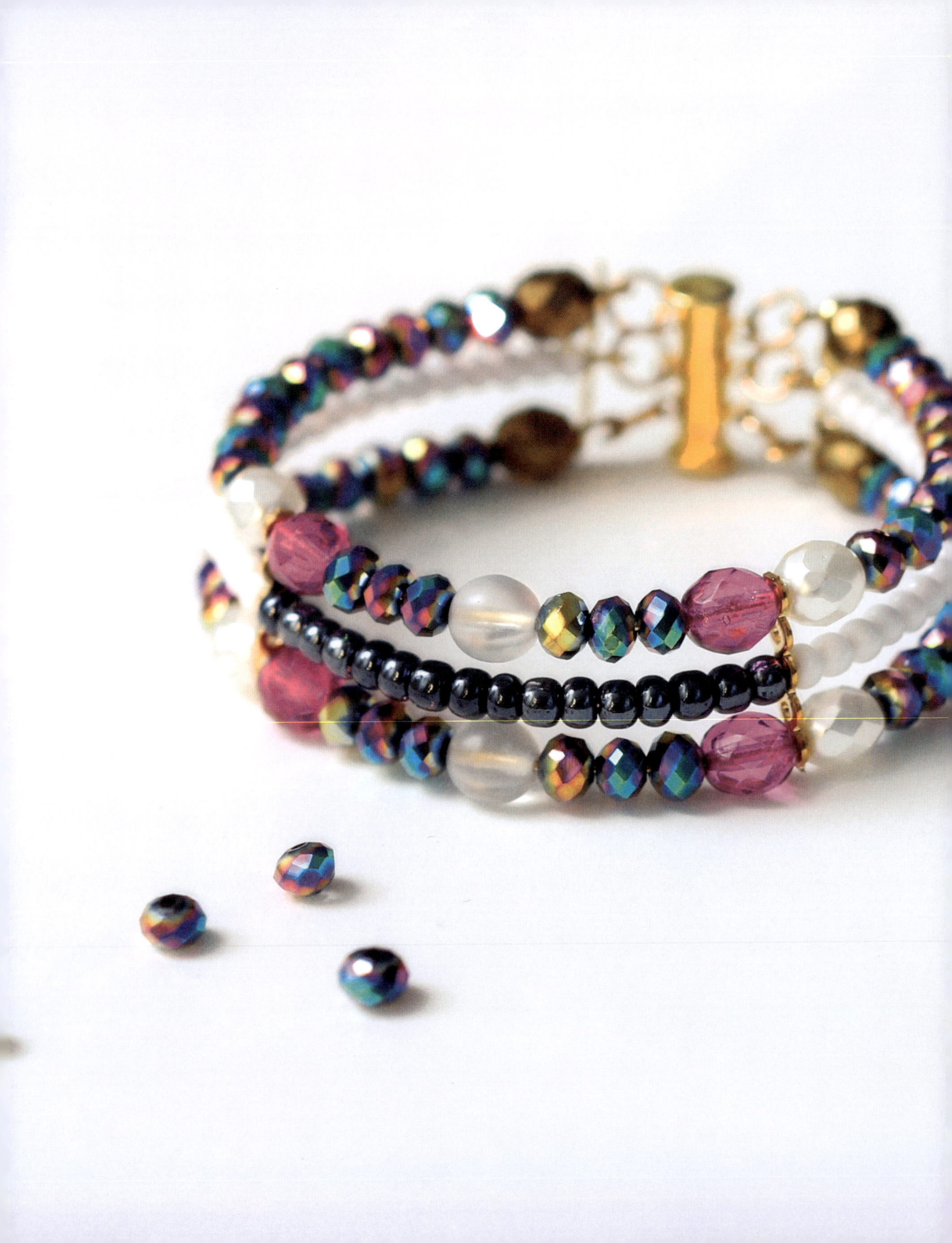

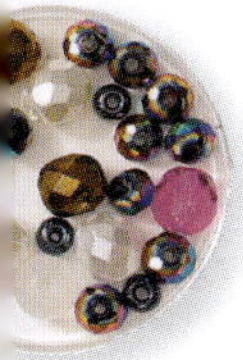

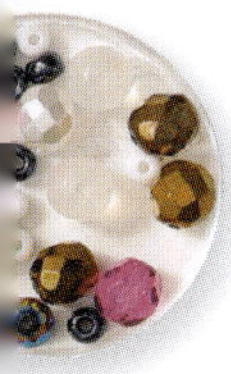

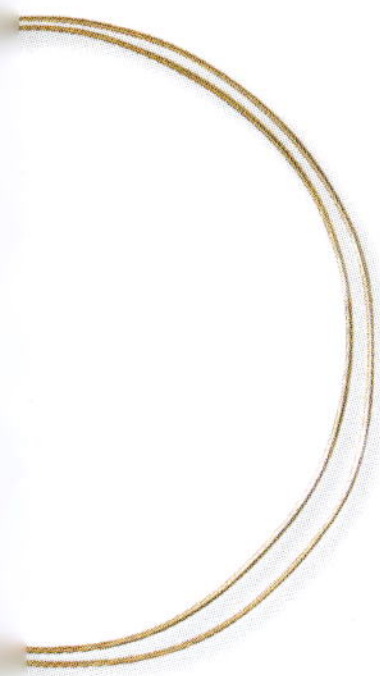

087

DREI-**IN-EINS**

MATERIAL

- 52 facettierte Perlen in Metall-Blaugrün, Ø 5 mm
- 42 lichtundurchlässige Rocailles-Perlen in Weiß, Ø 4 mm
- 16 lichtundurchlässige Rocailles-Perlen in Anthrazit, Ø 4 mm
- 4 facettierte Perlen in schillerndem Altrosa, Ø 8 mm
- 4 facettierte Perlen in Metall-Bronze, Ø 8 mm
- 4 facettierte Perlen in Metall-Weiß, Ø 8 mm
- 2 runde Perlen in Kristallweiß, Ø 8 mm
- Kupferdraht in Gold, Ø 1,02 mm, 3 x 25 cm lang, für ein fertiges Armband von 22 cm Länge
- Abstandshalter zum Zuschneiden in Gold, 4 x 2 cm lang
- 1 mehrreihiger Magnetverschluss mit drei Ösen in Gold, 2 cm lang
- 6 Quetschringe in Gold, Ø 6 mm

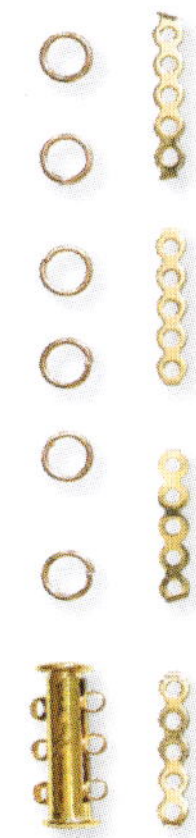

ANLEITUNG

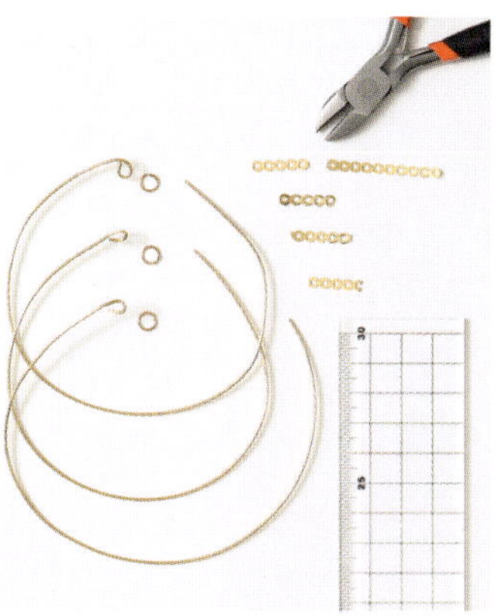

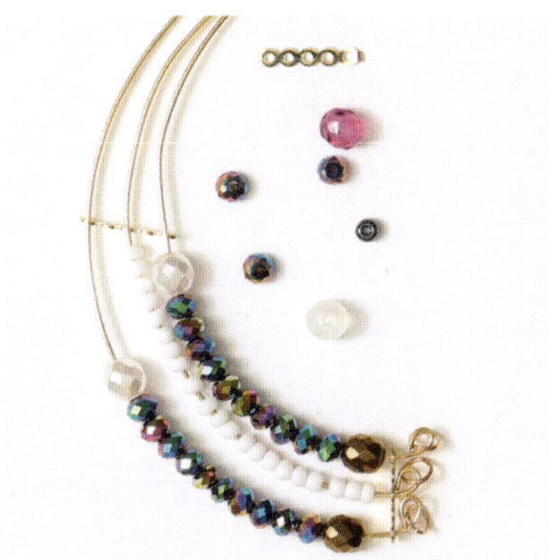

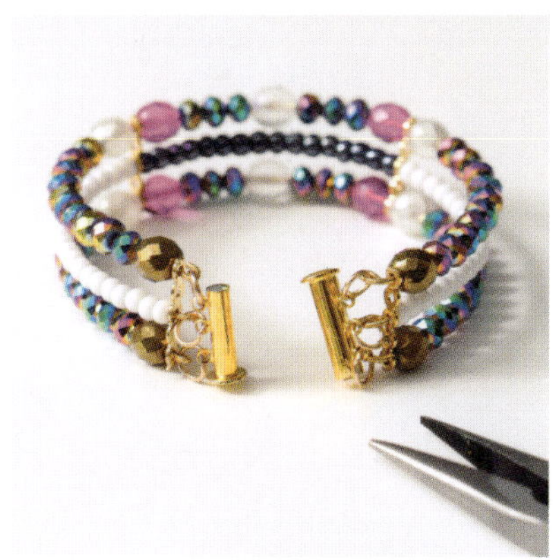

1. Forme mit einer Rundzange an einem Ende jedes Drahtes eine Schlaufe. Schneide aus einem langen Abstandshalter vier kleinere mit je fünf Ringen aus. Schiebe die drei Drähte durch die äußeren Ringe und den mittlen Ring der Abstandshalter.

2. Fädle auf die äußeren Drähte facettierte Perlen auf (eine bronzefarbene, zehn blaugrüne, eine weiße). Fädle einundzwanzig weiße Rocailles-Perlen auf den mittleren Draht auf. Setze einen weiteren Abstandshalter ein. Fädle auf jeden äußeren Draht facettierte Perlen auf (eine altrosafarbene, drei blaugrüne, eine weiße, drei blaugrüne, eine altrosafarbene). Fädle sechzehn anthrazitfarbene Perlen auf den mittleren Draht auf. Setze einen Abstandshalter ein.

3. Wiederhole die Reihenfolge des ersten Abschnitts des Armbands spiegelverkehrt und schließe mit einem Abstandshalter ab. Forme an den Enden der drei Drähte eine Schlaufe. Befestige mithilfe einer Zange drei Ringe an die drei Ösen des einen Teils des Verschlusses und verbinde sie mit den Schlaufen des einen Endes. Wiederhole diesen Schritt auf die gleiche Weise am anderen Ende des Armbands.

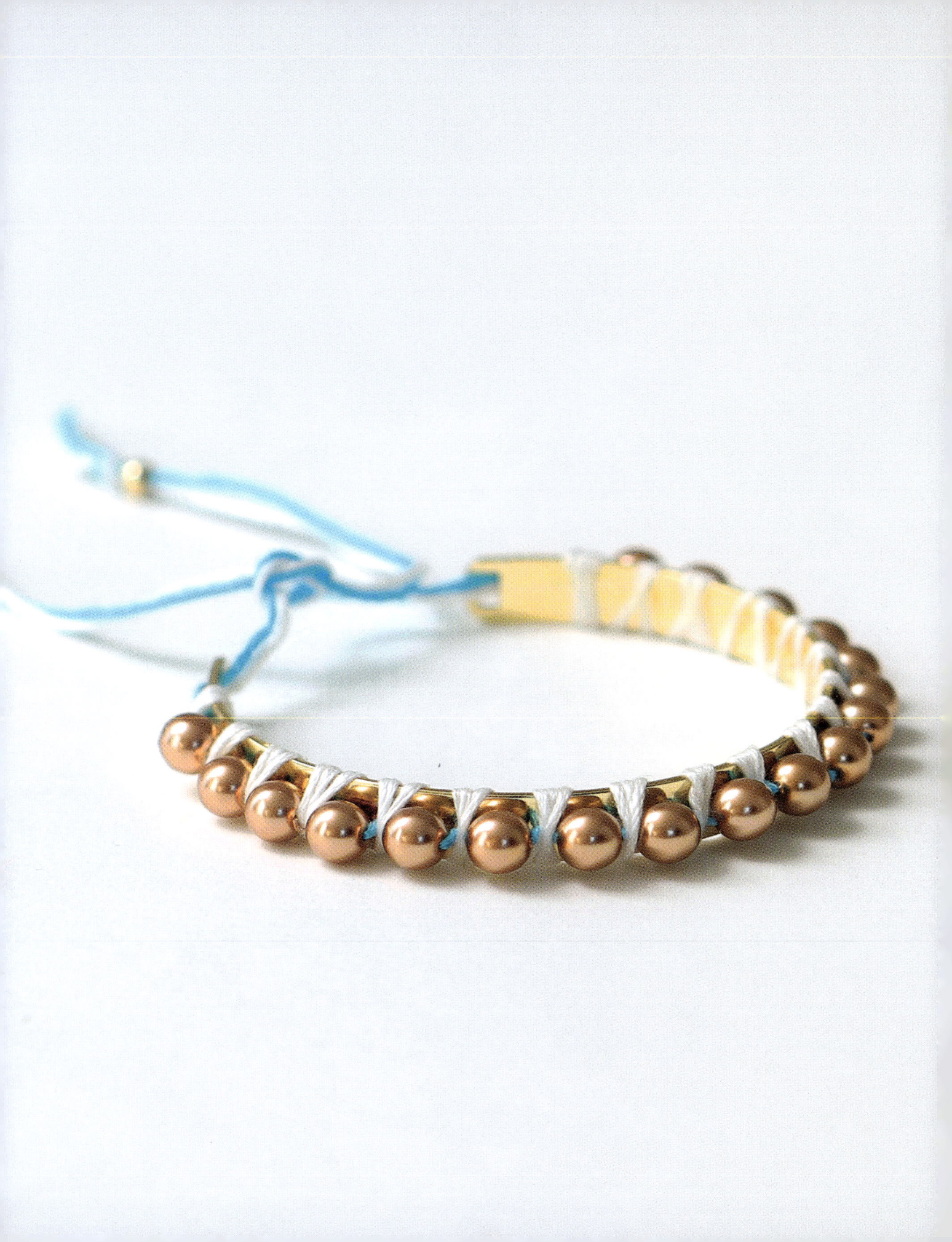

088

PERLEN-**MANSCHETTE**

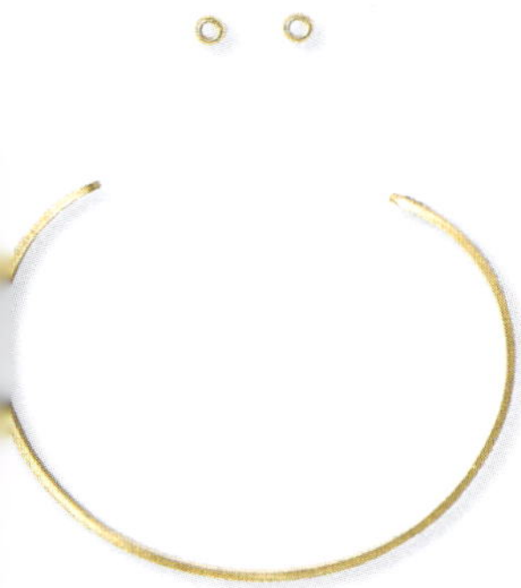

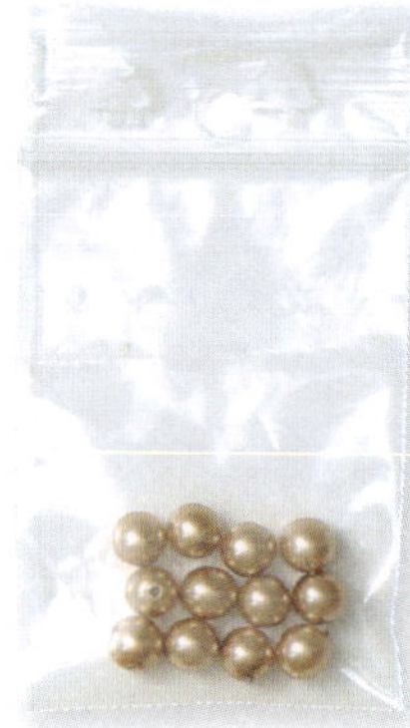

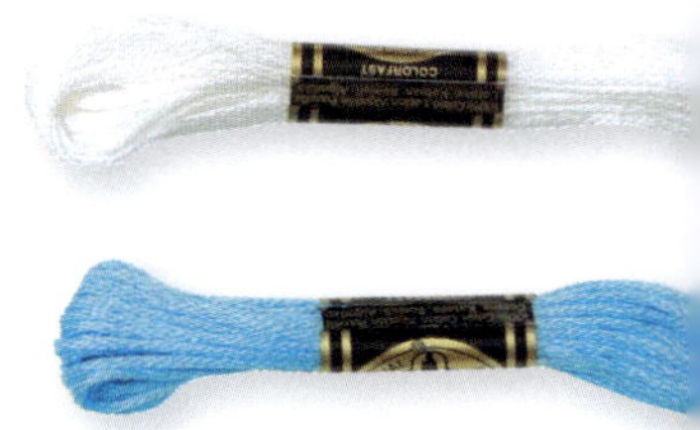

MATERIAL

- 1 Messing-Armreif zum Verzieren, Ø 6 mm
- DMC Mouliné-Garn in Türkis (3846), 45 cm lang
- DMC Mouliné-Garn in Weiß (B5200), 1,3 m lang
- 18 runde Perlen in Mattgold, Ø 6 mm
- 2 Glasperlen in Mattgold mit einem großen Loch, Ø 4 mm
- 1 Perlnadel

ANLEITUNG

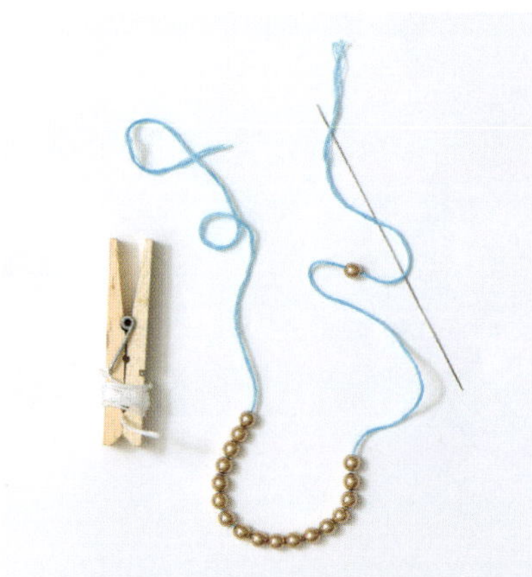

1. Fädle das türkisfarbene Garn in eine Perlnadel ein und fädle hierauf alle goldenen Perlen. Wickle das weiße Garn um eine Wäscheklammer.

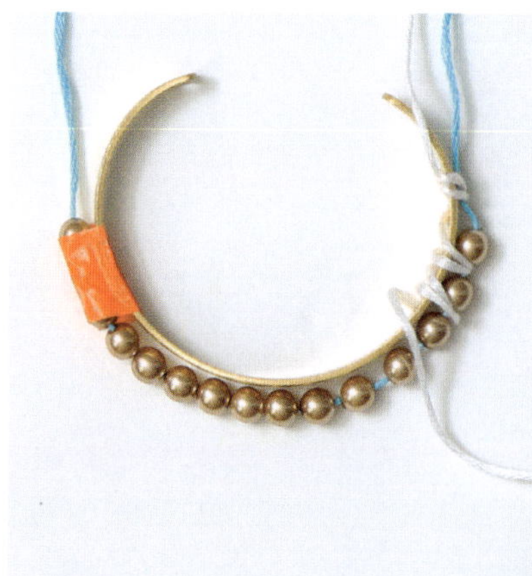

2. Befestige die Perlen mit einem Stück Malerkrepp am Armreif. Mache mit dem weißen Garn 1 cm von einem Ende des Armreifs entfernt und an der ersten Perle einen Knoten, wobei du 20 cm Garn überstehen lässt. Ziehe den Knoten fest und wickle das Garn ein zweites Mal um den Armreif. Wickle das Garn nach jeder Perle auf die gleiche Weise um den Reif.

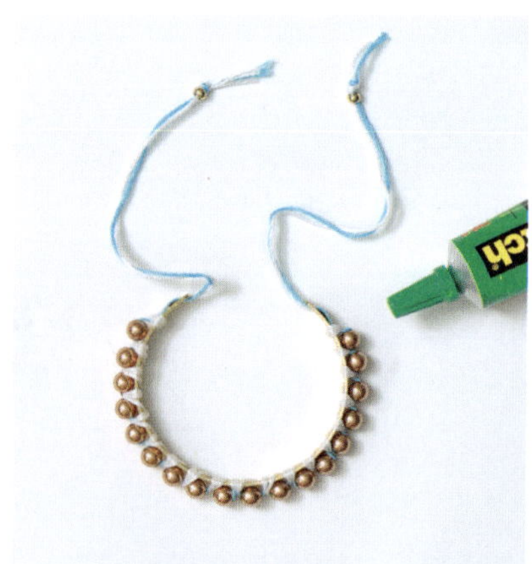

3. Schneide die Enden des Garns ab, sodass nur 13 cm übrig bleiben. Führe die beiden türkisen und weißen Garne durch jedes Loch des Armbands. Fädle eine Glasperle auf die Garne auf und mache einen Doppelknoten, um sie zu sichern. Trage unter jeder Perle einen Klebepunkt auf. Lasse den Reif trocknen.

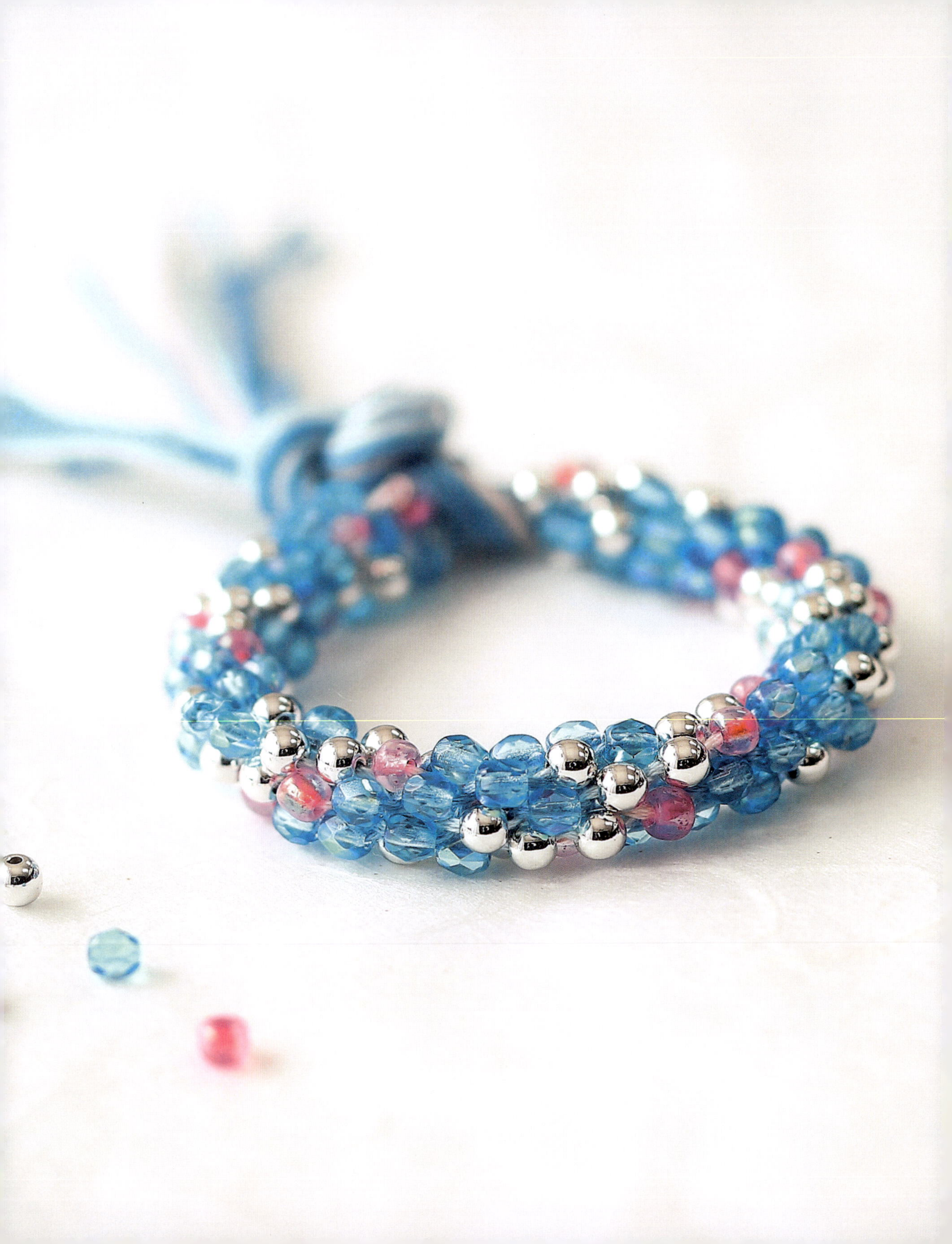

089

PERLEN-**KUMIHIMO**

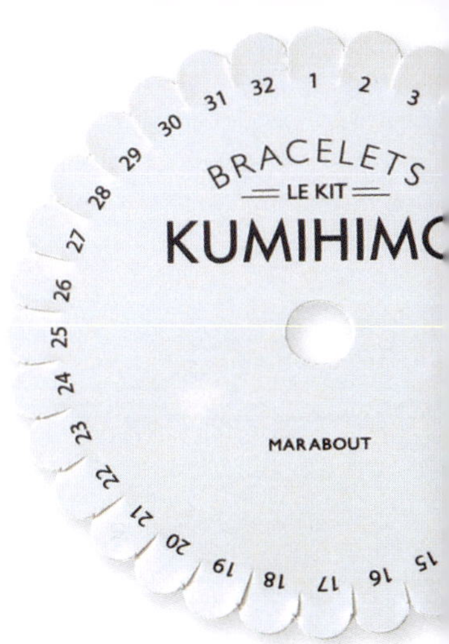

MATERIAL

- DMC Mouliné-Garn in Dunkelblau (807), 4 x 60 cm lang
- DMC Mouliné-Garn in Eisblau (828), 3 x 60 cm lang
- DMC Mouliné-Garn in Blassrosa (818), 60 cm lang
- 20 g Rocailles-Perlen in Fuchsia, ∅ 4 mm
- 20 g runde Perlen in Silber, ∅ 4 mm
- 20 g facettierte Perlen in Türkis, ∅ 4 mm
- 1 Kumihimo-Flechtscheibe

BENÖTIGTE TECHNIKEN

Kumihimo-Flechtscheibe (S. 44)
Ein Perlen-Kumihimo flechten (S. 50)

ANLEITUNG

AUSGANGSSCHEIBE

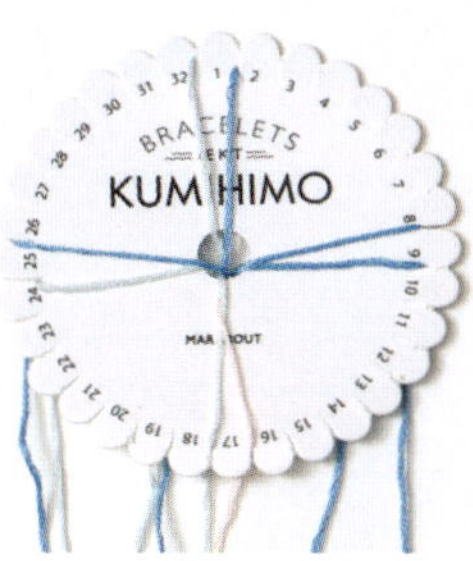

1. Knote die acht Fäden etwa 6 cm von einem Ende entfernt zusammen. Stecke die Fäden durch das Mittelloch der Scheibe, sodass sich der Knoten auf der Rückseite befindet. Flechte ca. 1 cm weit.

2. Fahre mit dem Flechten fort, indem du, bevor du einen neuen Faden bewegst, eine Perle auffädelst. Die türkisfarbenen Perlen kommen auf den dunkelblauen Faden (807), die silberfarbenen auf den eisblauen Faden (828) und die fuchsiafarbenen kommen auf den rosafarbenen Faden (818). Wenn du die passende Länge für dein Handgelenk erreicht hast, nimmst du die Fäden von der Scheibe und machst einen Knoten.

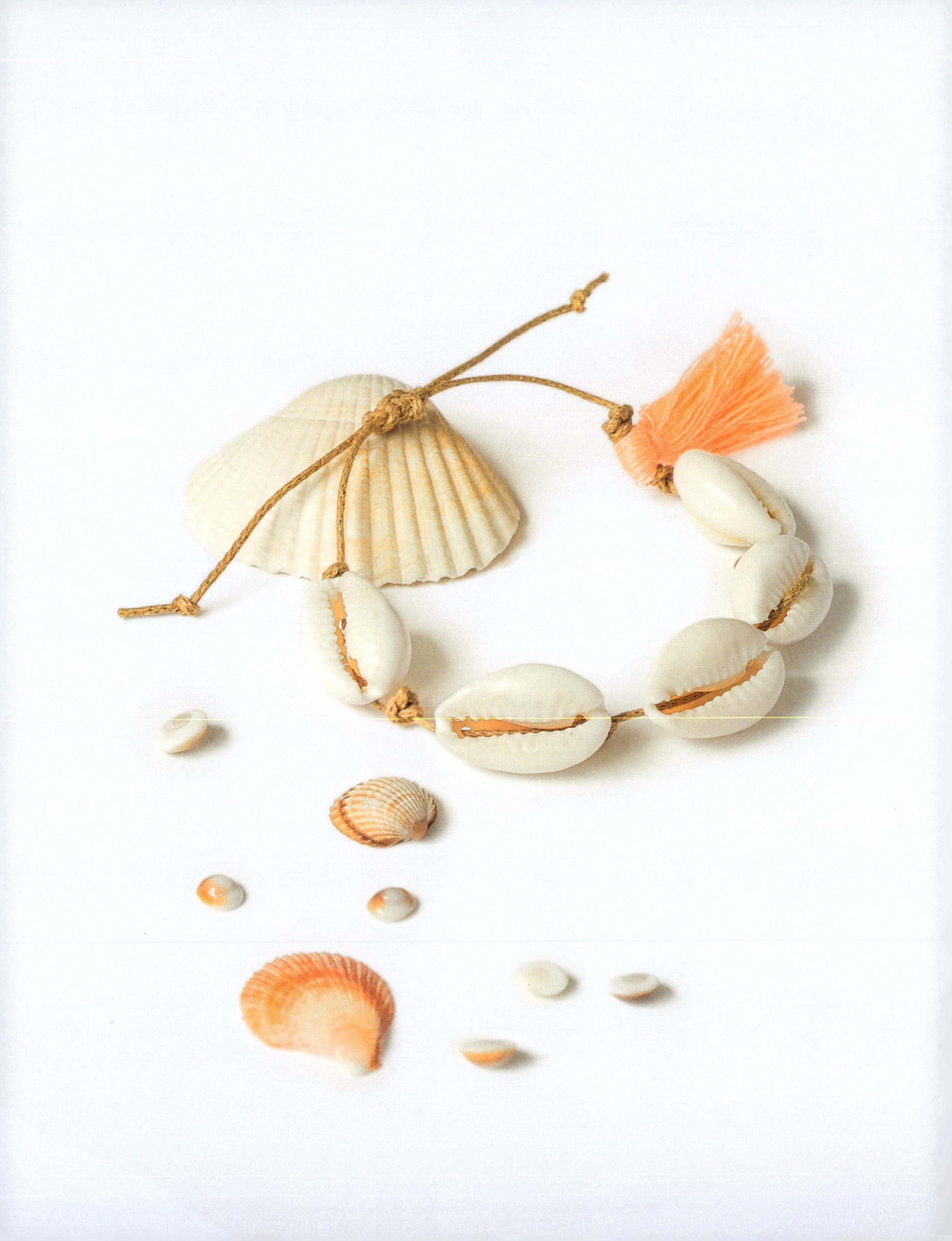

090

MUSCHEL-**ARMBAND**

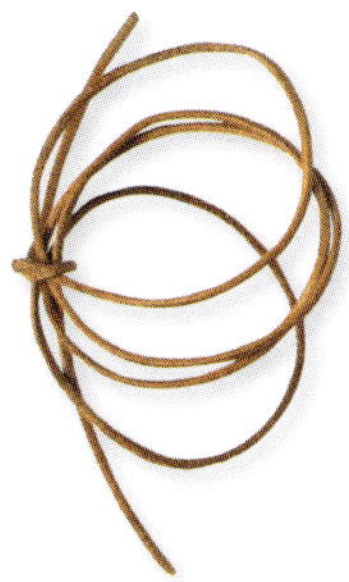

MATERIAL

- 5 Muscheln mit Loch
- 1 Pompon
- Wachsgarn, 40 cm lang
- 1 Wollnadel

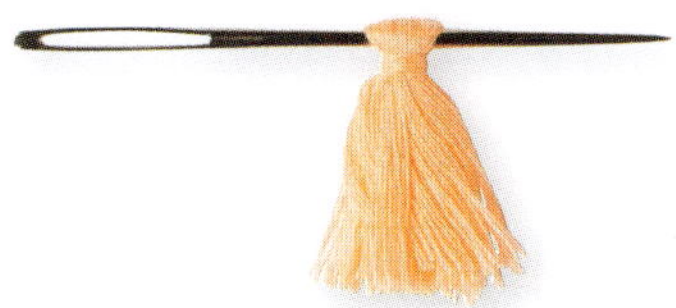

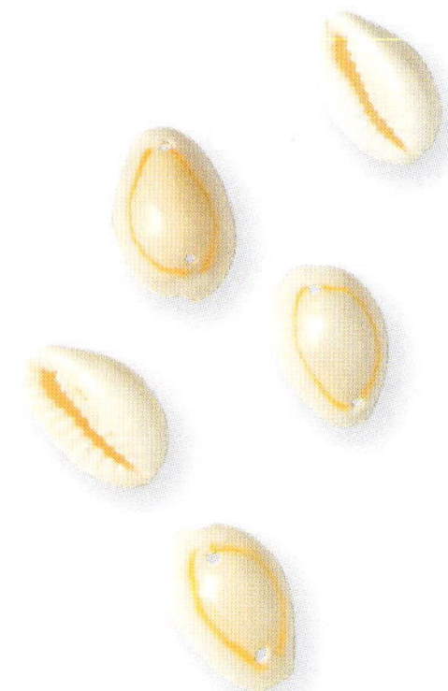

BENÖTIGTE TECHNIK

Schiebeknoten (S. 35)

ANLEITUNG

1. Beginne das Armband, indem du eine Muschel in die Mitte eines 30 cm langen Stücks Wachsgarn schiebst und auf beiden Seiten der Muschel einen festen Doppelknoten machst. Fädle auf beiden Seiten der ersten Muschel alle weiteren Muscheln auf und sichere sie jedes Mal mit einem Doppelknoten.

2. Fädle ein Ende des Armbands durch eine Wollnadel und ziehe es durch den oberen Teil des Pompons. Schiebe den Pompon über das Armband bis an die letzte Muschel. Entferne die Nadel und mache einen Doppelknoten.

3. Lege beide Enden des Armbands übereinander und platziere das restliche Stück Garn mittig auf den aufeinanderliegenden Enden. Beende das Armband mit einem Schiebeknoten.

TIPP

Du kannst selbst einen Pompon herstellen, indem du die Wollfäden um eine Gabel wickelst. Sobald du eine gute Dicke erreicht hast, bindest du die Fäden zusammen, indem du einen kurzen Faden zwischen den ersten beiden Zinken durchführst. Ziehe ihn fest und schneide die Fäden am Ende ab.

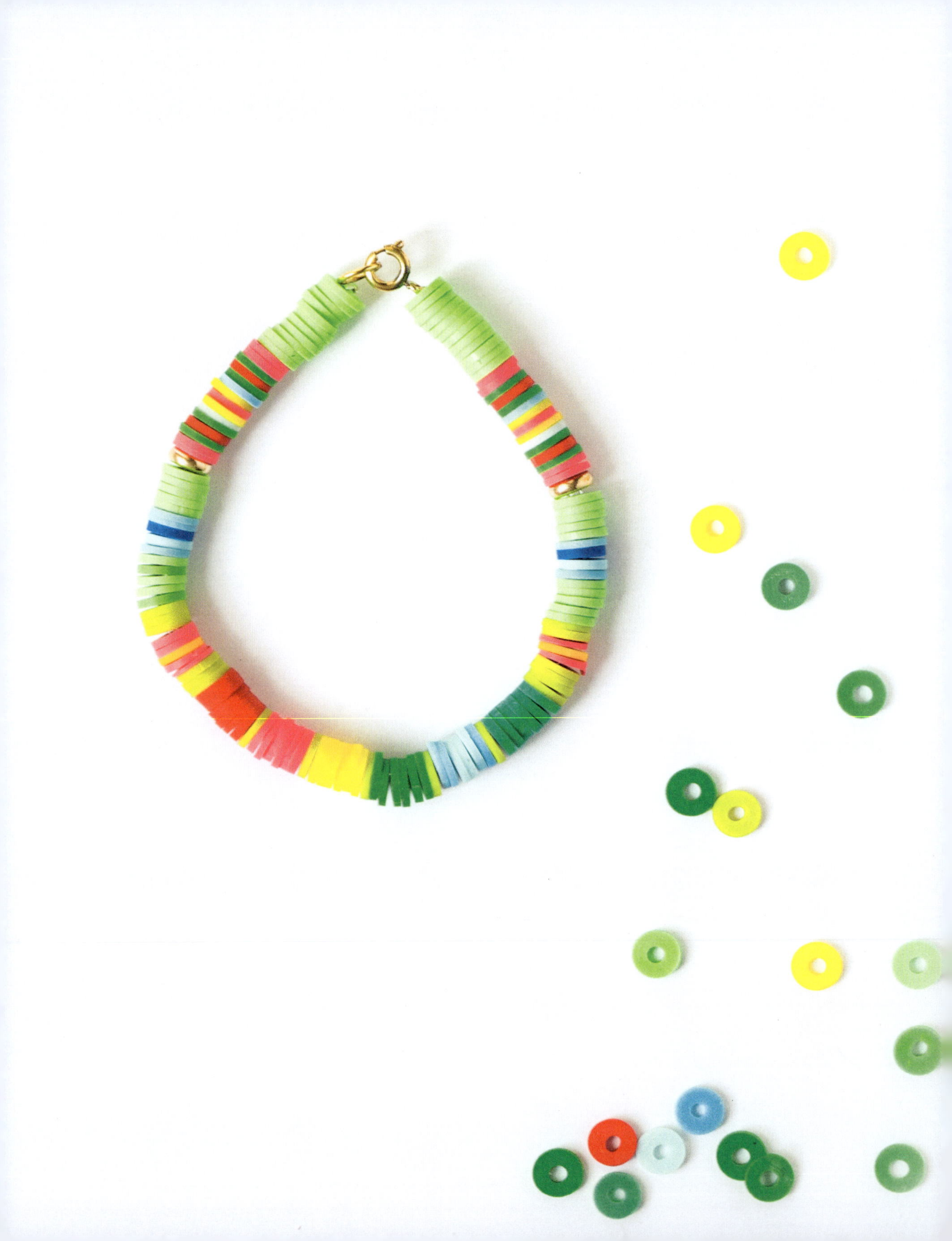

091

HEISHI-**ARMBAND**

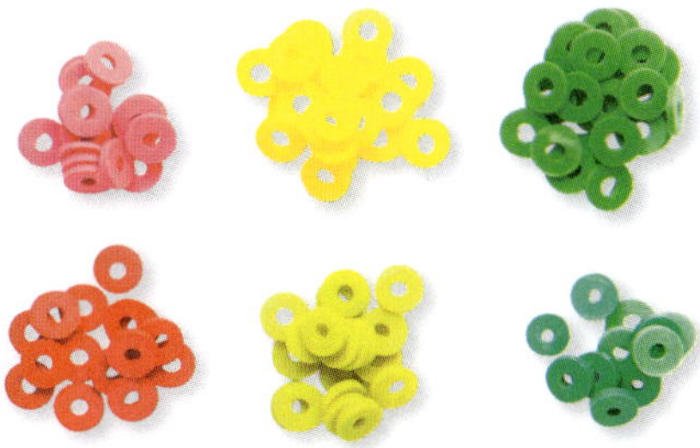

MATERIAL

- 20 cm bunte Heishi-Perlen
- 2 runde Metallperlen
- 1 Federringverschluss + 1 Ring
- transparentes Gummiband, 40 cm lang

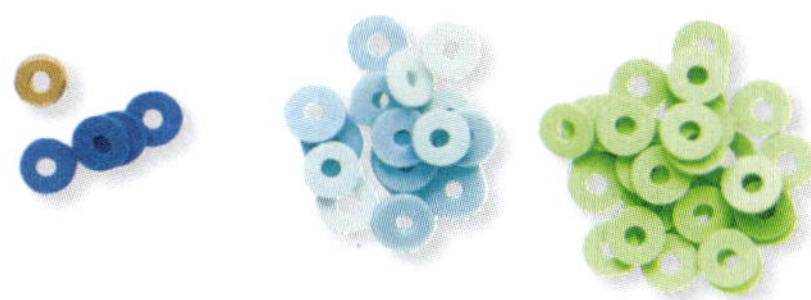

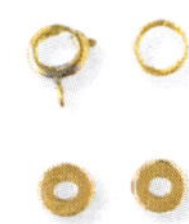

BENÖTIGTE TECHNIK

Einen Verschluss anbringen (S. 20)

ANLEITUNG

1. Miss dein Handgelenk aus und füge 15 cm hinzu. Schneide das Band auf diese Länge zu. Schiebe den Verschluss auf das Band und mache 5 cm von einem Ende entfernt einen festen Doppelknoten.

2. Fädle die Perlen beliebig auf: nach Farben gruppiert, in einer bestimmten Reihenfolge oder einfach wild durcheinander.

3. Wenn du so viele Perlen aufgefädelt hast, dass sie um dein Handgelenk reichen, setze den Ring auf das Band und mache einen Doppelknoten, damit er festsitzt. Führe dann das Ende des Bands durch die ersten Perlen sodass man das Band nicht mehr sieht und damit der Knoten verstärkt wird.

TIPP

Platziere die beiden runden Metallperlen symmetrisch in der Mitte oder an beiden Enden des Armbands. Sie betonen die farbigen Perlen, was das Armband wieder ganz anders aussehen lässt.

TRAUMFÄNGER-**ARMBÄNDER**

Originelle Armbänder, die von den Traumfängern aus der indigenen Kultur Nordamerikas inspiriert sind. Die filigranen, mit einer Nadel und einem Ring gearbeiteten Webstücke können allein oder mit einer echten oder unechten Feder getragen werden.

5 TIPPS FÜR EIN TRAUMFÄNGER-ARMBAND

- Bevor du mit einem Armband beginnst, miss dein Handgelenk aus. Und vergiss nicht, wenn möglich, während der Arbeit die Länge am Handgelenk zu testen!
- Um die Länge der jeweiligen Seiten des Armbands zu ermitteln, miss die Größe des Rings und des Verschlusses aus, ziehe den Wert vom Umfang des Handgelenks ab und teile ihn durch zwei.
- Um zu verhindern, dass sich die einzelnen Mouliné-Fäden verheddern, wenn du sie aufnimmst, schneide 6 Stränge auf die gewünschte Länge zu, fasse sie mit einer Hand an einem Ende und lasse sie herunterhängen. Fasse dann die gewünschte Anzahl an Strängen zwischen den Fingern der anderen Hand und ziehe vorsichtig an ihnen.
- Zum Weben in der Mitte des Rings verwende Sticknadeln Nr. 24. Benutze eine Einfädelhilfe, wenn du nur dünnere Nadeln zur Verfügung hast.
- Um herauszufinden, wo genau du mit der Nadel in den Festonstich einstechen musst, um den Stern richtig zu positionieren, zähle die Anzahl der Festonstiche, die um den Ring herumgestickt wurden, und teile sie durch 6. So erhältst du die Anzahl der Stiche, die zwischen den Sternspitzen liegen müssen.

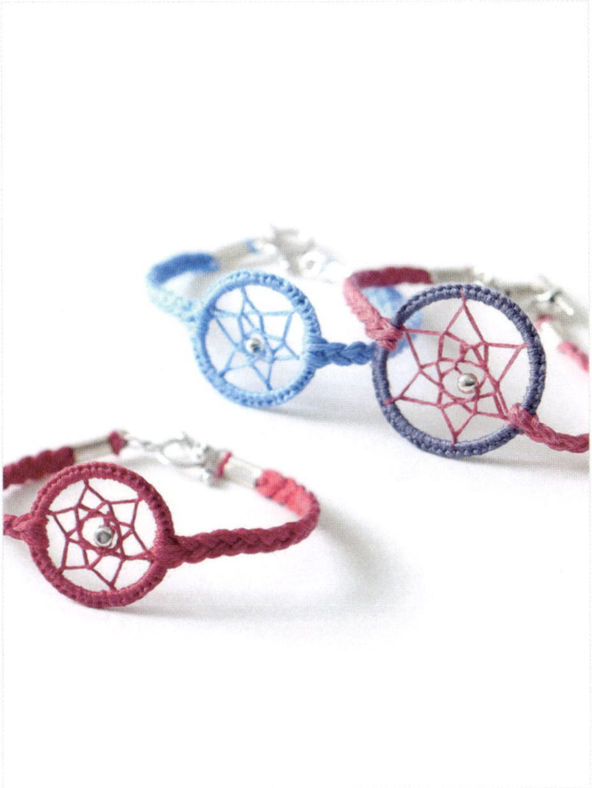
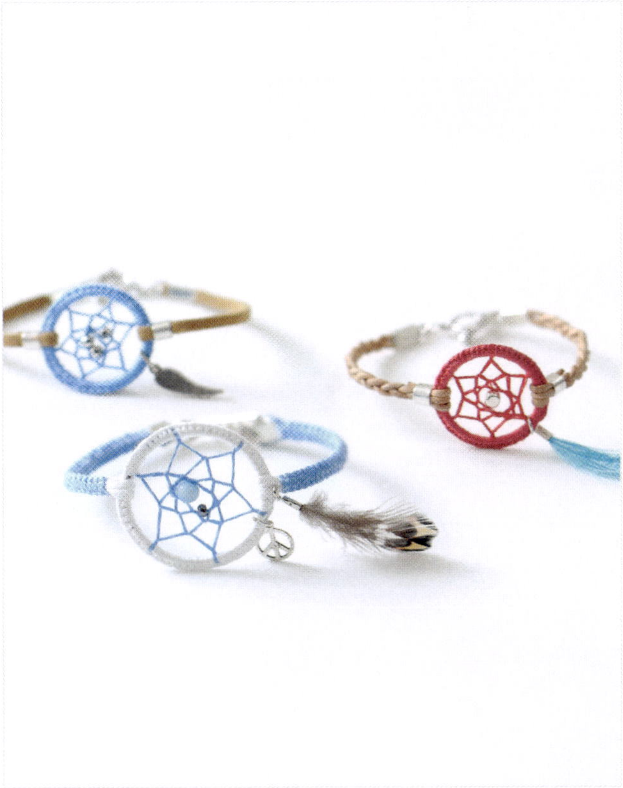
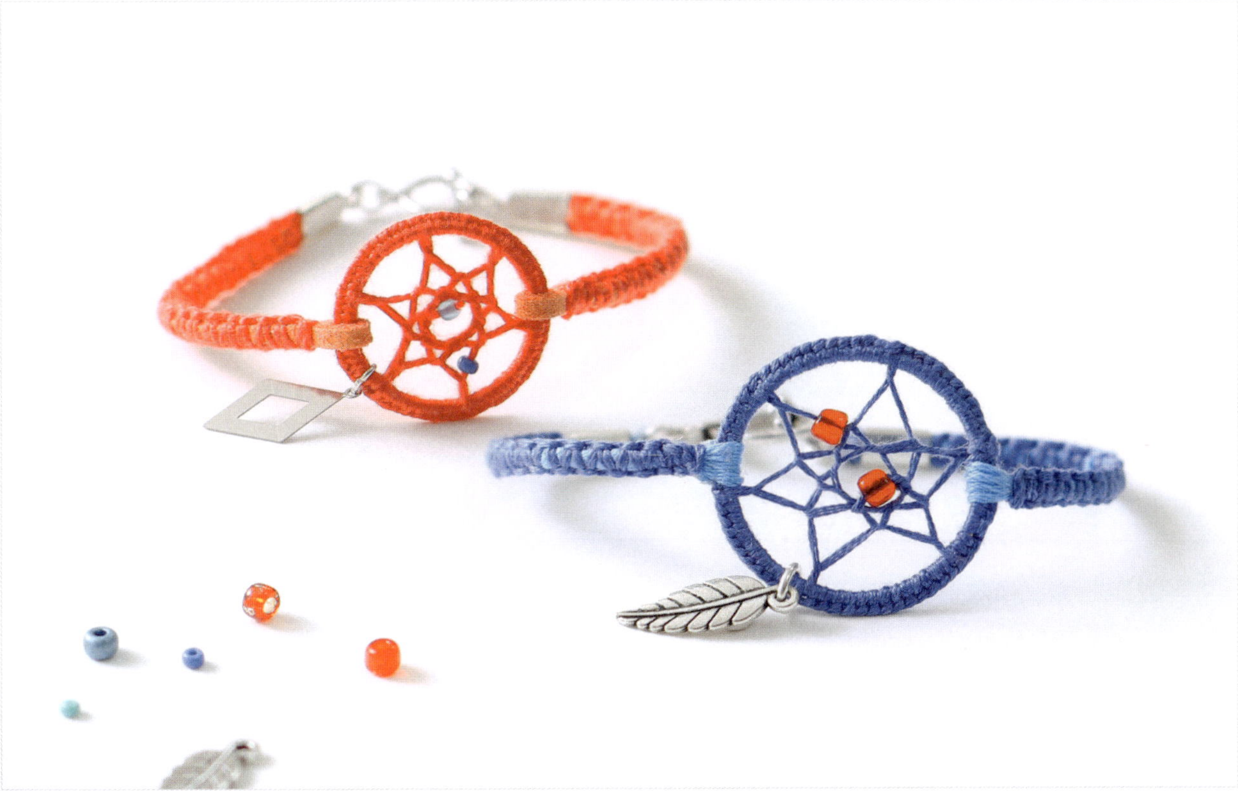

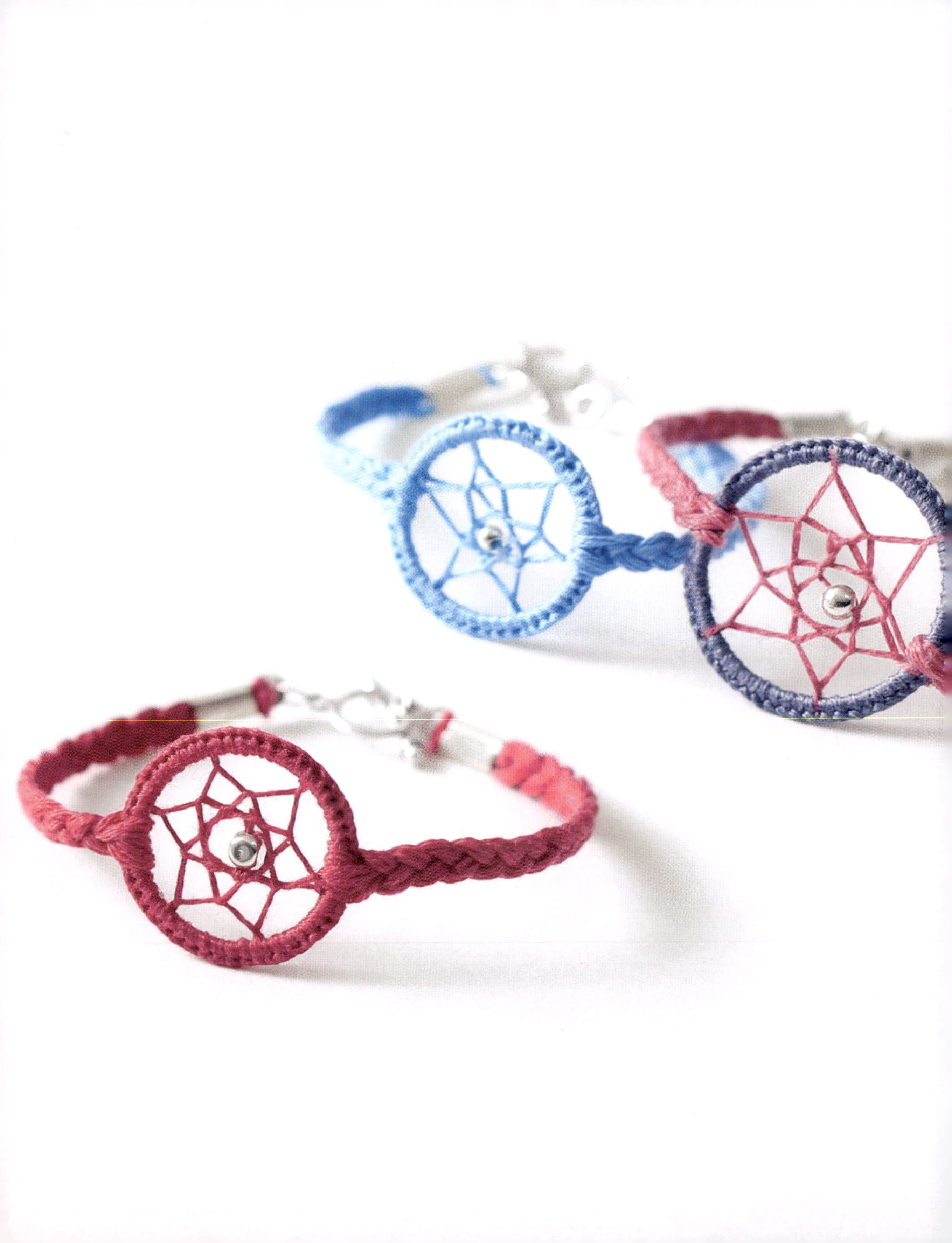

092

EINFACHER **TRAUMFÄNGER**

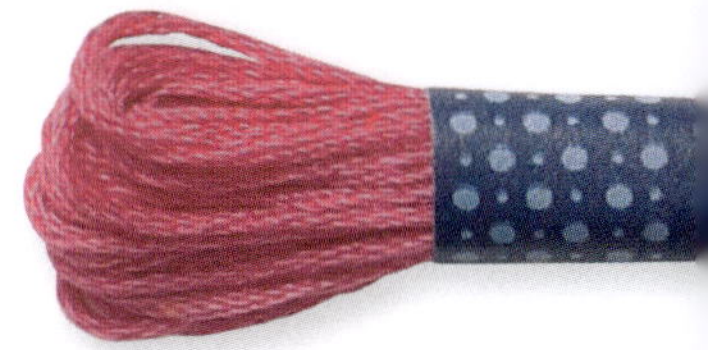

MATERIAL

- 1 Ring, Ø 2–2,5 cm
- DMC Mouliné-Garn in Fuchsia (718), 1,2 m lang
- DMC Mouliné-Garn in Fuchsia (718), 1,7 m lang
- DMC Mouliné-Garn in Fuchsia (718), 6 x 25 cm lang
- 1 Kapitelverschluss + 2 Ringe
- 2 Lintklemmen in Silber, 1 cm lang
- 1 Perle in Silber, Ø 2 mm

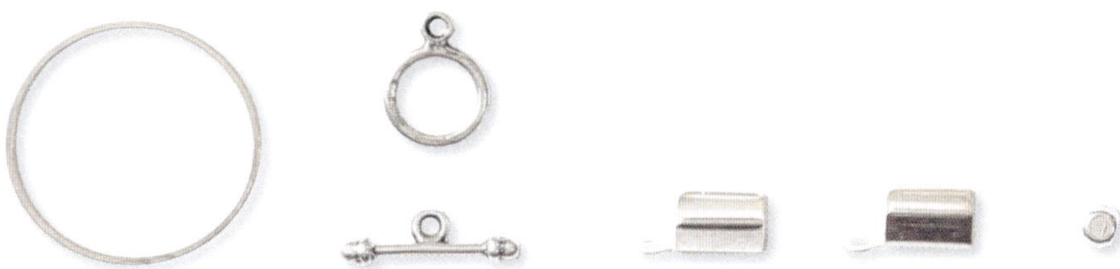

BENÖTIGTE TECHNIKEN

Einen Verschluss anbringen (S. 20)
Eine Lintklemme anbringen (S. 24)
Einen Traumfänger weben (S. 72)

ANLEITUNG

1. Nimm den 1,20 m langen Faden und beginne damit, den Ring mit Festonstichen zu bedecken. Wenn der Ring fast vollständig bedeckt ist, befestige den 1,70 m langen Faden am Ring. Lasse ihn liegen. Beende die Festonstiche mit dem ersten Faden und schneide ihn ab.

2. Fädle den 1,70 m langen Faden auf eine Nadel und beginne mit dem Weben des Traumfängers. Wenn die 4. Runde beendet ist, fädle die Perle auf und platziere sie dann in der Mitte des Sterns. Ziehe den Faden fest und verknote ihn mit einem festen Doppelknoten am Stern auf der anderen Seite der Perle. Schneide den Faden ab und trage einen kleinen Punkt Kleber auf.

3. Ziehe drei 25 cm lange Stränge durch den Ring neben der Spitze des Sterns, mit dem du angefangen hast, und flechte aus den Strängen, die du doppelt nimmst, einen Zopf. Wiederhole diesen Schritt auf der anderen Seite. Setze die Lintklemmen auf die Zöpfe, tropfe etwas Klebstoff hinein und ziehe sie mit einer Flachzange fest. Schneide die Stränge der Zöpfe bündig mit den Lintklemmen ab und bringe dann die Ringe und den Verschluss an.

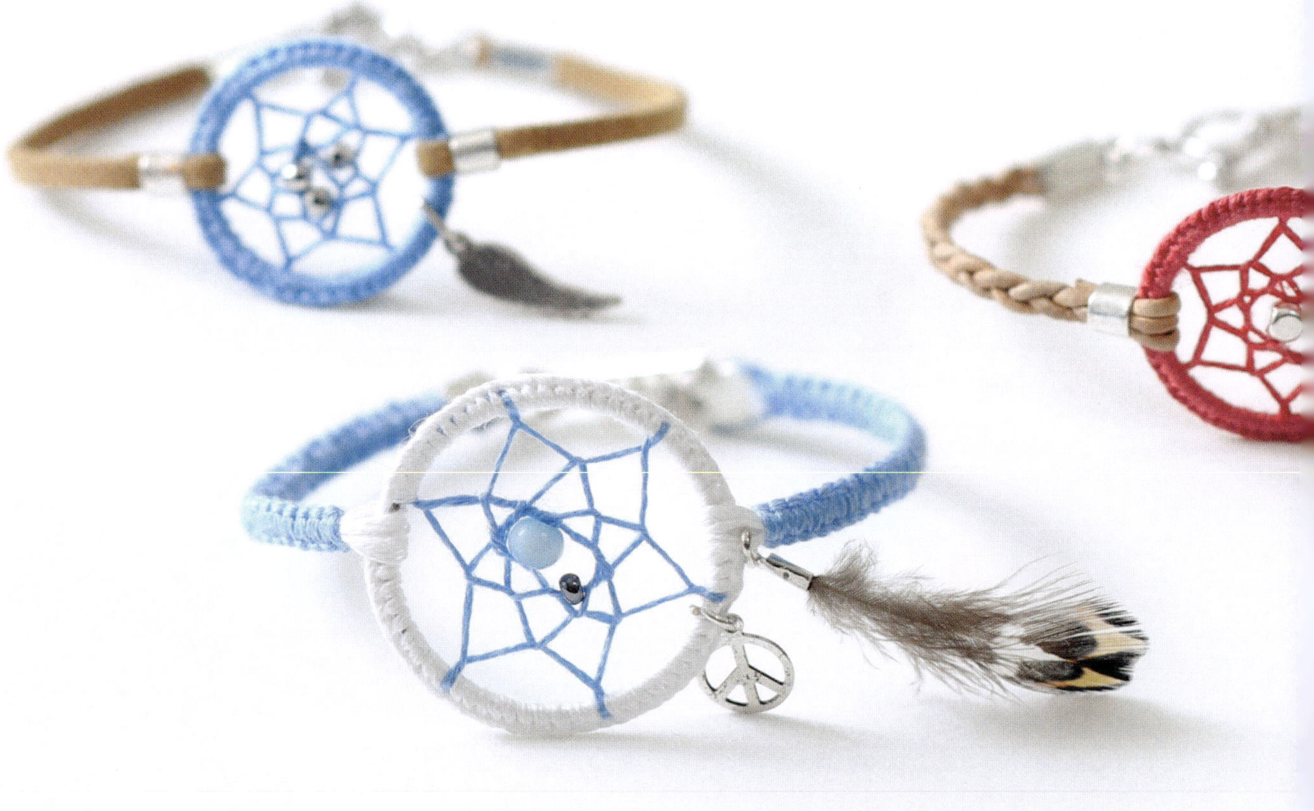

TIPP

Anstatt Zöpfe zu flechten kannst du auch zwei blaue Makrameebänder um das weiße Garn knüpfen.

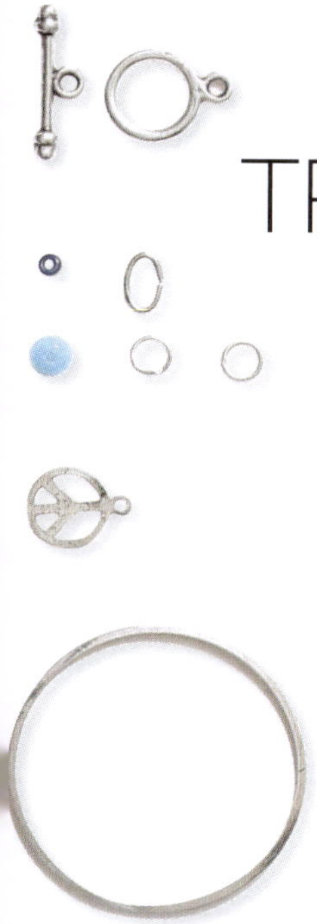

093

TRAUMFÄNGER **MIT FEDER**

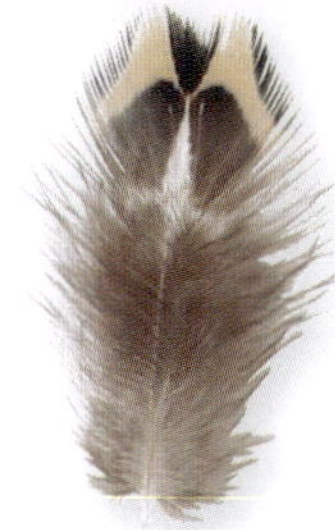

MATERIAL

- 1 Ring, Ø 2,5–3 cm
- DMC Mouliné-Garn in Weiß (B 5200), 1,2 m lang
- DMC Mouliné-Garn in Weiß (B 5200), 1,7 m lang
- DMC Mouliné-Garn in Blau (996), 6 x 25 cm lang
- 1 Band-Endstück, 6 mm lang
- 2 Lintklemmen in Silber, 1 cm lang
- 1 Kapitelverschluss + 2 Ringe
- 2 kleine Ringe, Ø 4 mm
- 1 Rocailles-Perle in Grau, Ø 2 mm
- 1 Rocailles-Perle in Türkis, Ø 4 mm
- 1 Peace-Zeichen-Anhänger in Silber
- 1 Feder, 3,5 cm lang

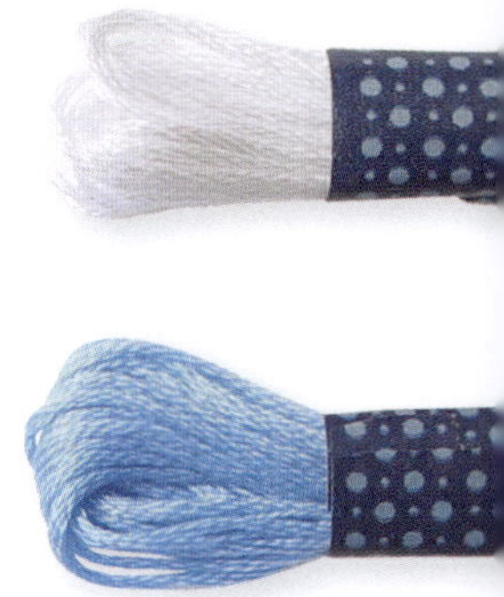

BENÖTIGTE TECHNIKEN

Einen Verschluss anbringen (S. 20)
Eine Lintklemme anbringen (S. 24)
Eine Feder anbringen (S. 25)
Einen Anhänger anbringen (S. 25)
Einen Traumfänger weben (S. 72)

ANLEITUNG

1. Beginne mit dem 1,20 m langen Faden den Ring mit Festonstichen zu bedecken. Wenn der Ring fast vollständig bedeckt ist, befestige den 1,70 m langen Faden am Ring. Lasse ihn liegen. Beende die Festonstiche mit dem ersten Faden und schneide ihn ab.

2. Fädle den Faden auf eine Nadel und beginne mit dem Weben des Traumfängers. Wenn die 4. Runde beendet ist, fädle zwei Perlen auf und platziere sie in der Mitte des Sterns. Ziehe den Faden fest und verknote ihn mit einem festen Doppelknoten am Stern. Schneide den Faden ab und trage einen kleinen Punkt Kleber auf. Befestige den Anhänger mit einem kleinen Ring am Traumfänger.

3. Ziehe drei 25 cm lange Mouliné-Stränge durch den Ring und flechte aus den Strängen, die du doppelt nimmst, einen Zopf. Wiederhole diesen Schritt auf der anderen Seite. Setze die Lintklemmen auf die Zöpfe und schneide die Stränge bündig mit den Lintklemmen ab. Bringe dann die Ringe und den Verschluss an. Setze ein Endstück auf die Feder und befestige diese mit einem Ring am Traumfänger.

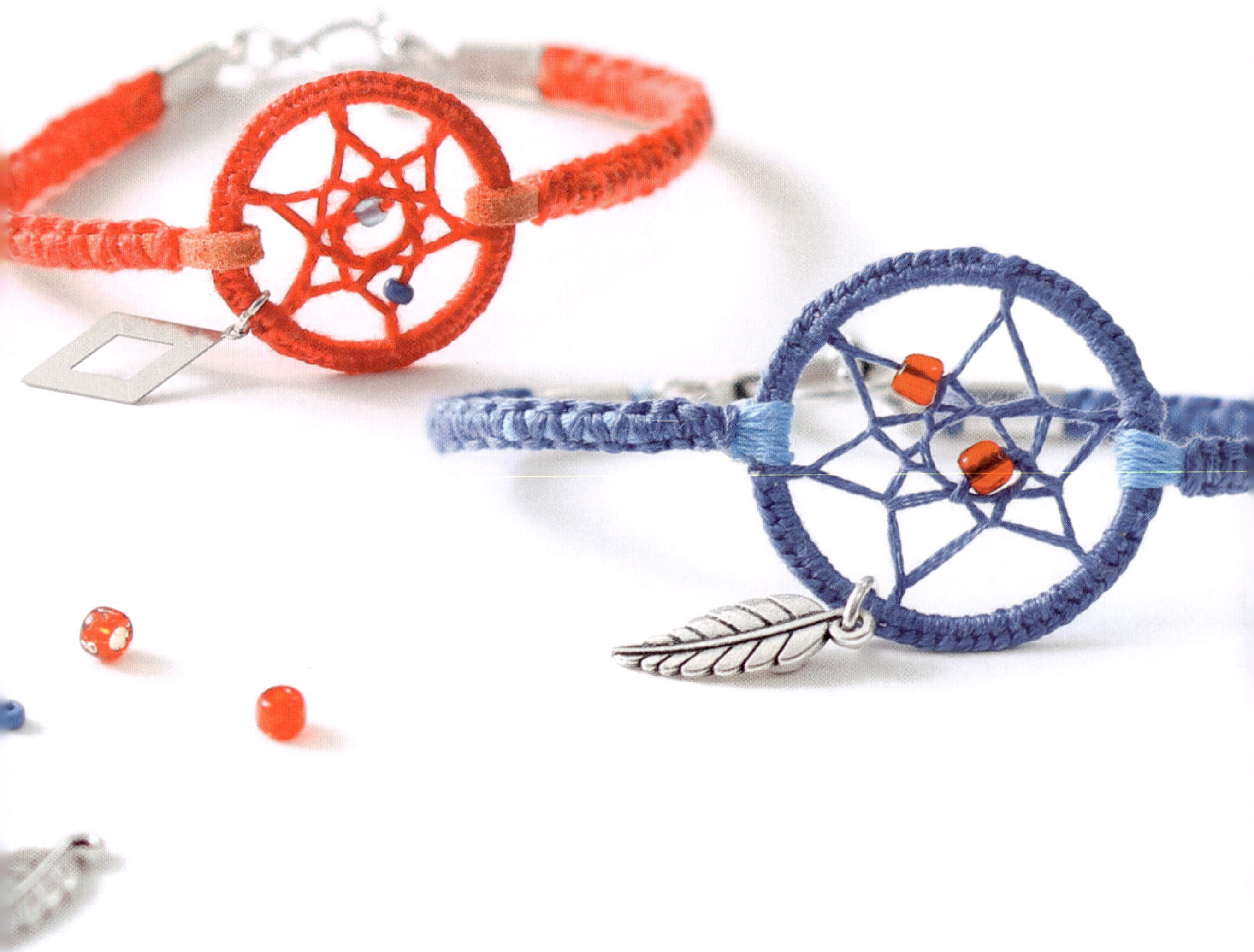

MAKRAMEE**TRAUMFÄNGER**

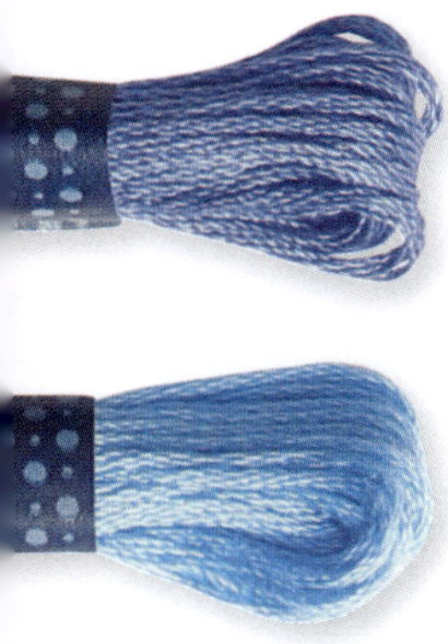

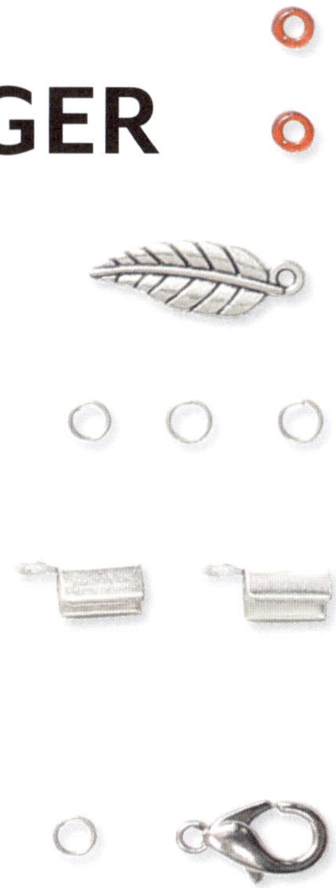

MATERIAL

- 1 Ring, Ø 2,5–3 cm
- DMC Mouliné-Garn in Blau (798), 1,4 m lang
- DMC Mouliné-Garn in Blau (798), 1,7 m lang
- DMC Mouliné-Garn in Blau (996), 6 x 20 cm lang
- DMC Mouliné-Garn in Blau (798), 2 x 50 cm lang
- 2 Perlen in Orange
- 1 Federanhänger in Silber
- 3 Ringe, Ø 4 mm
- 2 Lintklemmen, 1 cm lang
- 1 Karabinerverschluss + 2 Ringe

BENÖTIGTE TECHNIKEN

Einen Verschluss anbringen (S. 20)
Eine Lintklemme anbringen (S. 24)
Eine Feder anbringen (S. 25)
Einen Anhänger anbringen (S. 25)
Einen Traumfänger weben (S. 72)

ANLEITUNG

1. Beginne mit dem 1,40 m langen Faden den Ring mit Festonstichen zu bedecken. Wenn der Ring fast vollständig bedeckt ist, befestige den 80 cm langen Faden am Ring. Lasse ihn liegen. Beende die Festonstiche mit dem ersten Faden und schneide ihn ab.

2. Fädle den Faden auf eine Nadel und beginne mit dem Weben des Traumfängers. Fädle in der ersten Runde eine Perle auf. Wenn die 4. Runde beendet ist, fädle die zweite Perle auf und platziere sie in der Mitte des Sterns. Ziehe den Faden fest und verknote ihn mit einem festen Doppelknoten am Stern. Schneide den Faden ab und trage einen kleinen Punkt Kleber auf.

3. Ziehe drei 20 cm lange Stränge in Hellblau durch den Ring und mache abwechselnd rechte und linke Kreuzknoten. Setze ein Endstück auf. Knüpfe dieses MakrameeArmband auch auf der anderen Seite. Schneide die Stränge bündig mit den Lintklemmen ab. Bringe dann die Ringe und den Verschluss an.

BRASILIANISCHE **MANSCHETTEN**

Ein breites Armband, das aus mehreren Armbändern besteht: Freundschaftsband, Gliederkette, Wickelarmbad, Flechtarmband, Schleifenbänder, Shamballas usw. Die verschiedenen Armbänder werden mit einem Ring- oder Magnetverschluss miteinander verbunden. Du kannst alle beliebigen Techniken, Farben und Materialien miteinander kombinieren.

5 TIPPS FÜR EINE PERFEKTE BRASILIANISCHE MANSCHETTE

- Manschetten eignen sich perfekt, um abgelegten Schmuck zu recyceln und Wollreste und hübsche Perlen wiederzuverwenden.
- Triff eine erste Auswahl an Perlen, Ketten und Fäden und schau, welche Farbkombinationen dir gefallen.
- Leg die einzelnen Teile auf einem Tisch vor dir hin, um zu sehen, welche du miteinander kombinieren könntest und welche dir noch fehlen. Erinnere dich an den wiedergefundenen Anhänger oder die hübschen facettierten Perlen, die du unbedingt haben musstest.
- Wenn dir ein Armband fehlt, nimm Schleifenbänder. Diese gibt es in den unterschiedlichsten Farben und Größen.
- Die Länge der Bänder und die Länge der Manschette hängen vom Umfang deines Handgelenks und dem Verschluss ab, den du wählst: Bei einem Ringverschluss musst du von der Bandlänge die Länge des Ringverschlusses sowie die der Endstücke oder Kalotten auf beiden Seiten des Armbands abziehen; bei einem Magnetverschluss mit Schlitzen musst du feinen Bändern etwas Länge hinzufügen, damit du sie an den Enden mehrmals falten kannst, um sie zu verstärken. So kannst du sie in den Schlitzen der Verschlüsse besser festklemmen.

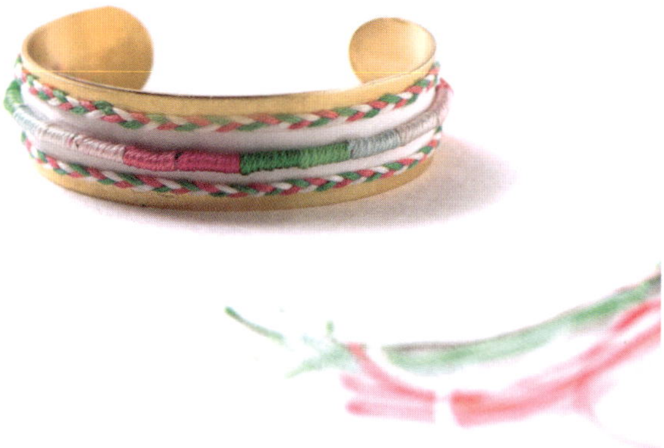

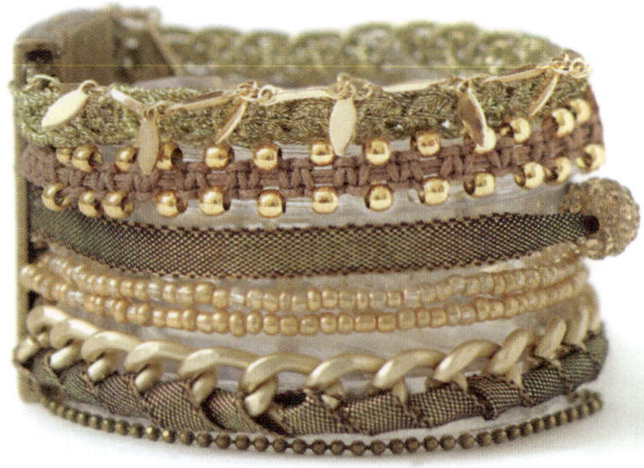

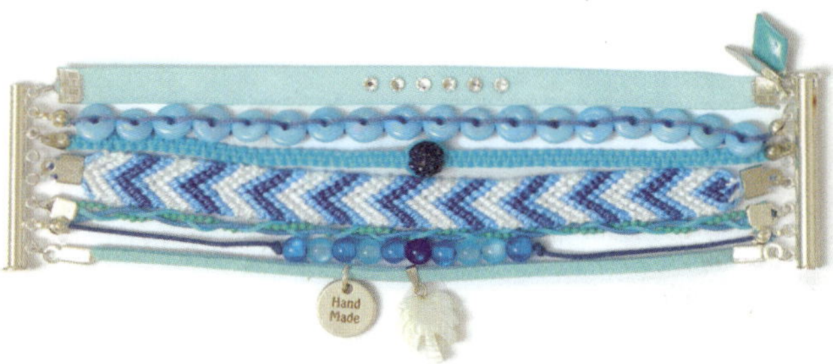
Hand
Made

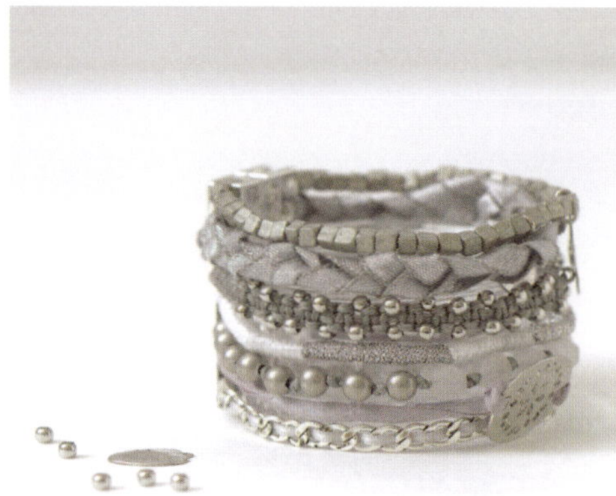

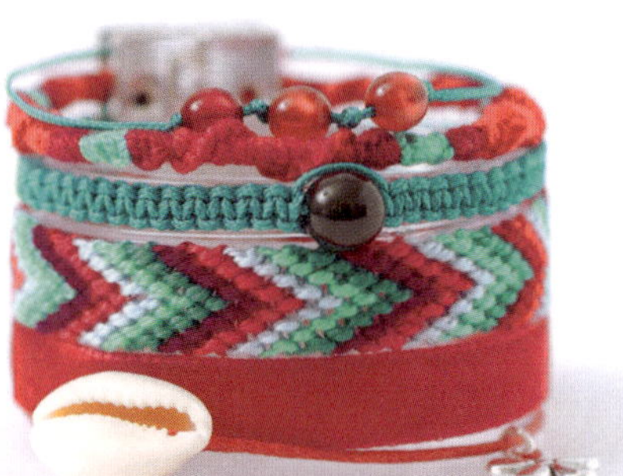

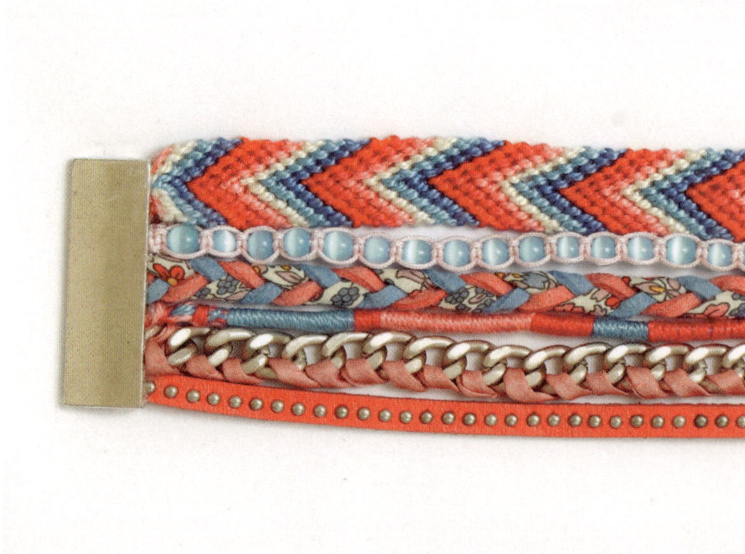

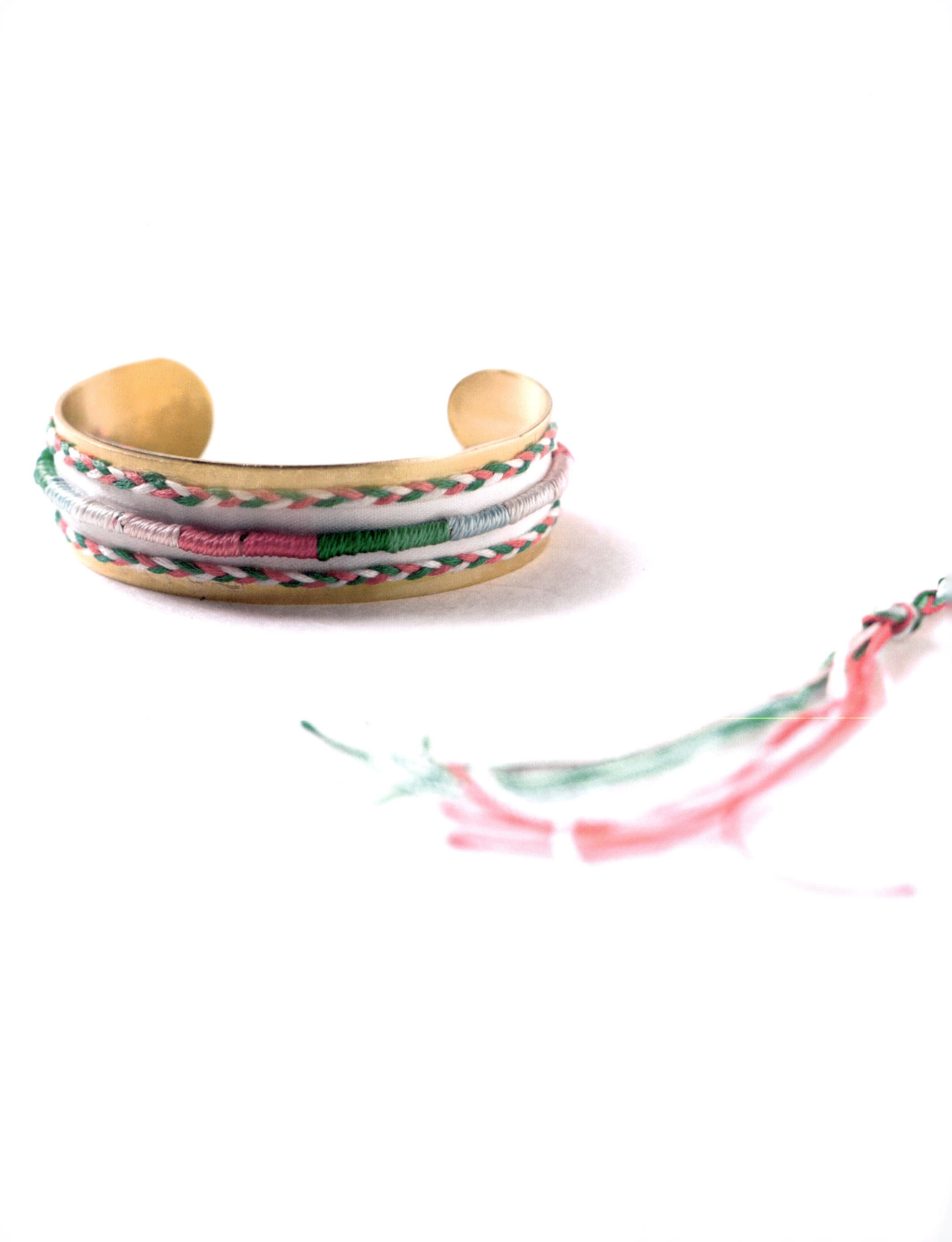

095

BRASILIANISCHER **REIF**

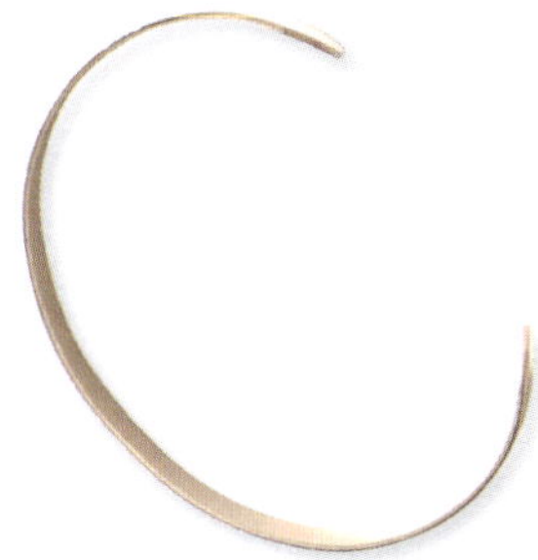

MATERIAL

- 1 einfaches Freundschaftsband, 19 cm lang
- DMC Mouliné-Garn in Hellrosa (604), 4 x 70 cm lang
- DMC Mouliné-Garn in Weiß (B 5200), 4 x 70 cm lang
- DMC Mouliné-Garn in Apfelgrün (910), 4 x 70 cm lang
- Satinband in Weiß, 1 cm breit, 20 cm lang
- 1 Armreif aus Messing, 2 cm breit

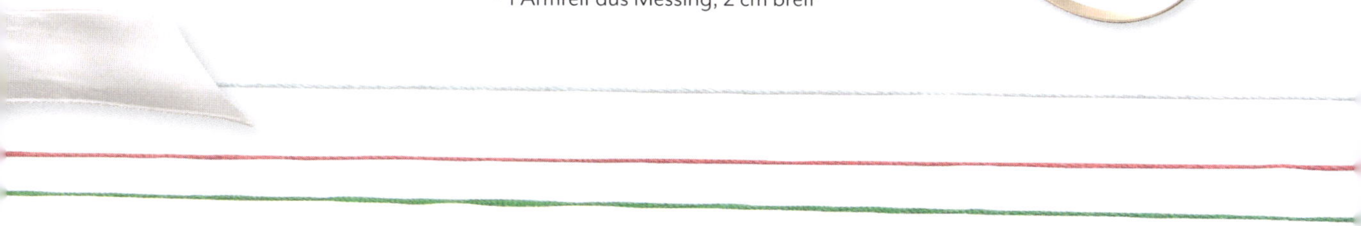

BENÖTIGTE TECHNIK

Gerolltes Freundschaftsband (S. 27)

ANLEITUNG

1. Fertige zwei dreifarbige Flechtbänder von 19 cm Länge aus dem rosafarbenen, weißen und grünen Garn an. Klebe das Satinband in die Mitte des Armreifs und die zwei Flechtbänder jeweils an die Ränder des Bands.

2. Nimm von jeder Farbe ein Stück Garn, falte sie in der Mitte und mache einen Knoten, um sie miteinander zu verbinden. Wickle den ersten freien Faden um die anderen Fäden, wobei du ihn festziehst, um ihn zu fixieren. Schiebe den gewickelten Faden nach und nach oben.

3. Nimm den zweiten freien Faden und wickle ihn um die anderen Fäden, indem du ihn in die Spirale des ersten freien Faden einfügst. Nun müssten die gewickelten Fäden festsitzen. Beende das Armband mit einem festen Knoten. Klebe das Freundschaftsband in die Mitte des Satinbandes.

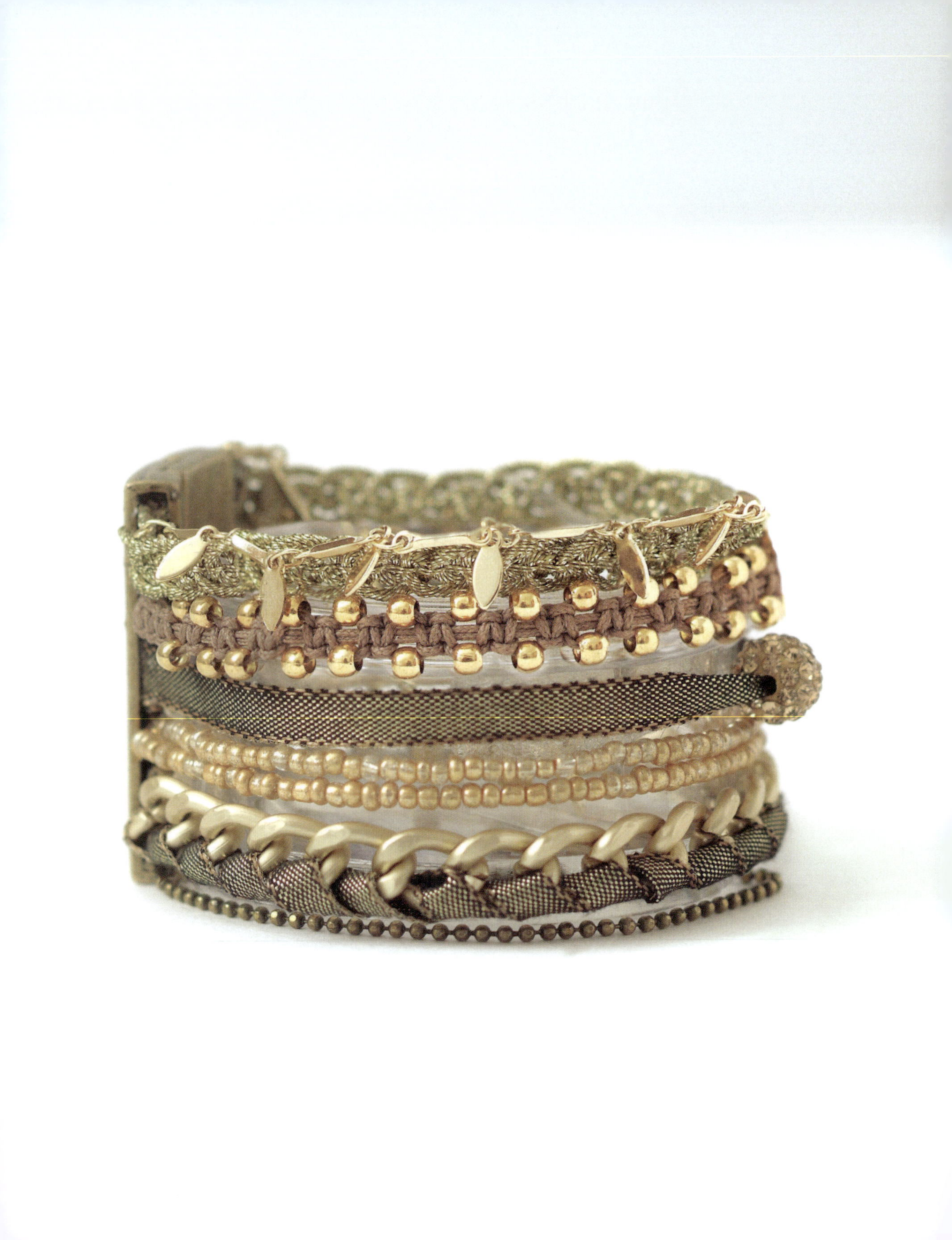

096

GLITZER-**MANSCHETTE**

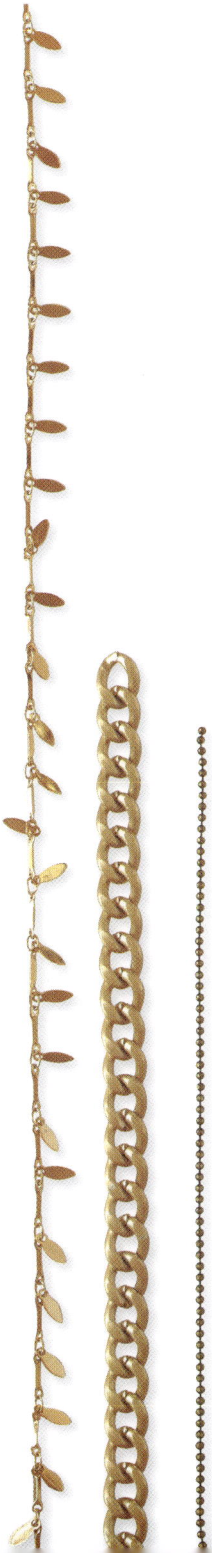

MATERIAL

- 10 g Rocailles-Perlen in Gold
- Nylonfaden, 50 cm lang
- 52 Perlen in Gold, Ø 2,5 mm
- 2 Herzanhänger
- 1 Sternanhänger
- 1 Strassperle, Ø 6 mm
- 3 kleine Ringe
- Gliederkette in Mattgold, 17 cm lang
- Modeschmuckkette in Gold, 17 cm lang
- Kugelkette in Bronze, 17 cm lang
- Schleifenband in Bronze, 6 mm breit, 1 x 20 cm und 1 x 70 cm lang
- Posamentenborte in Gold, 6 mm breit, 20 cm lang
- Nylonschnur in Taupe, Ø 0,8 mm, 1,7 m lang
- Magnetverschluss

BENÖTIGTE TECHNIKEN

Magnetverschluss anbringen (S. 21)
Einen Anhänger anbringen (S. 25)
Perlen-Shamballa (S. 129)
Geflochtenes Panzerarmband (S. 147)

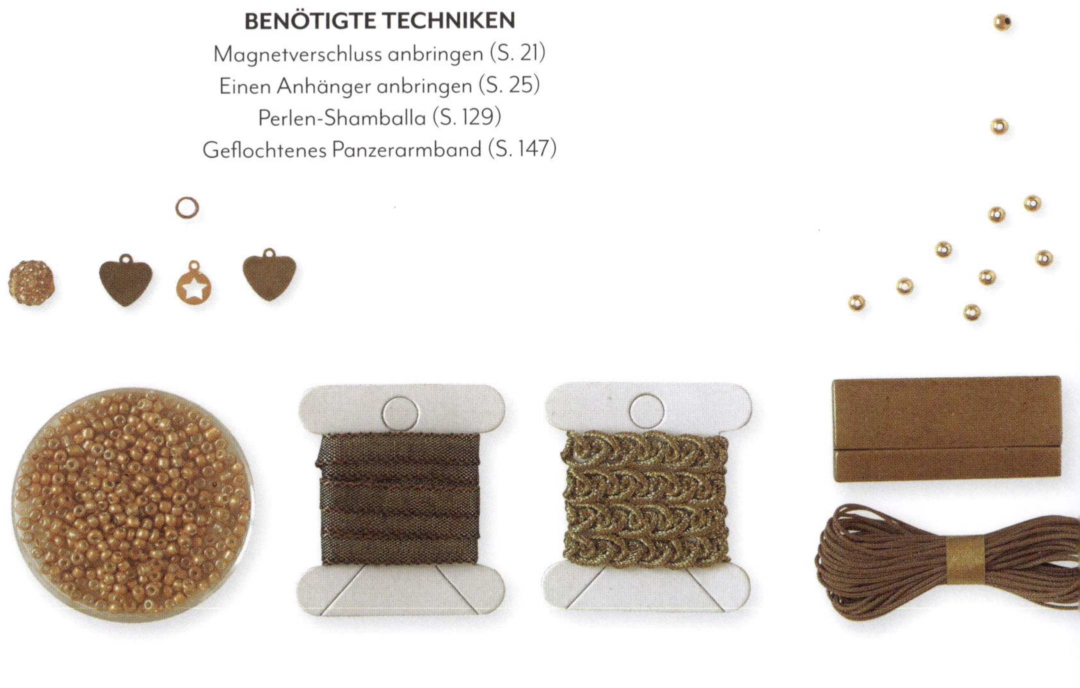

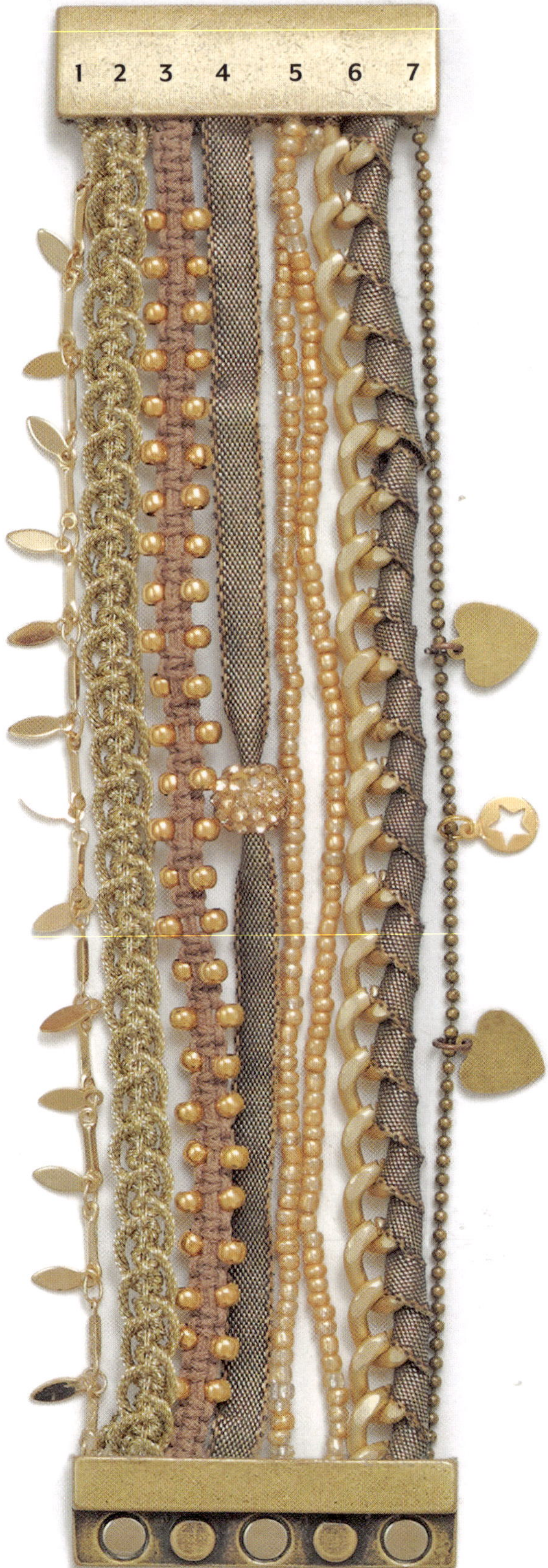
1 2 3 4 5 6 7

096

GLITZER-**MANSCHETTE** (FORTSETZUNG)

ANLEITUNG

1. MODISCHES KETTCHEN

Dieses erste Armband ist schnell gemacht. Alles, was du benötigst, ist, eine hübsche Modeschmuckkette aus einem Kurzwarenladen, oder du nimmst eine alte Kette aus deinem Schmuckkästchen!

2. GOLDENE BORTE

Eine einfache Borte aus dem Geschäft. Durchstöbere einfach mal die Dekoregale in einschlägigen Geschäften. Mehr braucht es nicht für dieses Armband.

3. PERLEN-SHAMBALLA

Fertige aus der 1,70 m langen Nylonschnur in Taupe und den 52 goldenen Perlen ein MakrameeArmband an, indem du abwechselnd rechte und linke Kreuzknoten machst.

4. STRASSPERLEN-ARMBAND

Fädle die Strassperle auf ein 20 cm langes Stück bronzefarbenes Band und schiebe sie in die Mitte des Bandes. So ist die Perle in der Mitte durch die Breite des von dir gewählten Bandes gesichert. Falls sie verrutscht, setze mit einer Nadel einen kleinen Punkt Kleber in das Loch der Perle.

5. EINFACHES PERLENARMBAND

Schneide den Nylonfaden in der Mitte durch. Fädle die Rocailles-Perlen auf die beiden Nylonfäden. Verknote mit einem festen Doppelknoten beide Nylonfäden an den Enden wieder miteinander.

6. LIBERTY-PANZERARMBAND

Für das Panzerarmband wickle das bronzefarbene Band nur auf einer Seite durch die einzelnen Glieder der Gliederkette.

7. ANHÄNGERKETTE

Öffne zunächst die Ringe und schiebe die Anhänger hinein. Verschließe sie wieder um die Kette herum und so, dass die Anhänger sich im regelmäßigen Abstand in der Mitte der Manschette befinden.

TIPP

Stelle alle Armbänder einzeln her und verbinde sie dann mithilfe des Magnetverschlusses nach der Reihenfolge auf der Abbildung. Lasse die Manschette 24 Stunden trocknen.

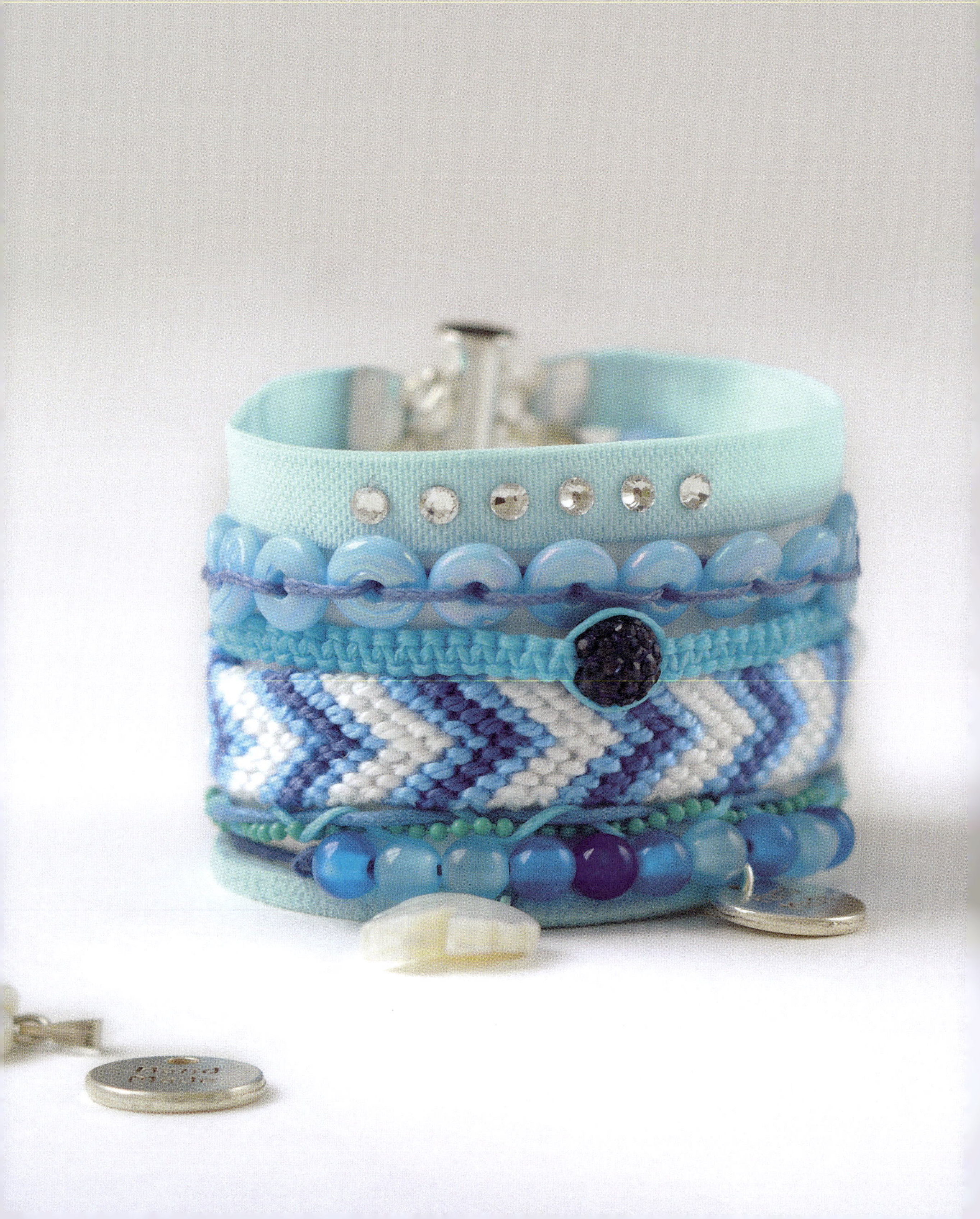

097

INSELBLAUE **MANSCHETTE**

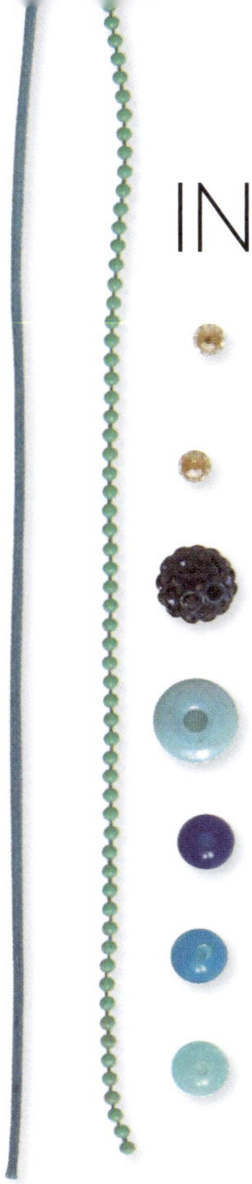

MATERIAL

- 18 Pailletten in Türkis
- 10 Perlen in Blau, Ø 5 mm
- 1 Strassperle in Blau, Ø 6 mm
- 1 Palmenanhänger
- 1 runder Anhänger
- 1 Rauten-Anhänger in Blau
- 1 Blatt-Anhänger in Silber
- 2 Ringe, Ø 5 mm
- Kugelkette, 30 cm lang
- Wildlederband in Blau, 15 cm lang
- Gummiband in Blau, 15 cm lang
- 6 Strasssteine zum Aufbügeln, Ø 3 mm
- 1 Magnetverschluss mit 8 Reihen
- 14 Ringe in Silber, Ø 4 mm
- Nylonschnur in Türkis, Ø 0,8 mm, 1 x 1,8 m und 1 x 30 cm
- Wachsgarn in Türkis, Ø 1 mm, 1 x 50 cm und 1 x 30 cm lang
- Wachsgarn in Marineblau, 25 cm lang
- DMC Perlgarn in Weiß (B 5200), 2 x 1,6 m lang, Türkis (996) und in Dunkelblau (798), je 1 x 1,6 m lang
- 2 Lintklemmen, 7 mm breit
- 2 Lintklemmen, 3 mm breit
- 2 Lintklemmen, 4 mm breit
- 6 Kalotten mit Ringen in Silber

BENÖTIGTE TECHNIKEN

Einen Magnetverschluss anbringen (S. 21)
Eine Lintklemme anbringen (S. 24)
Einen Anhänger anbringen (S. 25)
Paillettenarmband (S. 83)
Zickzack-Freundschaftsband (S. 103)
Einzelstück-Shamballa (S. 125)

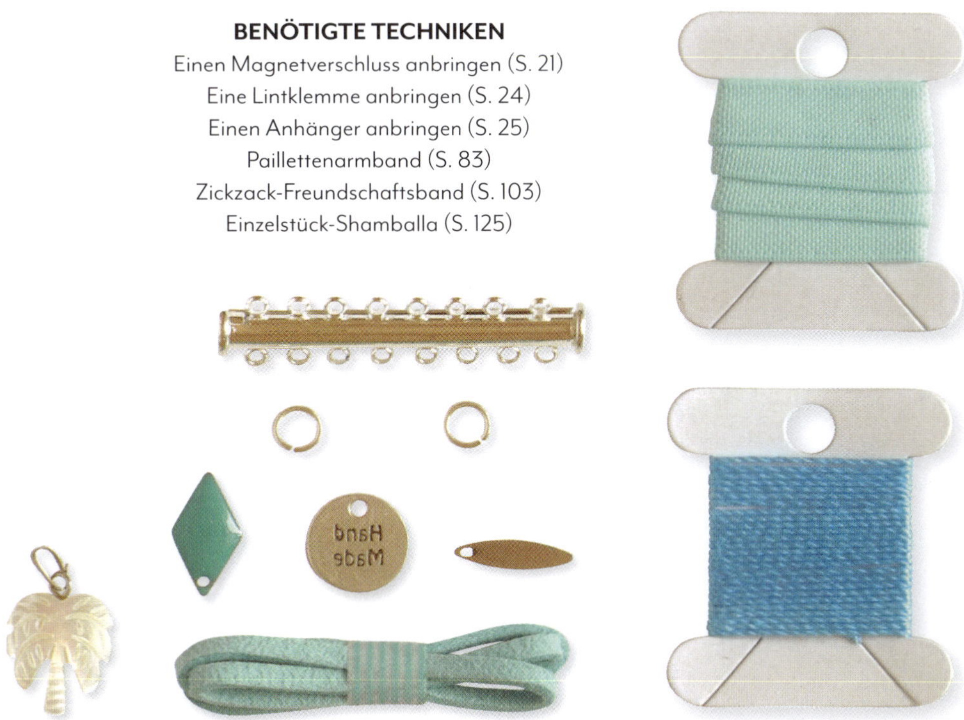

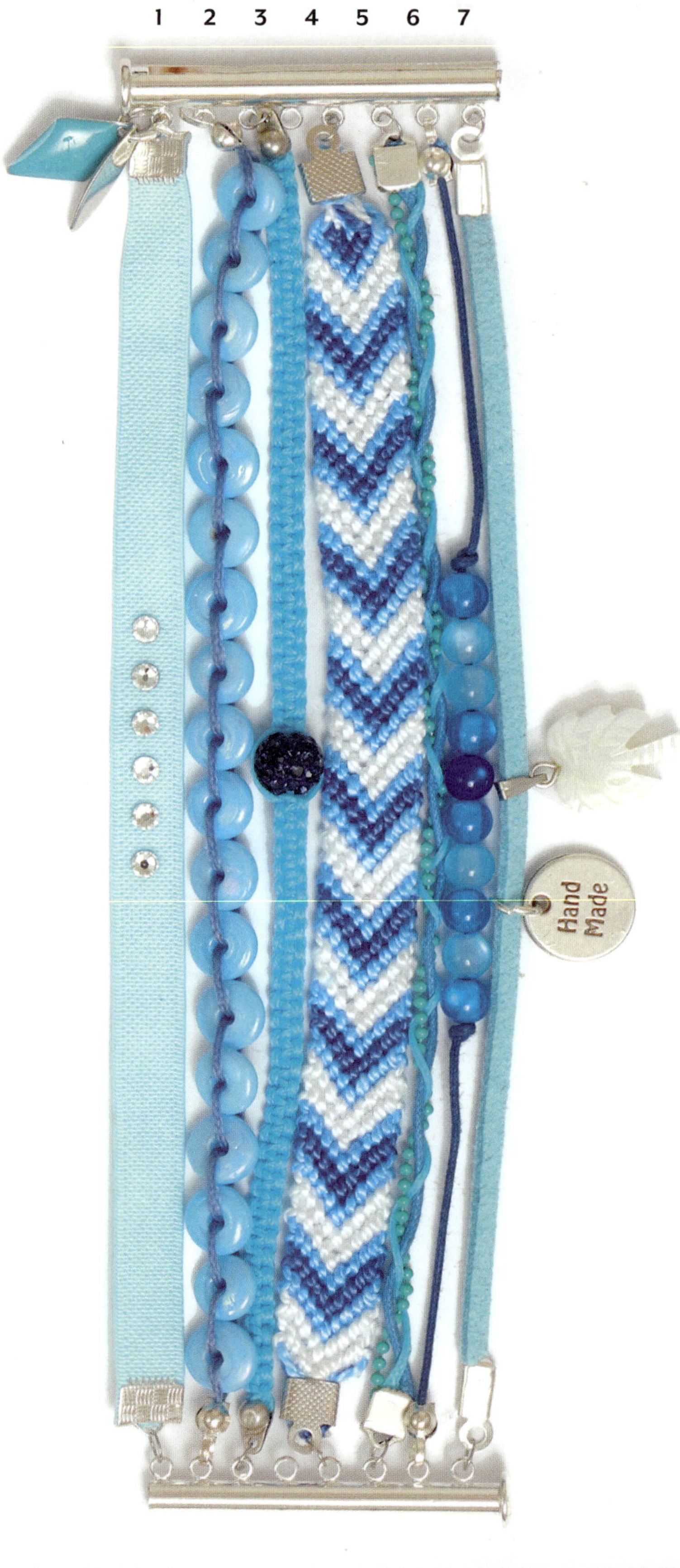
1 2 3 4 5 6 7
Hand Made

097

INSELBLAUE **MANSCHETTE** (FORTSETZUNG)

ANLEITUNG

1. STRASSBAND

Dieses Armband geht ganz einfach. Du brauchst nur mit einem Bügeleisen die Strasssteine auf das Gummiband bügeln. Fertig!

2. PAILLETTENARMBAND

Dieses Armband, das in Himmelblau leuchtet, setzt sich aus 50 cm türkisfarbenem Wachsgarn und 18 Pailletten zusammen.

3. EINZELSTÜCK-SHAMBALLA

Fertige ein einfaches Shamballa-Armband aus einer 1,80 m langen türkisfarbenen Nylonschnur und einer Strassperle an. Die Strassperle in der Mitte des Armbands bricht die Monotonie des Shamballas auf und hebt gleichzeitig das Knotenwerk hervor.

4. ZICKZACK-FREUNDSCHAFTSBAND

Fertige ein Freundschaftsband mit 2 x 1,60 m Mouliné-Garn in Weiß, Blau und Türkis und einem 1,60 m Mouliné-Garn in Dunkelblau an. Knüpfe abwechselnd Rechts-rechts- und Links-links-Knoten.

5. FLECHTARMBAND

Flechte die 30 cm lange Kugelkette, die 30 cm lange Nylonschnur in Türkis und das 30 cm lange Wachsgarn in Türkis zusammen, und fertig ist das Armband!

6. PERLENARMBAND

Fädle die zehn blauen Perlen auf ein 25 cm langes marineblaues Wachsgarn auf. Schiebe sie so auf das Garn, dass sie mittig liegen. Mache auf beiden Seiten neben den Perlen einen Doppelknoten, um sie zu sichern.

7. WILDLEDERBAND MIT ANHÄNGERN

Öffne zunächst die Ringe und schiebe die Anhänger hinein. Verschließe die Ringe mit dem Palmenanhänger und dem runden Anhänger mittig und mit etwas Abstand zwischen ihnen um das Wildlederband.

TIPP

Fertige erst die Armbänder an und bringe dann an den Enden die Lintklemmen und Kalotten an. Bringe den Verschluss an und befestige daran den Blatt- und den Rauten-Anhänger mit Ringen.

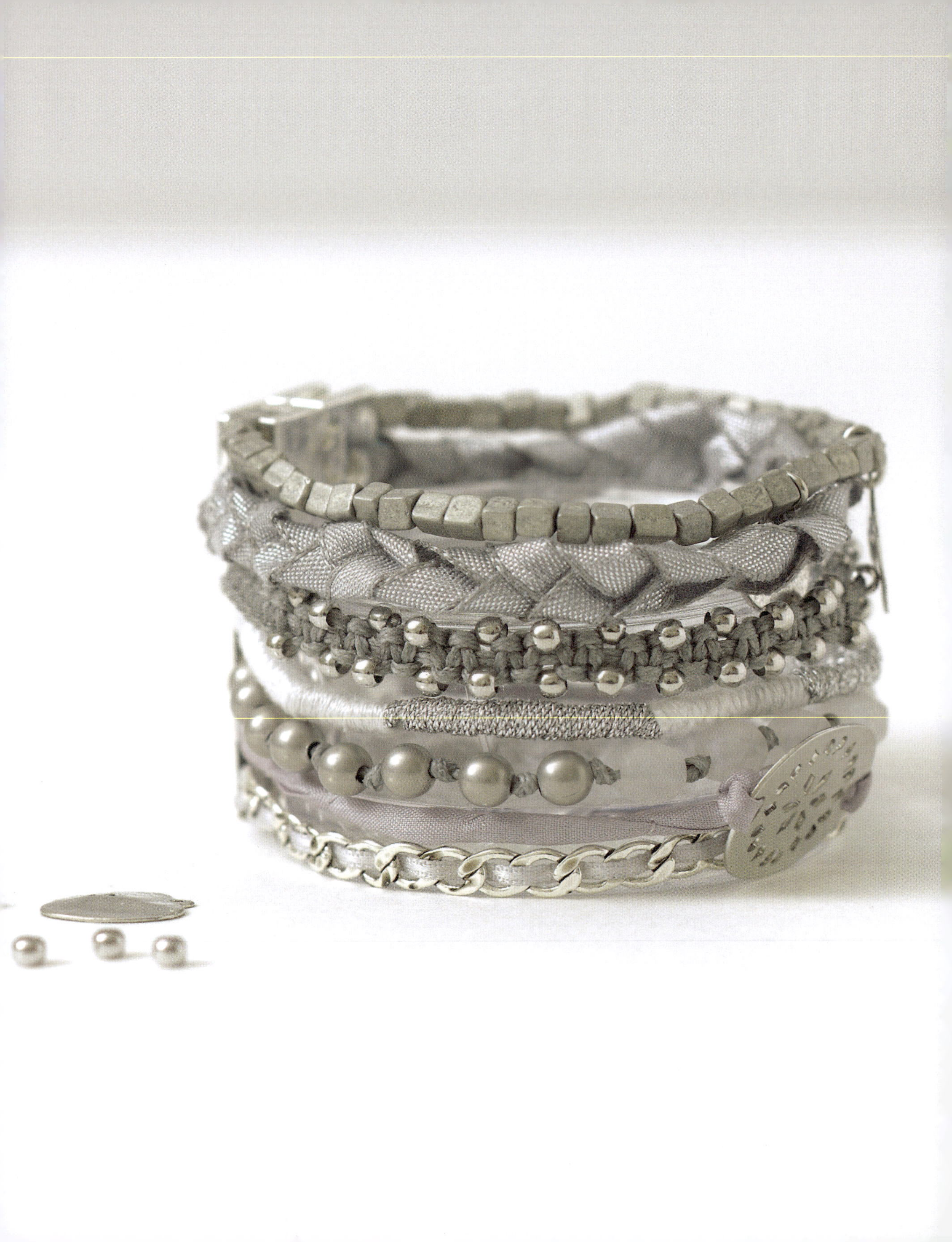

SILBER-**MANSCHETTE**

MATERIAL

- 50 quadratische Perlen in Silber, 3 mm x 3 mm
- 42 runde Perlen in Silber, Ø 5 mm
- 6 milchige facettierte Perlen, Ø 6 mm
- 16 runde Perlen in Silber, Ø 2 mm
- 1 Herz-Anhänger
- 1 Paillette
- 1 kleine Medaille mit zwei Löchern auf beiden Seiten
- 2 kleine Ringe
- Schleifenband in Silber, 3 mm breit, 1,2 m lang
- Schleifenband in Silber, 5 mm breit, 60 cm lang
- Seidenband in Fliedergrau, 30 cm lang
- Perlenband in Grau, 1,5 mm breit, 20 cm lang
- Gliederkette in Silber, 17 cm lang
- Nylonschnur in Grau, Ø 0,8 mm, 1 x 1,7 m, 1 x 30 cm, 1 x 20 cm lang
- DMC Perlgarn in Weiß (5200), 2 x 1,2 m lang
- DMC Mouliné-Garn in Grau (762), 1,2 m lang
- 1 Magnetverschluss

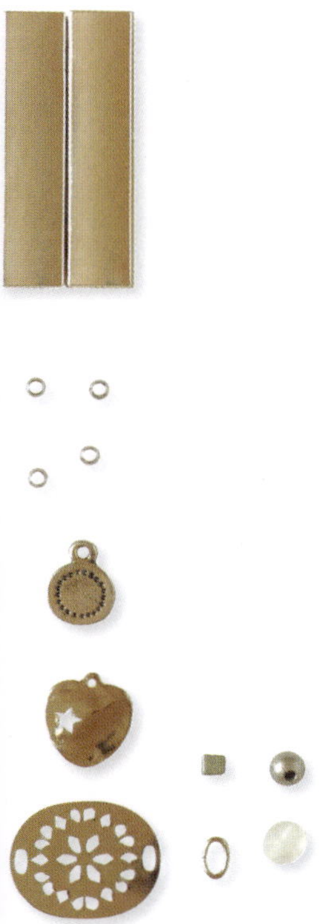

BENÖTIGTE TECHNIKEN

Magnetverschluss anbringen (S. 21)
Einen Anhänger anbringen (S. 25)
Ein gerolltes Freundschaftsband anfertigen (S. 27)
Geflochtenes Freundschaftsband (S. 81)
Gerolltes Freundschaftsband (S. 81)
Perlen-Shamballa (S. 129)
Das kleine Blaue (S. 137)

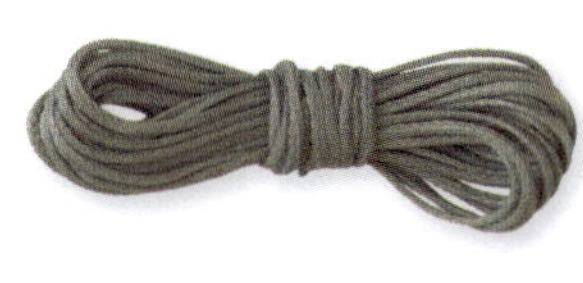

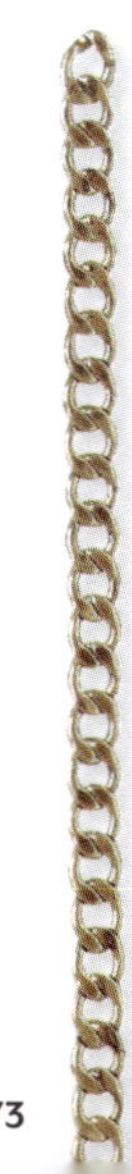

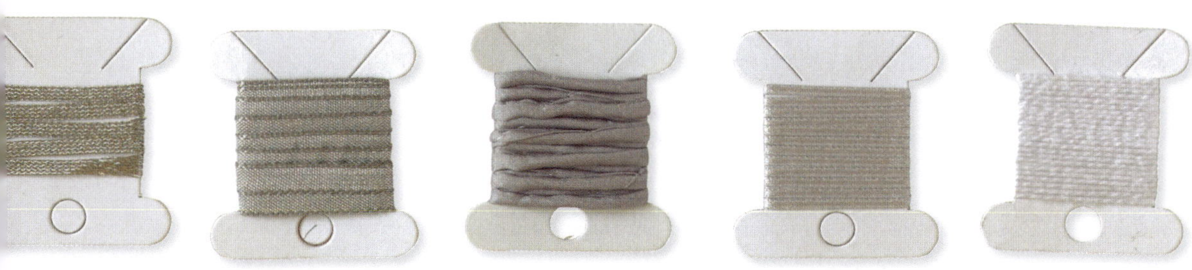

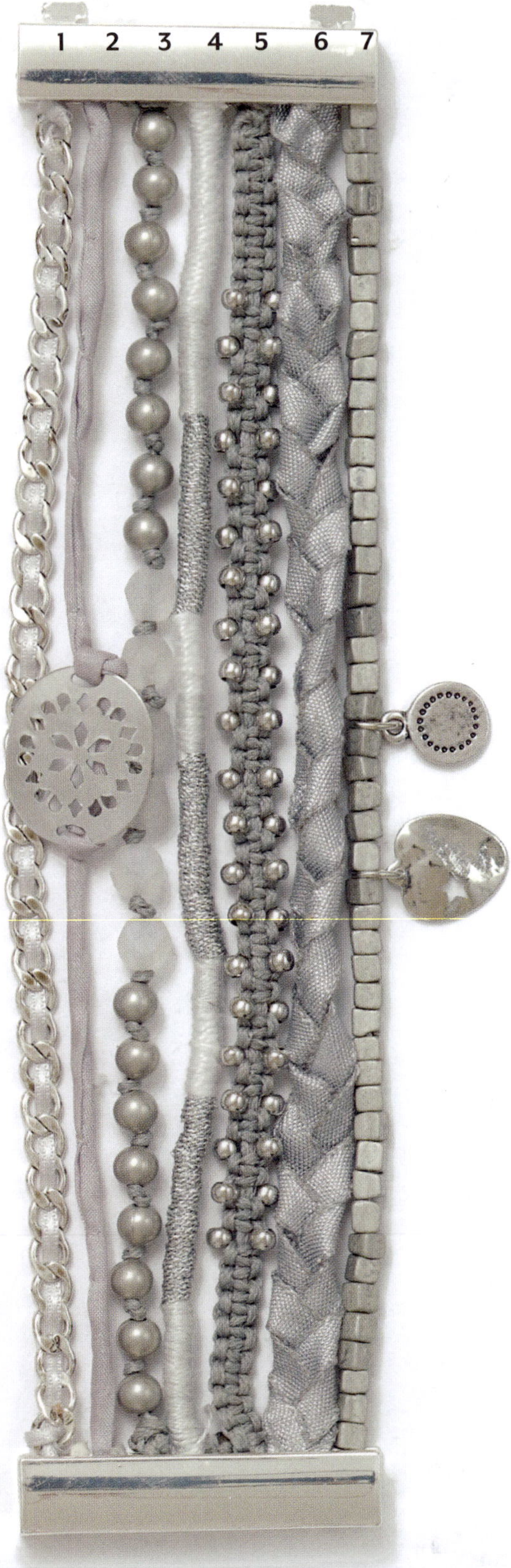
1 2 3 4 5 6 7

098

SILBER-**MANSCHETTE** (FORTSETZUNG)

ANLEITUNGEN

1. PANZERARMBAND

Führe das graue Perlenband durch alle Glieder der Gliederkette.

2. MEDAILLEN-ARMBAND

Fädle einfach die Medaille auf das fliedergraue Seidenband auf und platziere sie in der Mitte des Bandes. Nichts einfacher als das! Du musst nur die Medaille deiner Wahl finden.

3. PERLEN UND KNOTEN

Dieses Armband setzt sich aus milchig-weißen und silbernen Perlen sowie einer grauen Nylonschnur zusammen. Die Technik ist einfach: Fädle eine Perle auf die Schnur auf und mache einen einfachen Knoten, um sie zu sichern. Fahre so über die gesamte Länge der Schnur fort, indem du dich an diese Reihenfolge hältst: 8 silberne Perlen, 6 weiße Perlen, 8 silberne Perlen.

4. SPIRAL-FREUNDSCHAFTSBAND

Verbinde das weiße Perlgarn, das graue Mouliné-Garn und das dünne, silberne Schleifenband zu einem edlen Spiralarmband

5. PERLEN-SHAMBALLA

Dieses Armband ist die Verbindung aus 1,70 m grauer Nylonschnur und 42 runden Perlen, aus der sich ein zartes Makramee-Armband ergibt.

6. FLECHTBAND

Schneide das 60 cm lange silberne Schleifenband in drei Teile und flechte sie zusammen.

7. ARMBAND MIT QUADRATISCHEN PERLEN

Fädle die 50 silbernen quadratischen Perlen auf die 20 cm lange Nylonschnur. Öffne zwei kleine Ringe und schiebe den Herz-Anhänger und die Paillette hinein. Befestige sie in der Mitte des Armbands.

TIPP
Fertige zunächst die Armbänder an und bringe dann den Verschluss an. Lasse die Manschette 24 Stunden trocknen.

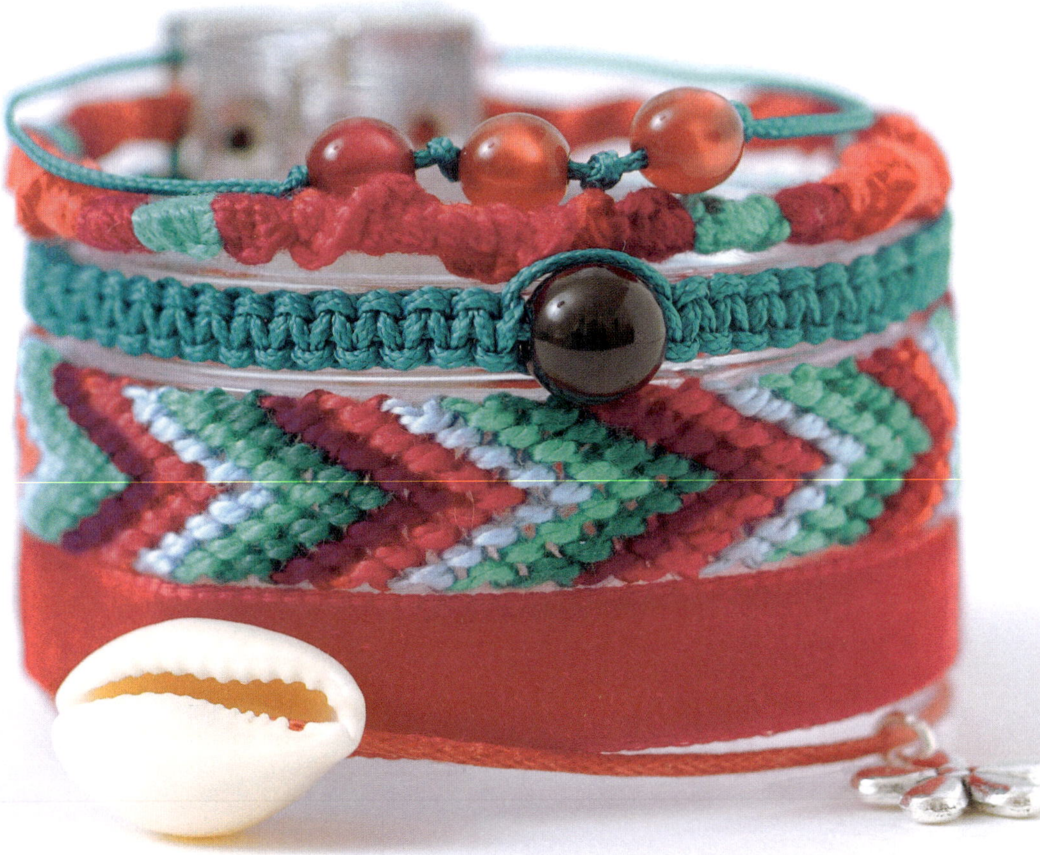

099

TROPISCHE **MANSCHETTE**

MATERIAL

- 1 Perle in Schwarz, Ø 6 mm
- 3 Perlen in Himbeerrot, Ø 5 mm
- 1 Blumen-Anhänger in Silber
- 1 Muschel
- Satinband in Himbeerrot, 25 cm lang
- Wachsgarn in Smaragdgrün, Ø 1 mm, 2 m lang
- Wachsgarn in Smaragdgrün, Ø 1 mm, 30 cm lang
- Wachsgarn in Himbeerrot, Ø 1 mm, 25 cm lang
- DMC Perlgarn in Smaragdgrün (991) und Blau (519), je 10 x 1,8 m lang
- DMC Perlgarn in Grün (943), Violett (915) und Rosa (600), je 2 x 1,2 m lang
- 1 Magnetverschluss mit Schlitzen

BENÖTIGTE TECHNIKEN

Magnetverschluss anbringen (S. 21)
Einen Anhänger anbringen (S. 25)
Spiral-Freundschaftsband (S. 101)
Zickzack-Freundschaftsband (S. 103)
Einzelstück-Shamballa (S. 125)

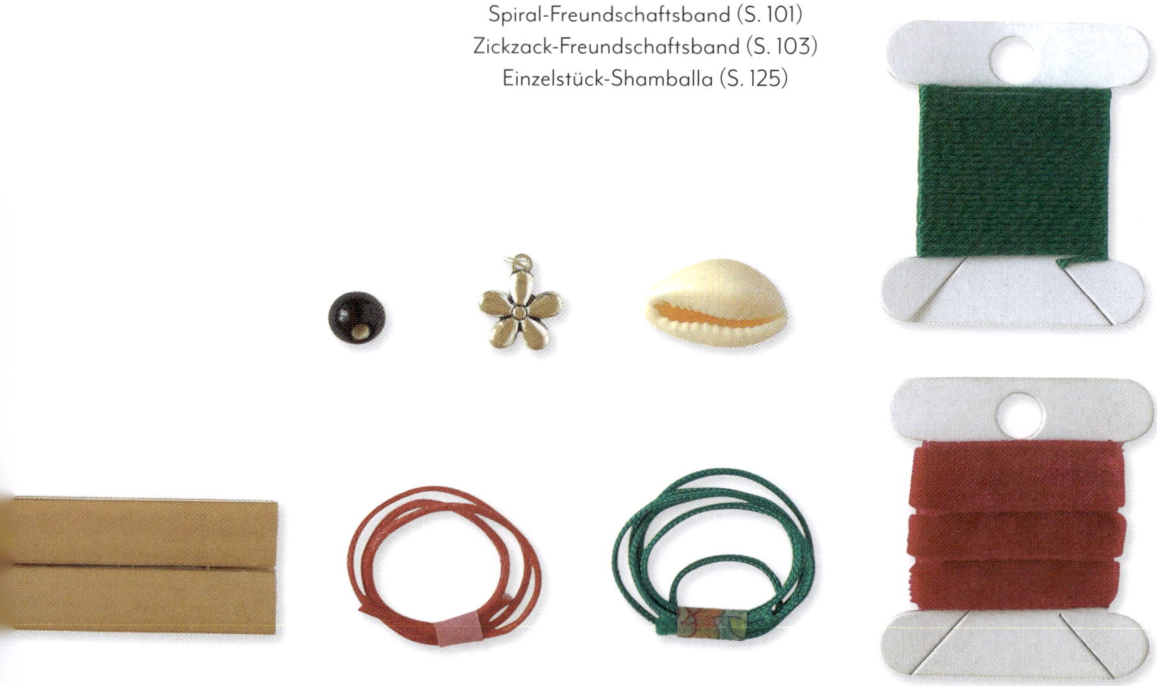

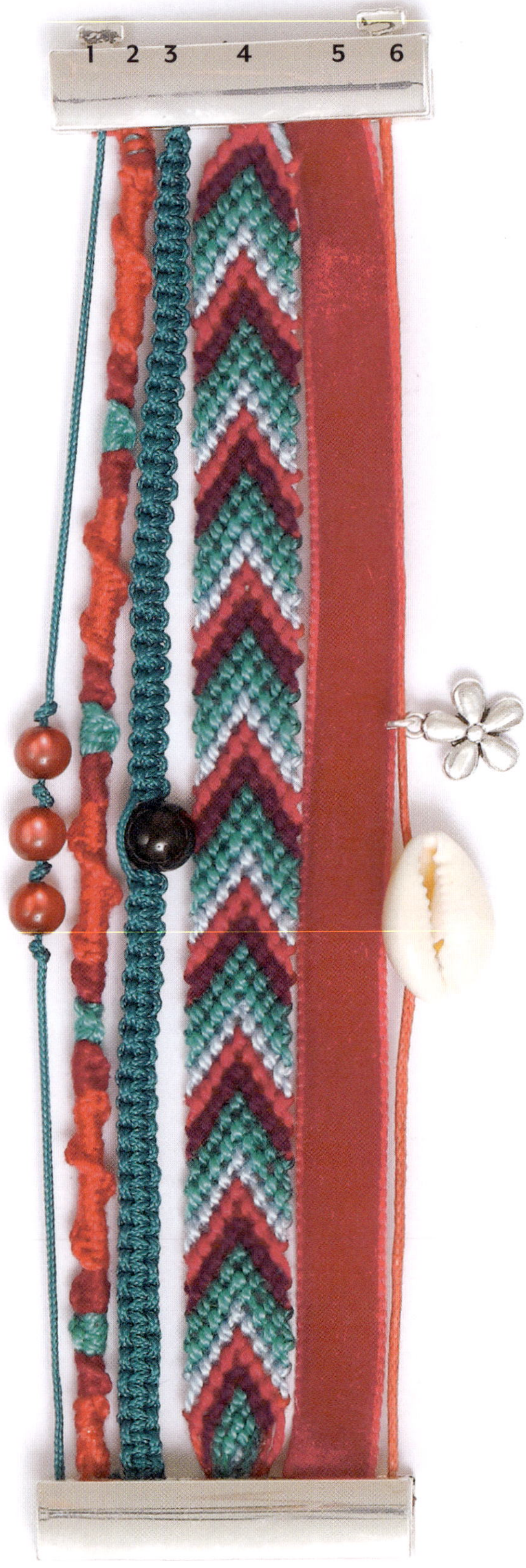
1 2 3 4 5 6

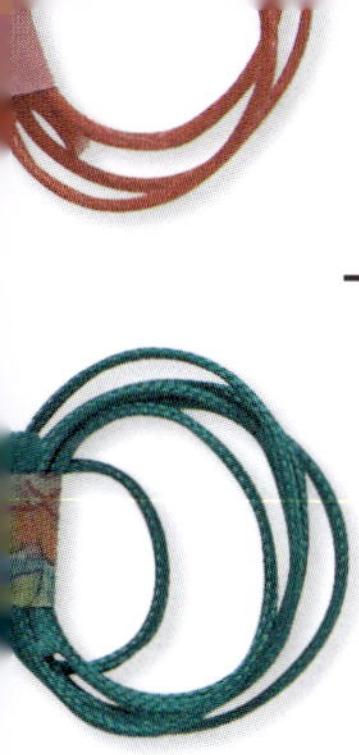

099

TROPISCHE **MANSCHETTE** (FORTSETZUNG)

ANLEITUNGEN

1. PERLEN-TRILOGIE

Fädle die drei himbeerfarbenen Perlen auf das 30 cm lange grüne Wachsgarn auf. Platziere sie in der Mitte und mache zwischen jeder Perle einen Knoten, damit sie nicht verrutschen.

2. SPIRAL-FREUNDSCHAFTSBAND

Dieses Spiralarmband lässt sich super einfach herstellen. Mache eine Reihe von Knoten mit zwei 1,20 m langen rosafarbenen Perlgarnen, bis du eine 3 cm lange Kordel hast. Setze diese auf die gleiche Weise mit zwei violettfarbenen und zwei grünen Perlgarnen fort. Variiere die Anzahl der Knoten, um unterschiedlich große Kordeln zu erhalten.

3. EINZELSTÜCK-SHAMBALLA

Fertige ein einfaches Shamballa-Armband aus 2 m smaragdgrünem Wachsgarn und einer schwarzen Perle an. In der Mitte des Armbands platziert, hebt die Perle das Knotengeflecht hervor.

4. ZICKZACK-FREUNDSCHAFTSBAND

Fertige aus 1,80 m langem smaragdgrünen, grünen, violetten, rosafarbenen und blauen Perlgarn ein Freundschaftsband, indem du abwechselnd Rechts-rechts- und Links-links-Knoten knüpfst. Die Anordnung der Fäden und Reihenfolge der Knoten entnimmst du der untenstehenden Knüpfanleitung.

5. SCHLEIFENARMBAND

Nichts einfach als das! Du benötigst nur ein hübsches Schleifenband aus einem Kurzwarenladen und fertig ist dieses Armband.

6. MUSCHEL-ARMBAND

Fädle einfach den Blumen-Anhänger und die Muschel auf ein 25 cm langes himbeerfarbenes Wachsgarn auf.

MUSTER

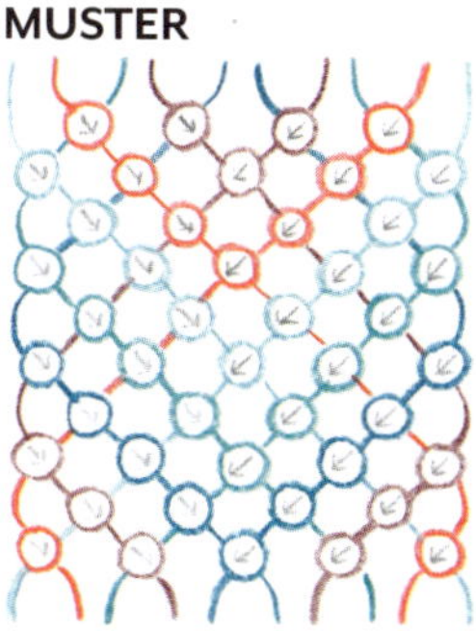

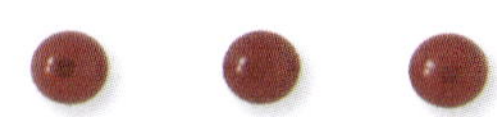

TIPP

Fertige erst die Armbänder an und bringe anschließend den Verschluss an. Lasse das fertige Armband für 24 Stunden trocknen.

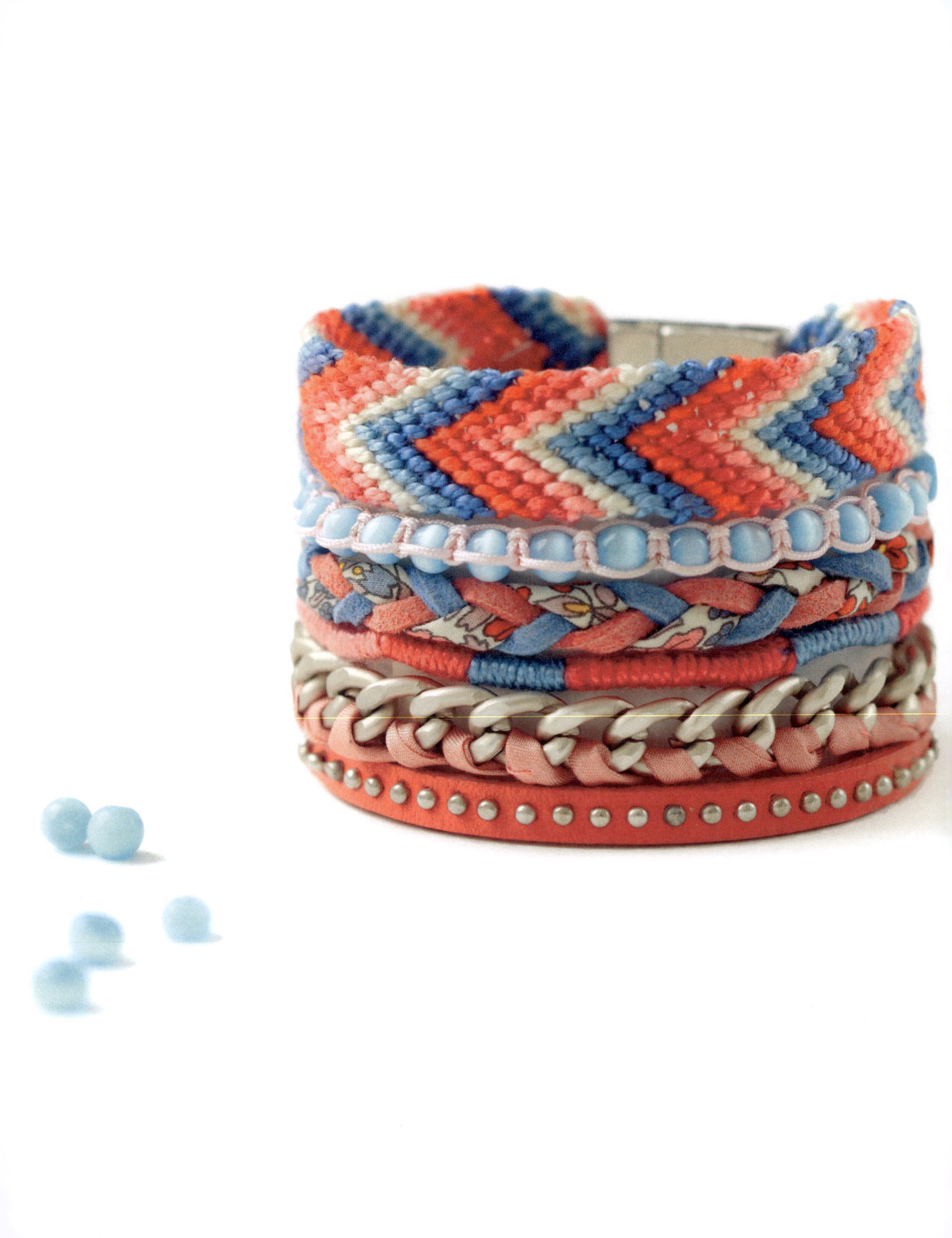

100

ROSA-DENIM-**MANSCHETTE**

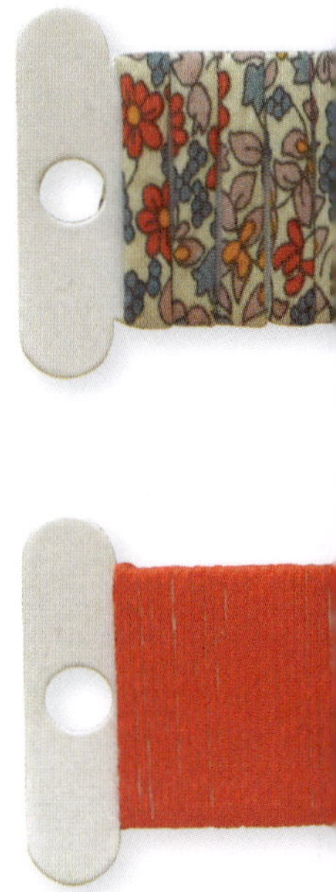

MATERIAL

- 25 blaue Perlen, Ø 4 mm
- Seidenband in Rosa, 70 cm lang
- Wildlederband in Blau und Rosa, 25 cm lang
- Liberty-Band, 25 cm lang
- Gliederkette in Silber, 17 cm lang
- Lederband mit Nieten, 17 cm lang
- Nylonschnur in Rosa, Ø 0,8 mm, 1,3 m lang
- DMC Mouliné-Garn in Hellrosa (603), Pink (601), Hellblau (807), Dunkelblau (3760) und Elfenbein (117), je 1,5 m lang
- DMC Mouliné-Garn in Hellrosa (603), 3 x 1,2 m lang
- DMC Mouliné-Garn in Pink (601) und Hellblau (807), 2 x 1,2 m lang
- 1 Magnetverschluss mit Schlitzen

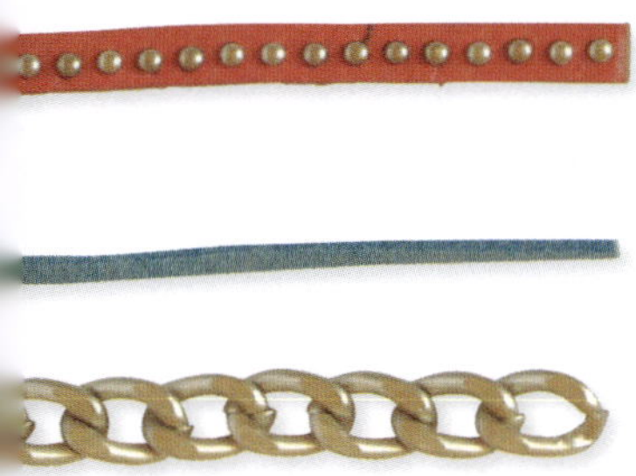

BENÖTIGTE TECHNIKEN

Magnetverschluss anbringen (S. 21)
Geflochtenes Freundschaftsband (S. 81)
Gerolltes Freundschaftsband (S. 81)
Zickzack-Freundschaftsband (S. 103)
Traditionelles Shamballa (S. 127)
Geflochtenes Panzerarmband (S. 147)

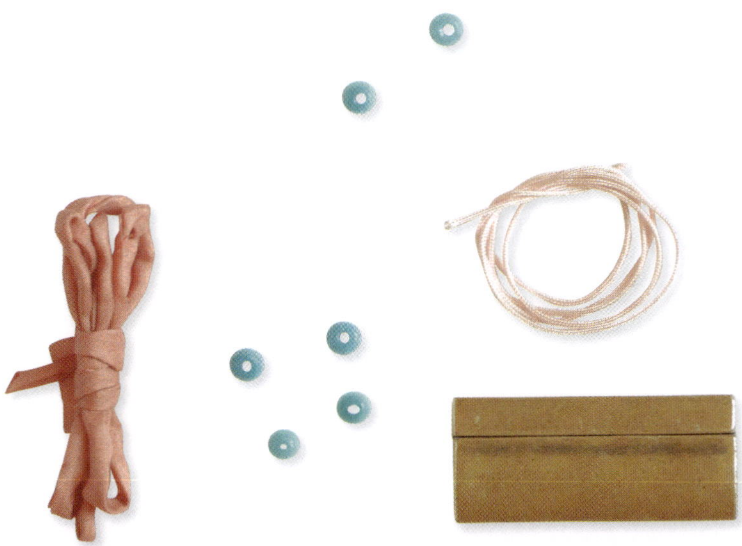

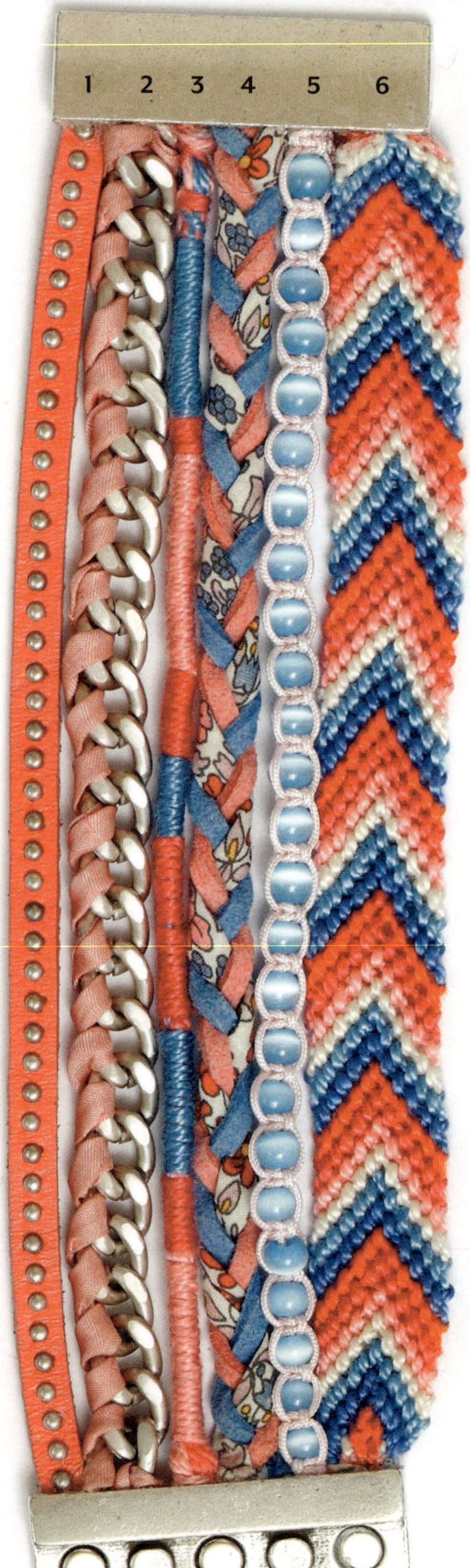
1 2 3 4 5 6

ROSA-DENIM-**MANSCHETTE** (FORTSETZUNG)

ANLEITUNG

1. LEDERBAND

Ein einfaches Lederband aus dem Laden. Dieses Band ist perfekt wie es ist! Kurzwarenläden, Bastelgeschäfte und Flohmärkte sind voll von diesen Bändern. Beim Stöbern findest du garantiert das perfekte Lederband für dich.

2. GEFLOCHTENES PANZERARMBAND

Für das Panzerarmband wickelst du das rosafarbene Seidenband durch alle Glieder auf einer Seite der Kette.

3. SPIRAL-FREUNDSCHAFTSBAND

Fertige aus 3 x 1,20 m hellrosafarbenem, 2 x 1,20 m pinkem und hellblauem DMC Mouliné-Garn ein Spiralarmband. Wechsle das Garn, mit dem du wickelst, regelmäßig ab, damit das Armband verspielter wirkt.

4. GEFLOCHTENES ARMBAND

Dieses Armband geht super einfach. Flechte einfach das blaue und rosafarbene Wildlederband mit dem Liberty-Band zu einem Zopf zusammen.

5. SHAMBALLA

Dieses pastellfarbene Shamballa ist ein Zusammenspiel aus rosafarbenem Wildlederband und 25 blauen Perlen.

6. ZICKZACK-FREUNDSCHAFTSBAND

Fertige aus 1,50 m langem hellrosafarbenen, pinken, hellblauen, dunkelblauen und elfenbeinfarbenen Mouliné-Garn ein Freundschaftsband, indem du abwechselnd Rechts-rechts- und Links-links-Knoten knüpfst. Die Anordnung der Fäden und Reihenfolge der Knoten entnimmst du der untenstehenden Knüpfanleitung.

MUSTER

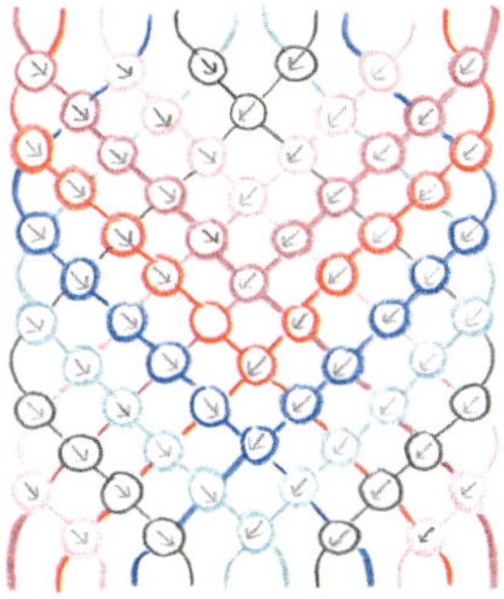

TIPP

Fertige erst die Armbänder an und bringe anschließend den Verschluss an. Lass das fertige Armband für 24 Stunden trocknen.

REGISTER

MATERIAL

GARNE UND **BÄNDER**

PERLEN UND **VERZIERUNGEN**

VERBINDUNGSSTÜCKE UND **KLEMMEN**

WERKZEUGE UND **MATERIALIEN**

TECHNIKEN

PROJEKTE

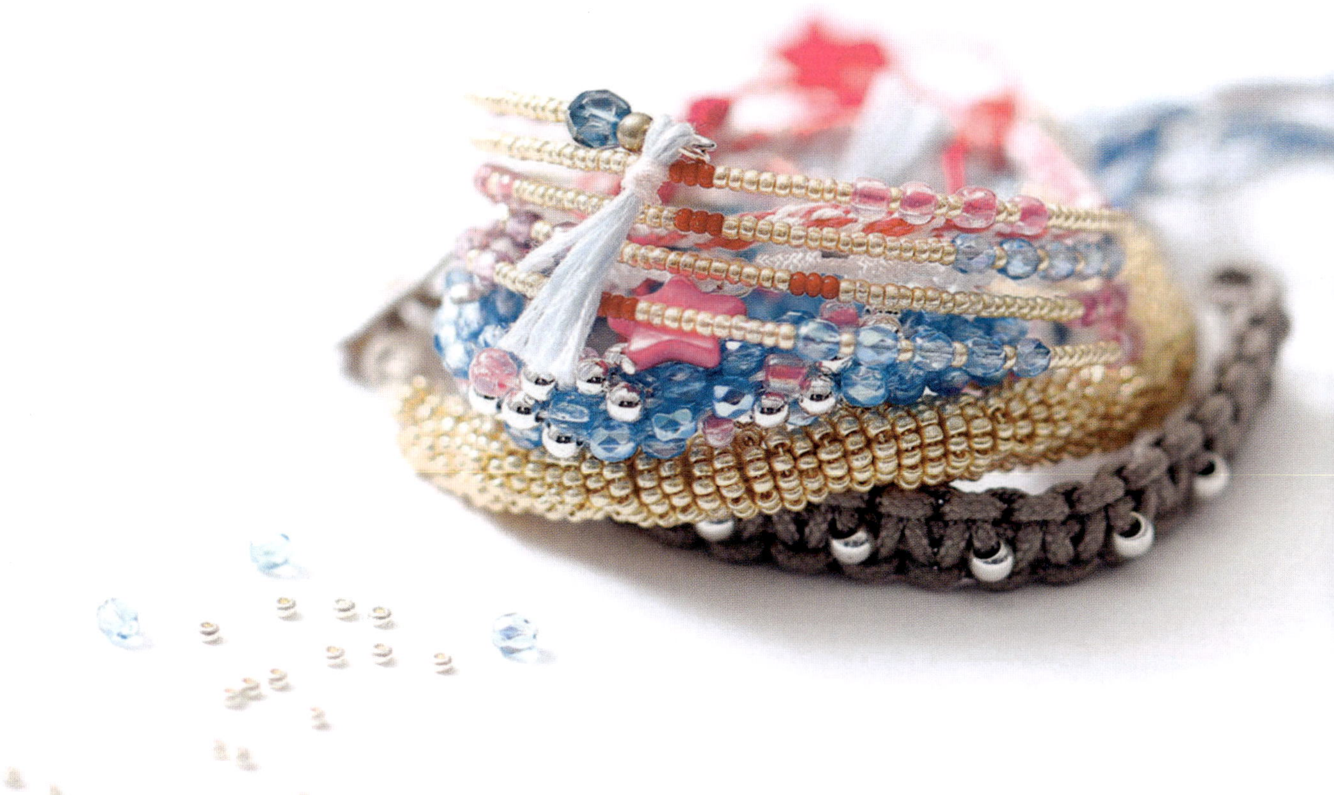

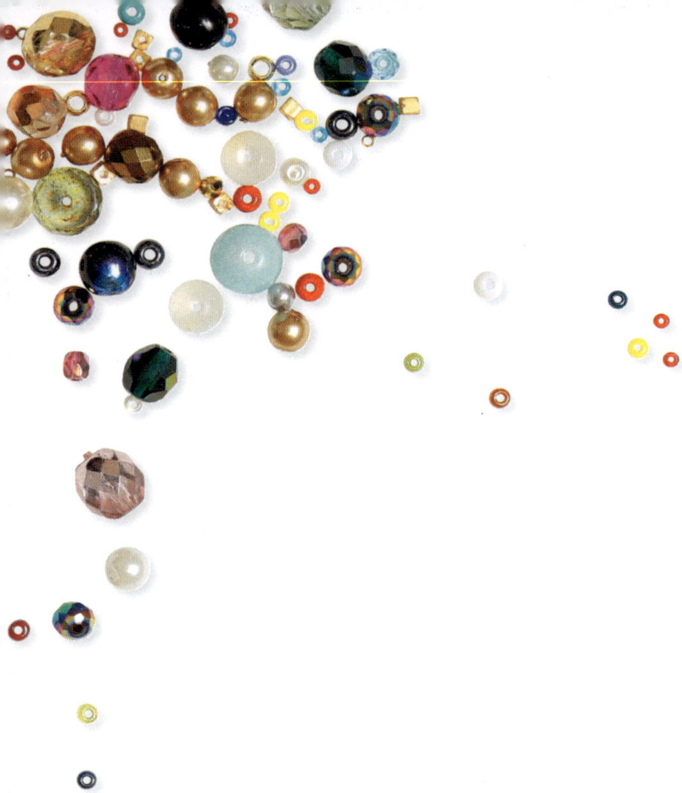

SERVICE-HOTLINE

Hast du Fragen oder gibt es ein Problem? Wir helfen dir gern. Ruf uns an oder schreib uns eine E-Mail:

Telefon: **0711 / 123 757 20***

*normale Telefongebühren

E-Mail: **hilfe@frechverlag.de**

Weitere Informationen zum Verlag und zu unserem gesamten Programm findest du unter: **www.topp-kreativ.de**

IMPRESSUM

Die französische Originalausgabe erschien 2022 unter dem Titel „La bible des Bracelets“ bei Marabout, einem Imprint von Hachette Livre

MODELLE: Agnès Delage-Calvet (S. 80–98, 116–128, 172–184, 188–192, 196–208, 212–228 und 232–246), Anne Sohier-Fournel (S. 100–112, 136–148, 152–168, 198–208, 254–258 und 262–282), Françoise Vauzeilles (S. 130, 132, 248 und 250)
FOTOS: Frédéric Lucano (S. 100–112), Françoise Vauzeilles (S. 130, 132, 248, 250), Richard Boutin (alle übrigen)
LAYOUT: Sophie Villette

FÜR DIE DEUTSCHE AUSGABE:
ÜBERSETZUNG: Marlena Teitge
COVERGESTALTUNG: Petra Schmidt
PRODUKTMANAGEMENT: Lille Haase, Eva Schrecklinger
LEKTORAT: Lille Haase
HERSTELLUNG: Jessica Siebert
SATZ: Arnold & Domnick, Leipzig
DRUCK: Toppan Leefung, China

1. Auflage 2024

ISBN 978-3-7358-5258-8 • Best.-Nr. 25258

FSC www.fsc.org MIX Papier aus verantwortungsvollen Quellen FSC® C104723

Penguin Random House
Verlagsgruppe FSC® N001967